회계전문가는
왜 윤리적이어야 하는가?

송인만

신영사

발간에 부쳐

우리 사회에는 다양한 전문가집단이 존재한다. 전문가로 인정받으면 금전적 보상은 물론이고 사회적 지위도 크게 향상된다. 왜 그럴까? 물론 그들은 전문가가 되기 위해서 어려운 관문(예를 들면, 시험)을 통과해서 상당한 전문성을 가지고 있기 때문일 것이다. 그러나 무엇보다도 그들은 전문지식을 이용해 일반 제품과 비교가 불가능한 소위 명예제품(예를 들면, 의사의 치료)을 산출하기 때문에 사회구성원들이 그들에게 경의를 표한다.

전문가는 사회구성원들의 예우에 상응하는 의무를 지녀야 한다. 만일 전문가가 자신의 이익만을 위해 행동한다면 진정한 전문가라고 볼 수 있을까? 예를 들어 의사가 교통사고를 당한 사람들에게 합당한 근거 없이 진단서를 작성해 주었다면, 그러한 전문가는 물론 해당 전문가집단 전체가 비난의 대상이 된다.

회계전문가들(예를 들면, 공인회계사)도 우리 사회의 매우 중요한 전문가로서 인정받고 있으며, 이에 대한 사회적 예우도 상당하다. 특히 회계전문가는 다른 전문가(예를 들면, 변호사나 의사)와는 다르게 고객에게서 서비스 대가를 받지만 그들의 서비스는 고객만을 위한 것이 아니고 공공의 이익(증권시장에 보고되는 재무제표에 신뢰성을 부여)을 위해서 제공된다는 것이다. 따라서 회계전문가들에게는 자신들의 존재를 정당화하는 사회적 목적(공공성 및 신뢰 등)에 대한 헌신이 요구된다.

회계전문가들이 업무를 잘 수행하기 위해서 지식과 기술을 숙련하는 것이 필요하다. 그러나 업무를 수행하는 과정에서 자의적인 판단이 개입되는 경우(예를 들면, 중요성의 판단, 독립성 및 이해상충, 고객비밀 보호 등)가 많다. 따라서 그들은 수행업무가 공익에 기여하고 신뢰를 쌓아갈 수 있도록 그들의 판단이 윤리적이지 않으면 전문가로서 역할을 의심받을 수밖에 없다.

이에 따라 법규에서도 회계전문가의 업무를 엄격히 규제하고 있다. 또한 회계전문가집단은 공동체로서 일부 회계전문가의 일탈로 회계전문가 전체가 비난받을 수 있으므로 유관단체가 스스로를 규제하고 있다. 그러나 법규나 유관단체의 윤리기준 등만으로는 회계전문가들이 성실하게 업무를 수행하도록 유도하는 것이 불가능하다.

회계전문가들의 자각과 자긍심이 필요한 때이다. 더욱이 회계전문가들이 높이 인정받기 위해서는 원칙중심회계로의 회귀와 전문가정신의 회복이 요구되는 이때에 회계전문가들이 스스로 윤리에 대한 관심이 높아져야 한다. 또한 회계전문가로서 자긍심을 회복하기 위해서는 윤리적 판단을 함으로써 얻게 되는 즐거움을 누려보길 기대한다.

조직에서 윤리문화를 정착시키는 것이 필요한데, 이는 상층부 지도자들이 임직원들의 윤리적 행위에 지대한 관심을 가지고 있음을 보여야 한다. 또한 지배구조, 승진 및 보상 제도, 윤리강령의 제정 및 운영, 내부통제제도 및 내부고발제도 등을 실효성 있게 정착해 나가도록 해야 할 것이다. 무엇보다도 회계전문가는 행동양식을 자신이 간직하고 있는 가치체계와 믿음에 부합하도록 노력하는 윤리지도자가 되어야 한다.

우리나라에 걸맞은 (회계)선진국이 되도록 회계전문가들이 남의 힘을 빌리지 않고 스스로의 자긍심을 살려나가며 이에 부합하는 역할을 성실하게 수행할 수 있기를 간절히 기원한다. 또한 낮은 회계투명성으로 인하여 우리나라가 Korea Discount라는 불명예를 계속 지고 나가지 않도록 모두 함께 노력해 보길 기대한다.

우리나라는 회계전문가라는 공동체 의식과 함께 뿌리 깊은 학연이나 지연의 공동체 개념이 전문가의 의사결정에도 반영될 수 있다. 그럼에도 불구하고 우리나라가 선진국, 특히 회계선진국으로 나아가기 위해서는 회계전문가들의 윤리문제는 그들 업무의 중요성을 생각할 때 결코 소홀히 할 수 없는 주제가 아닌가 한다.

오랫동안 집필하고 싶었던 회계전문가의 윤리에 관련 주제를 이제 마감한다. 막상 손을 떼려 하니 아쉬움이 남는다. 이 과정에서 격려를 아끼지 않은 아내와 두 자녀(시원, 한섭) 그리고 착한 며느리 미희와 귀염둥이 손녀(서린, 예린)에게 사랑의 편지를 보낸다. 항상 변함없는 모습으로 좋은 원고가 되도록 힘써주신 신영사의 권영섭 사장과 정성들여 챙겨주신 박지영 국장에게도 심심한 사의를 표한다.

용산의 연구실에서

송인만 (명예)교수

차 례

Prologue_회계전문가의 개혁에 윤리가 필요한가?[1)]

사람들은 농담으로 '기업활동과 윤리는 모순된다'라고 말하기도 한다. 이는 그들이 기업은 윤리를 무시하고 오직 마지막 수치에만 관심을 두고 활동한다고 가정하기 때문이다. 그러한 가정하에서는 기업윤리는 원과 면적이 같은 정사각형을 만드는 것과 같이 불가능한 시도인 것처럼 보인다.

그러나 회계에 대해서는 그 반응이 다르다. 사람들은 회계윤리가 기업윤리의 한 분야라고 보지 않는다. 오히려 '회계전문가들이 어떻게 윤리적이지 않을 수 있는가'에 대해 의문을 표시한다. 그들은 회계전문가는 정확하고 성실하여야 하는 것으로 가정한다. 즉 그들은 수학에서와 같이 거기에는 오직 한 가지 옳은 숫자만 있다고 본다. 회계전문가는 실제로 자신을 전문가가 아닌 것처럼 보이지 않고는 하나 더하기 하나를 셋으로 만들 수 없다. 회계전문가는 비판적인 시선과 손에 날카로운 연필을 가진 양심이지 않는가? 따라서 회계에서 윤리는 군인의 용기 또는 물리학자의 이론을 얘기하는 것과 같이 특별한 언급이 필요 없는 것처럼 보인다. 요약하면 회계전문가는 반드시 윤리적일 수밖에 없다는 것이다.

이러한 기업과 회계에 대한 상이한 반응은 물론 지극히 단순화된 것이고 정확하다고 볼 수 없다. 기업의 장기적 성공도 좋은 특성이라고 볼 수 있는 성실, 정직과 솔직함, 좋은 서비스 태도, 모든 사람들을 위한 배려, 사회와 좋은 관계 유지 등에 달려 있기 때문이다. 기업도 이러한 특성을 강화하고 다양한 상황에서 현명하게 대처할 수 있는 윤리적 원칙을 지켜야 한다.

전문가집단은 실패에 공동으로 노출될 수 있는 사람들로 구성되어 있기 때문에 윤리에 대한 관심을 갖게 된다. 특히 회계전문가는 상대적으로 새로운 전문가(우리나라에서 회계전문가 제도는 1960년대에 시작했음)이고, 최근에는 빠른 속

1) 참조 : Cheffers & Pakaluk(2005)의 요약 및 수정

도로 변화하고 있음을 볼 때 더욱 그렇다. 오늘날 회계전문가 역할의 상당부분은 원칙이나 규칙을 해석하고 판단을 내리는 것이다. 문제는 거기에 하나의 정확한 답이 없다는 것이다. 그 결과 회계전문가들이 높은 윤리적 요구를 충족시키는 것은 쉽지 않다.

특히 사업환경과 법률의 많은 변화로 인하여 회계전문가들은 상당한 주의를 기울여야 하는 잠재적 위험에 노출되고 있다. 이에 따라 회계전문가들은 추구할 이상(ideals)을 다시 정립하고 새로운 환경에서 윤리적으로 성실하게 업무에 임하는 방법을 명확히 식별하는 것이 필요하게 되었다. 즉 전문가로서 회계윤리에 대해 특별한 관심을 기울일 필요가 있게 되었다.

회계윤리에 대한 논의는 오늘날 회계에서 발생하고 있는 위기를 돌아봄에서 시작해야 한다. 회계가 위기에 있다는 말은 이제 새로운 뉴스가 아니다. 그러나 우리의 시야를 넓힐 수 있도록 사실들을 검토해 보자.

회계전문가들은 최근 몇몇 대형 회계스캔들로 마음이 혼란스러워졌다. 미국에서는 2000년대 초반에 역사상 가장 대형 회계사기인 Enron사의 분식회계 문제가 발생했고, 우리나라에서도 비슷한 시기에 (주)대우의 회계사기로 몸살을 앓았다. 이에 따라 많은 회계개혁조치가 도입되었다. 그중에서 가장 극적이고 포괄적인 조치는 미국에서 Sarbanes-Oxley법이 통과되고, 회계전문가들과 전혀 관련이 없는 정부규제조직인 PCAOB(Public Company Accounting Oversight Board)가 설립되었다는 것이다. 우리나라에서도 그간 많은 회계개혁조치를 취했으나 충분하지 않았던지 2010년대 중반에 대우조선에서 대형 회계사기까지 발생하였다. 또한 회계투명성이 심각한 수준(스위스 국제개발경영연구원(IMD)에서 발표한 2017년도 회계투명성 부문의 순위는 조사 대상국 63개국 중 최하위)까지 하락하기도 하였다. 이에 다시 감사인 지정제도를 포함하여 대대적인 회계개혁조치를 취하기에 이르렀다.

이러한 일련의 조치의 일환으로 회계법인들에 대한 감독도 강화되었다. 이로 인해 심지어는 당시에 세계 5대 회계법인 중의 하나인 Arthur Andersen이 해체되는 운명에 처해졌고, 우리나라에서도 대형법인 중의 하나가 영업을 제한받는 상황까지 일어났다. 물론 거의 대부분의 회계전문가들은 이러한 스캔들과 관련이 없고 부정에 전혀 연루되지는 않았다.

역사적으로 사업이나 회계에서 스캔들이나 사기가 지속적으로 발생해왔다. 이러한 스캔들이나 사기의 주요 원인은 회사 내 고위층에서 심각한 윤리적 부주의 또는 감사인을 호도하려는 경영자의 적극적인 시도에 있었다. 그러나 이 모든 것들이 사실이라 할지라도 회계전문가들이 역사상 볼 수 없었던 심각한 위기에 빠져 있다고 결론내리지 않을 수 없다. 대부분의 관련자들은 그렇게 생각하고 있으며, 문제는 이러한 위기 상황에서는 이미 도입된 규제기관의 외적 치유책으로 충분하지 않고 회계전문가 자신들도 이에 상응하여 내부로부터 진지하게 반응할 필요가 있다는 것이다. 이러한 위기는 한마디로 회계전문가들이 감사한 재무제표가 기업을 명확하게 들여다볼 수 있는 거울이 된다고 인정받을 수 없게 한다는 것이다.

이에 따라 회계전문가 자신들의 개혁이 필요하다는 데 중지가 모아지고 있다. 이를 '개혁의 3P'라고 정리할 수 있겠는데, 이는 ① 규칙중심이 아니라 원칙중심회계(principle-based accounting)로의 회귀, ② 사업이 아니라 전문가정신(professionalism)에 입각한 회계전문가 역할의 재발견과, ③ 전문가로서의 정확한 자아상에 근거한 자긍심(pride)의 회복으로 구성된다. 이를 차례대로 살펴보기로 하자.

이러한 형태의 개혁 각각이 근본적으로 윤리에 뿌리를 두고 있다. 따라서 회계윤리는 현재의 회계위기를 전략적으로 대처해 나가는 과제의 중심에 서야만 한다.

① 원칙중심회계로의 회귀

Enron 사태에 내재되어 있는 Enron사와 Arthur Andersen의 태도를 다음 글을 통해 살펴보자.

> 휴스턴에서 Enron사의 재무담당자가 Enron사가 원하는 결과를 얻기 위해서 어떤 규정을 적용해야 할지 결정했다. 그는 Arthur Andersen에 다음과 같은 e-mail을 보냈다.
>
> "이것이 우리가 적용한 규칙입니다. 우리가 특별히 어떤 규칙을 위반했는지

보여주지 않는다면 이를 바꾸지 않을 것입니다."

이러한 e-mail을 보낸 재무담당자는 영국에서 2년을 근무한 적이 있는데, 그곳에서는 이러한 방법을 사용할 수 없었다. 영국에서는 원칙중심이었고 무엇보다도 감사인이 최종결정자이었다. 만일 감사인이 특정 회계처리의 결과가 재무상태를 진실하게 보여주지 않는다고 보면 적정의견을 받기 위해서는 감사인의 의견을 따라야만 했다.

Enron사에서는 원칙이 규칙을 리드한 것이 아니라 규칙이 원칙을 압도했다. 더욱이 외부감사인인 Arthur Andersen은 전문가로서의 역할을 망각하고 위와 같이 기업의 판단에 굴복했다.

원칙(principles)이 규칙(rules)보다 우선한다는 것을 재확인하는 것이 개혁에 필수적이다. 회계의 기본원칙이 식별되어 실무자들은 이를 충분히 이해해야만 하고, 회계전문가들은 전문가적 판단을 할 때 일관성 있게 규칙보다 원칙을 앞세우는 습관을 갖출 필요가 있다. 또한 이는 규제기관의 접근방법이 되어야 한다. 그들의 목표는 실무자들이 기준을 받치고 있는 원칙을 더 잘 이해하도록 하고, 이를 적용함에 있어 판단을 사용하는 것을 존중하여야 한다. 그들은 감사인과 기업 모두가 판단을 한다고 예상하여야 한다.

회계법인도 과거의 관습으로부터 벗어나 새로운 시대의 회계책임을 증진시키도록 노력해야 한다. 흐름을 바꾸기 위해서는 물론 강력한 규제수단이 요구된다. 그러나 이러한 규제는 잘해야 인격적인 사람, 가치중심 접근, 건전한 기업문화 등을 요구하는 거대한 노력의 일부분이 될 뿐임을 명심하자.

원칙중심회계(principle-based accounting)로의 회귀는 필연적으로 윤리, 인격, 가치 및 좋은 문화를 동반한다. 회계전문가는 일종의 건물구조와 같기 때문이다. 이러한 구조의 최상층은 일상의 업무환경에서 실무자들이 내려야만 하는 특정한 판단이다. 이러한 판단은 전문가 단체, 예를 들면 공인회계사회 등에서 제공하는 규정과 같은 실무기준에 다소간 의존한다. 이러한 규정은 또한 더 일반적인 규칙에 기초하여 실행된다. 또한 이러한 일반적인 규칙은 이의 근본이 되는 원칙에 기초를 두게 된다.

그러나 회계원칙은 가장 근본적인 수준이 아니다. 이는 기초는 되지만, 이러한 기초가 자리를 잡아야만 하는 굳건한 기반은 될 수 없다. 원칙이 정확히 이해되고 서로간에 적절히 균형을 맞추어야 한다. 원칙은 통상 해석되어야만 하는 이상(ideals)이다. 특정한 사건의 환경 또한 고려될 필요가 있다. 이러한 모든 것은 판단을 필요로 한다. 그러나 판단은 진실성이나 전문가정신과 불가분한데, 왜냐하면 진실성이나 전문가정신이 결여된 어느 누구도 좋은 판단을 신뢰성 있게 행할 수 없기 때문이다. 여기에서 진실성과 전문가정신은 분명히 윤리의 문제이다. 따라서 윤리에 대한 관심이 원칙중심회계로의 회귀에서 필수불가결한 요소이다.

따라서 윤리에 대한 관심 없이는 원칙중심회계도 있을 수 없다.

② 전문가정신의 회복

회계전문가는 사업가가 아니고 전문서비스를 제공하는 사람이다. 직관적으로 볼 때 사업가는 고객을 만족시키기 위해서 그리고 궁극적으로 고객의 요구대로 서비스를 제공하는 반면, 전문가는 이상을 준수함으로써 공익을 위해 서비스한다.

회계는 사업의 번창과 건전한 금융시장에 필요한 신뢰를 창출하기 위해서 진실성과 정확성이라는 이상을 준수하는 전문서비스이다. 다음 글에는 회계전문가들이 대답해야 하는 사회적 필요가 기술되어 있다.

> 시장은 건전한 재무정보를 요구한다. 투자자들은 모든 증권에 대한 완전한 정보를 요구하고 또한 이를 요구할 권리를 가진다. 정보는 기업의 가치를 평가하는 데 필요한 모든 중요한 사실을 공정하고 솔직하게 표현해야 한다. 단지 정확성만 요구되는 것이 아니라 그 이상 신중하고 세련된 투자자들이 증권을 취득할지, 처분할지 아니면 계속 보유할지를 결정하는 데 필요한 모든 적절한 사실을 제공하는 일련의 정보를 필요로 한다.

전문가들이 사업가가 되는 전반적인 사회적 추세가 회계에도 스며들고 있다. 인증하는 전문가로서의 높은 기준이 이러한 압력을 이기는 힘으로 작용하고 있다. 그럼에도 불구하고 회계도 부분적으로 진실성과 독립성을 잃어가는 위험에 처해 있음을 발견하곤 한다.

근래에는 인증업무가 대형 회계법인의 수익에서 차지하는 비중이 점차 감소하고 있다. 컨설팅 서비스가 총수익의 50%를 초과하고 있다. 이러한 추세에서 분명히 나타나게 되는 잠재적인 문제는 감사고객에게서 수익성이 매우 좋은 컨설팅 계약을 유치하거나 유지하기를 원하는 갈망이 감사인의 독립성을 해칠 가능성이 있다는 것이다.

이러한 환경에서 감사인이 독립성을 유지할 의지를 가지고 있는지 여부에 상관없이 컨설팅계약은 감사인과 기업의 관계에서 분명히 새로운 요소로 인식되고 있다. 문제는 이러한 관계가 전문가적 관계가 아니라 사업관계로 보이고 있다는 것이다. 이것이 문제가 되는 이유는 여기에는 확실히 잠재적인 이해상충이 존재하기 때문이다.

회계법인이 기업의 사업파트너로서 역할을 하게 되면 그들의 판단을 흐리게 되고 인증업무를 정확히 수행할 수 없게 만든다. 법률로써 이러한 관계와 이해상충을 금지할 수 있다. 그럼에도 불구하고 법률은 다음과 같은 두 가지 이유로 이러한 문제를 완전히 해결하는 데 충분하지 않다.

첫째, 회계전문가가 전문가로서의 본질이 약화되도록 허용하는 방식에 문제가 있다. 이와 같은 내적 변화는 단순히 법률에 의한 규제만으로 달성될 수 없다. 예를 들면, 어떤 회계법인은 연 20,000시간의 감사수수료를 청구할 수 없는 파트너에게 퇴사할 것을 요구했다. 이를 '파트너 퇴출'이라고 부르는데, 이는 다음과 같은 결과를 초래했다.

이러한 퇴출은 막대한 영향을 미쳤는데, 이는 회계법인에서 전통적인 가치를 가진 가장 보수적인 파트너를 상당 부분 제거하였고 판매를 통한 수익창출에 높은 가치를 부여하게 되었다. 퇴출된 파트너의 대부분은 감사의 질에 대해 열정적인 헌신을 보여 온 가장 경험이 풍부하고 우수한 전문적인 기법을 겸비한 감사인들이었다.

이로 인해 회계법인에서 감사의 질을 가르치고 배울 전문지식이 소멸되었으며, 젊음과 경험 간에 적절한 균형을 무너지게 하였다. 특히 파트너의 역할이 매출에 초점을 맞추는 것으로 변하게 되었다.

분명한 것은 회계법인 내에서 이러한 문화적 변화를 단순히 법률로 반전시킬 수 없다는 것이다. 추가적으로 필요한 것은 회계전문가들의 관점이 전문가정신을 보다 잘 이해하고 이에 대한 헌신으로 바뀌는 것이다. 그러나 아직도 매출에 근거하여 파트너 퇴출을 실행하고 있는 회계법인이 있다는 데 문제가 있다.

둘째, '지난 전투를 싸우는 장군'의 문제가 있다. 성공적인 장군들도 현재의 전투가 아니라 지난 전투와 싸우기 때문에 자주 실패한다. 이와 비슷하게 입법행위는 예상되는 새로운 형태의 위법행위가 아니라 과거에 문제가 되었던 실무를 치유하도록 제정되기 때문에 실패하곤 한다. 회계전문가들이 스캔들을 초기에 방지할 수 있을까? 실무에서 정도를 벗어나는 것을 확실히 방지하기 위해서는 오늘날의 회계전문가에게는 그들의 본질이 전문가라는 사실을 완전히 이해하는 것이 절대적으로 필요하다.

전문가정신(professionalism)은 기본적으로 성실성과 높은 이상의 준수를 의미하는 윤리적 지향점을 가진다. 따라서 회계전문가들이 전문가정신의 높은 이상을 표현하도록 유도하는 어떤 개혁이든 윤리에 세심한 관심을 두지 않으면 안 된다.

따라서 윤리에 관심을 두지 않고는 진정한 전문가정신을 지닐 수 없다.

③ 전문가로서 자긍심 회복

다양한 회계사기로 얼룩진 상황에서 회계가 자본시장의 신뢰를 회복하기 위해서는 미래의 투자자들이 희생되는 위험을 대폭 줄여야 한다. 이를 위해 회계전문가들은 개인적으로 무엇인가를 해야 하는데, 이것이 바로 전문가로서의 자아상을 돌아보고 자긍심(pride)을 회복하는 것이다.

그러나 이를 어떻게 할 수 있을까? 외적으로 부과된 강요된 변화로는 불충분하고, 회계전문가 자신들의 내적 개혁이 요구된다. 회계전문가들은 '신뢰할 수 있는 조언자'라고 불리던 엄청난 명성의 근간이 되었던 그 핵심으로 돌아가야 한다.

이러한 종류의 개혁은 다시 한 번 전문가로서의 이상을 명확히 정립하고, 진실한 윤리, 그리고 회계의 관점이나 문화를 다시 천명해야 한다.

필요한 것은 단지 회계 관련 법률을 개혁하는 것이 아니라 기업과 회계법인 모두에서 회계문화를 되찾는 것이다. 문화는 진실성에 대한 엄격한 헌신, 그것을 얻고자 하는 열정, 규칙에 대해서 문자 그대로가 아니라 그 정신에 따른 헌신, 규칙을 어기는 사람들에 대한 가차 없는 처벌 등과 같은 회계전문가의 전통적인 가치 위에서 세워져야 한다.

이러한 가치는 모든 회계전문가들의 헌신이 되어야 한다. 회계전문가로서의 이미지를 회복하고, 다음 세대의 회계전문가들에게 물려줄 유산을 설정해야 한다.

위에서 언급된 진실성, 이를 얻고자 하는 열정 등 모든 회계전문가의 전통적 가치는 모두 회계윤리의 문제이다.

따라서 회계윤리로 돌아가지 않고는 새로운 회계문화가 있을 수 없다.

일별해서는 윤리란 소용없는 것처럼 보인다. 그러나 우리는 지적 존재이고 우리가 할 일을 이해하며 살아가기 때문에 윤리는 철학과 같이 실제로 우리가 하는 모든 것에 영향을 미친다. 이는 골프와 같은 운동과 비교할 수 있겠는데, 코치가 제공한 아이디어가 분명히 소용없는 것처럼 보였지만 새로운 진전을 기대하는 사람에게 핵심요인으로 판별되는 경우가 있다. 실제로 최고의 코치는 특정 기법보다는 기본개념에 초점을 맞추는 것처럼 보인다. 실무자들에게 근본적으로 중요한 것은 그들이 채택하고 있는 회계전문가로서의 철학인데, 이것이 넓은 의미에서 윤리의 문제일 것이다.

회계전문가의 철학은 일관된 삶을 이루어 가는 데 중요하다. 회계전문가는 자신들이 가치 있는 인간의 삶을 구성하는 원칙으로의 역할을 할 수 있는가를 생각해 볼 필요가 있다. 사람들이 왜 의사나 교수를 존경하는지를 생각해 보라. 우리는 건강에 헌신한 진정한 치료자가 무엇을 의미하는지 알고 있으며, 학자가 됨으로써 따라오는 존경할 만한 생활방식이 있음도 보게 된다. 그렇다면 회계전문가가 됨으로써 가져야만 하는 존경할 만한 생활방식이 있는가? 이는 회계전문가에 대한 일반적 고정관념인 꼼꼼하고 정확한 삶이 아니고 진실성이나 솔직함과 같은 특징으로 채워진 삶을 의미한다.

어느 대형 회계법인의 모토는 '명쾌하게 생각하고, 솔직하게 말하라(Think

straight, talk straight)'이었는데, 이는 회계전문가의 개인적 삶에도 매우 훌륭한 생활방식이 될 것이다. 이러한 모토 아래 그들은 진실성에 대한 헌신과 체계적인 작업방식을 고객에게 제공했고, 그들의 감사브랜드는 고객인 기업이나 투자자에게 매우 매력적인 것으로 나타났다.

회계전문가들은 당연히 다소 비좁은 그들의 규율 밖에서도 좋은 모범을 보이고 쓸모 있다고 인정받기를 원한다. 그들은 친구사이에서 그리고 지역사회에서 뛰어나고 존경을 받는 인물이 되기를 기대한다. 이는 물론 그들의 윤리적 매력과 그들 규율의 근본을 차근차근 개인적으로 발견하고 지속해서 키워나갈 때만 달성될 수 있을 것이다.

회계전문가가 윤리를 배워야 할 근본적인 이유와는 별개로 매우 실질적인 이유도 있다. 이는 건전한 윤리는 대체로 장기적으로는 사업을 성공으로 이끈다는 것이다.

참고사항

윤리(ethic)와 도덕(moral)은 거의 같은 개념으로 사용된다. 따라서 차이점을 무시하고 사용하여도 의사소통에는 큰 지장이 없을 것이다. 그러나 철학적 관점에서 볼 때 도덕은 개인적 차원에서 인간이 지켜야 할 규범 또는 가치를 말하며 개인생활 전 영역에 걸쳐 적용된다. 한편 윤리는 생활의 특정 영역에서 지켜야 할 것을 말한다. 따라서 공인회계사의 직업윤리는 변호사의 직업윤리와 다를 수 있다.

또한 사회적으로 제도화되어 있는 도덕은 외적 강제력을 특징으로 하는 반면, 각 상황에 맞게 만들어 가야만 하는 윤리는 능동적인 특징을 갖는다.

본 교재에서는 도덕이란 용어를 사용하지 않고 윤리라는 용어로 통일했는데, 이는 본 교재가 주로 전문직업인(특히 공인회계사)의 윤리를 다루고 있기 때문이다.

제 1 편 윤리의 기본개념

제1편에서는 윤리적으로 행동하고 윤리적 의사결정을 하는 기본적인 개념을 소개하고자 한다.

[1-1]에서는 윤리에 관련된 많은 의문사항을 '윤리란 무엇인가?'라는 주제 아래서 윤리와 관련된 다양한 주제들을 살펴본다.

[1-2]에서는 윤리적 의사결정의 기초가 되는 윤리이론, 그리고 윤리교육의 문제를 살펴보도록 한다.

위와 같이 윤리의 기본개념을 검토하고, 윤리적 의사결정의 기초가 되는 윤리이론 그리고 윤리적 판단과 행동을 이끄는 윤리교육을 살펴보는 것은 제3편에서 회계전문가들이 윤리적 판단을 하는 데 도움이 되는 기초가 될 것이다.

[1-1]
윤리란 무엇인가?

(1) 윤리의 의의
- 1) 생활 속의 윤리
- 2) 윤리문제 합리화 수단
- 3) 윤리기준의 보편성

(2) 윤리의사결정
- 1) 행동의 정당성을 점검
- 2) Rest의 윤리의사결정 모형

(3) Kohlberg의 윤리추론 발전단계

(4) 회계전문가와 윤리
- 1) 윤리적 판단의 어려움
- 2) 회계전문가가 윤리적이어야 할 이유
- 3) 회계전문가의 윤리추론

〈도입사례〉

트럭 한 대가 통제 불능인 상태로 당신 쪽으로 달려오고 있다. 깜짝 놀라서 주위를 돌아보니 한 외국인 관광객과 당신의 강아지가 버스가 오는 방향에 서 있는 것을 발견했다. 둘 중에 하나만을 구할 수 있는 찬스가 있다고 할 때 당신은 누구를 구하겠는가?

질문을 받았던 40% 이상의 사람들이 관광객 대신에 자신의 강아지를 구하겠다고 답한 사례가 있다. 당신이라면 어떤 선택을 하였을까?

윤리는 우리가 옳은 것과 잘못된 것, 선한 것과 나쁜 것 그리고 정의로운 것과 정의롭지 못한 것을 식별하는 지침이 된다. 어떤 사람들은 윤리적 행위란 아무도 보지 않는 어둠 속에서 당신이 내린 의사결정이라고 묘사하고 있다. Google의 행동지침은 'Don't be evil'이라는 좀 더 간단명료한 규정을 내포하고 있다.

(1) 윤리의 의의

윤리(ethics)라는 말은 다양한 의미를 가지고 있다. Webster 사전에서는 윤리의 의미로 ① 무엇이 좋고 나쁜 것인지 그리고 윤리적 의무를 다루는 규율, ② 일련의 윤리적 원칙 또는 가치, ③ 윤리적 가치의 이론 또는 제도, 그리고 ④ 개인이나 집단을 지배하는 행위의 원칙으로 정의하고 있다.

간략히 말하면, 윤리는 '옳은지 그른지 또는 좋은지 나쁜지'에 관련된 규율이다. 그 규율의 역할은 인간의 행동과 실무를 분석하고 평가하는 것이다. 예를 들면, 어떤 사람이나 집단은 안락사는 윤리적으로 허용될 수 있다고 본다. 윤리 규율은 안락사가 무엇을 의미하는지(분석)와 그러한 실무를 지지하거나 반대하는 이유가 무엇인지(평가)를 검토하는 것이다.

모든 사람들은 일련의 윤리적 믿음 또는 윤리적 원칙을 가지고 있다. 예를 들면, 대부분의 사람들은 안락사, 사형제도, 임신중절, 거짓말 등이 좋고 나쁜지 그리고 옳고 그른지, 수용가능한지 수용할 수 없는지에 대해 어떤 믿음을 가지고 있다. 대부분의 사람들은 속이는 것과 훔치는 것은 옳지 않다고, 그리고 약속은 반드시 지켜야 한다고 생각하고 있다. 이러한 의견들이 윤리적 믿음을 구성한다. 만일 당신이 이러한 행동이나 실무에 대해 어떤 믿음을 가지고 있는지 적어 놓으면, 그것이 당신의 윤리적 믿음을 구성한다.

모든 윤리적 믿음은 두 요소로 구성되어 있다. 그중 하나는 주체(subject)이고 다른 하나는 객체(predicate)이다. 주체는 믿음의 대상이다. 윤리에서 일반적인 주체는 안락사, 사형제도, 임신중절, 거짓말 등과 같은 행동 또는 실무이다. 객체는 주체에 대해 말하는 것이다. 나쁘다, 불공정하다, 그렇게 해야 한다 등이 객체이다. 따라서 '안락사는 나쁘다'라고 하는 사람에게는 안락사는 주체이고, 나쁘다는 객체이다.

인간의 행동이 윤리적 판단의 가장 중요한 주체가 된다. 여기에서 인간의 행동이란 개인이 자신의 선택에 의해 수행하는 행동을 의미한다. 사람들은 자신이 통제하고 있는 행동, 따라서 행동의 결과에 대해 책임을 져야 할 행동에 대해서는 심사숙고한다.

모든 자의적인 행동이 윤리적 의미를 지니지는 않는다. 예를 들어 우리는 자의적으로 빨간색 대신 파란색 티셔츠를 입을 수 있고, 설렁탕 대신 돼지국밥을 먹을 수 있다. 이러한 선택은 패션이나 선호의 문제이지 윤리적 판단이 필요한 행동은 아니다. 윤리적 판단이 필요한 자의적 행동이란 일반적으로 다른 사람이나 우리 자신을 심각하게 해치거나 적지 않은 도움을 주는 행동이다.

행동뿐만 아니라 윤리는 사회적 실무도 분석하고 평가한다. 개인적인 행동과는 달리 사회적 실무는 개인적 행동의 집합을 의미한다. 예를 들어 '도둑질은 나쁘다'라고 말한다면, 이는 어떤 개인적인 행동이 아니라 사회적 실무를 평가하는 것이다. 회계전문가들이 바뀌어야 한다는 주장은 그들의 실무가 부적절하고 개선되어야 함을 의미한다. 이는 적어도 암묵적으로는 윤리적 판단이다.

윤리는 또한 조직 그리고 사회적, 정치적, 경제적 제도까지도 평가한다. 예를 들면 윤리는 한국공인회계사회의 실무, 자유경제제도 등을 평가할 수 있다.

윤리기준은 많은 요인들에 의해 영향을 받고([그림 1]을 참조), 시간이 지남에 따라 진화하고 차츰 더 넓은 공동체의 합의를 반영한다.

[그림 1] 윤리에 영향을 주는 요인

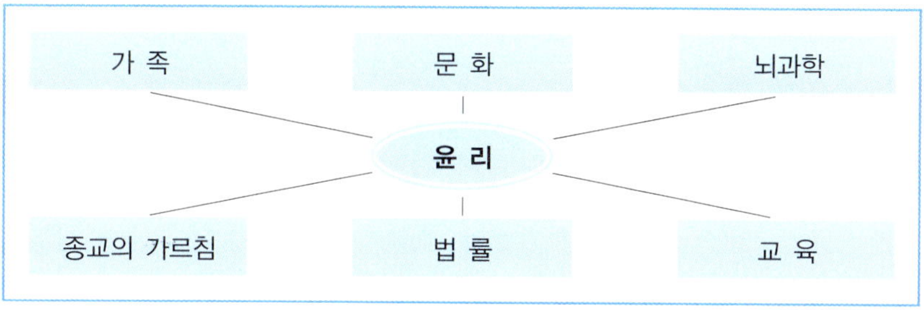

윤리가치는 종교의 가르침과 불가분하게 관련되어 있고 영적인 영향이 없는 세상에서는 존재할 수 없다고 주장하는 사람들도 있다. 반면, 노벨상 수상자인 Albert Einstein은 윤리의식에는 전혀 신성한 것이 없고 이는 단순히 인간의 문제라고 믿었다. 또한 뇌과학자들은 어떤 윤리적 행위는 우리의 뇌에 연결된 생태적인 것이지 이러한 행위가 종교 또는 교육의 영향에 대체로 민감하게 반응하지 않는다고 믿는다. 윤리의식의 원천이 종교이든 문화이든 아니면 생물학이든지 간에 사람들이 공통의 윤리기준을 지킬 때 사회가 발전해가는 경향이 있음을 부인할 수 없다.

〈사례〉 간단한 윤리적 판단

몹시 아픈 당신의 친구에게 약을 전달하려 도착했을 때 근처의 모든 주차장이 꽉 차 있어서 당황하였다. 그런데 근처의 슈퍼마켓의 주차장은 오직 반밖에 차 있지 않았으나 거기에는 '고객만 주차할 수 있음'이라고 명시한 표지판이 있는 것을 발견했다. 당신의 친구는 급히 그 약을 필요로 한다. 당신이 그 슈퍼마켓의 주차장에 주차하는 것이 윤리적인가?

풀이

한 가지 윤리적 관점에서는 슈퍼마켓의 주차장을 허가 없이 이용하는 것은 다른 사람의 재산권을 침해하는 것이기 때문에 비윤리적이라고 본다.

한편, 다른 관점에서는 이와는 반대로 어떤 행동의 결과로 인한 사회적 이득이 비용을 초과한다면 윤리적이라고 본다. 이러한 원가-효익의 관점에서는 그 주차장을 이용함으로써 슈퍼마켓이나 고객에게 큰 해를 끼치지 않으면서 적절히 당신의 친구를 도울 수 있어서 윤리적이라는 것이다.

1) 생활 속의 윤리

많은 사람들이 윤리를 배우는 것을 머뭇거리고 있는데, 이는 옛적에 개발된 법칙이 현대인의 의사결정에 거의 관련이 없다고 믿기 때문이다. 어떤 사람들은 윤리를 배우는 것은 한복을 입은 근엄한 노인이나 오래된 성가를 부르는 가톨릭 사제의 영역이라고 생각한다. 그러나 실제로 우리 모두는 우리가 한복을 입고 있든 요가복을 입고 있든 그리고 성가를 좋아하든 현대음악을 좋아하든 간에 일상의 생활 속에서 옳고 그름을 판단하지 않으면 안 된다.

우리 대부분은 실제로 인식하지 못하면서도 직감적으로 윤리적 판단을 해야만 하는 윤리적 문제를 경험하곤 한다. 예를 들어 보자.

- 아침에 잠에서 깨었을 때 욕실을 먼저 이용하면 아마도 아침 일찍 수업이 있는 룸메이트는 수업에 늦을 수밖에 없을 것임을 알고도 욕실을 먼저 이용하였다.
- 늦잠을 자서 수업에 조금 늦었다. 교수가 당신을 탐탁하지 않게 쳐다보았을 때 당신은 실제로는 그렇지 않았음에도 불구하고 '차가 막혔어요'라고 변명했다.
- 점심시간에 대학직원이 음식을 할인받을 수 있는 학생이라고 계산원에게 말하는 것을 보았다. 잠시 계산원에게 그렇지 않다고 말할까 망설이다가 그 직원과 불필요한 갈등을 조장하기 싫어 그만두었다.
- 수업 중간 쉬는 시간에 다가오는 중간시험을 잘 보기 위한 특별한 힌트가 무엇인지 교수에게 물었다. 그런데 학급의 성적은 상대평가이기 때문에 다른 학생들의 점수에 따라 당신의 성적이 결정되게 되어 있다.
- 방과 후 아르바이트를 하는데 거기에서 사용하던 회사의 볼펜을 호주머니에 집어넣고 집으로 가져갔다. 또한 점장을 기다리는 동안 회사의 컴퓨터를 이용하여 온라인으로 당신이 사용할 서적을 구입하였다.
- 집에 오는 도중 신발가게에 들러 적합한 구두사이즈를 알아보았고 그곳의 판매원에게 열심히 도와주어서 고맙다고 말하고 집에 돌아온 후 돈을 절약하기 위해서 그 구두를 온라인에서 구매하였다.
- 집으로 운전하여 돌아오는 도중 도로의 1차로에서 사고가 발생하여 많은 차량들이 당신이 주행하고 있는 2차로로 바꾸고 있었다. 다른 차가 당신의 주행차로로 들어오겠다는 신호를 보냈지만 양보하지 않았다.
- 집에 돌아온 후 좀 피곤했다. 그래서 친구들에게 오늘은 숙제가 너무 많아서 오늘 저녁의 약속을 취소할 수밖에 없다고 연락했다. 따라서 친구들은 교통수단이 마땅치 않아서 그들의 계획을 변경할 수밖에 없었다.
- 그날 저녁에 복잡한 회계문제를 이해하기 어려워 동료에게 전화를 걸었다. 그는 당신과 로맨틱한 관계를 꿈꾸고 있기 때문에 어렵지만 억지로 시간을 내주고 있는 것을 알고 있다. 그의 도움을 원하지만 그가 데이트를 신청할 것을 염려하고 있다.

▸ 전화 후에 즉시 온라인 데이트 창을 열고 3년 전에 찍은 사진을 올렸다.
▸ 상사에게 온 메일에 답장을 하고 라이브 음악이 있는 클럽에서 토요일에 만나기로 동의했다. 술 구매에 필요한 신분증을 빌려서 나갈 예정이다.
▸ 오전 일찍 보낸 메시지에 답하지 않은 학교 상담사에게 매우 실망했다. 따라서 잠들기 직전에 참지 못하고 다시 메시지를 보냈다.

위에 언급한 어느 부분에 윤리적 문제가 있는가? 아마도 이러한 문제에 답하기 위해서는 Socrates나 St. Thomas Aquinas의 지혜가 필요하지 않을 것이다.

2) 윤리문제 합리화 수단

어렸을 적 우리는 잘못을 저질렀을 때 본능적으로 이를 합리화하는 방법을 배웠다. 우리는 아무리 말이 안 된다 해도 '개가 물어 갔어요' 또는 이와 비슷하게 말도 안 되는 무엇인가를 제시함으로써 질책을 벗어나려고 시도하기도 했다. 부모님의 못마땅함이나 체벌을 두려워하여 우리는 비록 말도 안 되지만 어떤 근사한 이야기를 지어내곤 했었다.

그러나 어른이 되자 다른 사람들이 잘못된 행위에 대한 우리의 변명을 받아들이거나 적어도 그럴듯한 것으로 여기도록 설득하기 위해서는 좀 더 궤변이 필요하다는 것을 인식하게 되었다. 윤리적인 합리화를 위해 보편적으로 이용되고 있는 몇 가지를 살펴보기로 하자.

① 모든 사람들이 그렇게 한다.

사이클 선수인 Armstrong은 모든 것을 가진 것처럼 보였다. 그는 대회에서 암을 이겨내면서까지 계속해서 일곱 번을 우승하는 기록을 달성했다. 그는 또한 세계에서 가장 유명하고 재정적으로도 성공한 스포츠맨이었다. 그런데 증거가 쌓여서 그는 마약상용자임을 시인해야 했다. Armstrong의 시인보다도 더욱 충격적인 것은 그의 변호, 즉 '모든 사람들이 그렇게 한다'이었다. 다른 사람들이 본받아야 할 윤리적 말투 대신에 부끄러움을 모르는 Armstrong은 '공평한 경쟁의 장'을 만들기 위해서 속일 수밖에 없었다고 주장함으로써 비난을 피해나가려 했다. Armstrong을 광고대변인으로 고용했던 스폰서가 그로 인해 피해를 입었다는 소송을 제기함으로써 그는 큰 피해를 입게 되었다. 2015년에 스포츠 홍보회사에 1,000만 달러를 지급하라는 명령이 떨어졌고, 줄지어 재정상태를 압박하는 일련의 소송이 제기되었다.

Armstrong의 주장과는 반대로 어느 누구도 속일 것을 강요받지 않았고, 모든 사람이 그렇게 속였던 것도 아니었다. 복잡한 교차로에서 신호등이 고장났을 때 사람들이 어떻게 반응하는지 살펴보자. 대부분의 운전자들은 조심스럽게 행동하고, 질서정연하게 교대로 교차로에 진입한다. 무질서는 쉽게 발생할 수 있겠지만 대부분의 사람들이 협력하고 사심 없이 행동하려는 공통의 욕구가 있기 때문에 자주 발생하지는 않는다.

② 다른 사람들의 행위가 더 나쁘다.

이것은 단순히 '모든 사람들이 그렇게 한다'라는 합리화의 변형이다. 많은 사람들이 '다른 사람의 행위가 더 나쁘다'라고 지적함으로써 자신의 행위에 대한 비난으로부터 벗어나려고 노력한다. 대량살상과 엄청난 사기꾼들이 만연한 세상에서 항상 그들의 행위가 당신 자신의 행위보다 더 나쁜 사람들이 있을 것이다. 그러나 다른 사람들이 지독하게 못된 짓을 하더라도 그들의 행위가 당신 자신의 행위에 대한 책임으로부터 당신을 풀어주지 않는다는 것이다.

③ 법적으로 문제가 되지 않는다면 잘못이라고 할 수 없다.

우리의 법적 시스템은 행위의 최소기준을 설정하는 것이지 이상적인 기준은 아니다. 작은 범죄 또는 잘 감추어진 범죄는 자주 법망을 뚫고 나아가지만 그렇다고 이러한 행위가 윤리적인 것은 아니다.

회사동료가 땅콩 알레르기가 있다고 가정하자. 회사동료 가까이 땅콩을 가져가는 것이 불법은 아니지만 당신은 그에게 기꺼이 땅콩을 가져가겠는가? 법적 시스템으로는 어떤 행위를 금지하지 않거나 제대로 처단하지 못하지만, 당신의 윤리적 방향타는 당신을 좀 더 사려 깊게 행동하도록 인도할 것이다.

④ 누구에게도 피해가 되지 않았으므로 문제가 없다.

지나고 보니 잘못된 행동이 아무런 손해를 입히지 않았다면 잘못을 저지른 사람은 그들의 행위의 적정성을 따지는 것은 무의미하다고 말하곤 한다. 이러한 형태의 논리는 사후적으로 발생한 결과를 위험을 초래했던 과거의 행위와 혼동하게 만든다. 비록 운이 좋아서 비윤리적인 행위가 손해를 초래하지 않았을지라도 초기 행위의 비윤리성은 그 형질이 바뀌는 것은 아니다.

예를 들면, 강도가 은행을 터는 과정에서 아주 가까이에 있는 보안관에게 총을 쏘았는데 빗나갔다고 하자. 그 강도가 그의 총 다루는 실력이 없음에 대해 보상을 받아야 하는가? 아니면, 그가 형편없는 사수이든 아니든 간에 사람을 죽이려는 그의 의도를 강력히 처벌해야 하는가?

우리의 법적 시스템에서는 이 강도는 의도했으나 성공하지 못했기 때문에 성공한 살인의 경우보다는 보다 덜 혹독히 처벌하고 있다. 그러나 윤리적 관점에서 보면, 그 강도의 총을 쏘는 기술의 미숙함은 그가 취한 행동의 비윤리성을 변경시키지 않으며, 또한 사회가 그의 행위를 판단하는 방법을 바꾸어 놓아서는 안 된다.

⑤ 그들이 나를 그렇게 하도록 했다.

실수했을 때 행위의 결과를 받아들이기보다는 다른 누군가를 비난하려고 하는 것이 인간의 본성이다. 근무 중에 발생할 수 있는 압력이 있었더라도 다른 누군가를 비난함으로써 당신 행위의 책임을 축소하려고 하는 것은 윤리적이지 못하다.

예를 들면, 세금사기의 기소에서 절망한 납세자들은 종종 자신은 능력이 부족한 보조원, 회계담당자 또는 세금보고서 작성자들로 인해 피해를 입은 선의의 피해자로 보이려고 노력하곤 한다. 비난을 돌린다 해도 기소를 피해나갈 가능성은 없다. 더 중요한 것은 이러한 노력의 성공가능성이 거의 없다는 것이다.

3) 윤리기준의 보편성

모든 나라와 문화가 동일한 윤리원칙에 동의해야 하는가? 아니면, 윤리적 시각이 사회에 따라 다르고 시간이 지남에 따라 변화하는가? 여기에는 두 가지 상반된 관점이 있는데, 이는 절대적 윤리관과 상대적 윤리관이다.

① 절대적 윤리관

절대적 윤리관에 따르면, 윤리원칙은 보편적이고 변화하지 않는다. 세계적인 합의의 대표적인 예로는 인간가족 모두의 본질적 존엄에 대한 공통의 이해를 인식하고 있는 유엔이 채택한 세계인권선언(The Universal Declaration of Human Rights)이 있다. 이 선언에서는 평등, 정의, 표현의 자유와 같은 넓은 권리뿐만 아니라 동일업무 동일지급, 자녀들 교육에 대한 부모의 통제, 실직의 보호 등과 같은 좀 더 구체적인 권리 30가지에 대한 보편적 관점을 포함하고 있다. 이 선언은 한 표의 반대도 없이 1948년에 채택되었는데, 그 이후로 전혀 변함이 없다. 또한 절대적 윤리관의 다른 증빙으로 이 윤리관의 지지자들은 '다른 사람이 너희에게 행하길 원하는 대로 너희도 다른 사람에게 그렇게 행하라'라는 황금률이 모든 세계적 종교와 많은 나라에서 견고히 확립되어 있음을 지적한다.

② 상대적 윤리관

이와는 반대로 상대적 윤리관은 윤리기준은 시간의 흐름에 따라 발전되어 왔고 문화나 종교 그리고 정치적 체제에 따라 다양하다고 주장한다. 문화에 따라 윤리적 관점이 다른 몇 가지 사례를 살펴보도록 하자.

[성평등의 문제]

성평등에 대한 관점은 문화에 따라 매우 다르다. 많은 사람들이 성을 기준으로 차별하는 국가를 반사회적이라고 폄하하고 있지만 성평등이 널리 인정받는 것은 많은 나라에서 상대적으로 최근의 현상이다. 예를 들면, 미국에서도 여성들은 1920년까지 투표할 수 있는 권리를 인정받지 못했고, 1800년대 중반까지 결혼한 여성들이 원하지 않더라도 그들의 소득과 재산을 남편에게 이전해야만 했다.

[계약 자유의 문제]

계약의 자유와 계약조건의 준수는 모든 사회에서 중요한 가치로 인정되는데, 이는 상업이 경제를 발전시키는 데 크게 기여하기 때문이다. 그러나 많은 나라에서 어떤 종류의 계약은 널리 인정되고 있는 윤리기준을 침해한다고 본다.

예를 들면, 대부분의 나라에서는 인간장기의 상업적 판매는 인간의 존엄성을 침해한다고 비난한다. 그러나 일부 나라에서는 현금이 필요한 개인들이 그들의 장기를 건강이 나쁜 구매자에게 자의적으로 팔도록 허가할 때 사회에 도움이 된다는 상반된 관점을 견지한다.

생명을 살리는 것과 신체의 존엄성을 지키는 것 간의 적절한 균형에 대한 합의를 이끌어내기는 쉽지 않다. 예를 들면, 중국, 인도 그리고 필리핀과 같은 나라에서는 한때 인간장기의 판매를 허용하기도 했으나, 변화하는 사회적 관점에 부응하여 법으로 금지하기에 이르렀다.

[이자부과의 문제]

채권자가 대여금에 대한 이자를 받는 것을 허용해야 할까에 대한 문제는 문화에 따라 매우 차이가 난다. 수세기 전에 Aristoteles는 자유시장거래의 강력한 지지자였지만 그는 이자를 부과하는 자들을 혐오했다. 그는 '돈이란 교환의 수단이지 이자를 불리는 수단이 아니다. 돈이 돈을 낳는 것은 가장 자연스럽지 못한 것이다'라고 말하기도 했다. 그는 또한 더러운 이득을 취하고자 하는 채권자는 비윤리적인 뚜쟁이들과 함께 추방되어야 하는 존재라고 믿었다. William Shakespeare도 역시 영국에서 이자를 부과하고자 채권자가 사용하는 방법에 대해 혐오감을 드러냈다. 예를 들면, 그의 극작인 '베니스의 상인'에서 채권자인 Sherlock은 채무자에게 만일 만기가 도래한 금액을 상환하지 않는다면 이에 해당하는 채무자의 살점을 취할 것임을 상기시킨다.

현대에서까지 이자를 부과하는 윤리기준에 대한 논란이 존재한다. 우리나라를 비롯한 많은 국가에서는 비정상적으로 높은 이자부과를 금지하는 고리대금법을 채택하고 있다. 이슬람국가에서는 리바(riba)라는 윤리기준을 적용하여 이자부과를 전면 금지하고 있다. 예를 들어 이슬람 회계기준에 따르면, 지연지급에 대해 추가금액을 회수하는 판매계약은 무효이다.

그러나 모든 이러한 관점은 18세기 후반에 철학자 Bentham이 제시한 자유시장 관점과 배치된다.

대부분의 윤리학자들은 윤리적 가치가 특정 사회의 규범이 변함에 따라 변동한다는 개념을 폄하한다. 대신에 그들은 사회가 윤리기준을 적용하는 방법에서 다를 수 있지만 근저의 주요 원칙은 보편적이라고 주장한다.

그럼에도 불구하고 동물을 이용한 실험이나 아동노동 금지와 같은 다양한 분야에서 사회들 간에 많은 차이를 보이고 있다. 또한 특정 사업실무의 윤리성에 대한 국가 간 또는 문화 간의 합의가 되지 않기 때문에 국제적으로 동일한 전문적 기준을 수용하는 데 어려움을 겪고 있다. 많은 나라의 회계전문가들도 문화나 경제발전 정도의 차이로 인해 국제회계기준의 일부분은 그들이 일하고 있는 사회적 그리고 경제적 환경과 배치되고 있음을 인지하고 있다.

(2) 윤리의사결정

'사람은 자신의 일을 해야 한다'는 믿음은 아마도 윤리적 믿음의 한 부분일 것이다. 즉 무엇이 옳은 일인지, 왜 그 일을 해야 하는지, 자신에게 도움이 안 되어도 그 일을 해야 하는지 등이 윤리적 믿음을 형성한다.

우리가 '사람은 자신의 일을 해야 한다'에 동의하더라도 그렇게 하는 것이 문제가 되는 상황이 있다. 거기에는 일, 전문가정신 그리고 사생활 간에 충돌이 있을 것이다. 이 경우에 어떻게 해야 할까? 어떠한 기준으로 이러한 상충을 조정해야 할까?

윤리적 믿음의 분석이나 평가는 거기에 포함된 단어의 의미를 결정하는 것이 포함된다. 예를 들면, 한국공인회계사의 윤리강령에는 '성실하게 행동해야 한다'라는 것이 포함되어 있다. 그렇다면 성실(integrity)이란 무엇을 의미하는가? 윤리적 믿음의 분석은 검토 중인 행동이 성실한 사람이 수행할 행동인지를 분석하는 것이 포함된다.

분석 후에 평가단계, 즉 그 믿음이 옳은지를 결정하는 단계로 나아갈 수 있다. 많은 사람들은 윤리적 믿음은 주관적이라고 생각한다. 그들은 단순히 윤리적 믿음을 가지고 있다면, 그 믿음을 옳다고 만들기에 충분하다. 그들은 '그래, 그것이 당신의 견해라는 것이지, 그래서 그것이 너에게는 진실인 것 같아'라고 말할지 모른다. 이러한 태도를 취하면 믿음을 평가할 수 있는 여지가 없다. 이는 단순히 다른 사람의 믿음을 옳다고 수용하는 것이다. 그러나 만일 믿음의 보유만으로 그러한 믿음을 옳다고 만든다면, 유대인은 전멸시켜야 한다는 Hitler의 믿음도 정당화될 것이다.

믿음을 어떻게 평가해야 하는가? 윤리적 판단은 현재의 상황에 대한 믿음을 표현하는 사실적 판단과는 같지 않다. 결과적으로 윤리적 믿음은 사실적 판단(예를 들면, '지구는 둥글다'는 사실적 판단임)과 같은 방법으로 증명되거나 정당화될 수 없다. 사실적 판단은 관측과 과학적 이론으로 증명할 수 있다. 그러나 윤리적 믿음은 그러한 방법으로 정당화하거나 증명할 수 없다. 윤리적 믿음은 가치와 관련되는데, 문제는 가치는 볼 수도 만질 수도 없다는 것이다. 또한 윤리적 믿음은 감정, 욕구, 주관적 선호 등과도 관련된다. 이것이 많은 사람들이 각 개인의 믿음은 그 자신에게는 진실이라고 결론을 내리는 이유이다. 모든 사람은 판단을 하는데, 그 판단은 때로는 옳지 않다. 그렇다면, 이를 어떻게 평가하는가? 많은 경우에 윤리적 믿음을 평가할 수 있는 매우 간단한 절차가 있다. 이는 어떤 행동이 윤리적으로 수용가능하다고 볼 수 있는 좋은 이유가 있는지를 물어보는 것이다.

〈사례〉 약속을 지켜야 하는가?

당신은 20대 청년으로 이번 금요일에 데이트를 앞두고 있다. 파트너에게 잘 보이기 위해 아버님께 멋진 스포츠카를 사용할 수 있게 해달라고 말씀드렸다. 아버님은 '좋아, 문제없어'라고 대답하셨다. 금요일이 되어 자동차 열쇠를 요청했을 때 아버님은 '안 돼, 자동차를 사용할 수 없어'라고 말씀하셨다. 당신은 어떻게 반응할까? 아마도 당신은 불신감으로 '아버님이 약속하셨잖아요?'라고 말하거나 '왜 안 되지요?'라고 말할 것이다. 만일 아버님이 당신에게 자동차를 빌려줄 의무가 없다고 믿는다면, 그 믿음이 정당하지 않거나 아니면 그는 이를 정당화할 필요가 있다.

'왜 안 되지요?'라는 당신의 의문에 아버님이 '나는 그렇게 하고 싶지 않아'라고 답한다면 당신은 그것이 좋은 이유라고 보지는 않고, 아마도 차를 빌려주기로 한 약속을 상기시킬 것이다. 사람들이 말한 대로 행동하고 싶지 않을 수도 있기 때문에 약속을 하는 것이다. 아버님의 이유, 즉 그가 그걸 원하지 않기 때문이라는 것은 말이 안 된다. 그는 자신의 느낌을 극복하고, 약속을 존중해야 한다. 만일 우리 모두가 느끼는 대로 행한다고 가정해 보자. 우리의 사회제도는 붕괴할 것이다. 당신의 아버님이 단순히 자기의 느낌 때문에 차를 빌려줄 수 없다고 말하는 것은 아내가 아침에 잠에서 깨어 갑자기 '난 결혼해서 살고 싶은 생각이 없어'라고 선언하는 것과 같다. 그의 믿음은 정당하지 않다.

당신이 '왜 안 되지요?'라고 물었을 때 '집으로 오는 길에 브레이크가 고장 났는데, 고칠 시간이 없었어'라고 말했다면, 이는 약속을 지키지 않고 자동차를 당신에게 사용하도록 허용하지 않는 좋은 이유가 된다. 더욱이 그가 이러한 상황에서 약속을 지킬 의무가 없다는 그의 믿음은 정당화된다.

위의 사례는 윤리적 믿음을 평가하는 방법을 보여준다. 윤리적 믿음은 만일 이를 수용할 수 있는 좋은 이유가 있으면 정당화될 수 있다. 더욱이 좋은 이유는 윤리적 원칙의 근거를 제시하고 윤리적 이론의 핵심이 된다.

윤리적 믿음을 정당화하는 두 가지 이유가 있다. 하나는 행함을 정당화하는 적극적 이유이고, 다른 하나는 행함을 금지하는 이유이다. 행함을 금지하는 이유가 더 일반적인데, 이는 다른 사람에게 해가 되어 금지하기 때문이다. 행함을 정당화하는 적극적 이유가 행함을 금지하는 이유보다 정당화하기가 더 어려운데, 이는 행함에는 선택의 여지가 무한하기 때문이다.

앞에서 언급했던 믿음, 즉 '사람은 자신의 일을 해야 한다'에 이러한 이유를 적용해 보자. 왜 사람은 자신의 일을 해야 할까? 첫째로 일을 하는 것은 자신에게 도움이 되는데, 이는 그에게 이익과 의미를 주기 때문이다. 둘째로 일을 분업하는 것은 사회가 작동하는 데 가장 효율적인 방법이고, 사회발전에 필수요소로서 사회에 도움이 된다. 마지막으로 일을 하겠다고 약속했으면 이는 반드시 지켜야 한다.

1) 행동의 정당성을 점검

행동의 정당성을 확보하기 위해서는 이를 지지 또는 반대하는 이유를 점검해야 한다. 이러한 이유를 점검하는 한 가지 방법은 몇 가지 기본적인 질문을 하는 것이다.

① 나에게 좋은 행동인가?

행동이 개인에게 이익이 되거나 그 사람에게 좋은 것이라면, 이를 행하는 좋은 이유가 된다. 일을 하는 좋은 이유는 이는 살아가는 데 필요한 이익을 제공하기 때문이다. 오늘날 의미 있는 일의 중요성이 강조되고 있다. 그러나 일을 하는 당사자에게 도움이 되지 않는다면, 의미 있는 일일까?

반면, 어떤 행동이 개인을 해친다면 그것을 행하지 않는 좋은 이유가 된다. 사람들은 자주 윤리적 행위를 그들에게 해를 끼치는 행동과 동일시하고 도움이 되는 행동을 방어하길 주저한다. 이는 실수이다. 건강한 이기주의는 좋은 것이다. 만일 당신이 자신의 이익을 돌보지 않는다면 누가 그럴까?

여기에는 몇 가지 조심할 것이 있다. 자신에게 도움이 되는 일이 반드시 자신이 원하는 것이 아닐 수가 있다. 우리가 원하는 것은 다양하다. 예를 들면, 나는 아이스크림을 원하지만 이는 다이어트에는 좋지 않을 수 있다. 우리는 '좋다'는 뜻이 무엇인지 밝혀야 한다.

먼저 인간의 기본 필요를 채우는 것이 '좋다'고 보자. 인간으로서 우리는 인간본질의 다양한 측면에 부응하는 여러 가지 수준의 필요를 가지고 있다. 육체 측면을 만족시키는 물질적 필요, 즉 의복, 음식 및 주거가 있다. 이 외에도 인간은 사회적이기 때문에 친구관계와 같이 다른 사람들과 관계할 필요도 있다. 마지막으로 인간은 의미 있는 행동을 하려는 욕구가 있다.

② 사회에 좋은 행동인가?

윤리적으로 생각할 때 자신을 위한 행동으로 인한 이익만 생각하는 데 그치지 않고 더 나아가 그 행동으로 인해 영향을 받는 모든 사람들의 이익을 고려한다. 어찌 되었든 세상의 모든 행동이 우리에게 직접적으로 영향을 주지는 않는다. 1982년 타이레놀의 제품회수사건을 돌이켜 보자. 타이레놀에 주입된 독극물로 인해 여러 사람이 죽음에 이르자 Johnson & Johnson은 가판대에 있는 모든 제품을 회수했다. 어느 누구도 그들이 제품을 회수한 것이 자기에게 영향을 미치지 않는다고 생각했다. 따라서 그 회사의 행동은 나에게 좋지도 나쁘지도 않았다. 그러나 객관적인 입장에서 볼 때 그 행동은 그 제품을 사용할지도 모르는 사람들에게 해를 끼치는 것을 방지하기 때문에 좋은 일이라고 생각했다.

단순히 말해 그 행동은 나를 비롯한 모든 사람에게 좋은 일이었고, 그로 인해 더 많은 사람이 혜택을 입을수록 더 좋은 것이다. 물론 행동이 사회에 도움이 되지만 나에게 해가 될 때에는 문제가 있다.

③ 공정하고 정당한 행동인가?

어렸을 때 어머님이 케이크 조각을 당신과 형제자매에게 나누어 준 경험이 있을 것이다. 그때 당신에게 나누어 준 케이크 조각이 다른 형제자매에게 나누어 준 것보다 작다면 당신은 어머님이 공정하지 않다고 생각하지 않았을까?

우리 모두가 알기로는 정의의 원칙은 '동일한 것은 동일하게 취급되어야 한다'라는 것이다. 그러나 '동일'이라는 의미에 대해서는 동의하지 않는 경우가 있다. 만일 당신과 형제자매 간에 유의한 차이가 없다면 모두가 동일한 크기의 케이크를 받아야 한다. 그러나 만일 그날이 바로 당신 동생의 생일이라면 당신들은 모든 유의한 측면에서 동일하지 않다. 동생의 생일이 더 큰 조각을 받을 좋은 이유가 된다.

④ 다른 사람의 권리를 침해하는 행동이 아닌가?

모든 인간이 동일하다는 것은 그들이 특정 방법으로 취급될 권리(자격)가 있다는 것이다. 권리(자격)에는 부정적인 것과 긍정적인 것이 있다. 부정적인 권리는 우리가 이미 가지고 있으며, 존중되어야 하고, 어느 누구도 빼앗을 수 없는 것에 대한 권리이다. 생명권, 자유권 등이 이에 속한다.

자유권의 예를 들어보자. 만일 당신이 다른 사람과 동일하다면, 그들이 어떤 권리로 당신의 자유를 제한할 수 있을까? 왜 그들의 자유가 당신 자유보다 더 중요한가? 자유권은 자유시장경제시스템에서 필수적인데, 왜냐하면 자유교환이 효율적인 시장의 핵심이기 때문이다. 사기 마케팅과 강압 마케팅은 비난을 받는데, 이는 알고 동의하는 데 필요한 정보를 왜곡시키는 것은 고객의 자유를 침해하는 것이기 때문이다.

부정적 권리가 본질적인 반면, 긍정적 권리는 무엇인가가 제공되어야 할, 즉 무엇인가를 받아야 할 권리이다. 아이들은 교육받을 긍정적 권리를 가진다. 그러나 이는 누군가가 그러한 교육을 제공할 의무를 가진다는 것을 의미한다.

즉 모든 긍정적 권리에는 이에 상응하는 의무가 있다. 그러나 만일 제공할 능력과 책임을 가진 사람이 없다면 받을 권리를 주장하는 것이 무의미하다. 예를 들면, 건강보험이 없는 사회에서는 적절한 의료서비스를 받을 권리를 주장하는 것은 말도 안 된다.

⑤ 암묵적이거나 명시적으로 약속을 한 적이 있는가?

사람은 약속을 하는데, 이것이 인간을 다른 동물들과 구별하는 한 가지 특징이다. 약속이 없이는 우리의 사회는 작동하지 못한다. 따라서 약속을 했다면, 반드시 지켜야 하고, 이는 약속한 행동을 하는 좋은 이유가 된다.

그러나 여기에 조심할 것이 있다. 약속을 지키는 것이 해를 끼친다면, 약속을 존중해야 하는가? 예를 들면, 당신이 이웃에게 자동차를 빌려주기로 약속했다고 하자. 그러나 만일 그 이웃이 누군가를 살해할 목적으로 자동차를 빌려달라고 했다면, 그 약속을 지켜야 할까? 이 경우 약속을 존중하는 데서 오는 피해가 약속을 지키는 책임을 능가하는 것이 분명하다.

행동을 정당화하기 위해 앞에 제시된 이유를 사용하는 방법을 검토해 보자. 만일 회사에는 이익이 되고, 나는 사례금을 받고, 사회에 도움이 되고, 어느 누구도 불공정하게 취급하지 않으면서 약속을 위반하지 않는 어떤 제품을 판매하고자 계획하고 있다면, 이를 행동해야 할 좋은 이유밖에 없다. 그러나 회계전문가가 은행차입을 위해 작성된 재무제표에 이익을 거짓으로 표시한다면, 이는 사회에 도움이 되지 않는다. 이러한 회계전문가의 행동은 사기로서 불공정하고 회사가 공동체와 함께하는 신뢰관계를 깨뜨린다. 이 상황에서는 그렇게 행동해서는 안 되는 이유가 된다.

의사결정에는 절차가 있다. 일상적인 윤리 관련 질문을 해보라. 만일 행동할 좋은 이유(예를 들면, 당신과 사회에 도움이 되고, 공정하고, 다른 사람의 권리를 침범하지 않고, 약속을 지킴)가 있다면 그렇게 하라. 그 반대의 경우에는 그렇게 하지 말라. 다음 사례를 살펴보자.

〈사례〉 교육받음

교육을 받으면 당신에게 도움이 된다. 사회에도 도움이 되는데, 교육받은 사람이 더 많을수록 사회는 더 좋아질 것이기 때문이다. 만약 교육을 받는데 어떤 약속도 어기지 않고 아무도 당신이 교육을 받음으로써 불공정한 피해(예를 들면, 당신의 교육비를 대기 위해 오빠가 힘든 일을 함)를 입지 않았다면 이는 행해야 할 행동의 표본이다.

이러한 상황에서도 교육을 받지 않는 것을 정당화할 수 있는 좋은 이유가 있을까?

당신이 교육의 가치를 인정함에도 불구하고 교육받는 것을 싫어한다고 가정하자. 이 경우 당신이 싫어하는 행동을 해야 한다면, 이것이 당신에게 좋을 수가 있을까? 우리에게 도움이 되는 것과 우리가 원하는 것은 다르다. 때로는 장기적으로 도움이 되는 것을 위해 즐거움을 미루거나(아이스크림을 먹지 않음) 괴로움을 참기도(백신주사를 맞음) 한다.

위의 질문에 대한 대답은 행동을 정당화하는 이유를 제시한다. 그러한 질문에 답하기 위해서 윤리수업을 들을 필요는 없다. 그 대답들이 뒤에서 살펴볼 윤리이론(뒤의 [1-2]에서 언급됨)의 원칙을 제공한다. 윤리이론은 모든 윤리적 규범 또는 판단을 위한 기초를 설정한다.

만일 택해야 할 행동이 분명하다면, 윤리이론이 필요 없다. 많은 경우에 택해야 할 행동이 분명하다. 그러나 택해야 할 행동이 분명하지 않다면, 어떻게 할 것인가? 예를 들면, 윤리강의를 듣게 되면 이번 봄에 아이와 휴가를 가기로 한 약속을 어기게 된다고 가정하자. 윤리강의를 들으면 당신에게는 큰 혜택이 되지만 당신의 아이에게는 공정하지 못하다. 이와 같이 무엇을 할 이유와 해서는 안 되는 이유가 공존할 때 윤리적 딜레마에 직면하게 된다. 이러한 딜레마를 풀기 위해서 윤리학자들은 그 행동에 깔려 있는 주요 윤리원칙에 의존한다.

음주검사는 피해를 미연에 방지(하는 것에 대한 좋은 이유)할 수 있지만 개인의 사생활 권리를 침해(하지 않는 것에 대한 좋은 이유)한다. 회계책임자가 기업의 잘못된 회계처리를 고발하는 것은 피해를 방지하고 회계책임자의 대중에 대한 책임을 충족시키지만 기업에 대한 충성을 위반할 것이다. 피해를 우선하는 사람은 고발할 이유가 있는 반면, 충성을 우선하는 회계전문가에게는 내부고발을 하지 않을 이유가 된다.

〈사례〉 윤리적 딜레마

(1) 제2차 세계대전에서 미국의 트루먼 대통령은 일본의 히로시마와 나가사키에 원자폭탄을 투하하는 의사결정을 했다. 그 결정을 지지하는 사람들은 만일 일본에 상륙하여 점령해야 한다면 약 300만 명이 목숨을 잃을 가능성이 있어 원폭으로 8만 명을 잃는 것은 정당화된다고 주장했다. 반면, 그 결정을 비난하는 사람들은 그 행동으로 인하여 무고한 사람들이 목숨을 잃기 때문에 비윤리적이고 정당하지 않다고 주장했다.

(2) 은영 씨는 중소기업의 회계책임자로 일하고 있다. 그 회사의 CEO인 김 사장은 근무시간을 유연하게 사용해 그녀의 어린아이들을 돌볼 수 있도록 편의를 제공했다. 은영 씨는 주요 거래처인 수상(주)에 대한 매출채권의 회수 가능성을 우려해 충당금을 조정해야 한다고 믿고 있다. 이러한 우려를 김 사장에게 전달했을 때 그는 '만일 충당금을 조정하면 우리가 필요한 대출을 받을 수가 없을 텐데…'라고 말했다. 은영 씨가 김 사장으로부터 '옳다고 생각하는 대로 하세요'라는 말을 들었을 때 김 사장이 진실로 원하는 것은 회사의 형편을 고려해 충당금을 조정하지 않는 것임을 눈치챘다.

은영 씨는 특별히 요구받지 않았지만 김 사장이 원하는 대로 행동하여야 할까?

윤리적 딜레마는 상반된 이유가 있을 때 발생하고, 이러한 딜레마를 풀기 위해서 윤리이론이 필요하다. 모든 윤리이론은 대립되는 이유가 있을 때 모든 다른 이유보다 우선하는 결정적인 이유가 있다고 본다. 그 이유가 이론을 나타내는 원칙에 분명히 표현된다. 결과보다는 공정성과 권리를 주장하는 이론이 의무론(deontology)이고, 공정성이나 권리보다는 결과를 중시하는 이론이 공리론으로 대표되는 결과론(consequentialism)이다. 윤리적 딜레마를 해결하기 위해서는 필연적으로 다음의 [1-2]에서 논의될 윤리이론을 깊이 살펴볼 필요가 있다.

그렇게 극적은 아니지만 회계에서도 딜레마가 존재한다. 위의 은영 씨의 사례에서 보듯이 정직과 성실을 유지하여 숫자를 조정하지 않는 것이 다른 당사자

(기업)에게 긍정적인 결과를 가져오는 것(은행의 대출을 받음)보다 더 윤리적인 경우가 있다.

2) Rest의 윤리의사결정 모형

James Rest는 다음과 같이 윤리의사결정을 수행하는 4단계를 제시하고 있다.

〈제1단계〉 윤리적으로 민감하라.

윤리의사결정에서 첫 번째 단계는 특정 상황에서 윤리와 관련된 문제가 있는지를 식별하는 것이다. 예를 들면, 회사가 닫은 시간에 동료가 자기 아이를 사무실로 데려와 회사비품을 사용하여 숙제하는 것을 목격했다고 하자. 어떤 사람들은 허가 없이 회사비품을 사용하는 것은 윤리적으로 문제가 있다고 생각하고, 다른 사람들은 아이가 열심히 숙제하는 모습을 즐기면서 문제가 없다고 생각할 것이다.

윤리적으로 민감하기 위해서는 행위를 다른 관점에서 바라보아야 하며, 이를 위해 다른 관점을 가지고 있는 사람들과 이 문제를 터놓고 토론해야 한다.

〈제2단계〉 윤리적 판단을 내려라.

일단 윤리적인 문제가 있음을 인식했으면 두 번째 단계는 행위의 옳고 그름을 결정하는 것이다. 예를 들면, 아마도 당신은 동료의 회사비품 사용은 문제가 없다고 결정할 수도 있다. 왜냐하면 회사의 주인은 가정의 가치를 매우 중요하게 보고 있으며, 사용된 회사비품의 가치도 미미하기 때문이다. 반면, 당신은 회사비품의 허가 없는 사용은 잘못이라고 결정할 수도 있다.

윤리적 판단을 발전시키기 위해서는 다른 문화나 사회에서 옳고 그름을 판단하는 방법을 생각하려고 노력해야 한다. 또한 원가-효익 분석과 같은 어떤 다른 접근방법이 당신의 의사결정을 도울 수 있는지를 생각해 보아야 한다.

〈제3단계〉 행동으로 옮겨라.

윤리적으로 옳은 것이라고 판단하면, 다음 단계는 이를 달성하기 위해서 취할 행동을 구체화하여야 한다. 만일 윤리적 행동에 대한 대가로 현금보상 또는 진급과 같은 인센티브가 있으면 이 과정은 상대적으로 쉽다. 그러나 많은 경우에 당신의 친구관계, 재무상태 등에 불리한 영향을 미칠 수도 있는 상황에 직면할지도 모른다. 이러한 상황에서 당신은 행동의 효익을 현상유지의 효익과 비교해야만 한다.

예를 들면, 당신이 자녀의 숙제를 위하여 회사비품을 사용하는 것은 잘못이라고 결론지었다고 가정하자. 만일 이를 회사의 CEO에게 알리면 아마도 당신은 그 행위에 대한 보상으로 칭찬을 받거나 승진기회를 얻을 수도 있다. 반면, 당신의 작업환경에 영향을 미칠 수 있는 동료들은 다른 동료를 팔아먹는 사람으로 당신을 외면할 수도 있다.

행동하기 전에 당신의 감정을 진정시키고, 앞으로 닥쳐올 방해물을 식별하고, 달성할 수 있는 것과 달성하지 못할 것의 실리를 챙겨보아야 한다.

〈제4단계〉 윤리적 인격을 체질화하라.

마지막 단계는 원하는 행동을 실행에 옮길 수 있도록 윤리적 인격을 점검하는 것이다. 이는 지속성, 에너지, 당신의 전략적 행동에 대한 믿음 그리고 어려움을 극복하는 정신적인 강인함을 필요로 한다. 예를 들면, 만일 당신이 회사비품을 개인용도로 사용하는 동료를 고발하는 데에서 오는 불이익을 염려한다면, 이를 함께 나누고 당신의 목격을 뒷받침해 줄 수 있는 사람을 찾아보아야 한다.

이제까지 언급한 의사결정 접근법은 사람들이 윤리적 딜레마를 평가하는데 상당한 시간과 노력을 쏟아부었다고 가정하는 것이다. 그러나 많은 윤리의사결정은 제한된 시간 내에 느낌에 기초해서 자동적으로 신속히 이루어진다. 예를 들면, 노벨상 수상자인 Daniel Kahneman은 인간의 두뇌는 이중처리기능을 한다고 주장한다. 그는 우리의 뇌에는 신속한 직감적 결정을 하는 〈시스템1〉과 사채상환표를 준비하는 것과 같이 숙고하여 통제된 분석을 필요로 하는 사고를 위한 〈시스템2〉가 있음을 개념화했다.

[그림 2]를 주목하라. Kahneman은 '아래 선이 위의 선보다 얼마나 더 긴가?'라는 질문을 제시한다. 직감 〈시스템1〉은 아래 선이 위의 선보다 길다고 판단할 것이다. 그러나 신중 〈시스템2〉는 자를 가지고 분석하여 두 선의 길이가 똑같음을 증명할 것이다.

[그림 2] 어느 선이 더 긴가?

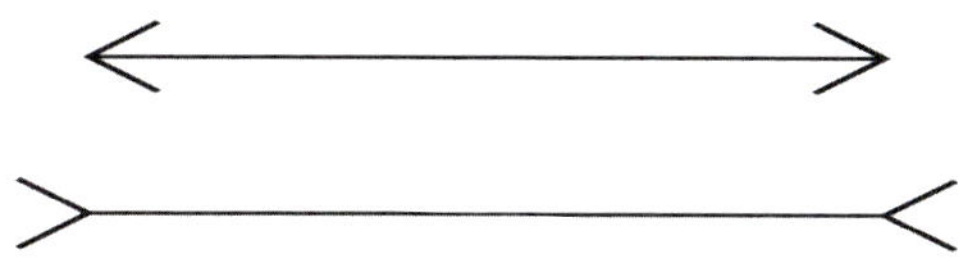

윤리적 의사결정을 발전시키기 위해서는 심리학자들은 〈시스템1〉의 감정(emotional dog)이 〈시스템2〉의 이성(rational tail)을 압도하지 않도록 길들일 필요가 있다고 믿는다. 말하자면, 건전한 의사결정을 위해서는 때로는 즉각적이고 직감적인 반응을 억제하고 신중히 분석하도록 노력해야 한다.

(3) Kohlberg의 윤리추론 발전단계

심리학자 Lawrence Kohlberg의 선구적인 연구에 의하면, 사람들은 훈련과 인생경험으로 인해 시간이 지남에 따라 윤리적 추론이 점차 더 높은 수준으로 발전한다. Kohlberg의 윤리추론 발전단계 모형은 6단계로 구성되어 있는데, 그는 이를 다음과 같이 두 단계씩 묶어 세 수준으로 구분하고 있다(〈표 1〉을 참조).

〈표 1〉 Kohlberg의 윤리추론 발전단계

수준	초점	단계	기 술
1	개인 자신	1	단순히 자기이익을 위해 행동, 처벌을 면할 수 있을 때 규칙을 따르지 않음
		2	역시 자기이익을 위해 행동하지만 다른 사람도 원하는 것이 있으며, 처벌은 잘못된 행위의 심각성에 비례함을 이해함
2	집단의 기대	3	가족이나 친구와 같은 가까운 사람들을 만족시키는 행동을 함
		4	법률을 준수함으로써 넓은 사회구성원들을 만족시키는 행동을 함
3	내적 원칙	5	어떤 법률은 합리적으로 도전받아야 하며 변경되어야 함을 인식함
		6	법률을 위반하더라도 내적 양심을 준수함

[첫 번째 수준] 자신에 초점을 맞춤

윤리적 추론의 [첫 번째 수준]에서는 개인들은 자기 자신의 처벌과 보상에 관심을 갖는다. 이 수준을 '사전관습수준'이라고 부르고, 이는 두 단계로 구분된다.

〈1단계〉 통상 어린아이들과 관련된다. 어린아이들은 종종 그들의 행위가 초래할 처벌에 근거하여 결정을 내린다. 어린아이들은 단순히 부모님이나 선생님과 같이 권위를 가진 자들로부터 처벌받거나 인정받지 못할 두려움 때문에 공손하게 행동한다.

〈2단계〉 사람들은 역시 자기 자신에 초점을 맞추지만 그들은 처벌이 개인의 잘못된 행위의 심각성에 따라 달라짐을 인식하기 시작한다. 예를 들면, 어린아이가 근처에 사는 다른 아이를 때리는 것을 생각하고 있다고 하자. 〈1단계〉에서는 그 아이는 단순히 즉시로 다가올 처벌받을 가능성에 근거하여 행동여부를 결정한다. 그러나 〈2단계〉에서는 아이는 잘못된 행동은 심각한 처벌을 받지만 근처 아이를 괴롭힘에서 지킴 등과 같이 의도가 좋은 행위는 처벌이 매우 경미함을 인식한다.

또한 개인들은 오늘의 협력적 행위는 미래에 보상을 받게 되는 암묵적인 교환임을 인식한다. 예를 들면, 〈2단계〉에서 아이는 처벌에 대한 두려움이 아니고 귀가시간의 연장 등과 같은 미래의 보상을 기대하고 부모님을 위해서 하기는 싫지만 특정 행위를 수행하는 것에 동의할 수 있다.

비록 [첫 번째 수준]이 어린아이와 관련되지만 많은 성인들도 [첫 번째 수준]을 보이는 경향이 있다. [첫 번째 수준]에서는 자신의 고용주, 고객 또는 부하들의 복지보다는 전적으로 자신에게 초점을 맞추기 때문에 그들은 조직 내에서 지도자의 자질을 지니지 못한다. 그들은 엄격한 행동규범이 있거나 제재가 신속히 실행되는 환경에서 일할 필요가 있다.

[두 번째 수준] 집단의 기대에 초점을 맞춤

'관습수준'이라고 알려진 [두 번째 수준]에서는 사람들은 처벌에 대한 두려움에서가 아니라 다른 사람들을 만족시키려는 동기를 가지고 행동한다. [두 번째 수준]도 역시 두 단계로 구성된다.

〈3단계〉 개인들이 친척이나 친구들과 같은 가까운 사회관계망에 있는 사람들의 기대에 근거하여 윤리적 판단을 내린다. 예를 들면, 이 단계의 사람들은 음주운전이나 시험부정행위를 하지 않는데, 이러한 행동이 발각되면 그들뿐만 아니라 그들의 가족을 부끄럽게 만들기 때문이다.

〈4단계〉 그들의 의사결정에 영향을 주는 범위를 사회 전체로 확대한다. 전형적으로 이 단계의 사람들은 법률은 사회적 가치의 중요한 표현이고, 그들은 법률을 준수해야 함을 인식한다.

이 수준을 관습수준이라고 부르는 이유는 전형적으로 사람들이 이 수준을 나타내고, 어떤 이는 여기에도 미치지 못하고, 이 수준을 뛰어넘는 이는 상대적으로 많지 않기 때문이다.

[세 번째 수준] 내적 원칙에 초점을 맞춤

'사후관습수준'이라고 불리는 [세 번째 수준]은 높은 수준의 가치와 원칙의 개발을 수반한다. 이 수준도 두 단계로 구성되어 있다.

〈5단계〉 비록 법률이 다수결에 의한 합의를 나타내지만 합리적인 사람들은 법률을 그대로 준수해야 할지에 대해 상이한 의견을 제기할 수 있다. 이 단계의 사람들은 지적으로 특정 법률이 근저하고 있는 사회적 가치에 의문을 제기하기도 하고, 민주적 과정을 통해 필요한 변화를 추구하려고 행동하기도 한다.

〈6단계〉 개인들이 법률의 강요와는 상관없이 성실성 또는 정의와 같은 추상적인 개념에 대한 그들 자신의 윤리적 추론에 따라 행동할 때 달성된다. 이 단계에서는 대안적 관점에서 다른 사람들의 입장이 되어 법률을 평가하는 능력을 가진다. 그들은 또한 자신의 불복종이 제재 또는 투옥을 초래할 것임을 알면서도 그들로 하여금 관습적인 사회적 가치를 반대하는 충분히 형상화된 양심을 가지고 있다.

1900년대 초 인종차별법을 어기는 시민불복종 행동이 〈6단계〉 행위의 전형적인 사례라고 할 수 있다. 예를 들면, 흑인 아이가 갈증이 매우 심하고 근처에 물먹을 수 있는 곳에서의 법은 '백인만을 위하여'라고 표시하고 있는데 아이의 건강을 우선하고 법을 무시하는 흑인 부모는 〈6단계〉 행위를 하는 것이다.

Kohlberg는 그의 관찰에 근거하여 〈6단계〉 행동을 지속적으로 하는 사람은 많지 않다고 결론지었다.

〈사례〉 Kohlberg의 윤리발전과정

임 서방은 매우 아내를 사랑하는 사람인데, 중병으로 죽어가는 아내를 위하여 매우 비싼 약재를 구하길 원하고 있으나 가난하여 그 약재를 살 수가 없었다. 약재상이 그 약재의 값을 낮추어 주기를 거부하자 임 서방은 그 약재를 훔칠 것을 깊이 생각하고 있다.

임 서방이 이에 대해 다음과 같이 생각하고 있다고 하자.

① 나는 투옥될 것을 알기 때문에 그 약재를 훔치지 않으려고 한다.

② 판사도 이 경우에는 큰 처벌을 하지 않을 것이므로 그 약재를 훔치려고 한다.

③ 아내가 그렇게 하는 것을 옳다고 생각할 것이기 때문에 그 약재를 훔치려고 한다.

④ 아내가 이를 매우 원하지만 사람들이 자기가 원하는 법만을 지킨다면 사회가 제대로 기능을 할 수 없다고 보기 때문에 나는 약재를 훔치는 것을 꺼린다.

⑤ 내 아내의 살 권리는 약재상의 재산에 대한 권리보다 더 중요하다.

⑥ 나는 약재를 훔치려고 한다. 왜냐하면 역할을 바꾸어 보면 약재상도 자기 아내의 삶을 위하여 약재를 훔칠 것임을 알기 때문이다.

위의 각 견해가 Kohlberg의 윤리발전과정에서 어느 단계인지 평가하라.

풀이

- 첫 번째와 두 번째 생각은 [첫 번째 수준]에 해당한다. 그들은 임 서방 개인에 초점을 맞추고 처벌의 가능성에 대해 걱정하고 있다. 첫 번째 생각은 처벌 그 자체만을 고려하기 때문에 〈1단계〉에 해당하는 반면, 두 번째 생각은 처벌수준은 경감사유에 따라 달라질 수 있음을 고려하기 때문에 〈2단계〉에 해당한다.
- 세 번째와 네 번째 생각은 또래집단(peer group)의 수용에 초점을 맞추기 때문에 [두 번째 수준]에 해당한다. 세 번째 생각은 단지 자기 아내의 관점에서 생각하기 때문에 〈3단계〉에 해당한다. 반면, 네 번째 생각은 넓은 또래집

단인 전체 지역사회의 관점을 고려하고 있기 때문에 〈4단계〉에 해당한다.

- 다섯 번째와 여섯 번째 생각은 법률의 부당성을 평가할 수 있는 상태이기 때문에 [세 번째 수준]에 해당한다. 다섯 번째 생각은 법률의 준수를 넘어서 인간보존의 가치를 높게 평가하기 때문에 〈5단계〉에 해당한다. 마지막 생각은 법률을 준수하지 않겠다는 것이므로 〈6단계〉에 해당한다. 또한 다른 사람의 관점에서 결론에 도달하기 위해서 약재상의 입장에서 생각해 보고 있다.

(4) 회계전문가와 윤리

회계전문가들은 자신, 가족, 동료, 그리고 그들이 서비스를 제공하는 고객과 기업에게 다양한 윤리적 책임을 지고 있다. 회계전문가로 들어섰을 때 암묵적으로 회계전문가로 일을 할 것을 약속했고, 이러한 약속은 지켜져야 한다. 회계전문가로 일한다는 것은 일련의 특별한 책임을 진다는 것을 포함한다. 이러한 책임은 업무명세표, 회사의 직업윤리, 전문가집단의 윤리기준 등에 나열되어 있다. 예를 들면, 한국공인회계사 윤리기준에는 다양한 윤리강령(성실성, 공정, 전문가적 적격성과 정당한 주의, 비밀유지, 그리고 전문가적 품위 : 뒤의 제3편에서 상세히 언급될 것임)이 제시되고 있다.

회계전문가는 공익에 도움되고 대중의 신뢰를 존중하며 전문가로서 행동할 의무를 받아들여야 한다. 그렇다면 회계전문가는 자신의 이익을 공익 아래에 놓아야 하는가? 만약 회사 이익이 고객이나 일반대중의 필요와 상충한다면 어떻게 행동해야 하는가?

무엇보다도 회계전문가들은 행동할 때마다 민감한 전문적이며 윤리적인 판단을 해야 한다. 만일 우리가 윤리적 판단이 어떻게 구성되는지 결정할 수 있다면, 윤리적 믿음에 적합한 방법을 발견할 수 있을 것이다.

과거 수십 년 동안 크고 작은 많은 회계스캔들을 목격했다. 그러나 이는 모든 회계전문가와 회계법인들이 비윤리적으로 행동하고 있다는 것을 의미하지는 않는다. 그렇지 않으면, 회계산업은 무너졌을 것이기 때문이다.

그럼에도 불구하고, 이러한 상황은 회계분야의 윤리적 행위를 세심히 살펴볼 필요성이 있음을 보여주고 있다. 또한 회계전문가들이 더 윤리적으로 민감해지고 윤리적 행동을 해야 할 필요가 있음을 제시한다.

1) 윤리적 판단의 어려움

재무회계, 세무보고, 내부통제 등에서 윤리적 문제가 발생할 수 있다. 이 중에서 재무회계 분야의 윤리적 판단을 살펴보기로 하자.

먼저 대변과 차변에 정확히 얽혀 돌아가는 회계에서 어떻게 윤리문제가 발생할 수 있을까 의문이 들 수 있다. 그러나 회계(accounting)는 단순히 기업에서 발생한 거래나 사건을 기록하는 부기(bookkeeping)가 아니다. 회계의 많은 부분에서 상당한 전문가의 판단을 필요로 한다. 예를 들면, 당신 고용주의 식당이 고객에게 제공한 음식의 문제로 소송이 걸려 약 10억원 정도를 배상할 것으로 예상하고 있다고 하자. 회계기준에 따르면, 만일 이러한 손실의 발생가능성이 높으면 즉시 부채로 계상해야 한다. 그러나 '발생가능성이 높음(probable)'이란 무엇을 의미하는가?

회계기준에 따르면, 발생가능성이 높음은 발생확률이 50% 이상(more likely than not)인 경우를 의미한다. 수학적으로는 분명하지만 이의 적용은 그렇지 않다. 경험 많은 전문가도 결과예측을 주저할 때 회계전문가가 어떻게 이러한 확률판단을 할 수 있을까? 그럼에도 불구하고 회계전문가는 이러한 주관적 결정을 하는 과정에서 최선의 노력을 해야 할 윤리적 의무를 지고 있다. 다시 말하면, 회계전문가는 발생가능성이 높음을 해석하는 데 있어 상당한 재량권을 가지고 있는 한편, 기업의 재무상태를 공정하게 표현하도록 최선의 노력을 해야만 하는 윤리적 의무를 지닌다.

발생가능성이 높음의 의미를 해석하는 데 있어서의 윤리적 딜레마 이외에도 현장에서 다양한 압력을 마주하게 된다. 예를 들면, 당신의 고용자가 당신에게 손실보고를 늦추도록 압력을 가할 수도 있다. 그러나 채권자와 투자자는 이러한 소송으로 인해 기업이 도산하여 발생할 수 있는 위험을 미연에 방지하기 위해 당해 손실을 즉시 인식하길 원할 것이다.

이러한 사례가 보여주듯이 불명확한 기준이나 상반된 압력에 직면할 때 비록 매우 양심적인 회계전문가도 윤리적으로 올바른 결정을 내리는 데 어려움을 겪을 수 있다.

2) 회계전문가가 윤리적이어야 할 이유

회계전문가들은 '왜 내가 윤리적이어야 하는가?'를 자문해볼 필요가 있다.

무엇보다도 모든 사람들의 삶의 질은 윤리적 기준을 전적으로 준수하는 것에 달려 있다. 왜냐하면 윤리성이 부족한 사회는 대중에게 적절한 안전, 복지, 상업활동 등을 보장할 수 없기 때문이다. 도둑이 활개치고 개인의 안전이 위험한 사회에서는 사람들은 사생활을 보장받지 못하고 항상 두려움의 상태에서 살아가게 될 것이다. 이와 유사하게 다른 사람을 신뢰할 수 없어 계약을 할 수 없는 사회에서는 상업활동이 위축되어 궁극적으로 경제적 번영을 이룰 수 없게 된다.

회계전문가들에게는 윤리적 행동을 해야만 하는 아주 단순한 이유가 있다. 그들이 전문가기준을 위반하면 피해를 입은 사람들에게 그들이 입은 금전적 손해에 대해 법적으로 책임을 져야 한다. 심한 경우에는 그들이 평생 먹고살 기반이 되는 자격증이 취소되기도 한다. 전문가 자격증이나 회원자격이 일시적으로 정지되는 경우에도 그들의 명성에 금이 가서 오랫동안 영향을 미치게 될 것이다.

무엇보다도 아마도 윤리적이어야 할 가장 단순한 이유는 바로 '정말 좋다고 느낀다'라는 그 느낌이다. 뇌과학자들은 생일선물을 받거나, 맛있는 케이크를 먹을 때 신이 나서 반응하는 뇌쾌락센터가 우리가 윤리적으로 행동할 때에도 밝게 빛난다는 것을 밝혔다. 그러나 이를 뒷받침하기 위해 정교한 실험을 필요로 하지 않는다. 왜냐하면 우리는 일상생활에서 윤리적 행동을 할 때 통상 즐거움을 느끼기 때문이다. 사람들에게 동료들보다 더 윤리적이고 싶으냐고 물으면 대부분은 '예'라고 응답하는데, 이는 윤리의식의 자각으로 기분이 좋아지기 때문이다. 또한 스포츠 경기에서 심판이 그의 잘못된 판단을 수정한 경우를 살펴보자. 스코어보드의 점수가 바뀔 때 이에 관련이 없는 관중들도 공정이 승리하는 것을 보고 'High Five'를 하는 것을 목격한다.

3) 회계전문가의 윤리추론

회계전문가들에게는 높은 수준의 윤리추론이 필수적인데, 왜냐하면 회계전문가들은 규정이 없거나 있더라도 분명하지 않은 상황에서 옳고 그른지를 자주 식별해야 하기 때문이다. 기업의 회계전문가는 그들의 판단이 상사에 의해 영향을 받아서는 안 되고, 외부감사인은 그들의 판단이 고객에 종속되어서는 안 된다.

다양한 연구들이 회계법인에 근무하는 회계전문가들의 윤리추론과정을 탐구했다. 널리 수용되는 표준연구방법을 통해 한 연구는 회계전문가들이 초임에서 시니어로 넘어갈수록 윤리추론단계는 높아지고 있음을 발견했다. 그러나 안타깝게도 회계전문가들이 매니저와 파트너가 되면 윤리추론단계가 상당히 하락하는 현상을 보였다. 이러한 하락이 매니저나 파트너로 하여금 더 높은 수준의 윤리추론을 개발하는 것을 저해하는 사회화 현상(socialization) 때문인지는 분명하지 않다. 이에 대한 가능한 다른 해석은 높은 윤리추론단계에 있는 회계전문가들이 승진하지 못하거나 아니면 이들은 매니저나 파트너가 되기 전에 회계법인을 떠나는 경향이 있기 때문일 수도 있다.

토론문제

1. 1) 다음의 윤리문제에 대해서 1(매우 비윤리적)부터 7(매우 윤리적)까지로 평가하라.

① 아침에 잠에서 깨었을 때 욕실을 먼저 이용하면 아마도 아침 일찍 수업이 있는 룸메이트는 수업에 늦을 수밖에 없을 것임을 알고도 욕실을 먼저 이용하였다.

② 늦잠을 자서 수업에 조금 늦었다. 교수가 당신을 탐탁하지 않게 쳐다보았을 때 당신은 실제로는 그렇지 않았음에도 불구하고 '차가 막혔어요'라고 변명했다.

③ 점심시간에 대학직원이 음식을 할인받을 수 있는 학생이라고 계산원에게 말하는 것을 보았다. 잠시 계산원에게 그렇지 않다고 말할까 망설이다가 그 직원과 불필요한 갈등을 조장하기 싫어 그만두었다.

④ 수업 중간 쉬는 시간에 다가오는 중간시험을 잘 보기 위한 특별한 힌트가 무엇인지 교수에게 물었다. 그런데 학급의 성적은 상대평가이기 때문에 다른 학생들의 점수에 따라 당신의 성적이 결정되게 되어 있다.

⑤ 방과 후 아르바이트를 하는데 거기에서 사용하던 회사의 볼펜을 호주머니에 집어넣고 집으로 가져갔다. 또한 점장을 기다리는 동안 회사의 컴퓨터를 이용하여 온라인으로 당신이 사용할 서적을 구입하였다.

⑥ 집에 오는 도중 신발가게에 들러 적합한 구두사이즈를 알아보았고 그곳의 판매원에게 열심히 도와주어서 고맙다고 말하고 집에 돌아온 후 돈을 절약하기 위해서 그 구두를 온라인에서 구매하였다.

⑦ 집으로 운전하여 돌아오는 도중 도로의 1차로에서 사고가 발생하여 많은 차량들이 당신이 주행하고 있는 2차로로 바꾸고 있었다. 다른 차가 당신의 주행차로로 들어오겠다는 신호를 보냈지만 양보하지 않았다.

⑧ 집에 돌아온 후 좀 피곤했다. 그래서 친구들에게 오늘은 숙제가 너무 많아서 오늘 저녁의 약속을 취소할 수밖에 없다고 연락했다. 따라서 친구들은 교통수단이 마땅치 않아서 그들의 계획을 변경할 수밖에 없었다.

⑨ 그날 저녁에 복잡한 회계문제를 이해하기 어려워 수업동료에게 전화를 걸었다. 그는 당신과 로맨틱한 관계를 꿈꾸고 있기 때문에 어렵지만 억지로 시간을 내주고 있는 것을 알고 있다. 그의 도움을 원하지만 그가 데이트를 신청할 것을 염려하고 있다.

⑩ 전화 후에 즉시 온라인 데이트 창을 열고 3년 전에 찍은 사진을 올렸다.

⑪ 상사에게 온 메일에 답장을 하고 라이브 음악이 있는 클럽에서 토요일에 만나기로 동의했다. 술 구매에 필요한 신분증을 빌려서 나갈 예정이다.

⑫ 당신이 오전 일찍 보낸 메시지에 답하지 않은 학교 상담사에게 매우 실망했다. 따라서 잠들기 직전에 참지 못하고 다시 메시지를 보냈다.

2) 위에서 논의된 사례 각각에 대해서 반대되는 논거를 제시할 수 있는가? 예를 들면, 비윤리적이라고 평가된 어떤 행위에 대해서 당신은 그 행위가 윤리적임을 주장하는 논거를 제시할 수 있는가? 그 반대의 경우도 마찬가지다.

2. 물건을 신용카드로 구매하면 100,000원이지만 만일 현금으로 지급한다면 95,000원에 주겠다고 가게주인이 말했다.

1) 여기에 윤리적인 문제가 개입되어 있는가?

2) 만일 현금가격이 80,000원이라면 윤리적 문제가 개입되는가?

3. 형법에서는 통상 실제로 범죄를 범한 경우보다 미수에 그친 경우에 약한 벌칙을 부과한다.

1) 차량을 훔친 사람보다 미수에 그친 사람은 약한 벌칙을 받아야 한다고 보는가?

2) 위 1)의 답에 대해 "그렇다"라고 답했다면, 강간과 강간미수의 경우도 동일한가?

4. 다음이 합법적인지, 윤리적인지, 둘 모두인지, 아니면 둘 모두가 아닌지 결정하라.

① 대학 졸업을 앞두고 유명한 영화사에서 준비하는 영화제작에 보조자로 참여하겠느냐는 제안을 받았다. 비록 보조자에게는 아무런 대가를 지급하지 않지만 당신은 이는 매우 귀중한 경험이 될 것으로 보아 이 제안을 수락하려고 한다. 그런데 최근에 친구가 무보수는 최저임금법 또는 근로기준법을 위반하지 않겠느냐는 의문을 제기하였다.

② 새로운 전자제품이 출시되자 한 투자회사가 최대한 빨리 그 제품을 사서 이를 해체한 후에 전자제품의 부품을 제공한 회사를 알아내었다. 투자회사는 그 정보를 이용하여 부품제공회사들의 가치가 증가할 것으로 판단하고 그 회사들에 대한 투자를 확대하였다.

③ 유원지의 한 식당지역의 주차장이 협소하여 "하루에 2시간까지만 주차가능함"이라는 문구를 내걸고 있다. 이는 모든 여행객에게 그 지역에서 적절한 식사를 할 수 있도록 동등한 기회를 주기 위함이다. 당신은 그 지역의 한 스포츠바에서 식사를 하면서 야구게임을 관람하기를 원하는데 그 게임이 2시간 이상 걸렸다. 따라서 당신은 한 주차구역에서 2시간을 주차한 후에 바로 옆자리로 옮겨 추가로 1시간을 주차하였다.

5. 세상에서 사형제도가 매우 다양하게 운영되고 있다. 어떤 나라는 사형을 전면 금지하고, 어떤 나라는 허용은 하지만 실제로는 실행하지 않고, 몇몇 나라는 이를 널리 실행하고 있다.

1) 그렇다면 사형제도가 절대적 윤리관이냐 아니면 상대적 윤리관이냐를 설명하는 좋은 사례가 되는가?
2) 어떤 나라가 사형제도를 가장 빈번하게 이용할 것으로 예상하는가?

6. "만일 회계전문가가 일반적으로 인정된 회계기준과 감사기준을 꼼꼼히 준수한다면, 그들의 영혼은 하늘에 올라갈 것이다"라는 말이 있다.
   당신은 일반적으로 인정된 회계기준과 감사기준을 따르는 것이 항상 올바른 윤리적 선택임에 동의하는가?

7. 회계전문가들에게 감당하기 어려울 정도로 많은 법과 규제가 부과되는 이유가 무엇일까? 윤리에 더 관심을 보이면 이러한 필요를 감소시킬까?

8. 윤리적 무관심이 회계전문가들에게 문제가 되는 이유는 무엇일까? 이는 이미 발생하고 있는가? 만일 그렇다면, 이를 역전시킬 방안이 있는가?

9. 어떻게 하면 개별 회계전문가들이 지속적으로 윤리에 관심을 갖도록 유도할 수 있을까? 그리고 누가 회계전문가들의 윤리적 관심을 증대시키기 위한 책임을 져야 하는가?

10. 회계전문가는 자격을 유지하기 위해서는 매년 일정 시간 지속교육을 받아야 한다. 급격히 성장하는 기업의 재무이사인 한은정 씨는 미루다보니 만료기간이 임박하게 되었다. 그녀는 회사일로 매우 바쁜데 지속교육을 받으려면 반드시 참석해야 한다. 그런데 교육담당자는 오직 교육의 시작시점에만 출석을 점검하고 있음을 알게 되었다. 따라서 그녀는 교육이 시작될 때 참석했다가 즉시 빠져나와 자기 사무실에서 분주한 업무를 처리하곤 했다. 이러한 행위는 회계전문가로서 어떤 의무를 위반했다고 보는가?

11. 주주가 소수인 회사의 회계책임자인 당신은 흥미로운 딜레마에 당면했다. 주주이며 임원이었던 분이 정신분열상태가 되었다. 이 문제를 해결하는 방법으로 회사는 그 임원을 회사에서 사직하게 하고 보유하고 있던 주식을 시가보다 높은 가격으로 사들였다.
    회사가 자신의 주식을 취득하면 이는 비용이 아니라 자본의 감소로 기록되는 자기주식으로 처리해야 한다. 그러나 이 경우는 구매가격 일부를 비용으로 처리해야 한다는 주장이 제기되었다. 왜냐하면 이러한 자기주식 구매는 기업을 매끄럽게 운영하기 위한 필수적인 지출이었기 때문이다.
    당신은 이러한 자기주식 구매가격의 일부 또는 전부를 세금보고에서 비용으로 처리할지를 결정해야 한다. 당신은 다음에 열거된 바와 같이 여러 가지 생각을 하게 되었다. 각 생각들이 Kohlberg의 윤리발전단계에서 어느 단계에 속하는지 식별하라.
    ① 이러한 지출을 비용으로 처리하는 것은 타당하지 않다. 왜냐하면 그렇게 하는

것은 세법을 위반하는 것이기 때문이다.

② 이러한 지출을 비용으로 처리하는 것이 타당하다. 이 경우 기업은 그들의 수익성에 피해가 발생할 것을 우려하여 해당 주주-임원을 사직시키기 위해 자기주식을 사들이게 되었다. 그러나 세법은 이러한 특수한 상황을 고려하지 않고 있기 때문이다.

③ 세금보고에서 비용으로 처리하는 것이 좋겠다. 왜냐하면 국세청 조사에 걸릴 가능성이 매우 낮기 때문이다.

④ 이와 같이 특수한 상황에서 적용되는 세법규정이 불확실하기 때문에 이러한 비용처리를 옹호할 수 있는 선의의 논거를 제기할 수 있다. 따라서 국세청도 비용으로 처리된 부분을 발견하고 문제를 제기하더라도 심각한 벌칙을 부과할 가능성이 매우 낮다.

⑤ 나는 어떠한 결정이 옳은지 잘 모르겠다. 따라서 이러한 지출을 비용으로 처리했으면 하는 상급 경영자들의 의견을 존중하고자 한다.

⑥ 나는 이를 비용으로 처리하고자 한다. 만일 국세청이 이러한 처리를 부인한다면, 우리의 법률팀으로 하여금 법정에서 결판을 내도록 하겠다. 왜냐하면 회계의 일반원칙에 따르면 이러한 지출은 정상적이고 필수적인 경비로 보는 것이 타당하기 때문이다.

12. 당신은 일하고 싶은 회사에서 인턴으로 일하게 되었다. 당신의 동료도 같이 인턴을 하게 되었고 당신은 그와 함께 여행을 가기로 하는 등 좋은 관계를 유지하고 있다. 문제는 그 회사의 사업이 최근에 침체되어 두 인턴 중에서 오직 한 명만 정규직으로 채용할 것 같다.

회사의 상사와 면담하기 위해 기다리는 동안 우연히 동료의 자기소개서를 보게 되었는데, 몇몇 중요한 사항이 잘못 기재되어 있음을 발견하였다. 예를 들면, 중급회계에서 우등학생으로 선발되어 상을 받았다고 했는데, 당신은 중급회계에서 우등학생에게 상을 부여했다는 말을 들은 적이 없다. 그리고 송 교수님의 교육조교를 했다고 언급했는데 사실은 당시에는 당신만이 송 교수님의 유일한 교육조교였다.

회사의 책임자에게 이러한 사실을 털어놓아야 할지 여부를 생각하느라 지난밤에는 거의 잠을 이루지 못했다. 당신은 어떻게 해야 할까?

[1-2]
윤리에서 이론과 교육이 필요한가?

(1) 윤리이론
- 1) 결과론
  - 공리론
  - 이기주의
- 2) 의무론
- 3) 덕윤리(전통적 윤리론)

(2) 윤리교육
- 1) 윤리교육의 필요성
- 2) 윤리적 자아의 형성
  - 가치에 대한 믿음
  - 사색하는 능력
  - 공동체 감각
- 3) 윤리교육의 실효성

〈도입사례〉

수년 동안 Apple사의 유명한 CEO인 Steve Jobs는 발표되지 않은 병마와 싸우고 있었다. 여러 차례 Apple사는 언론에 Jobs의 병은 단지 호르몬 불균형으로서 간단하고 단순하며 흔한 병이라고 알려왔다. 그러나 사실 Jobs는 췌장암을 앓고 있었다. 2009년 1월에 Jobs가 자기의 병은 원래 생각했던 것보다 더 심각하다고 밝혔을 때 투자자들은 즉각 반응해서 Apple사의 주가는 5%나 떨어졌다. 그 후 3년 뒤 많은 사람들은 Jobs가 56세에 유명을 달리했음에 슬퍼했다.

Apple사는 윤리적으로 행동한 것일까?

다른 사람의 사생활을 보호해야 하는 것은 윤리의 기본개념이다. 따라서 정상적인 상황에서 Jobs의 건강상태는 개인적인 문제이므로 그 정보는 공개될 필요가 없다. 한편, 증권 관련 법률에서는 상장회사는 투자자에게 중요한 정보를 모두 공개하도록 요구하고 있다. Jobs의 건강상태가 주가에 영향을 미친 것을 보면 그 정보는 투자자들에게 중요하다고 볼 수 있다.

Apple사는 투자자의 알 권리가 Jobs의 사생활을 보호해야만 하는 의무를 우선하는지를 결정해야만 하는 어려운 딜레마에 직면했다. 법률은 이 문제에 대해 적절한 답을 제공하지 못한다.

그러나 이 상황은 어렵지만 단순한 질문을 제기한다. Apple사가 거짓정보를 공개한 것이 적절한가? Apple사는 투자자를 호도하였고, 핵심 윤리원칙인 진실을 말할 의무를 저버렸다. 따라서 Apple사는 윤리적으로 행동했다고 볼 수 없다.

그럼에도 불구하고 미국의 증권감독원(SEC)은 Apple사에 대해 어떤 조치도 취하지 않았다.

(1) 윤리이론

윤리를 연구하기 위해서는 기본이 되는 윤리원칙을 알아야 한다. 따라서 일반적으로 인정되고 있는 윤리의 개념 및 원칙을 살펴보고자 한다.

우리 모두는 하고 있는 것을 좋아하는지 여부, 그렇게 되기를 원하는지 여부 등 계속해서 윤리적 추론이나 판단을 하고 있다. 우리는 일상생활에서 지속적으로 윤리적 추론을 하며 어떤 행동이 좋은지, 적절한지, 공정한지, 옳은지 등을 생각해 보게 된다. 사례를 들어 보자.

〈사례〉 윤리적 타당성

오성아 씨가 운전하며 출근하고 있는데 다른 차가 갑자기 끼어들었다. 그녀는 갑작스런 끼어들기가 적절치 못하다고 생각하며, 그 운전자의 인격까지 판단하는 말인 '멍청이'라고 읊조렸다. 운전하는 것과 같은 하찮은 일에서도 우리가 어떻게 운전해야 하는지 그리고 다른 사람을 어떻게 취급해야 하는지 등에 대한 윤리원칙이 개입된다.

회사에 도착하자 오성아 씨는 지체하지 않고 근무에 몰두한다. 이는 윤리적으로 타당하다. 그리고 그녀는 약속을 지켜 정시에 고객과 만난다. 이는 다른 사람들과의 관계에서 공정과 정의의 문제가 내포되어 있음을 의미한다. 그녀가 하는 다양한 행동과 일에는 대부분 윤리적인 문제가 개입되어 있다.

- 그녀가 하고 있는 작업에 비해 이에 대한 대가는 공정한가?
- 그녀가 하는 말은 진실한가?
- 그녀가 부당하거나 완전하지 못한 일을 숨기거나 얼버무리고 있지는 않은가?

오성아 씨가 일에 쏟는 정성, 그녀의 남편이나 가정에 쏟아붓는 시간 및 애정, 그리고 사회에 공헌하기 위해 보내야 한다고 생각하는 시간, 이 모든 것들 간의 균형을 유지하기 위해서는 일반적으로 윤리적 판단이 개입된다. 이제까지 언급했던 대부분의 것들은 온종일 그녀를 지배했지만 그녀는 자신이 이를 행하는 동기이며 진정한 가치가 있는 것을 결정하는 자신의 내적 사고, 성향, 애정 등에 대해서는 깊이 생각하지 않았다.

때로는 윤리적 추론과 행동에 대해 좀 더 분명히 해야 할 필요가 있다. 그리고 딜레마가 있다면, 이를 풀어나갈 원칙을 설명해야 한다. 예를 들면, 오성아 씨에게는 자녀의 축구경기에 참석하려고 고객의 저녁초대를 거절해야만 하는지, 동료의 어려움에 적절히 대응하지 못해서 해야 할 일을 못하고 살고 있는 것이 아닌지 등의 딜레마가 존재한다.

때로는 우리는 우리가 행동하는 기본원칙을 좀 더 잘 이해하기를 원하는데, 이는 그 자체가 가치 있는 일이거나 이로써 우리를 더 좋은 사람으로 만들 것이라고 생각하기 때문이다. 모든 경우에 우리는 일상적이고 상식적인 윤리적 추론을 넘어 좀 더 깊이 탐구할 필요가 있다.

이러한 견해를 반영하여 때로는 윤리적 추론과 윤리추론이론을 구분한다. 윤리추론이론(이를 간략히 윤리이론이라 부름)이란 일상적인 윤리적 추론에 암묵적으로 내재하는 원칙을 좀 더 분명하게 제시하는 사고체계이다. 윤리적 추론의 원칙이 분명해지면 이를 더 잘 이해하고 체계적으로 적용할 수 있게 된다. 좀 더 깊이 생각하도록 하는 보다 체계적인 관점을 윤리이론이라고 부른다.

문법도 이와 유사하다. 말을 할 때 어떤 식으로 말하는 것이 적절한지는 암묵적으로 생각하게 된다. 대부분의 경우에 이를 당연하게 여기고 깊이 생각하지는 않는다. 그러나 문법학자들은 이를 분명히 고려하는데, 이로써 우리들이 더 효과적이고 분명하게 말할 수 있게 된다. 윤리에 대해 체계적으로 생각하는 철학자들은 문법학자와 같은 역할을 한다. 대표적인 윤리이론으로 의무론(deontology)이 있는데, 이에 따르면 사람들은 상호간에 어떤 본질적인 의무를 지니고 있고, 그들의 행동이 사회에 어떤 영향을 미치는가에 상관없이 이 의무에 부합하여야만 한다. 이는 우리가 좀 더 나은 행동을 하는 데 도움이 될 것이다.

우리 모두는 옳은 일을 수행하기를 원하지만 무엇이 옳은 것인지가 항상 분명한 것은 아니다. 윤리의사결정 접근방법 중의 하나는 특정 행동의 최종 결과에 초점을 맞춘다. 만일 특정 행동이 그 행동으로 영향을 받는 모든 사람들의 총행복을 증가시킨다면, 그 행동은 윤리적이라고 판단한다. 이는 오직 행동의 최종결과에만 관심이 있기 때문에 결과론(consequentialism)이라고 한다. 핵심 윤리이론이 〈표 1〉에 정리되어 있다.

〈표 1〉 핵심윤리이론

핵심 윤리 이론	결과론	[공리론] 사회 전체의 효용을 최대한으로 하는 행위를 추구함 [이기주의] 의사결정자 사익의 극대화를 추구함
	의무론 (결과에 상관없이 의무에 따라 행함)	[일반원칙] 모든 상황에서 모든 사람들에게 적용되는 원칙 • 타인의 신체를 상해서는 안 되는 의무 • 타인의 사생활을 존중할 의무 • 타인의 결사자유권을 존중할 의무 • 타인의 재산권과 계약을 존중할 의무 • 정의에 기초해 동일한 것을 동일하게 취급할 의무 • 진실을 말할 의무
		[역전원칙] '다른 사람이 당신을 대하기를 원하는 바와 같이 당신도 다른 사람을 대하라'라는 황금률(golden rule)

(주) 이 외에도 선한 인간이 되려면 어떤 좋은 특별한 기질을 가져야 하는지를 고려하는 덕윤리(전통적 윤리론)도 있다.

〈사례〉 결과론과 의무론

병상에서 마지막 임종을 앞두고 있는 노부인이 극심한 아픔으로 고생하고 있다. 그녀는 의사에게 '치명적인 약물을 주입하여 나의 괴로움이 끝나게 해주세요'라고 요청했다. 법과 훈련받은 바에 의하면 의사는 환자의 요구를 들어주어서는 안 된다.

그러나 단순히 윤리적 관점으로만 볼 때 의사는 어떻게 해야 하는가?

풀이

결과론에 따르면 의사는 아마도 환자의 요구를 들어주어야 한다. 왜냐하면 결과론은 행복을 최대화하는 또는 불행을 최소화하는 결과를 달성하는 것을 목적으로 하고 있기 때문이다.

반면, 의무론에서는 의사는 결과에 상관없이 생명을 보존해야만 하는 기본적 의무를 지닌다. 따라서 의사는 환자의 요구를 거부해야 한다.

1) 결과론

경제학에서 선택은 이로 인한 한계수익이 한계비용을 초과하면 가치를 가진다. 회계에서도 순현재가치를 푸는 데 유사한 접근방법을 사용한다. 예를 들면, 만일 새로운 장비가 창출하는 현금유입의 현재가치가 이와 관련된 현금유출의 현재가치를 초과하면 당해 새 장비를 구입해야 한다. 결과론도 이와 유사한 의사결정 개념체계를 사용한다. 그러나 결과론은 일반적으로 의사결정이 단지 한 기업이 아닌 사회 전체에 미치는 한계효용과 한계비용을 고려한다. 결과론에는 공리론과 이기주의가 있다.

① 공리론

가장 대표적인 결과론은 공리론(utilitarianism)이다. 공리론에 따르면 만일 특정 행동으로 인하여 모든 사회구성원 전체의 효용이 증가한다면 그 행동은 윤리적이라고 본다. 앞서 수세기 전에 공리론을 주장한 두 명의 철학자는 Bentham과 Mill인데, 그들은 공리론이 추구하는 것은 '최대다수의 최대행복(greatest good for the greatest number)'이라고 언급했다. 경제용어로 공리론은 윤리에 대한 계량적 접근방법으로서 특정 행동으로 영향을 받는 모든 이해관계자들의 순행복이 정(+)이 되는 것을 목표로 하는 것이다.

〈사례〉 공리론

어떤 행동을 하고자 하는데, 이로 인해 다섯 명에게는 이득이 되고 네 명에게는 손실이 된다. 아홉 명 각각이 영향을 받는 정도는 유사하다. 공리론에 따를 때 이 행동을 실행에 옮겨야 하는가?

풀이

그렇다. 전반적으로 이 행동은 순이익을 창출하기 때문이다.

공리론의 최대 장점은 객관적이고 측정가능하다는 데 있다. 행동의 정(+)과 부(−)가 윤리계산에 들어오고 이로 인해 깨끗한 결과가 산출된다.

공리론은 우리로 하여금 의사결정하기 전에 사회에 미치는 원가를 심각히 고려하도록 한다. 따라서 결과론은 의사결정자들에게 단지 그들 자신의 개인적 이득뿐만 아니라 자신의 행동이 다른 사람들에게 미치는 부정적 영향을 생각해 보도록 요구한다. 부의 정도, 사회적 위치, 인종이나 종교 등에 관계없이 모든 사회구성원들의 효용을 고려해야 한다.

비록 공리론의 개념은 다소 벅찬 느낌이 있지만 사실상 이는 일반적으로 모든 문화에서 고이 간직해왔던 순수한 생각이다. 예를 들면, 어떤 사람(예, 안중근 의사)은 자신들의 필요가 다른 사람들의 필요보다 지극히 적다고 생각했기 때문에 그 자신의 생명을 다른 사람들을 위해 희생하기도 하였다.

이러한 장점에도 불구하고 공리론은 몇 가지 중요한 비판에 직면하고 있다.

첫째로 의사결정으로부터 도출되는 즐거움 또는 유용성의 정도를 측정하는 것이 매우 어렵다. 따라서 실무적으로는 모든 의사결정을 단순한 수학적 문제로 한정시키는 것은 큰 도전이 된다. 예를 들면, 담배회사가 초등학교 근처의 광고판에 담배광고를 할지를 결정하는 문제에 직면했다고 하자. 이러한 광고의 재무이득을 어린아이들이 광고로 인해 애연가가 됨으로써 발생하는 잠재적 건강위험과 비교할 수 있을까?

둘째로 공리론은 결과에 이르는 데 사용된 수단에 관계없이 최종 결과에 근거하여 의사결정을 한다는 것이다. 예를 들면, 테러리스트에게서 취득한 정보로 수천 명의 목숨을 구할 수 있다면, 그를 고문하는 것은 윤리적인가? 공리론의 입장에서는 이에 대한 답은 분명하다. 만일 수천 명의 생명을 구하는 사회적 효용이 테러리스트가 겪게 되는 고통을 초과한다면, 그를 고문해야 한다. 공리론에 따르면 의사결정의 결과로 집합적 형편이 좋아진다면 수단을 정당화한다.

셋째로 사회 전체의 효용만을 생각하기 때문에 의사결정자는 다수의 효용을 위해서 기꺼이 소수의 권리를 희생할지도 모른다. 예를 들면, 단계적 세율로 인해 10명의 가난한 사람들에게 각각 1단위의 효용을 제공하지만 한 사람의 부자에게는 8단위의 효용이 감소한다고 가정하자. 공리론의 입장에서는 세무당국이 부자에게서 더 많이 징수하는 것은 바람직하다고 보는데, 이로 인해 사회 전체적 순효용이 2단위 증가하기 때문이다. 그러나 비록 부자를 보호하는 것은 호응을 얻기는 힘들지만 정의로운 사회에서는 다수결의 독재로부터 소수를 보호해야만 한다.

마지막으로 공리론은 의사결정이 사회에 순효용을 주어야 한다고 주장한다. 그러나 여기에서 말하는 사회구성원은 누구를 지칭하는 것인가? 의사결정자는 단지 자기 지역사회에 살고 있는 사람들에 대한 영향만 고려해야 할까? 아니면, 세상의 다른 곳, 다른 문화에서 살고 있는 사람들도 염두에 두어야 할까? 예를 들면, 미국정부가 옥수수에서 에탄올을 추출하는 것을 권장하는 정책을 추진할 때 이는 미국이 에너지 독립을 달성할 수 있는 첫 단계라고 보았다. 그러나 이 정책은 가난한 라틴 아메리카 사람들의 주식인 옥수수의 값을 끌어올렸다. 결과적으로 오직 미국의 이해관계자들만 생각한다면 이 정책은 틀림없이 순효용을 창출할 것이다. 그러나 좀 더 넓은 관점에서 볼 때 그 정책은 세계 도처에 있는 가난한 사람들의 굶주림을 확대시키는 재앙을 초래할 것이다.

〈사례〉 공리론에 대한 비판

한 여인이 폭행을 당하자 그 지역의 경찰은 네 명을 용의선상에 올렸다. 그들은 갑, 을, 병과 정인데, 이 중 앞의 세 사람은 풍족하고 삶에서 가족도 있고 성격도 좋은 사람들인 반면, '정'이라는 사람은 독신이고, 겁을 주는 인상에다가 이전에 여성폭력으로 투옥되었던 경력도 있다. '정'은 다시 투옥되는 것을 원치 않았으나 투옥된다 해도 문제가 없다고 말하고 있다.

'정'은 이 범죄를 저지르지 않았다. 그러나 다른 모든 용의자들과 지역사회의 여성들은 '정'이 기소되어 투옥되기를 바라고 있다.

공리론의 입장에서 볼 때 지역사회는 범죄를 저지르지 않은 '정'을 기소해야만 하는가?

풀이

아마도 그렇다. 만일 '정'이 기소되면 지역사회의 모든 사람들의 효용이 증가하는 반면, 용의자 '정'의 효용 감소는 미미할 것이기 때문이다. 따라서 비록 '정'이 범행을 저지르지 않았으나 그가 교도소에 간다면 사회의 효용은 증가할 것이다.

② 이기주의

결과론 중에서 가장 대표적인 윤리이론은 공리론이지만 결과론에는 다른 형태의 이론, 즉 이기주의(egoism)도 있다. 이기주의도 최종 결과에 초점을 맞추지만 사회 전체의 효용이 아니라 의사결정자 개인의 효용을 극대화하는 데 목적이 있다. 자신에 초점을 맞추는 이기주의는 무정하고 근시안적이라는 조롱을 받았다. 그럼에도 의사결정자 자신에 관심을 기울이는 이 접근법은 과거에 다양한 방법으로 표현되어 왔다. 예를 들면, 노벨상 수상자인 Milton Friedman은 기업가들에게 '모든 방법을 동원해 돈을 벌어라'라고 말은 한 적이 없지만 이기주의와 가까운 의견을 제시했다. 그는 기업은 사회적 책임을 지는데, 이는 경쟁의 법칙 안에서 이익을 증가시킬 수 있도록 자원을 사용하고 필요한 조치를 해야 한다는 것이다. 다시 말하면, 기업은 속임수를 쓰거나 부정을 저지르지 않고 공개적이고 자유로운 경쟁을 해야 한다. 완전경쟁 경제모형의 한 축은 개별 시장참여자 각자가 법테두리 안에서 자신의 부를 추구할 때 자원이 가장 효과적으로 배분되고 사회의 효용이 극대화된다는 것이다.

Friedman의 관점은 이전의 Adam Smith의 견해를 반영하고 있다. Adam Smith는 1776년 미국의 탄생시기에 번영으로 이끄는 데 공헌한 그 유명한 경제의 '보이지 않는 손(invisible hand)'을 제시했다. 우리가 저녁을 맛있게 장만한 것은 정육점, 양조장 또는 제과점 주인들의 은혜 때문이 아니라 그들 각자가 자신의 이득을 추구함에서 오는 부산물이라고 본다. 모든 사람들이 각자 자신의 이득을 취할 때 보이지 않는 손에 의해서 그들의 의도와 상관없는 결과를 낳게 된다. 즉 각자 자신의 이익을 추구한다면, 그들이 사회의 효용을 추구할 때보다 오히려 사회의 효용을 증가시킨다. 다시 말하면, 각자 자신의 이득을 추구하면 경제의 모든 참가자들이 더 유복해진다는 것이다.

이기주의 문제는 자기 자신의 이득을 추구하는 것이 다른 사람의 희생 위에 이루어져서는 안 된다는 것이다. 특히 이기주의는 공개적으로 표방하는 것이 쉽지 않다는 것 이외에도 다음과 같은 비판에 직면하고 있다.

첫째로 이기주의는 다른 사람들에게 도움을 주는 것과 같은 인간의 많은 행위와 양립하지 않는다. 항상 자기 자신만을 생각하는 사람이 당신에게 진실한 도움을 줄 수 있다고 생각하지 않게 된다.

둘째로 이기주의는 다른 사람의 대리인이나 수탁자의 역할을 하는 많은 기업활동과 양립하지 않는다. 회계전문가도 자기가 고객에게 적절한 서비스를 제공할 만한 전문성이 없다고 판단하면 다른 회계전문가를 추천할 것이다. 이와 같은 행위는 고객에게 최선의 서비스를 제공하려는 책임에서 나온 것이지 개인적으로 이득을 얻으려는 동기 때문은 아닐 것이다.

셋째로 이기주의는 윤리가 달성해야 하는 목표 중 하나인 분쟁이나 논란의 해결에 도움이 되지 않는다는 것이다. 각자가 자기 자신만을 생각한다면 두 사람이 동일한 것을 원하는 경우, 예를 들면 제주도로 가는 비행기 좌석이 하나만 남았는데 두 사람이 이를 필요로 하는 경우, 이기주의가 이 문제를 해결할 수 있을까?

2) 의무론

의무론은 우리 모두가 서로 간에 존중하고 다른 사람의 존엄성을 인정해야 한다고 주장한다. 의무론의 철학적 관점은 철학자 Immanuel Kant에 의해 설득력 있게 제시되었다. Kant에 의하면 모든 사람은 다른 사람에게 어떤 의무를 지는데, 그는 이 의무를 지상명령(categorical imperatives)이라고 명명했다. 지상명령이란 주변 환경에 상관없이 우리가 항상 지켜야 할 의무이다.

앞에서 보았듯이 결과론은 원가-효익 분석을 이용해 행위의 영향에 초점을 맞춘다. 반면, 의무론은 사회적 영향에 관계없이 어떤 특정 방법으로 해야만 하는 윤리적 의무가 있는지에 초점을 맞춘다. 즉, 의무론은 행위의 결과에 상관없이 다른 사람들에 대한 의무라는 개념에 초점을 맞춘다는 것이다.

예를 들면, 의무를 논할 때 다음 질문을 생각해 보면 어떨까? 식당에서 식사를 했으나 다음에는 다시 이 식당에서 식사하지 않을 것이라고 생각할 때에도 당신은 기꺼이 봉사한 직원에게 팁을 주는가? 만약 그렇다면, 당신은 당신의 행위가 앞으로 어떤 효용을 창출하지 않기 때문에 일종의 의무를 수행하고 있다고 볼 수 있다. 다시 말하면, 당신은 인식하지 않았지만 당신의 행위는 의무론의 예를 보여주는 것이다.

의무론은 두 부분으로 구성되어 있다. 첫째는 일반원칙(universality principle)이고, 둘째는 역전원칙(reversibility principle)이다.

① 일반원칙

의무론은 부분적으로 일반원칙에 기반을 두고 있다. 일반원칙에 따르면 특정 의무와 이에 관련된 권리는 모든 상황에서 모든 사람에게 적용된다. 의무론을 믿는 사람들은 최소한 다음과 같은 여섯 가지 기본적인 의무가 있음에 동의한다.

[타인의 신체를 상해서는 안 되는 의무]

우리는 모두 다른 사람들을 상하게 하거나 죽여서는 안 되는 일반의무가 있다. 극단적인 예로서 고문은 인간의 존엄성을 해치는 것이므로 옳지 않다고 본다. 따라서 테러리스트를 고문해서 얻는 정보가 수천 명의 목숨을 살릴지라도 고문행위를 단호히 배척한다.

[타인의 사생활을 존중할 의무]

당신은 세종대왕이나 이순신 장군과 같은 명성을 갖고 있지 않을지도 모른다. 그러나 당신은 이러한 유명 인사들이 갈망하는 무엇인가를 지니고 있다. 사생활에 대해 다음과 같은 말을 남긴 사람이 있다.

> 사생활은 깰 수 없는 자존감의 장벽을 세우고 모든 사람들이 지키려고 노력한다. 자유인은 사유의 인간으로서 그의 어떤 생각과 판단은 전적으로 자신만 간직하려는 사람이고 가치 있는 모든 것을 다른 사람, 그가 사랑하거나 믿는 사람들과도 나누어야 한다는 강박관념을 느끼지 않는 사람이다.

사생활은 다음을 포함하여 다양한 측면을 가지고 있다.

- 신체의 사생활 : 예를 들면, 공항검색대 전신촬영, 분장실 카메라, 생체보안검색, 기업이 강요하는 약물남용검사 등으로부터 자유로울 권리
- 생각의 사생활 : 예를 들면, 회사가 강제하는 거짓말탐지기 검사로부터 자유로울 권리
- 의사소통의 사생활 : 예를 들면, e-mail이나 전화통화 내용을 들여다보는 것으로부터 보호받을 권리
- 자료의 사생활 : 예를 들면, 진료기록, 신용카드사용내역, 세금보고, 보

안비밀번호 등에서 보호받을 권리

- **장소의 사생활 :** 예를 들면, GPS로 인해 위치가 어디인지 추적받는 것으로부터 자유로울 권리
- **홀로 있을 수 있는 사생활 :** 홀로 있는 것을 방해받지 않을 권리

직장에서 고용인이 종업원들의 행동을 감시하기 원하는 이유를 이해할 수는 있다. 그러나 고용인은 가상의 한 지역을 배경으로 한 동화를 상기할 필요가 있다. 그 지역의 주요 산업은 한 마리의 꿀벌을 이용하여 꿀을 생산하는 것이다. 본 동화에 의하면, 그 지역의 시민들은 그 꿀벌이 더 열심히 일하도록 독려하기 위해 벌을 감시하는 사람을 고용했다. 그러나 꿀벌감시자가 일을 제대로 하지 않자 그 꿀벌감시자를 감시하는 사람을 고용했다. 그것이 제대로 작동하지 않자 꿀벌감시자를 감시하는 사람을 감시하는 사람을 고용했다. 이것이 지속되다 보니 그 지역의 모든 사람이 서로를 감시하는 사람으로 일하게 되었다.

이는 일종의 우화이지만 고용인은 감시카메라든지 컴퓨터모니터링 시스템이 불필요하게 그리고 아마도 비생산적으로 종업원의 사생활을 침해하고 있지 않은지 여부를 고려해야 한다.

[타인의 결사자유권을 존중할 의무]

우리는 타인의 결사자유권을 존중할 의무가 있다. 이는 종교집회, 정치집회 그리고 사회활동에 참가하는 것을 방해받지 않는 권리를 포함한다. 결사자유권은 유엔의 세계인권선언에 포함됨으로써 확정되었다.

[타인의 재산권과 계약을 존중할 의무]

사유재산과 계약의 강제성을 존중함으로써 사람들은 상호간의 약속은 확실히 이행될 것을 믿게 된다. 또한 이로써 사람들이 상호간에 경제적으로 이득이 되는 거래를 할 수 있게 된다.

현대에는 물적 재산에 대한 권리만이 아니라 지적자산을 포함한 무형자산에 대한 권리를 침해하는 행위(예를 들면, 영업비밀침해, 상표도용, 내부주식정보, 신원도용 등)에 대해서도 많은 관심을 보이고 있다.

[정의에 기초해 동일한 것을 동일하게 취급할 의무]

동등하게 취급받을 권리는 기본권이다. 더욱이 두 사람이 유사한 죄를 범했다면 그들의 사회적 지위, 인종, 종교, 국적 또는 특정 단체소속 등에 관계없이 동등한 벌을 받아야 한다.

[진실을 말할 의무]

진실을 모르면 사람들은 자신의 행복에 영향을 미치는 문제에 대해 적절한 의사결정을 할 수 없다. Kant는 사기와 거짓의 비윤리성에 대해서 상당히 언급했다. 또한 그는 대여자와 재무제표이용자에게 진실한 정보제공의 중요성을 언급하기도 했다.

> 어떤 사람이 돈을 빌리지 않으면 안 되는 곤란한 상황에 처하게 되었다. 그는 그 돈을 갚을 수 없다는 것을 잘 알고 있으나 그는 역시 그 차입금을 정한 날에 상환하겠다고 확실히 약속하지 않으면 돈을 빌릴 수 없음도 알고 있다. 그는 이러한 약속을 하길 원하는데, 한편으로 그는 자신의 양심상 이러한 방법으로 그의 어려움을 벗어나는 것이 부적절하지 않은지를 생각하지 않을 수 없었다. … 윤리적 측면에서 본다면 궁핍한 상태에 있는 사람이 이행하지 못할 것을 알면서도 기꺼이 약속할 수는 있겠지만 이는 그 약속의 결과로 생기는 혜택을 얻지 못할 것이다. 왜냐하면 누구도 그가 하는 약속을 믿지 않기 때문이다.

놀랍게도 3세기 전에 Kant가 언급했던 진실한 재무정보제공에 대한 믿음은 시대를 초월하여 지금까지 굳건히 살아서 현대의 자본시장법이나 Sarbanes-Oxley Act 등에 반영되어 있다.

② 역전원칙

역전원칙(reversal principle)은 '다른 사람이 당신을 대하기 원하는 바와 같이 당신도 다른 사람을 대하라'라는 황금률(golden rule)을 말한다. 이는 행위에 영향을 받는 입장에서 행위로 영향을 주는 입장으로 마음속으로 역할을 바꾸어 봄으로써 자신의 행위를 평가해 보도록 하는 것이다.

의무론에도 몇 가지 다음과 같은 문제점이 있다는 비판에 직면해 있다.

첫째로 의무론의 가장 중요한 명령인 '인간의 존엄성을 존중해야 한다'가 너무 추상적이고 상상하기 어렵다. 다음의 진퇴양난 상황을 살펴보자. 한 기업이 실업률이 매우 높은 후진국의 비숙련노동자들에게 일자리를 제공하기 위해 해외에 생산시설을 설치하고자 한다. 경쟁이 심해서 그 기업은 가난한 국가의 임금수준으로는 1,000명을 고용할 수 있으나 임금을 올려준다면 750명만을 고용할 수 있다. 만일 기업이 1,000명에게 낮은 임금을 지급한다면, 인간의 존엄을 존중하지 못하고 있다는 비판을 받을 수 있다. 반면, 만일 기업이 높은 임금을 지급하고 750명을 고용한다면, 사실상 250명의 주민이 비참한 상태에 처하게 될 것이다. 이 두 가지 대안 중에 어느 것이 인간의 존엄성을 높여 준다고 보는가?

둘째로 의무론은 윤리의무가 상반되는 경우 이를 풀어 나갈 수 있는 지침을 제시하지 못한다. 예를 들면, 한 미션학교에서 특정 종교인의 입학은 허용하지 않겠다는 방침을 공표했다. 이 방침이 적절한가? 의무론에 따를 때 종교의 자유를 존중해야 한다는 의무가 있는 반면, 모든 사람을 동일하게 취급해야 한다는 의무도 있다. 의무론은 이 상황에서 적절한 해결책을 제시하기 어렵다.

대표되는 공리론과 의무론을 다음 두 사례에 적용해 보자.

(1.1) 거짓말이 윤리적일 수 있을까?

우리가 어렸을 때 부모님에게 혼날 일이 있었으면, 아마도 이를 벗어나기 위해서 거짓말을 했을지도 모른다. 그러나 많은 부모님들도 산타클로스가 크리스마스에 굴뚝으로 들어와 선물을 주고 갔다고 그들의 자녀들에게 들려주었을 것이다.

의무론 주창자들은 거짓말은 존엄성을 진멸하는 것이므로 '진실을 말하는 의무'를 침해해서는 안 되는 윤리적 의무라고 본다. 반면, 공리론자들은 만일 거짓말이 사회 전체에 도움이 된다면 허용가능하다고 본다. 예를 들면, 어떤 살인자가 다음 희생자가 될 수 있는 당신의 친구의 행방을 밝히도록 강요했을 때 공리론자들은 주저함 없이 친구의 행방에 대해 거짓말하는 것은 당연하다고 본다.

거짓말은 말하는 사람이 이로 인해 과도한 이익을 취하거나 듣는 사람을 해치게 된다면 그 거짓말은 비윤리적이지만 그 거짓말이 자애롭거나 사회적으로 바람직한 친절을 베푸는 의도에서 발생한 것이라면 윤리적이라고 본다. 거짓말이 윤리적이라고 보는 상황은 다음과 같다.

- **칭찬** : 와 당신, 오늘 정말 멋져.
- **예의** : 당신을 만나서 정말 즐거웠습니다.
- **감사** : 멋진 생일선물을 주셔서 감사드려요.
- **공상** : 공주가 개구리에게 키스를 하자 개구리가 멋진 왕자로 변했어.
- **협상** : 이것이 나의 마지막 제안입니다.
- **안심** : 친구로서 너의 병을 걱정은 하지만 네가 오래 살 것임을 믿어 의심치 않아.
- **강제** : 이 회사에서 근무할 기회가 주어진다면 다른 회사는 고려대상이 아닙니다.

좋은 거짓말(white lie)은 가족의 유대감을 강화시키고 직장 내에서도 종업원의 신뢰감이나 인내심을 증진시키는 데 도움이 된다. 거짓말이 해가 되지 않는다면 윤리적이다. 예를 들면, 친선 포커게임에서 이기기 위해 허세를 부린다 해도 윤리적으로 문제가 없다고 본다.

협상이나 전문가들의 행위에서도 거짓말이 윤리적일 수 있는가? 두 상대방이 모두 게임의 규칙을 알고 있다면, 거짓말이 허용된다. 예를 들면, 법정에서 범죄용의자의 변호사는 반대되는 증거가 많은데도 불구하고 무죄라고 주장해도 놀라지 않는다. 요약하면, 어떤 상황에서는 거짓말은 비윤리적인 것이 아니라 일종의 단순한 전략일 뿐이다. 쌍방이 모두 진실을 말하지 않으리라는 것을 이해하고 있는 상황에서는 거짓말은 더 이상 거짓말이 아니다.

거짓말은 상품의 판매, 특히 작은 매장들이 몰려 있는 곳에서 자주 나타난다. 이를 흥정이란 말로 미화하기도 하지만 실제로 이는 순진한 거짓말이다. 상인들은 자기들이 마지막 제안이며 좋은 가격이라고 주장하지만 고객이 매장을 떠나려고 하면 거리낌 없이 다시 낮은 가격을 제시한다. 어떤 사람은 이러한 의도적 거짓말은 비윤리적이라고 보지만 다른 사람들은 윤리적으로 허용되는 사회적 교류의 일면으로 본다.

〈사례〉 허용되는 거짓말

나이트클럽에서 한 남성이 여성파트너에게 그녀가 세상에서 가장 사랑스럽고 확실히 결혼할 만한 여인이라고 말했다. 그 둘은 오늘 저녁에 처음 만났다. 이 남성은 오늘 저녁에 이미 다른 세 명의 여성에게 똑같은 말을 했다. 그의 진술이 비윤리적인가?

풀이

아마도 아니다. 의무론에서는 모든 거짓말은 비윤리적이라고 본다. 그러나 모든 사람들이 묵시적으로 나이트클럽에서 여자를 유혹하기 위해 내뱉은 말이 진실이라고 기대하지 않기 때문에 이를 무시한다.

(1.2) 차별이 윤리적일 수 있을까?

오랜 역사 속에서 인종, 종교, 성별 등에 근거하여 존재해왔던 차별은 대부분의 국가에서 사라지고 있다. 그러나 몇몇 종류의 차별에 대해서는 아직도 사회적인 합의가 이루어지지 않았다. 예를 들면, 미국의 나이에 근거한 차별금지법에서도 40세 이하의 사람들은 보호하고 있지 않다. 즉 기업은 38세의 작업자 대신에 22세의 작업자를 단지 나이에 근거하여 고용할 수 있다. 많은 나라에서는 아직도 성별에 근거해서 차별하고 있는 것이 당연한 것으로 받아들여지고 있다.

특정 고객집단에 대한 차별도 허용되고 있다. 마케팅에서는 학생들에게 가격차별화를 위해서 고객을 집단별로 구분하도록 가르치고 있다. 노인들에게 할인을 해주거나 무료인 경우를 흔히 볼 수 있다. 어떤 클럽에서는 여성들에게 특별한 할인을 해주는 반면, 어떤 골프장에서는 여성 회원권의 가격을 높게 책정해 놓고 있다.

사이버세계에서는 판매자들이 점차 복잡하고 감지하기 어려운 가격차별화 기법을 창출하는 것을 허용해왔다. 호텔에서는 특정 제품이나 신용카드를 사용하는 고객에게 낮은 가격으로 객실을 제공하기도 한다. 물론 어떤 형태의 가격

차별화는 분명히 원가요인 때문이기도 하다. 초보운전자는 경험 많은 운전자에 비해 사고확률이 높다. 따라서 초보운전자의 보험료는 상대적으로 비싸게 책정되어 있다.

뇌과학에서 감정중심의 영역(〈시스템1〉)과 분석중심의 영역(〈시스템2〉)을 스캔하여 윤리적 딜레마에 직면했을 때 뇌의 활동을 분석하였다. 그 결과 윤리의사결정에서 두 영역은 우리의 의사결정을 지배하기 위해서 상호간 경쟁하는 이중처리기능을 수행하고 있음을 밝히고 있다. 이 두 영역에서 관찰되는 반응의 정도는 당면한 윤리의사결정의 성격에 따라 달라진다.

뇌과학에 따르면 인간존엄성을 존중하는 의무론자의 관점이 보다 감정적 반응을 보이는 경향이 있다. 반면, 공리론자의 관점은 효용과 원가를 비교하는데 시간이 더 걸리고, 인지분석을 요구하는 경향이 있다. 이 결론을 뒷받침하는 증거로 감정활동 뇌영역이 손상된 환자들은 건강한 사람들에 비해 윤리의사결정에서 공리론적으로 접근하는 경향이 많다는 것이다.

다음의 두 상황을 비교해 보자.

〈상황1〉 미혼모인 여인이 9개월을 임신 상태로 있었으나 임신사실을 숨겼다. 어제 그녀는 학교 뒤에 있는 골목에서 아이를 낳았으나 그 아이를 청소차가 오기 직전에 쓰레기 더미에 유기했다. 그녀의 결정은 윤리적일까?

이 상황에 대한 의사결정을 한 후에 다음 상황에 대한 답을 제시해 보라.

〈상황2〉 전쟁 중에 당신 가족은 적군을 피해 지하실에 숨어 있었다. 적군병사가 집에 들이닥쳤으나 그들에게 발견되지 않기를 기도하고 있었다. 당신의 새로 태어난 아이가 울기 시작하자 울음소리를 덮으려고 아이의 입을 손으로 막았다. 만일 당신이 손을 치우면 아이의 울음소리를 들은 적군병사가 당신 가족을 발견해서 죽음으로 몰아갈 것이다. 그러나 당신이 손을 치우지 않으면 아이가 질식하여 죽을 것이다. 당신이 아이의 입에서 손을 치우지 않고 아이를 죽음에 이르게 하는 것이 윤리적일까?

두 번째 상황을 푸는 것은 도전적이고 시간이 소요된다. 감정활동을 지배하는 뇌영역에서는 어떤 상황에서도 자신의 아이를 죽여서는 안 된다고 말하지만 분석하는 뇌영역은 만일 아이의 입을 계속 막으면 아이는 죽겠지만 나머지 가족은 살 수 있기 때문에 좀 더 고민해 보라고 말할 것이다. 따라서 상황을 면밀히 검토한 후 공리론에서는 안타깝지만 아이의 입을 계속 막으라고 결론지을 것이다.

요약하면, 아직은 윤리적 의사결정에 내재된 복잡한 뇌활동을 이해하기에는 초보단계이다. 그러나 윤리학자가 전통적 방식인 합리적 의사결정모형에 초점을 맞추는 것은 지나친 느낌이 있다. 왜냐하면 대부분의 의사결정이 자동적 직관에 의해 수행되고 있기 때문이다. 때로는 의사결정자들은 사후에 신중한 분석을 사용해서 이러한 즉각적인 반응을 합리화하기도 한다.

3) 덕윤리(전통적 윤리론)

① 덕윤리의 의미

덕윤리(virtue ethics)는 때로는 전통적 윤리론이라고도 불리는데, 이는 선한 인간이 되려면 어떤 기질을 가져야 하는지를 고려한다. 덕윤리는 이러한 기질을 연구하고 분류하며, 어떤 행위의 선악은 당해 행위가 좋은 기질을 가진 사람이 수행할 종류의 행위인지 여부에 근거하여 판단한다.

전통적 윤리론에서는 다음과 같은 네 가지 기질을 가장 근본적인 기질, 즉 기본덕목(cardinal virtues)으로 식별해왔다.

- 용기(courage)
- 인내(moderation)
- 정의(justice)
- 신중(prudence)

전통적 윤리론에서는 행위의 선악을 파악하기 위해 먼저 그 행위를 적절한 상황에 배치한 다음, 그 행위가 그 상황에서 덕목을 가진 사람이 행할 수 있는 행위인지 여부를 판단한다.

덕윤리는 '덕목이 우리들로 하여금 과제를 잘 수행하도록 하는 것'이라는 입장을 취한다. 덕목은 우리가 특정 과제를 수행하기에 좋은 사람으로 만든다. 여기에서 잠시 '선(goodness, 또는 좋음)'의 의미를 살펴보도록 하자.

오늘날 '선'이란 통상 비현실적이고 주관적이라고 보는 경향이 있다. 그러나 회계윤리를 이해하기 위해서는 이를 수용할 수 없는데, 이는 좋은(선한) 회계 전문가가 되기 위해서 필요한 것이 있다고 보고 있기 때문이다. 즉, 회계윤리에서는 '선'이란 기본적인 것이다.

선은 다음과 같이 정의된다.

> 선(goodness) : 어떤 항목이 특정 과제를 잘 수행할 수 있도록 하는 특징(또는 덕목)을 지니고 있다면, 그것은 선하다.

예를 들면, 칼이 수행할 특별한 과제는 자르는 것이다. 칼이 잘 자르도록 하는 특징은 날은 날카롭고, 손잡이는 미끄러지지 않아야 한다는 것이다. 따라서 이러한 특징을 모두 지니고 있는 칼은 실제적으로 그리고 객관적으로 좋은 것이다. 즉, 어떤 항목(물건이나 행위)이 선하기 위해서는 그것이 특정 과제를 잘 수행할 수 있는 특징을 지니고 있으면 된다.

그러나 항목이 수행할 특정 과제를 어떻게 인식할 수 있을까? 특정 과제란 일반적으로 그 항목만이 할 수 있는 과제 또는 그 항목만이 잘할 수 있는 과제를 말한다. 예를 들면, 연장통을 보면 거기에는 망치, 톱 등이 있다. 망치를 가지고 송판을 자를 수 없으며, 톱으로 못을 박을 수 없다. 톱만이 송판을 자를 수 있으며, 또한 송판을 잘 자를 수 있다. 따라서 톱의 특정 과제는 송판을 자르는 것이다.

전통적 윤리론에 따를 때 인간의 덕목은 인간이 그에게 특정 과제를 잘 수행하도록 하는 특성이다. 그렇다면 인간이 수행할 특정 과제는 무엇인가? 이는 인간만이 할 수 있는 또한 잘할 수 있는 과제이다. 이는 인간의 다양한 사회활동의 영역에서 총명하게 다른 사람에게 도움이 되도록 행동하는 것이다. 이것을 잘하도록 하는 특징이 바로 덕목(virtues)이다. 그리고 그러한 특성을 가지고 있으면 그 사람은 선하다.

예를 들면, 우리는 생활에서 두려움을 느끼는 위험한 상황에 직면할 수 있다. 이와 같은 상황에서도 적절히 행동할 수 있도록 하는 특성은 용기이다. 또한 사회활동에서 우리는 자주 물건을 교환하고 분배하고 할당하는데, 되도록 많이 받기를 원한다. 각자가 가져야 할 몫 이상을 갖지 않도록 이러한 과제를 공정하고 평등하게 수행하는 데 필요한 특성은 바로 정의이다. 또한 인간은 더 많은 신체적 즐거움이나 편안함을 원한다. 신체적 즐거움이나 편안함 때문에 우리가 해야만 하는 과제를 피해 나가지 않도록 하는 특성은 인내이다.

만일 하나의 물건에 여러 부분이 있다면 각 부분에 관련된 덕목은 다를 수 있다. 사람도 그들에게 맡겨진 특정 과제를 수행하는 것에 관련된 여러 부분이 있을 수 있다. 행위를 잘하기 위해서는 먼저 ① 잘 판단해야 하고, ② 해야 하는 행위를 잘 수행하여야 한다. 예를 들면, 전쟁을 잘 수행하기 위해서는 먼저 적군에 의한 위험과 그러한 위험에 적절히 대응하는 방법에 대해 적절한 판단을 내려야 한다. 그리고 이러한 위험의 상황에 대처하는 과제를 성공적으로 수행하여야 한다.

일반적으로 해야만 하는 과제를 잘 수행한다는 것은 옳은 일을 즉시, 단호하게, 분열된 동기 없이, 어느 정도 즐거움으로 그리고 다른 일을 선택하지 않음으로 인한 후회가 없이 과제를 이루어내는 것을 의미한다.

과제를 수행하는 방법을 정확히 생각하도록 하는 특성을 지적덕목(intellectual virtues)이라고 부른다. 수행해야만 하는 과제를 잘 수행하도록 하는 특성을 전통적으로 인격덕목(virtues of character)이라고 부른다.

지적덕목으로는 좋은 판단, 분별, 이해, 균형, 객관성, 지식 등이 있고, 인격덕목으로는 용기, 인내, 정의감, 너그러움, 진실성, 성실성, 정직성, 유머감각 등이 있다.

지적덕목은 대부분 학습으로 얻어지는 반면, 인격덕목은 오직 그 덕목을 대표하는 행위를 실행함으로써만 얻게 된다. 너그러워지기 위해서는 실제로 너그러운 행동을 할 필요가 있으며, 성실성을 발전시키기 위해서는 성실함을 나타내는 행위를 실제로 수행해야 한다. 일반적으로 인격덕목은 몇몇 비교적 사소한 영역에서 이에 관련된 활동을 해나감으로써 발전시킬 수 있다. 예를 들면, 어린 아이에게는 상대적으로 작고 중요하지 않은 분야에 솔직하도록 유도함으로써 정직이라는 덕목을 발전시킬 수 있다.

거의 모든 감사인들이 직면하는 기존 고객을 잃는 두려움을 생각해 보자. 새로운 고객을 확보하는 데 보상이 주어지고 기존 고객을 잃으면 불이익이 주어지는 환경에서 모든 지적덕목을 갖추었다 해도 인격덕목을 갖추지 않고는 평안하지 못함을 이해할 수 있다. 극심한 경제적 어려움을 겪고 있는 회계전문가가 회계기준에 어긋나는 고객의 요구를 받아들여야 할지 고민하고 있다고 하자. 이러한 상황에서 회계전문가의 주요 의무가 대중과 주주에 대한 것임을 생각하려면 용기, 진실성, 성실함 그리고 정의감 등의 인격덕목이 요구된다.

윤리를 가르칠 수 있을까? 이는 회계전문가의 평판을 높여 나감에 있어서 매우 중요한 질문이다. 이에 대한 해답은 학습으로 취득가능한 지적덕목과 연습으로 습득될 수 있는 인격덕목 간의 차이에서 찾을 수 있을 것이다(이에 대해서는 뒤의 (2) 윤리교육에서 보다 상세히 검토하기로 한다).

② 덕윤리와 회계전문가[1)]

윤리이론 중에서 덕윤리는 회계전문가에게 잘 어울린다. 왜냐하면 회계전문가가 덕목을 갖출 때 고객과 고용인의 압력을 이겨낼 수 있기 때문이다. 어떠한 덕목을 필요로 하는가를 식별하기 위해서는 먼저 회계전문가 제도의 독특한 목적을 식별해야 한다. 회계전문가 제도의 기본적인 목적은 사업의 번성과 건전한 증권시장을 위해서 필연적으로 요구되는 신뢰를 창출하는 것이다. 이러한 기능을 잘 수행하기 위해서 회계전문가는 어떠한 덕목을 갖추어야 할까? 이는 아마도 객관성, 성실성 그리고 독립성이 주요 덕목일 것이다.

덕윤리는 인간이 주어지는 보상과 주위 환경에 따라 특정한 방법으로 반응한다고 본다. 즉 덕윤리는 현실적이다. 그것은 단순히 윤리에 관련된 원칙이나 기준이 아니라 다음과 같은 질문에 관심을 둔다.

- 회계전문가는 어떻게 자신의 윤리적 추론이 욕심과 같은 사익에 의해 바뀌거나 와해되지 않도록 할 수 있을까?

1) 황호찬(1998)에서도 덕윤리를 끊임없이 계발하여, 규칙(공인회계사 윤리기준)윤리를 보완하는 것이 공인회계사제도의 유지 · 발전에 필요함을 역설하고 있다.

- 회계전문가가 어떤 특성을 가져야 굳건히 믿음직하게 행동할 수 있을까?
- 회계전문가가 장기간에 걸쳐 인내하면서 옳게 행동하기 위해서 열정적으로 헌신해야 할 이상(ideals)은 무엇인가?

이와 같이 덕윤리는 현실적이다. 따라서 덕윤리는 윤리를 가르치고 마음속에 심어 넣는 데 유용한 방향을 제시한다.

덕윤리에 근거한 추론은 기업에 종사하는 사람들이 이미 익숙한 사고방식과 매우 유사하여 매력적으로 보인다. 이는 또한 전문가들의 고유한 윤리적 성격을 설명하는 데도 잘 맞는 것으로 증명되었다. 덕윤리는 이미 의학이나 법률 분야에서 윤리교육에 널리 그리고 성공적으로 사용되어 왔다. 덕윤리가 필수불가결한 이유는 윤리적 생활에서 반드시 윤리적 인간이 필요하기 때문이다.

> 윤리의 모든 원칙, 의무 및 규칙은 궁극적으로 살아 있는 윤리적 인간의 윤리적 삶에서 표현된다. 의무, 규칙 등이 행위로 나타나고, 해석되고, 우선순위가 정해지고 그리고 어떤 의도와 동기로 행해지는지는 모두 윤리적 인간의 성격에 의해 결정된다. 따라서 인간의 특정한 행동은 윤리적 상태의 판단에서 자유로울 수 없다.

덕윤리에 기초한 접근법에서는 회계전문가와 고객의 관계는 계약 또는 거래가 아니고 신뢰, 즉 그의 전문성을 필요로 하는 사람들에게 봉사하는 특별한 종류의 약속이다. 자연적으로 사익을 억제하는 것은 덕을 추구하는 전문가에게는 필연적인 귀결이다. 이러한 접근법으로 훈련받은 회계전문가는 정치적, 경제적 또는 사회적 성공을 위하여 그의 개인적 또는 전문가적 성실성을 타협하기를 거부하는 인생관을 취득하게 된다.

(2) 윤리교육

1) 윤리교육의 필요성

모든 사람들은 이미 그들이 따르고 있는 일련의 윤리적 믿음을 지니고 있다. 그럼에도 불구하고 윤리를 체계적으로 배워야 할 몇 가지 이유가 있다.

- 개인들의 단순한 윤리적 믿음으로서 복잡한 문제를 해결하는 데 충분하지 않다.
- 상반되는 윤리적 원칙으로 인하여 무엇을 해야 할지를 결정하기가 어려운 경우가 있다. 이때 윤리적 추론에서 원칙이 상반된 경우 어떻게 판결해야 하는지에 대한 통찰력을 제공하고, 왜 특정 행동이 더 바람직한지를 보여줄 수 있다. 윤리를 배우면, 윤리적 추론의 기법을 발전시키는 데 도움이 된다.
- 개인들이 부적절한 믿음을 가지고 있거나 부적절한 가치에 매달리고 있을지도 모른다. 이러한 믿음과 가치를 비판적으로 분석함으로써 이들의 부적절함을 보여줄 수 있다. 이전에 옳다고 생각하는 일들이 지금은 옳지 않거나 그 반대의 경우도 있다. 즉 윤리적 믿음이 바뀐다는 것이다. 예를 들면, 과거에는 '매수자 위험부담원칙(caveat emptor)'이 허용된 반면, 지금은 제조사가 발생할 수 있는 위험을 구매자에게 알려주어야 할 의무가 있다고 보아 '판매자 위험부담원칙(caveat vendor)'이 일반적이다.
- 윤리를 배우면, 당신의 믿음을 그대로 유지할 가치가 있는 것인지, 그리고 왜 그렇다고 생각하는지를 알게 된다는 것이다. Socrates는 '점검되지 않은 인생은 살 가치가 없다'라고 말했다. 회계전문가로서 당신의 목적은 무엇인가? 그리고 이는 당신이 가지고 있는 다른 가치와 양립할 수 있는 것인가? 만일 당신이 일자리 유지와 전문가 책임위반 사이에 선택해야 한다면 어떻게 하겠는가?
- 윤리를 배우면, 행동에 적용될 수 있는 기본 윤리원칙을 식별할 수 있다. 이러한 원칙은 무엇을 해야 하는지 결정하고 왜 그렇게 해야 하는지를 이해할 수 있게 한다. 회계에서는 특정 상황에 적용할 수 있도록 회계원칙을 배워야 한다. 이와 같이 윤리에서도 직면한 어려운 윤리적 상황에 적용할 수 있는 윤리원칙을 배워야 한다. 그러면, 이용가능한 모든 윤리원칙을 이용하여 문제를 적절히 점검할 수 있게 된다.
- 좋은 골프스윙의 원칙을 모르면서도 골프에 뛰어난 사람이 있는 것과 같이 어떤 사람들은 윤리원칙을 모르면서도 또는 왜 특정 행동이 윤리적으

로 옳은지 모르면서도 윤리적으로 행동한다. 그러나 우리가 좋은 스윙의 원칙을 배우면 골프성적을 발전시킬 수 있는 것과 같이 어떤 행동이나 실무가 윤리적으로 옳은지 아니면 옳지 않은지를 배움으로써 특정 행동이나 실무에 대한 윤리적 의사결정을 발전시켜 나갈 수 있다.

2) 윤리적 자아의 형성

어떤 개인이 항상 완전히 윤리적일 것이라고 믿는 것은 순진하다. 만일 그러한 사람이 존재한다면, 그는 우리가 인성에 대해 알고 있는 모든 것을 능가한다. George Orwell이 경건한 수도사에 대해 '그들은 죄가 없는 것으로 밝혀질 때까지 죄가 있는 것으로 간주되어야 한다'라고 말했다. 여전히 전문가나 시민으로서 우리는 가능한 한 윤리적으로 행동할 열정을 가져야 한다. 우리의 행위가 다른 사람들에게 피해를 끼치지 않고 가능하다면 사회에 도움이 되는 결과를 가져오도록 해야 한다.

윤리적 자아(ethical self), 즉 자연스럽게 법을 준수하고 일반원칙을 지키는 인성과 일련의 행위들을 어떻게 도출할 수 있을까? 또는 역으로 말해서 윤리적으로 혐오스러운 유혹을 피하려면 어떻게 해야 하는가? 이는 심리학적으로 풀어나가야 할 복잡한 질문이다. 윤리발달은 어린이에서 성인이 되기까지 점진적으로 이루어진다. 우리가 누구이고 어떻게 길러졌는가가 매우 중요한 요인이다. 그럼에도 불구하고 대부분의 어른들에게는 '윤리적 자아'를 갖추기 위해서는 더 많은 것이 요구된다. 양심과 행동에서 다음 세 가지 측면이 필수적인 것처럼 보인다.

① 가치에 대한 믿음

만일 모든 행위가 동일한 가치를 가졌다고 믿는다면, 또는 윤리적 평가를 하는 모든 시스템이 상태나 힘에서 동일하다고 주장한다면, 우리는 큰 어려움에 처한다. 또한 행동방식을 바꾸는 수단으로서 사람을 고문하는 것에 대해 만일 당신이 이를 피할 수 있다면 문제없다고 말한다면, 우리는 심각한 윤리적 어려움에 봉착한다. '그것은 당신의 관점이고 나에게는 문제가 없다'를 근거로 하여 모든 것이 허용된다면, 지속되어야 할 인간의 대화는 존재하지 않는다. 최소한 우리는 윤리적 행위를 그것이 미치는 영향에 근거하여 판단한다. 만일 그것이 피할 수 있음에도 많은 사람에게 피해를 준다면, 우리는 이를 비난할 것이다.

윤리적 주장을 입증하는 데 과학적으로 증명가능한 방법이 없다. 윤리적 진술은 측량사가 토지경계를 예측하는 것과 같은 방식으로 증명되지 않는다. 윤리적이기 위해서는 우리는 어떤 믿음, 이는 절대적으로 전통적인 의미에서 종교적일 필요는 없지만, 가치에 대한 믿음을 필요로 한다.

② 사색하는 능력

만일 우리의 삶을 자동적인 과정인 것처럼 산다면 스스로 어려운 질문을 제기하려 시간과 에너지를 쓸 필요가 없다. 이 행위는 옳은가? 아니면, 그른가? 내가 수행하고 있는 일의 의미는 무엇인가? 나의 동료, 가족, 친구 그리고 더 넓은 사회와 나의 관계는 무엇인가? 이러한 매우 근본적인 질문은 윤리적 반향을 요구한다. 이들은 우리가 멈추어 서서 깊이 생각하고, 추론의 도구를 사용하고, 내적 대화에 참여하기를 요구한다. 철학과 윤리란 우리가 하고 있는 것을 생각하는 것 이상이 아니다.

사색이란 철학적 행위이며, 윤리적 행위이다. 이는 우리가 일상적인 필요로부터 조금 거리를 두고 다른 사람들이 우리의 내적 생각을 접근한 것처럼 우리 자신을 바라보는 것이다. 사색이란 수행하기 매우 어려운 일인 자기비판을 수반한다. 우리는 자주 자신이 본질적으로 윤리적이라고 보려는 희망에 사로잡혀 있으며, 이는 또한 인간의 다른 특징인 자기기만의 능력에 의해 강화된다. 그러나 사색에 몰입하는 것은 분명히 윤리적 자아를 만들어 내기 위해서 꼭 필요한 것이다.

③ 공동체 감각

비록 오늘날의 사회는 매우 개인주의적이지만 항상 그리고 배타적으로 자신만을 생각하는 것은 윤리적으로 매우 위험하다. 우리는 가정에서 태어났고, 이를 재창출하며, 다른 사람들과 함께 일하고 즐긴다. 우리는 민주적 과정에 참여하는데, 이는 협력에 대한 헌신을 가정한다. 그리고 통상 우리는 우리의 문제와 그들의 해답을 동일한 방식으로 정의한다. 우리가 고속도로를 포장하길 원할 때 우리 스스로가 포장업체를 고용하지 않는다. 우리는 공동자산을 함께 만들어내는 방식을 찾아냈다. '내가 옳다고 믿는 것이 옳은 것이다'라는 윤리적 이기주의는 분명히 매우 편협하고 이기적인 관점이다. 어떤 자유주의자들은 '모든 인간은 다른 사람들이 피해를 입지 않는다면, 개인적 이익을 추구할 자유가 있다'라고 주장하기도 한다. 그러나 여기에도 일종의 사회적 책임이란 의식이 이미 포함되어 있다.

윤리적 인격에는 다른 사람들을 위한 최소한의 배려가 꼭 필요하다. 상호호혜성과 잠재적 협력은 사회적 존재인 우리들이 다른 사람들과 잘 어울려 살기 위한 것이다. 은둔자나 슈퍼맨은 상상의 산물에 지나지 않는다. 다른 사람들 그리고 정치적 공동체에 대한 충성심은 우리가 협력의 원칙, 특히 '다른 사람을 자신의 목적을 달성하기 위한 수단으로 여겨서는 안 된다'라는 의무론의 원칙을 존중해야만 한다는 것이다. 또한 우리들 행동은 그 결과가 우리 자신뿐만 아니라 많은 다른 사람들의 선이 되도록 한다는 마음에서 이루어져야 한다. 대부분 종교의 근본이 되고 있는 윤리적 공동체의 개념은 사회적 책임감을 개발하기 위해서 반드시 필요하다.

3) 윤리교육의 실효성

윤리를 가르칠 수 없다고 주장하는 사람들이 있다. 만약 그렇다면, 회계윤리를 배우는 것은 소용없고 시간낭비이다. 따라서 이에 대해 검토해 볼 필요가 있다.

우리가 가르칠 수 없다고 보는 합리적인 의심은 해소될 필요가 있다. 사람들이 윤리는 가르칠 수 없다고 보는 몇 가지 이유를 정리하고, 이에 대한 변론으로 이러한 이유가 왜 잘못인지를 밝히고자 한다.

윤리는 정확히 철학의 한 부분이다. 철학에서 적절한 접근방법은 단순히 옳은 관점이 진실인지 보여주는 것뿐만 아니라 왜 옳지 못한 관점이 비록 합리적일지라도 잘못된 것인지를 보여주어야 한다. 철학적 어려움은 항상 해결될 필요가 있다.

먼저 회계윤리에 대해 적절한 개념체계를 제공하고 있는 전통철학을 살펴보자.

① 고전의 문제

'윤리에 대해 가르칠 수 있는가? 그렇다면, 윤리적으로 행동하도록 가르칠 수 있는가? 우리는 윤리적 회계가 무엇인지 가르칠 수 있으나, 회계전문가들이 윤리적으로 판단하고 행동하도록 가르칠 수 있지 않을까?' 이러한 의문은 사실상 오래전에 그리스 철학자이었던 Socrates, Platon 그리고 Aristoteles 등이 가졌던 의구심과 유사하다.

Socrates(469-399 B.C.)는 그의 전 생애를 아테네 시민들이 고결하게 살도록 열심히 권하는 데 헌신했다. 그는 결국 젊은이들을 타락시키고 국가의 믿음을 부정한다는 죄목으로 재판에 넘겨졌다. 아마도 실제로는 그의 끊임없는 질문이 많은 아테네 유명인들을 비방하고 화나게 만들었기 때문이었을 것이다. 그는 재판에서 그가 이해하는 자신의 삶과 임무에 대해 다음과 같이 설명했다.

> 당신은 나에게 다음과 같이 말하지요.
>
> "Socrates, 이번에는 당신을 풀어줄 것이다. 그러나 단 한 가지 조건이 있는데, 첫째 당신은 이러한 식으로 질문하는 것을 멈추어야 하고, 둘째 다시 이 죄목으로 검거된다면 사형에 처해질 것이다."
>
> 만일 이것이 내가 풀려나는 조건이라면, 나는 다음과 같이 답해야만 합니다.
>
> "아테네 시민이여, 나는 당신들을 존경하고 사랑합니다. 그러나 나는 당신들보다는 신에게 복종합니다. 내가 살아 있고 힘이 있는 동안에는 내가 만났던 누구에게나 했던 방식대로 열심히 그에게 다음과 같이 설득하여 철학을 실천하고 가르치는 것을 멈추지 않을 겁니다.
>
> '친구여, 위대하고 강력하고 현명한 아테네 시민인 당신이 돈과 명예와 명성을 쌓는 일에만 관심이 많고, 지혜와 진실과 영혼성장에 전혀 관심을 기울이지 않는 이유는 무엇입니까? 부끄럽지 않으십니까?'
>
> 만일 그 사람이 그것에도 관심이 있으면, 나는 그를 놔주지 않고 그와 토론하고 검증하고 또 검증할 것입니다. 그리고 만일 그의 덕이 부족하다고 생각하면, 더 중요한 것을 과소평가하고 덜 중요한 것을 과대평가한다고 그를 책망할 것입니다."

그는 동료 시민들이 매우 가치가 있는 것을 제대로 평가하지 않는 것을 질책했다. 이는 고상한 변론이었지만 재판관에게는 효과가 없었다. 대부분의 재판관들은 Socrates를 뽐내고 오만하다고 생각했고 그에게 사형선고를 내렸다.

Socrates의 재능 있는 추종자인 Platon은 그의 선생이 체포되어 심판을 받고 죽음에 처해지는 과정을 지켜보았다. 그는 Socrates가 동료 아테네 사람들이 덕목을 갖추도록 독려하는 데 그의 모든 에너지를 쏟아부었지만 그 결과는 Socrates가 무너지고 비윤리적인 사람들이 승리하는 것처럼 보였다. 당연히 Platon은 Socrates의 삶의 기본 전제에 의문을 갖게 되었다. 이 모든 것이 쓸모없을까? Socrates가 덕목을 가르칠 수 있다고 가정했던 것이 잘못된 것일까? 그는 그의 저서 대화론에서 가상의 Socrates에게 다음과 같은 질문을 남겼다.

> Socrates, 당신은 덕목이 가르치거나 실행으로 얻어질 수 있는 것인지, 그 두 가지 아니라면 본성인지 아니면 다른 방법이 있는지 알려줄 수 있나요?

Platon의 잠정적인 결론은 '만일 덕목이 지식의 일종이라면, 이는 가르칠 수 있다. 그러나 덕목이 지식인가?' 그는 이에 대해 의문을 제기한다. 여러 가지 지식과는 달리 덕목에서는 인정할 만한 전문가가 존재하지 않은 것 같기 때문이다. 의학지식에서는 의사가, 건축에 대한 지식에서는 건축가가 있으나 인간의 선함에서는 특별한 전문가가 없는 것 같다. 또한 많은 아테네의 지도자들이 훌륭한 덕목을 갖추고 있으며 부모로서 그들은 덕목을 자녀에게 전하려고 할 것인데, 그들의 자녀들이 덕목을 갖추지 못한 경우가 많다. 이는 덕목은 가르칠 수 있는 것이 아님을 보여주는 것 같다.

Platon의 학생이었던 Aristoteles는 스승과 다른 의견을 제시한다. 우리의 삶에서 칭찬하고, 혼내고, 권고하고, 금지하는 행동은 만일 덕목을 가르칠 수 없다고 하면 쓸모없다. 법을 제정하고 이에 따라 제재를 가하는 것도 마찬가지로 덕목을 가르칠 수 없다면 소용이 없다. Platon이 언급했던 가르침, 실행 및 인성 모두가 덕목을 전하는 데 관련이 있다. 덕목을 가르칠 수 없다고 보는 이유는 덕목을 단지 지적덕목으로만 보는 오해에서 발생한다.

본서에서는 회계윤리는 여러 가지 방법으로 전해지며 가르침은 그중의 한 요소에 해당한다고 보는 Aristoteles의 견해에 입각해서 전개해 나가고자 한다. 윤리를 가르칠 수 있는가 하는 질문은 복잡하다. 모든 것은 윤리가 무엇이며 가르침이란 무엇인지에 따라 결정된다. 이 둘을 잘 정립하면, 회계윤리는 가르칠 수 있다는 결론에 도달할 것이다.

② 윤리 가르침의 의미

회계윤리를 가르칠 수 있는가에 대한 의문은 회계윤리가 무엇을 의미하는지에 달려 있다. Platon은 덕목을 가르칠 수 있는가에 대한 질문은 '덕목이 무엇인가?'에 대한 질문에 대한 답변에 달려 있다고 지적했다.

> 만일 내가 어느 아테네 시민에게 덕이 있는지 여부가 타고난 것인지 아니면 취득한 것인지 묻는다면 그는 면전에서 웃으며 '이상한 사람이네. 당신은 내가 그 질문에 답할 수 있다고 생각한다면, 나를 너무 높게 평가한 것이요. 나는 덕목이 무엇인지 알지 못하고, 그것이 가르쳐서 얻을 수 있지는 더욱 모르오'라고 말할 것입니다. … 나는 부끄럽게도 덕목에 대해서는 아무것도 아는 것이 없음을 고백합니다.

누군가 일을 잘한다면, 그는 그에게 주어진 일을 잘 수행할 특성을 지니고 있다. 우리는 목수, 의사, 운동선수가 그에게 주어진 일을 잘하도록 가르칠 수 있다. 이와 마찬가지로 회계전문가가 주어진 일을 잘하도록 가르칠 수 있을 것이다. 회계전문가가 일을 잘한다는 것은 그에게 주어진 일, 즉 재무보고의 신뢰를 촉진하는 일을 훌륭히 수행하는 것이다. 이러한 회계전문가는 곧 윤리적임을 의미한다.

일을 하는 것을 가르칠 수 있다면, 일을 잘하는 것도 가르칠 수 있다. 어떤 일을 가르치면서 그 일을 잘하는 것을 가르치는 것이 불가능할 수 있는가? 어떤 일에 윤리적이란 것은 이를 행하는 방법이고, 행함을 가르치는 것은 이를 잘하는 특정 방법을 가르치는 것이다.

만일 우리가 말하는 것이 다른 사람의 행위에 영향을 줄 수 없다면, 법률, 추천, 명령 또는 보상과 처벌은 무슨 소용이 있겠는가? 그러나 우리가 말하는 것이 효과가 있다면, 윤리를 가르칠 수 있다. 적어도 우리가 말하는 것이 다른 사람이 보다 쉽게 윤리적으로 되도록 할 것이다.

회계윤리는 기본적으로 다음 4가지 요소와 관련되어 있다.

- 이해 : 회계원칙과 이러한 원칙을 표현하고 지키는 규칙에 친숙해지고 이를 이해함. 특히 규칙의 근거가 되는 원칙을 이해함
- 이상추구 : 개인의 사적 이해를 초월하는 회계전문가의 이상(아마도 신실성)이 목표
- 인격 : 필요한 덕을 갖춤
- 문화 : 어려움 없이 윤리적으로 행할 수 있는 일터(환경)

* 아래의 두 요소(인격과 문화)는 위의 두 요소(이해와 이상추구)를 일관성 있게 실제로 수행하는 능력을 말한다.

즉 회계윤리는 이해, 이상추구, 인격 및 문화와 관련이 있다. 따라서 회계윤리를 가르칠 수 있는지에 대한 질문은 이러한 요소 중 어느 것을 가르칠 수 있는지 그리고 가르칠 수 있다면 어떻게 가르칠 수 있는가의 문제이다.

회계의 기본원리에 대한 이해는 정확히 수업을 통해 습득할 수 있다. 이와 유사하게 회계윤리에 대한 이해(understanding)도 수업을 통해 전달이 가능하다.

이상추구(idealism)는 반사회적인 인격을 가진 일부 사람을 제외하고는 거의 모든 사람에게 존재한다. 윤리의 이상추구를 가르치기 위해서 실무자들의 유머감각이나 고상함 등에 호소해야 한다. 이상추구는 이상과 이상에 기초한 행동을 칭찬할수록 더 활발해진다. 따라서 회계법인은 실무자들이 개인적으로 이상을 추구하여 얻었던 결과를 발굴하여 칭찬하고 이를 다양한 방법으로 나누도록 권장해야 한다. 또한 윤리의 이상추구는 모방이라는 자연적인 욕구를 통해서 발전하는 경향이 있다. 이것이 이야기나 사례 그리고 모범적인 삶을 통해 윤리를 가르치고 권장하는 이유이다.

인격(character)은 작은 일과 처음 하는 일에서 형성되고 검증된다. 이를 가르칠 수 있다면, 실무자의 모든 일이 그 사례가 된다. 예를 들면, 회사의 일뿐만

아니라 실무자 개인의 손비처리, 세금공제 등과 같은 작은 일에서도 부정직, 허위진술, 그리고 이해상충하에서의 행동 등이 절대로 용인되어서는 안 된다. 처음 하는 일의 예로는 새로운 감사계약에서 회의적인 태도, 무시하기 쉬운 회계처리, 경영자의 사기행위를 인지함 등이 있다. 이들이 처음이라면 그것이 아무리 작고 중요하지 않더라도 타협하지 않는 태도가 요구된다.

문화(culture)는 무엇보다도 정상에 있는 인물들의 분위기에 의해 결정되지만 실무자가 원칙과 정직성을 위해 개인의 이익을 희생하는 것에 주목하고 이에 대해 보상을 지급하는 정책에 의해서도 발전한다.

'회계윤리를 가르칠 수 있는가?'에 대한 답은 분명하다. 원칙적으로 이를 가르치는 데 어려움은 없으며, 회계윤리를 전달하는 수단들도 매우 익숙하다. 진정한 질문은 '정말로 윤리를 가르치길 원하는가?'이다. St. Augustine이 했던 말이 생각난다. '주여, 나에게 순결을 주소서. 그러나 아직은 아닙니다.'

③ 윤리를 가르칠 수 없을 것 같다는 이유와 이에 대한 변론

Aristoteles는 그의 저서 '니코마코스 윤리학'에서 한 관점이 진실인지를 알리기 위해서는 그것을 직접 변호할 뿐만 아니라 반대의견이 잘못임을 설명해야 할 필요가 있다고 말했다. 여기에서 제시하는 변론의 많은 부분은 이해('지적윤리'의 문제)와 이상추구 및 인성 간의 혼돈에서 발생한다.

왜 윤리를 가르칠 수 없는 것처럼 보일까?

〈이유 1〉 윤리를 가르칠 수 있다면 강의실에서 할 수 있다. 만일 강의실에서 윤리를 가르칠 수 있다면, 그 효과(윤리적으로 행동함)가 원인(수업)보다 지나치게 커 보인다. 또한 효과와 원인은 전혀 종류가 다르다. 윤리적이란 옳게 행동하는 것이지만 수업에서 우수함은 잘 생각하고, 말하고 쓰는 것이기 때문이다. 수업을 듣는다고 뛰어난 운동선수가 될 수 없는 것 같이 수업이 사람을 윤리적으로 행동하게 할 수는 없다.

(변론) 윤리의 일정 부분은 수업을 통해 가르칠 수 있다. 물론 이는 필요하지만 충분하지는 않다. 수업을 통해 배울 수 있는 것은 단지 지적윤리일 뿐이다. 대신에 동기와 관련된 윤리적 인성은 조언, 훈계, 규제, 보상과 처벌 등과

같은 본보기를 반복함으로써 차츰 머릿속에 각인될 것이다.

〈이유 2〉 지적인 것(현명함)과 선한 것(윤리적임)은 전혀 다르다. 사람을 가르치면 지적으로 만들 수는 있지만 선하게는 만들 수 없다. 어떤 사람은 전혀 선하지 않으면서도 지적이고, 어떤 사람은 지적이지 않지만 선하다.

(변론) 선함은 아니지만 지적인 것은 가르칠 수 있다. 그러나 지적임이란 두 가지 의미를 가진다. 첫째는 원하는 것을 효과적으로 달성하는 방법인 기술적인 숙달이나 영리함을 의미한다. 예를 들면, 자신이나 고객의 이해만을 위하여 적절한 규칙을 찾아내는 투명하지 않은 회계가 이에 해당한다. 둘째는 실제적인 지능인 총명함, 좋은 판단, 신중함과 이해 등을 의미한다. 이러한 지적임은 선함과 불가분의 관계를 가진다.

〈이유 3〉 성장과정이 우리의 인격을 결정한다. 윤리적인지 아닌지는 인격에 달려 있다. 윤리를 가르치려고 할 때쯤이면 우리의 인격이 이미 고착되어 있다. 우리의 인격은 성장과정에서 어떤 친구관계를 맺었는지 그리고 부모님이 자녀교육에 얼마나 심혈을 기울였는지에 따라 결정된다.

(변론) 어느 정도 타당하다. 인격은 회계전문가가 되기 이전에 거의 확정되어 있다. 그러나 확정된 인격도 때로는 매우 나빠지는 사례에서 보늣이 좋은 변화도 가능하다. 더욱이 작은 일과 첫 번째 일이 중요하기 때문에 신입 회계전문가의 첫 번째 경험과 회계법인의 기대는 그가 회계전문가로서의 인격을 형성하는 데 결정적인 역할을 한다.

〈이유 4〉 진정으로 우리의 행동은 자유롭다. 동일한 환경(가정교육과 배경)에서도 어떤 사람은 잘 행동하고 다른 사람은 그렇지 못하다. 즉 가르침을 포함하여 어느 것도 믿을 만하게 윤리적 행동을 낳지 못하는데, 이는 기본적으로 우리는 자유롭게 행동하기 때문이다.

(변론) 행동은 자유이지만 덕목을 갖춘 사람의 행동은 예측불가능하지는 않다. 성실성의 예를 들어 보자. 당신이 등반가라면 당신은 등반기법을 완비하고 성실하며 선한 동료 등반가를 믿을 것이다. 이러한 사람의 행동은 전혀 예측불가능하지 않다. 이와 유사하게 당신은 동료 파트너의 행동을 예측할 수 있을 것

이다.

〈이유 5〉 우리는 해서는 안 된다고 알지만 실제로는 때때로 이를 행한다. 수업에서는 무엇을 해야 하는지를 가르치지만 그렇게 하도록 유도할 수는 없다. 윤리에서 어려운 것은 무엇을 해야 하는지 아는 것이 아니라 해야 한다고 아는 것을 행하도록 하는 것이다.

(변론) 수업에서는 무엇을 해야 하는지를 가르친다. 이는 실제로 우리가 그렇게 하도록 만들지는 않는다. 무엇을 해야 하는지를 아는 것은 지적덕목을 달성하는 것이다. 그러나 이를 실제로 수행해 내는 것은 다른 종류의 덕으로서 강의가 아니라 실행을 통해 획득된다.

〈이유 6〉 덕을 가르칠 수 있다면 윤리에 대한 유명한 교사나 전문가가 있어야 한다. 이를 위해서는 객관적이고 공통적으로 인정되는 가치가 있어야 한다. 그러나 각자가 중요시 여기는 가치가 달라 특정 행위를 바라보는 시각도 이에 따라 달라진다.

(변론) 그러한 사람들이 많이 있다. 실제로 모든 사람들은 다른 사람의 나쁜 행동을 인지할 수 있기 때문에 모든 사람이 잠재적으로 훌륭한 교사이다. 통상 사회의 법률에 내재된 지혜는 윤리교사이다. 또한 유명한 종교지도자들뿐만 아니라 Mother Teresa나 Martin Luther King Jr. 같은 분들도 모범이 되는 윤리교사이다.

〈이유 7〉 윤리를 가르칠 수 있다면, 덕을 갖춘 사람은 그들의 자녀에게 이를 전달했을 것이다. 그러나 그렇지 못한 경우가 많았다. 회계법인에서도 매우 윤리적이었던 설립자의 덕이 이후 세대에 충분히 전달되지 않는 경우가 많다.

(변론) 이는 덕이 있는 사람은 모두 덕목을 가르칠 수 있다고 가정하는 것이다. 이러한 가정을 수용하기 어렵다.

결론적으로 '윤리를 가르칠 수 있는가?'라는 질문을 '실무자들이 비윤리적으로 행동할 생각이 적어지도록 만드는 효과적인 수단이 있는가?'로 대체하여야 한다. 그리고 질문에 대한 대답은 '그렇다'이다.

유사한 사례를 살펴보자. 음주운전을 억제하기 위해 많은 프로그램이 시도되고 있다. 윤리를 가르칠 수 없다면, 이러한 시도가 소용없을 것이다. 그러나 꾸준히 다양한 억제책이 시행되고 있다.

이와 유사하게 회계전문가를 개혁하기 위해서 여러 가지 방법이 가능하고 필요하다. 이는 원칙중심 교육에서 기업문화의 변혁 및 법률에 의한 더 강력한 규제에 이르기까지 다양하다.

그러나 여기에서 가장 기본적인 질문은 '전문가가 변할 수 있을까?'가 아니라 '우리가 충분히 변하기를 원하는가?'이다. '윤리를 가르칠 수 있을까?'에 대한 대답은 '분명히 그렇다'이다. '당신은 진정으로 회계전문가들이 행동해 나가는 데 필요한 윤리적 기반을 유지하고 발전시키는 데 관심이 있는가?' 이는 진정으로 회계전문가들 자신에 달려 있다. 회계전문가 자신들이 할 일을 수행하고 책임을 이행함에 있어서 전문가로서 높은 이상을 유지해야 한다.

본 교재의 Prologue에서 밝혔듯이 이를 위해서는 회계전문가 자신들이 진실하게 원칙중심, 진정한 전문가정신 그리고 고결한 자부심을 지속적으로 발전시켜 나가도록 해야 한다.

토론문제

1. "당신이 진정 윤리적 일을 하고 싶다면 당신의 대부분 소유를 팔아서 그 돈을 가난한 나라에서 굶주리고 있는 사람들에게 나누어 주어라."

이러한 언급에 대해 공리론자 또는 의무론자는 동의할까?

2. 갑동 씨는 죄를 저지르지는 않았으나 성격은 나쁘다. 반면, 을동 씨는 온순한 사람이지만 죄를 저질렀다. 이들 모두 투옥되는 것을 원하지 않는다. 사람들은 결백한 갑동 씨가 죄를 저질렀다고 믿으며, 그를 매우 두려워하고 있다. 사람들은 을동 씨가 실제로 범인이라고 하더라도 그를 두려워하지 않고 있다. 정부는 을동 씨가 아닌 죄가 없는 갑동 씨를 투옥하기로 결정하였다.

1) 공리론 입장에서 정부의 결정이 윤리적이라고 보는가?

2) 의무론 입장에서 정부의 결정이 윤리적이라고 보는가?

3. 의무론에서 '지상명령'이란 어떤 의무는 예외 없이 지켜야 한다는 것을 의미한다. 다음의 의무 중에서 예외를 허용할 만한 상황이 있다고 보는가?

① 진실을 말할 의무

② 다른 사람의 신체에 해를 입히거나 다른 사람을 살해해서는 안 되는 의무

③ 죄 없는 사람의 자유를 빼앗아서는 안 되는 의무

4. 당신은 제조기업의 내부감사로 근무하고 있다. 기업의 정책에 따르면 기업의 직원은 당해 기업의 다른 직원들과 낭만적 관계를 가져서는 안 된다. 기업은 수시로 직원들에게 이러한 규정을 위반하면 해고할 것이라고 경고하고 있다.

이러한 정책에도 불구하고 당신은 전산부서의 과장과 몰래 데이트를 즐기고 있다. 이 둘은 능력과 경험을 겸비하여 매우 우수한 업적을 올리고 있다. 회사의 담당자가 이러한 낭만적 관계에 의문을 가지자 그들은 모두 부인했다. 이러한 거짓말을 정당화하기 위해 당신은 '기업이 아직까지 어떤 피해를 입지 않았고, 그들을 교체해야 한다면 기업에 상당한 피해를 입을 것이다'라고 말했다.

결과론의 입장에서 당신이 거짓말하는 것은 윤리적일까?

5. 학생이 교수에게 자기의 에세이를 읽은 대가를 직접 지급하고, 교수는 학생의 에세이에 성적을 부여하는 경우를 상상해 보라. 이것이 바로 회계감사시스템이 작동하고 있는 방식이다. 회사는 단순히 자신의 감사인을 사전에 '구매'하고, 그 감사인은 '판매'를 완료한 후에 당해 회사의 재무제표가 진실한지 그리고 적정의견을 받을 수 있는지를 결정한다.

이것의 의미하는 바는 '고객사는 감사인을 사고팔 정도만큼의 정당한 감사수수료만 지급할 것이다'라는 사실에 동의하는가?

6. 도둑이 유산으로 구입한 부자청년의 고급자동차를 훔쳤다. 훔친 자동차를 팔았을 때 판매대금의 75%를 어린이 심장병재단에 기부하고, 나머지 돈은 요양원에서 기거하는 늙으신 어머님을 돌보는 데 사용했다.

1) 이 도둑의 행위가 윤리적인가?
2) 훔친 자동차의 보험계약상 공제금액이 100만원이라면 답이 달라지는가?
3) 훔친 자동차의 보험계약상 공제금액이 100만원이지만 도둑이 자동차를 훔칠 때 120만원을 차주에게 건넸다면 답이 달라지는가?

7. 운전자금을 차입하기 위해서는 은행에서 요구하는 특정 부채비율을 충족시켜야 한다. 종업원이 준비한 시산표를 검토해 보니 은행의 부채비율을 충족시키지 못함을 확인했다. 당신은 은행의 조건이 불필요하게 높다고 보고 비용으로 처리했던 일정 부분을 자본화하여 부채비율을 낮추었다.

만일 회사가 차입하지 못하게 되면 훌륭한 직원을 해고해야 하고, 당신은 그 직원이 아이들을 부양하기 어렵게 될 것을 우려하고 있다. 더욱이 회사가 그 차입을 하게 되면, 회사는 필요한 모든 이자와 원금을 지급할 것이 확실하다.

결과론의 입장에서 볼 때 당신의 행위는 윤리적인가?

8. 최근에 우민(주)는 사장인 반동성 씨가 동성결혼을 반대하는 정치단체에 기부금을 냈다고 해고하였다. 게이의 권리를 선호하는 몇몇 집단은 반동성 씨의 기부 사실이 공시되자 우민(주)의 제품에 대해 불매운동을 하겠다고 위협했다. 우민(주)는 그들의 사장을 해임한 결정을 정당화하기 위해 다음과 같은 담화를 발표했다.

"의미 있는 토론을 위해서는 평등이 필요하고, 평등을 지켜내기 위해서는 자유로운 토론이 필요하다."

1) 반동성 씨의 행위는 비윤리적인가?
2) 반동성 씨를 해고하지 않으면 우민(주) 제품에 대해 불매운동을 하겠다고 위협한 것은 윤리적인가?
3) 우민(주)가 그들의 사장을 해임한 것은 윤리적인가?
4) 당신은 우민(주)가 담화에서 언급한 내용에 동의하는가?

9. 윤리를 체계적으로 배우는 것이 왜 필요한가?

10. '윤리적 자아'란 무엇을 의미하는가? 그리고 이는 어떻게 형성될 수 있을까?

11. '윤리를 가르친다'라는 말은 무엇을 의미하는가?

12. 회계윤리와 관련된 4대 요소, 즉 이해, 이상추구, 인격 및 문화 각각을 설명하라. 또한 이를 가르칠 수 있다고 보는지 또한 가르칠 수 있다면, 어떻게 가르칠 수 있는

지 설명하라.

13. 다음 각 항목이 '참'인지 '거짓'인지 제시하라.

① Socrates는 '덕'보다는 '부'에 더 관심이 많은 그의 시민들을 비난했다.

② Platon은 '덕'은 '지식'이 아니기 때문에 가르칠 수 없다고 보았다.

③ 의사나 변호사 같은 많은 지식인들이 유대인들을 몰살하려는 Hitler의 정책에 협조했다. 반면, 어떤 촌부들은 그들의 생명과 가족의 위험을 감수하고 유대인들을 도왔다. 이는 '지식'과 '선' 간에는 절대적인 구별이 있음을 나타낸다.

④ 어떤 사람을 좋은 회계전문가가 되도록 가르치는 것은 그를 윤리적 회계전문가가 되도록 가르친다는 것이다.

⑤ 회계전문가들에게 '회계기준은 회계원칙을 이기는 것이 아니라 회계원칙을 제시하는 것이다'라고 가르치는 것은 회계윤리의 4대 요소 중의 하나인 이해와 관련된 것이다.

⑥ 윤리에서 이상추구는 특히 모방하려는 욕구에 의해서 촉진된다.

⑦ 회계전문가들은 새로운 감사계약에서 회의적인 태도로 접근해야 한다.

⑧ 회계전문가들이 윤리과목에서 좋은 점수를 받은 것은 그들에게 회계윤리가 성공적으로 장착되었다는 징후가 된다.

제 2 편 일상생활 속의 윤리

제2편에서는 우리의 일상생활에서 언제든지 발생할 수 있는 윤리적 문제들을 점검해 본다.

[2-1]에서는 속고 속이는 생활이 일상이 된 우리의 삶을 살펴본다. 왜 속이는가? 그리고 속이는 것이 좋을 수도 있는가? 등을 논의한다.

[2-2]에서는 인간이 가지는 탐욕과 이로 인한 부패와 사기를 살펴보는데, 특히 회계사기가 어떻게 그리고 어떤 방법으로 발생할 수 있는지를 알아본다.

위와 같이 일상생활에서 발생하는 윤리적 문제를 점검함으로써 우리는 다음 편에서 언급할 전문직업인인 공인회계사의 윤리문제에 어떻게 접근할 수 있는지를 보다 명확하게 이해할 수 있을 것으로 기대한다.

[2-1]
왜 속이는가?

〈도입사례〉

대형 기업이 비디오게임을 제작하여 판매하고 있다. 이번에 출시한 비디오게임은 대학 농구리그를 그대로 묘사한 것이다. 그 게임에는 특별히 선수들의 이름을 언급하지 않았으나 잘 알려진 선수들을 그대로 묘사한 특징을 가진 애니메이션을 사용하고 있다. 또한 그 애니메이션에는 선수들의 대학팀들과 동일한 유니폼을 입혔다. 그 기업은 그 비디오게임으로부터 상당한 이익을 얻었으나 그 이익을 선수들과 나누지 않았다. 게임에서 묘사된 선수들은 대학에서 장학금을 받고 있다. 대학 농구협회의 규정에 따르면 대학교의 선수들은 재학 중에는 그들의 성과에 대해서 밖에서 어떤 대가도 받을 수 없게 되어 있다.

기업이 제작하여 판매한 비디오게임이 윤리적일까?

스포츠는 선수들이 그들의 재미있는 연기를 판매하는 공연이다. 따라서 법규나 사회적 합의에 따르면 공연에 대한 대가를 지급하지 않고는 그들의 노래, 춤 또는 어떤 다른 종류의 표현을 사용해서는 안 된다고 본다. 비록 비디오게임 제작자가 특정 선수의 이름이나 얼굴을 사용하지 않았으나 비디오게임의 애니메이션이 특정 선수라고 인식할 만한 특성을 나타내고 있다.

많은 선수들이 재무적 어려움에 직면하고 있으나 그들의 재무적 문제들은 그 비디오게임을 제작하는 기업이 속이고 있는지 여부를 결정하는 데 관계가 없다. 이와 비슷하게 선수들이 만일 그들이 공연의 대가를 밖에서 받는다면 그들의 선수자격을 잃는다는 사실도 이와는 관계가 없다. 비디오게임을 제작하는 기업이 아니라 그 선수들이 공연의 대가를 받을지 여부를 결정해야 한다.

'속임'이란 말은 많은 사람들에게 사랑했던 애인이 이별을 통보하고 떠난 아쉬운 기억을 떠오르게 한다. 그러나 사업에서는 속임은 전혀 다른 의미를 가지고 있다. 속임은 소액현금 보고서에 몇 만원을 더하는 것과 같은 사소한 것에서 수억원의 수입을 올리고도 대담하게 이를 세금보고에서는 빼먹는 경우와 같이 다양하다.

(1) 속임에 대한 합리적 모형

자기 것이 아닌 것을 얻기 위해서 부정직하게 행동한다면 이는 속이는 것이다. 하나의 큰 미스터리는 왜 어떤 사람들은 자주 속이고 다른 사람들은 거의 속이지 않느냐 하는 것이다. 어떤 사람을 속이도록 하는 어떤 심리적, 문화적 그리고 사회적 특별한 이유가 있을까? 속임의 뿌리가 되는 원인을 이해할 수 있다면, 우리는 속임이 발생하는 빈도를 줄일 수 있을지도 모른다.

노벨상을 수상한 경제학자인 Gary Becker는 속이려는 의사결정은 다른 재무적 의사결정과 다름이 없다고 본다. Becker의 모형에 따르면 잠재적인 부정행위자는 그들의 행위에서 얻는 효용이 그로 인한 원가를 초과할 때 그 행위를 선택하게 된다. 간단히 말해 Becker모형은 속임 그리고 범죄는 의사결정자가 한계효용과 한계비용을 비교하는 원가회계의 문제로 귀착된다고 본다.

겉으로는 속임에 대한 원가-효용 접근법이 합리적으로 보인다. 경찰이 바로 근처에 서 있는데 철사로 억지로 문을 열고 차량을 훔치려고 하지는 않을 것이다. 적발되고 처벌받을 확률이 높다. 그러나 자세히 분석해 보면 Becker모형은 많은 경우에 속이려는 의사결정을 적절히 설명하지 못하고 있다. 다음 사례를 살펴보자.

〈사례〉 Becker모형의 한계

은행에 입사하기 위한 면접을 위해서는 학점이 3.0 이상이어야 한다. 당신은 졸업 후에 그 은행에서 일하고 싶어 하는데, 당신의 성적은 3.0에 조금 못 미쳐 만일 윤리경영 과목에서 적어도 B+를 받지 못하면 3.0을 넘길 수 없다.

학기말시험에서 감독관이 잠시 자리를 비워 부정행위를 할 기회가 생겼다. 부정행위를 하려는 의사결정에 Becker모형을 적용할 수 있는가?

풀이

아니다. 부정행위에서 기대되는 이득을 수량화하기 어렵다. 부정행위를 한다고 해서 성적을 B^+ 이상을 받는다는 것이 확실하지 않다. 또한 그 은행이 입사제안을 할지, 그리고 당신이 그 입사제안을 받아들일지도 불확실하다.

부정행위의 기대비용도 명확하지 않다. 당신은 감독관이 당신의 부정행위를 발견할 가능성과 적발된 경우 처벌의 정도도 쉽게 수량화할 수 없다.

Becker모형의 논리적 타당성에도 불구하고 다양한 실험연구는 이러한 모형이 속이는 행위를 설명하는 방법에 대해서는 다음과 같은 의문을 제기한다.

① 충동적 행동

Becker모형은 사람들이 법을 위반하기 전에 본능에 따라 머릿속으로 계산을 한다고 가정한다. 그러나 실제로는 사소한 가게물건을 훔치기 위하여 가게에 계산기를 지니고 들어가는 사람은 거의 없을 것이다. 대신 대부분의 좀도둑들은 체포될 가능성이나 처벌의 심각성을 계산하지 않고 충동적으로 행동할 것이다.

〈사례〉 충동적 행동

김 사장은 77세로 회사의 투자자를 속이기 위해 회계부정을 저지를 당시 상장회사인 원리통신(주)의 설립자이고 최고경영자이었다. 그는 개인 비행기, 별장, 개인악단 등을 소유하고 있는 재산가였다.

회계부정을 저지른 김 사장의 의사결정은 Becker모형과 일치하는가?

풀이

아니다. 필요한 돈이 충분하고 나이가 지긋한 김 사장이 회계부정으로 얻는 이득은 별로 크지 않고 그의 자유와 명성을 잃게 되는 기대원가는 매우 크다. 만일 김 사장이 회계부정에서 발생하는 엄청난 원가를 별로 크지 않은 이득과 비교하는 데 시간을 들였더라면 그는 아마도 여생을 교도소에서 지내야만 하는 의사결정을 하지 않았을 것이다.

② 죽은 위인의 효과

Becker모형에 따르면 속일 가능성은 기대효익의 가치에 따라 결정된다고 보고, 그 효익이 재물이냐 현금이냐에 상관이 없다고 본다. 그러나 연구에 의하면 사람들은 기대효익이 재물보다는 현금일 때 훨씬 더 속일 가능성이 높다고 본다. 한번 실험해 보자. 당신은 회사의 현금박스에서 현금 4만원 또는 4만원의 가치가 있는 회사의 필기구를 집으로 가져오는 것 중에 어느 것이 더 편하다고 느낄까?

카지노에서 재물이 현금보다 정서적으로 더 약한 효과가 있음을 발견했다. 5만원짜리 현금을 잡을 때, 동일한 가치가 있는 칩을 잡을 때보다 더 살벌하게 잡는 경향이 있다. 현금의 대용물건을 사용하는 것은 카지노뿐만 아니라 다른 산업에도 널리 이용된다. 회계사가 현금을 훔치려고 투자자의 호주머니를 뒤지는 경우는 거의 없을 것이다. 그러나 스톡옵션이나 연금펀드 등의 계산을 조정하려는 유혹은 쉽게 거절하지 못한다. 왜냐하면 이로 인한 재무적 피해는 좀 더 애매하고 추상적이기 때문이다.

세종대왕이나 율곡 등과 같은 위인들이 화폐표면에 새겨져 있는데, 실물화폐의 감정적 영향은 동일한 가치가 있는 물건보다 높다. 따라서 이를 죽은 위인의 효과(dead presidents' effect)라고 부른다.

③ 발견위험의 정도

Becker모형은 발견될 위험이 적은 경우 속임수를 자주 사용할 것이라고 예측한다. 그러나 실제로 발견될 가능성이 거의 없는 상황에서도 대부분의 사람들은 속이려 하지 않는다. 이것을 증명하기 위해서 100명의 참가자들을 무작위로 두 집단으로 나누어 연구를 진행했다. 첫 번째 집단에서는 작업을 진행하고 생산물 개수에 따라 자유롭게 현금통에서 현금을 가져가도록 하고, 두 번째 집단에서는 감독자가 생산물 개수를 확인한 후 현금을 지급하도록 했다. 첫 번째 집단의 생산물이 더 많았다. 더 중요한 관찰은 첫 번째 집단의 참가자들이 그들의 생산물 개수를 정확히 보고했고, 꼼꼼하게 그들이 받을 만큼의 현금만 가져갔다는 것이다.

〈사례〉 발견위험의 정도

성윤리 씨가 퇴근하려 주차장에 나갔는데, 여기에서 지갑이 땅에 떨어져 있는 것을 발견했다. 지갑 안에는 40만원의 현금과 지갑주인의 신분증이 들어 있었다. 주위에는 아무도 없어서 그는 지갑주인에게 전화를 걸고 지갑을 돌려주었다.

이러한 행위는 Becker모형과 일치하는가?

풀이

아니다. 현금을 갖는 이익은 크지만 발견될 가능성은 거의 없다. 그럼에도 불구하고 성윤리 씨는 그의 재산상 이익을 내려놓고 윤리적으로 행동했다.

④ 처벌이 없는 경우

Becker모형과는 달리 많은 사람들은 처벌이 없는 경우에도 속이려 하지 않는다. 예로서 한 식당이 특별한 이벤트를 준비했다. 그 식당의 평균가격은 5,000원이지만 고객들에게 '지급할 수 있는 만큼만 지급하세요'라고 광고했다. 그 식당이 놀란 것은 고객들이 평균가격인 5,000원보다 더 많이 지급했는데, 이는 아마도 가난한 사람들을 위한 식당의 호의에 대한 보상으로 보인다. 따라서 부유한 사람들이 이를 속이는 기회로 삼는 것이 적고 그들의 너그러움이 적게 지급한 다른 고객의 차액을 보상하고도 넘쳐났음을 보여준다.

(2) 자아상 – 심리모형

1) 자아상의 중요성

Becker모형의 흥미로운 단순함에도 불구하고 속이는 것은 심리적 요소를 가진다. 속임은 경제적 효익과 원가를 수반하지만, 이는 또한 우리의 자아상을 침해한다. 속임으로 얻는 외적인 경제적 이득과 속임이 우리의 자아상(self-image)에 끼치는 심적 해악 사이에는 결정적인 긴장감이 존재한다.

대부분의 사람들은 자신에 대한 긍정적인 관점을 유지하려는 강한 심적 갈망이 있다. 예를 들면, 자신의 운전능력을 평가하도록 하면 약 88%의 대학생들은 통계적 사실을 무시하고 평균 이상이라고 답한다. 특히 남자들이 운동능력에서 측정할 수 없음을 인정하는 것은 거의 불가능하다. 우리의 부풀려진 자아개념을 풍자하기 위해서 한 작가는 '모든 어린이는 평균 이상이다'라는 가상지대를 창조했다.

페이스북이나 다른 사회적 미디어는 많은 사람들이 그들의 자아상을 강화하길 원하는 경향을 확인해 준다. 사회적 미디어는 우리가 유행을 결정하는 패션이나 음악 등 모든 것에서 자신의 취향을 나타내도록 북돋워 우리의 자존감을 강화시킨다. 더욱이 다른 사람이 우리를 친구로 추가하고 많은 사람들이 우리가 정말 대단하다고 상기시킬 때 우리의 호감은 풍성해진다. 자아증강을 제멋대로 하려는 경향은 매우 일반적이다. 예를 들면, 최근 영국의 교도소 수감자를 대상으로 한 연구에서 수감자들은 전형적인 다른 사람들보다 자신들이 더 진실하고 도덕적이며 열정적이고 자제력도 있다고 평가했다. 이들은 오직 한 영역에서 그들의 우수성이 부족함을 수용했다. 법을 준수하는 정도를 평가하도록 요청받았을 때 그들은 자기들이 우월하지는 않지만 다른 사람들과 거의 비슷하게 법을 준수하고 있다고 답했다.

2) 자아상이 속임에 미치는 영향

많은 사람에게 속이는 것은 씁쓸하면서도 달콤하다. 속이면 경제적 대가를 얻게 되지만 이는 또한 속인 자의 자존감을 위협하는 회한의 감정을 자아낸다. 이러한 충돌에 대하여 일부 행동과학연구자는 사람들은 단지 속이는 데서 발생하는 한계효용이 그들의 자존감을 해치는 한계폐해보다 더 큰 수준까지만 속인다고 주장한다. 따라서 사회규범을 준수하고 깨끗한 자아상을 유지하는 것에 관심이 많은 사람일수록 좀처럼 속이지 않는다. 반대로 자신의 자아상의 중요성을 높게 평가하지 않는 자들은 더 광범위하게 속이는 경향이 있다.

〈사례〉 자아상의 영향

행동과학적 실험에서 두 동일한 집단에게 몇 가지 퍼즐을 부여하고 해결한 개수에 따라 보상이 주어진다고 알려주었다. 또한 참가자들은 발견될 위험 없이 해결한 개수를 과장할 수 있다고 통보받았다.

첫 번째 집단은 해결한 퍼즐 하나당 500원을 주고, 두 번째 집단은 해결한 퍼즐 하나당 1,000원을 받을 자격이 생긴다.

어느 집단의 참가자들이 해결한 퍼즐 개수가 더 많았을까?

풀이

Becker모형에 따르면 속여서 얻을 수 있는 효익의 기대가치가 두 번째 집단에서 더 크다. 따라서 속이는 것이 합리적 의사결정이라면 두 번째 집단이 해결한 퍼즐 개수를 과장할 것을 기대할 수 있다.

그러나 놀랍게도 평균적으로 첫 번째 집단에서 해결한 퍼즐 개수가 높았다. 이에 대한 가능한 설명은 그들이 500원과 같은 적은 금액을 속이더라도 긍정적 자아상을 유지하는 데 문제가 없다고 본다는 것이다. 그러나 금액이 크면 주요한 비윤리적인 행위가 한 사람의 긍정적인 자아상을 망칠 것이기 때문에 속이지 않으려는 경향이 있다는 것이다.

3) 자아상 유지 노력

자아상(self-image)에 대한 우려로 인해 속이려는 유혹을 지켜낼 것이라는 가정은 많은 의미를 가진다.

① 합리화

자존감이나 품위를 지키기 위해 많은 부정행위자들은 자신이 속이는 자라는 사실을 피하려고 정신적 훈련을 이용한다. 속임의 합리화(rationalization)는 다양한 수단을 동원해서 이루어진다.

- 어떤 사람들은 속임으로 얻는 효익을 받을 자격이 있다고 합리화한다. 이러한 변명은 그들의 자아상에 미치는 피해를 줄이면서 더 많이 속이도록 할 것이다. 이러한 현상은 종업원들이 받을 자격이 있다고 믿는 것보다 적은 금액을 받을 때 속이는 것을 합리화할 때 관찰된다. 또한 이러한 합리화는 회계사가 고객이 세금을 절약하도록 조언한 것을 핑계 삼아 추가 근무시간을 과장할 때에도 사용된다.
- 어떤 사람들은 속임이 아주 작아서 다른 사람들에게 미치는 영향이 거의 없다고 합리화한다. 예를 들면, 회계사가 컨설팅비용을 과대청구하면서

'내 고객은 상당히 부자라 이 정도의 비용을 감당할 만하다'라고 합리화한다. 또는 거짓 세금보고를 하면서 '정부는 징구한 세금을 낭비하고 있다'라고 합리화한다.

- 어떤 사람들은 정당한 소유주에게는 한계비용이 낮은 물건이나 서비스를 훔치면서 그들의 행위의 부적합성을 평가절하한다. 예를 들면, 좋아하는 가수의 노래를 불법적으로 내려받음으로써 2,000원을 절약하는 것을 꺼리지 않는다. 그러나 그는 2,000원을 얻으려고 결코 그 가수의 호주머니를 털지는 않을 것이다.
- 다소 불확실하고 애매한 상황에서 속임으로써 부정행위의 자아실현을 피한다. 예를 들면, 자녀의 부양대금을 결정하는 판사에게 자기의 현금수입을 알고도 줄여서 보고하면 깨끗한 양심을 유지하기가 매우 어렵다. 현금수입은 쉽게 측정되고 분명하다. 반면, 근무하는 개인회사에서 보상으로 쉽게 처분이 안 되는 회사주식을 받은 경우 그 주식보상을 낮게 평가하면서도 역시 긍정적인 자아상을 유지하는 것은 훨씬 쉽다.

〈사례〉 속임의 합리화

적발되고 처벌될 위험이 없이 다음 행위 중에서 하나를 할 기회가 주어졌다.

- 고객이 세탁기 테이블에 우연히 남겨둔 1만원을 취한다.
- 친구가 휴가를 간 동안에 그의 주차증을 이용해서 무료로 주차할 수 있다. 주차증에는 정당한 소유자만이 이용할 수 있고 양도불능이라고 명백히 쓰여 있다.
- '샤넬'이란 상표가 표시된 모조지갑을 사서 이를 진품 가격의 1/10에 판매한다.

위의 어느 행위가 당신이 좋은 자아상을 유지하도록 할까?

풀이

아마도 당신은 다른 사람의 현금을 취하지 않을 것인데, 이는 그렇게 하는 것이 존경받는 사람의 자아상을 분명히 해치기 때문이다.

반면, 많은 사람들은 친구의 주차증을 사용하면서도 긍정적인 자아상을 유지한다. 왜냐하면 그 주차증의 이용으로 인해 주차장에 추가비용이 발생하지 않는다고 생각하기 때문이다. 그러나 그 주차장에는 기회비용이 발생하는데, 기회비용은 만일 당신이 친구의 주차증을 사용하지 않으면 주차장에 추가로 지급해야 할 금액으로 측정된다.

사람들은 모조지갑을 거래하는 것은 속이는 것이 아니라고 합리화할 수 있다. 그러나 정당한 상표권 소유주의 명성은 훼손될 것이다. 특히 모조상품의 질이 진품의 명성을 훼손할 때 더욱 그렇다. 따라서 피해가 간접적이라 하더라도 이러한 형태의 속임은 궁극적으로 상표권 소유주의 사업을 침해한다.

② 표준부정

표준부정(denial of standards)은 종교적 조언과 비종교적 조언으로 구분하여 살펴볼 수 있다. 먼저 종교적 조언을 살펴보자. 성경이나 불경 등은 허용가능한 행위를 기술하는 기준을 세운다. 직감적으로 볼 때 종교적 헌신은 사업가의 행위에 도덕적으로 바람직한 긍정적인 영향을 미칠 것으로 예상된다. 그렇다면 종교적 헌신을 한 사람들이 사업장에서 다른 사람들보다 더 윤리적으로 행동할까? 이에 대해 아직 결정적인 증거가 제시되지 않고 있다.

비록 종교적 독실함이 속이려는 경향에 미치는 영향을 분명하게 나타내지는 않지만 연구결과 사람들이 행동하기 직전에 종교적 계율을 상기시키면 속이려는 현상이 감소됨을 밝히고 있다. 또한 만일 종업원들이 비용을 청구하기 직전에 회사의 윤리규정에 서명하도록 하면 속이는 현상이 감소됨을 보였다. 이러한 현상을 마중물(priming)이라고 한다.

비종교적인 윤리조언도 비교적 잘 작동하는 것으로 보인다. 오스트리아에서는 신문이 길거리에서 배부되는데 옆에는 대금을 지급하는 현금통이 놓여 있었다. 다수의 고객이 신문대금을 충분히 지급하지 않았다. 연구자들이 그 옆에 두 가지 게시물을 게시했다. 하나는 '지급하지 않는 것은 불법적 도둑질'이고, 다른 하나는 '정직함에 감사드림'이었다. 첫 번째 게시물에 대해서는 특별한 효과가 없었지만, 고객의 도덕적 품위에 호소하는 두 번째 게시물에 대해서는 고객들의 지급액이 상당히 증가했다.

〈사례〉 거짓 보험금청구

추정에 의하면 적어도 사고보험청구의 10% 정도는 과장되거나 거짓이라고 본다. 이러한 속임수로 인하여 보험회사는 상당한 손해를 보고 있으며, 이는 결과적으로 보험가입자가 지급하는 보험료를 증가시키게 된다.

보험가입자가 보험금을 청구하면 그들은 통상 그 청구서 하단에 청구가 진실임을 서명해야 한다. 만일 보험가입자가 보험금청구서의 맨 앞쪽에 청구사실이 진실임을 서명하도록 하면 거짓 청구의 개수에 어떤 영향을 미칠 것으로 예상하는가?

풀이

거짓 보험금청구의 개수가 감소할 것이다. 길고 지루한 거짓 보험금청구서를 작성한 후 맨 뒤쪽에 도덕적 상기문구를 본 보험가입자는 그들의 청구서를 수정하여 다시 작성하려 하지 않을 것이다. 반면, 만일 청구자가 보험금청구서를 작성하기 전에 진실하기를 맹세하는 문구에 서명하도록 하면, 그 문구는 거짓 청구를 감소시킬 것이다.

③ 손실회피효과

80%는 무지방이라고 표시된 치즈와 20%는 지방이라고 표시된 치즈 중에서 어느 치즈를 구매하겠는가? 이와 유사하게 중대한 수술을 받기 전에 90% 생존확률이라고 들었을 때와 10% 사망확률이라고 들었을 때 어느 경우에 수술에 동의하겠는가?

비록 두 문구가 동일한 내용을 나타내고 있지만 대부분의 사람들은 첫 번째에 응답한다. 이와 같이 프레이밍(framing)이라고 불리는 사실을 표현하는 방법이다. 부정적이거나 손실을 나타내는 말보다 긍정적인 확신을 더 선호한다는 것이다. 또한 사람들은 손실을 회피하기 원하기 때문에 이득을 얻는 것보다 손실을 피하기 위해 더 많은 노력을 한다는 것이다. 이를 손실회피효과(loss aversion effect)라고 한다.

손실회피의 심리적인 영향은 다양한 윤리적 의사결정에도 분명히 나타난다. 회계전문가가 만일 고객이 보고하는 이익을 약간 늘려 보고하는 것을 용인하지 않으면 기존의 고객을 잃는다고 할 때 비교적 많은 회계전문가들이 이익조정을 받아들이는 경향이 있다. 반면, 만일 새로운 고객이 이익을 약간 늘려 보고하는 것을 받아들이지 않으면 새로운 고객을 확보할 수 없다고 할 때 이를 용인하는 회계전문가의 비율은 훨씬 감소한다.

손실회피효과는 의사결정에 강력한 영향을 미칠 뿐만 아니라 그 영향은 시간에 쫓기어 의사결정을 해야 할 때 더 강력해진다. 따라서 비윤리적인 행위를 최소화하기 위해서는 기업은 의사결정을 촉박하게 해야만 할 때 종업원들을 손실발생 환경에 밀어 넣지 않도록 해야 한다.

〈사례〉 손실회피효과

두 판매원이 같은 자동차 판매상에서 일하고 있는데, 매달 판매쿼터를 맞추어야 한다. 두 판매원은 3개월 전부터 일하기 시작했는데, 매월 60만원의 보너스를 받기로 했다. 그리고 그들 모두 실제로 3개월 동안 보너스를 받았다.

4개월째 마지막 날에 첫 번째 판매원이 '판매쿼터를 맞추면, 보너스 60만원을 받을 수 있다'라고 말했다. 두 번째 판매원은 '판매쿼터를 맞추지 못하면, 60만원의 보너스를 잃게 된다'라고 말했다.

두 판매원 모두 그들의 쿼터를 맞추려면 단 1대만 더 팔아야 한다. 이 둘 중에 누가 잠재적 고객에게 자동차를 판매하기 위해 더 좋은 조건을 내세울까?

풀이

두 번째 판매원이 더 비윤리적으로 행동할 가능성이 있다. 사람들은 직관적으로 이득을 얻기보다는 동일한 금액을 잃는 것을 피하기 위해 더 속이는 경향이 있다. 이러한 현상은 압력이 심한 상황에서 나타난다.

④ 고갈된 저항

만일 당신이 다이어트를 해본 경험이 있다면, 언제 뷔페식당에서 한번 실컷 먹고 싶다는 생각이 들었는지 생각해 보라. 충분히 쉬고 즐거울 때인가 아니면 지치고 화가 날 때인가? 다이어트를 해 본 사람들은 지치고 우울함을 느낄 때 자신의 의지가 약해짐을 경험한다. 이를 고갈된 저항(depleted resistance)이라고 한다.

속임에 대한 한 연구에서 참가자들을 두 집단으로 나누었다. 한 집단은 올빼미형 성향의 사람이고, 다른 집단은 아침형 성향의 사람이었다. 모든 사람에게 게임을 시키고 그 결과를 보고하도록 했다. 높은 점수를 받는 사람들은 더 좋은 보상을 받는다. 놀랍지 않게 올빼미형 사람들은 그들의 에너지 수준이 낮은 이른 아침에 더 속이는 경향이 있었고, 아침형 사람들은 저녁시간에 더 자주 속이는 것으로 나타났다.

이를 사업에 적용하면, 윤리적으로 민감한 의사결정은 종업원들의 의지가 약해질 때가 아니고 충분히 쉬어 에너지가 충만한 때에 하도록 유도해야 한다.

〈사례〉 고갈된 저항

음식점에서 배달원에게 지급하는 급료는 근무시간에 따라 결정되며 추가로 연료비 등의 경비를 보상해 준다. 근무시간과 경비는 매월 세 번째 토요일 근무시간 종료 직전에 보고하도록 하였다. 감독자가 보기에는 배달원들이 근무시간과 경비를 과다 보고하고 있다고 생각했다. 세 번째 토요일은 주문이 많아 배달원들이 하루에 14시간을 일하기도 했다.

이 경우 감독자에게 어떤 의견을 개진할 수 있을까?

풀이

토요일에 14시간을 일한 배달원들은 에너지가 고갈되어 속이려는 유혹에 저항할 의지가 약해져 있다. 따라서 근무시간과 비용을 보고하는 시한을 배달원이 더 침착해지고 충분히 휴식을 취한 월요일 오전과 같은 시간으로 옮기도록 한다.

⑤ 윤리구획화

나치는 유대인들에게 악랄한 행위를 저질렀다. 그러나 나치는 유대인을 고문하는 동시에 이와 어울리지 않게 동물을 보호하는 강력한 법을 시행했다. 예를 들면, 동물들이 느끼는 고통을 고려해서 말 발바닥에 징을 박지 못하도록 했으며, 동물들을 과학실험에 사용하는 것도 금지시켰다. 이와 같이 다양한 윤리적 의사결정을 구분하여 구획화함으로써 내적인 상충을 회피하는 것을 윤리구획화(ethic compartmentalization)라고 부른다.

윤리구획화는 우리 생활에도 자주 나타난다. 어떤 사람은 사업현장에서는 거침없이 거짓말을 하면서도 일요일 예배에서는 거짓말을 한 적이 없다. 어떤 이는 조그만 지역 세탁소에는 발생한 피해에 대한 보상을 요구한 적이 없지만 큰 보험회사에는 조그만 피해라도 거리낌 없이 보상을 청구한다.

회계영역에서도 이러한 현상이 관측된다. 예를 들면, 친구나 이웃을 속인 적이 없는 바로 그 사람이 세금보고를 할 때에는 속이는 것을 주저하지 않는 경우이다.

〈사례〉 윤리구획화

큰 기업의 회계기록을 검토하는 중에 회사의 CFO가 여행경비를 청구한 것을 보았다. 그 기간 중에 당신은 CFO와 함께 있었기 때문에 여행경비가 과장되었음을 알아챘다. 그러나 당신은 그 사실을 회사의 누구에게도 말하지 않았다. 퇴근하고 집에 오는데 한 십대소년이 이웃의 크리스마스트리에서 장식물을 훔치는 것을 보고 즉시 경찰에 전화를 걸었다. 당신은 윤리를 구획화하였는가?

풀이

아마도 그렇다. CFO에 의한 부적절한 비용청구는 십대소년의 작은 도둑질에 비해 훨씬 더 중대한 도둑질에 해당한다. 당신의 행위는 일관성이 없고 서로 어울리지 않는다.

⑥ 모방효과

속임은 동떨어진 행위인가 아니면 이는 전염성 있는 바이러스가 퍼지는 것과 같이 한 사람에서 다른 사람으로 퍼져 나갈 수 있는 것인가?

길거리에서 한 사람의 무단횡단자가 길을 건너기 시작하자 많은 사람들이 이를 따라 길을 건너는 모습을 보듯이 한 사람이 속이면 어떻게 다른 사람들이 이에 동참하는지 직접 목격했을 것이다.

한 연구에서 참가자들을 두 집단으로 나누고 각 집단에 연기자 한 명을 참가시켜 학생들 앞에서 공개적으로 부정행위를 하도록 했다. 첫 번째 집단의 연기자는 다른 학생들과 구별되지 않는 옷을 입게 하고, 두 번째 집단에서는 연기자가 그들이 경멸하는 기관에서 온 것처럼 보이게 하는 옷을 입도록 하였다. 연구결과 두 번째 집단에서 부정행위에 참가한 학생 수가 훨씬 적었다. 이는 다른 학생들이 생각하길 공공연히 부정행위하는 연기자의 행동은 비윤리적이며 그들은 그의 행동을 따르지 않음으로써 그들은 연기자보다 더 윤리적임을 과시하고 싶어 한 것으로 보인다.

모방효과(copycat effect)를 고려한다면, 기업은 비윤리적인 종업원이 적절치 못한 행동으로 다른 사람들을 오염시키기 전에 그를 작업현장에서 분리시켜야만 한다.

⑦ 속임의 쾌감

많은 행동과학모형은 사람들이 윤리적 위반을 할 때 죄책감을 느낀다고 가정한다. 그러나 최근의 연구결과에 의하면 사람들은 속일 때 때로는 부정적인 죄책감보다는 긍정적인 쾌감을 느끼기도 한다고 본다. 가게에서 좀도둑질하는 백만장자 또는 경력에 치명적인 결과가 될 수 있는 소액경비를 속이는 성공한 임원 등을 생각해 보자. 그들은 재무적 이득을 취하려고 이러한 범죄를 저지르지 않는다. 대신에 그러한 비윤리적 행동 자체에서 느끼는 행복감에 자극받아 이런 일을 저지르곤 한다.

신호등이 위험하다고 경고하는 도중에 횡단보도를 기분 좋게 걸어본 적이 있는가? 목적지에 조금 먼저 가는 것에 목숨을 걸어볼 만한 가치가 있는가? 아마도 당신은 보잘것없는 사회규칙을 위반하는 것에서 일시적으로 쾌감을 느꼈을 가능성이 있다.

비윤리적 행위의 심리적 영향은 식별된 피해자에게 직접적인 피해를 미치는가 여부에 달려 있는 것처럼 보인다. 만일 노부인의 지갑을 훔치는 것과 같이 다른 사람에게 피해를 준다면 부정적 죄책감이 즐거운 감정을 압도한다. 그러나 비윤리적 행위의 피해자가 얼굴이 없는 권력기관이거나 기업인 경우에는 체제를 부수는 것에서 긍정감이 도출된다. 뇌과학자들도 도박에서 큰 금액을 따는 것과 같이 속임은 우리 뇌의 어떤 영역을 흥분시켜 행복하게 만드는 계기가 되기도 한다고 본다. 이를 속임의 쾌감(cheater's high)이라고 한다.

〈사례〉 속임의 쾌감

성공적인 사업가가 여동생이 휴일에 가족을 위해서 음식을 준비하느라 바쁜 틈을 이용하여 여동생의 주머니에서 10만원을 훔쳤다.

또한 그는 복권에서 돈을 따고 이에 대한 세금을 보고하여야 함에도 불구하고 이를 보고하지 않는 속임수를 고안해냈다.

그날 밤 늦게 그는 대형 영화관에서 한 편의 영화를 볼 수 있는 입장권을 사고 또 다른 영화를 보기 위해 몰래 옆의 상영관으로 기어들어 갔다.

이 중에서 어느 상황이 '속임의 쾌감'을 끌어낼 가능성이 있는가?

풀이

두 번째와 세 번째 상황이다. 대부분의 사람들은 직접 가까운 가족으로부터 훔친다면 부끄럽고 자아상의 해침을 경험한다. 지인을 해치는 것도 부정적 느낌을 갖게 한다.

국세청과 같은 권력기관을 속인다 해도 다른 시민들에 대한 해악은 간접적이고 피해를 입은 특정인이 식별되지 않는다. 이러한 상황에서 속인 자는 쾌감을 느끼게 된다.

이와 유사하게 세 번째와 같은 상황에서 그는 영화관은 매우 커서 한 사람이 추가로 다른 상영관에 몰래 들어가 영화 한 편을 더 본다고 해도 추가비용이 발생하지 않을 것이라고 자신의 행위를 합리화하려고 할 것이다.

(3) 윤리행위에 미치는 영향

1) 쟁점모형

속일까? 등과 같은 문제를 마주치게 되면 윤리적 딜레마가 발생한다. 이제까지는 의사결정자에게 영향을 주는 개인적 특성 및 환경적 요인에 초점을 맞추어 왔다. 이제는 평가할 문제의 특성이 행위의 윤리성에 대한 의사결정을 하는 사람에게 어떠한 영향을 미치는지 살펴보고자 한다.

한 연구에서 몇몇 특성이 윤리문제에서 보다 강력한 정서적 반응을 유도함을 발견할 수 있었다.[1] 각 윤리문제는 강도가 다양한데 강도가 큰 윤리문제가 높은 정서적 반응을 촉발하고, 이는 다시 의사결정자가 특정 행위를 비윤리적이라고 판단하는 데 영향을 미친다.

쟁점모형(issue-contingent model)에 따르면 윤리문제의 6가지 요소가 윤리적 판단에 영향을 미친다(〈표 1〉을 참조).

〈표 1〉 윤리적 판단에 영향을 미치는 요소(쟁점모형)

윤리적 분노를 초래하는 요인	질 문
결과의 크기	소유주를 기만하여 집 외부의 도장에 나쁜 질의 페인트를 사용한 경우보다 전기공사에 나쁜 질의 전선을 사용한 경우가 더 당황스러운가?
사회적 합의	불법적으로 책을 복사하는 경우보다 서점에서 책을 슬쩍 도둑질하는 경우가 더 문제가 된다고 보는가?
피해의 가능성	형사사건재판에서 어린아이의 진술보다 주요 증인의 진술이 거짓이라면 더 속상할까?
시간적 즉각성	다음 중 어느 사실이 기분을 나쁘게 하는가? • 오늘 식당에서 한 고객의 건강을 해치는 상한 음식을 판매함 • 2세기 전에 한 회사가 건강을 해치는 화학물질을 상수도원에 버림
친밀감의 정도	다른 국가의 사람에게보다 모국의 누군가에게 행해진 증오범죄에 대해 더 분노하는가?
영향의 집중성	사이버 도둑이 1명의 개인계좌에서 8백만원을 훔쳤을 때보다 800명의 개인계좌 각각에서 1만원씩 훔쳤을 때 더 분노하는가?

① 결과의 크기

'별거 아닌 걸 두고 속 태우지 마라'라는 말이 있다. 이러한 상식의 개념이 윤리문제에 대한 사람들의 반응에 반영되어 있다. 관련된 윤리원칙이 동일함에도 불구하고 큰 영향을 초래하는 문제가 영향이 작은 문제보다 더 큰 윤리적 분노를 일으킨다.

---

1) 참조 : Johns(1991)

〈사례〉 윤리적 판단에 영향 – 결과의 크기

두 종업원이 감독관의 모욕적인 행위를 비판한 후에 그 감독관은 정당한 영업비용 환급을 거절하여 보복하였다. 첫 번째 종업원의 청구액은 택시비 7천원이었고, 두 번째 종업원의 청구액은 항공비 290만원이었다.

감독관의 두 가지 행위 중에 어느 것이 윤리적 강도가 클까?

풀이

두 번째이다. 비록 관련된 윤리원칙은 두 경우가 동일하지만 금액이 큰 290만원의 비용 환급의 거절이 윤리적 분노를 일으킬 가능성이 크다.

② 사회적 합의

사회적 합의(social consensus)란 지역사회 내에서 행위의 옳고 그름에 대해 크게 동의한 정도를 말한다. 예를 들면, 일반인의 사생활을 침해하는 것은 나쁘다는 것에 대해서는 강한 사회적 합의가 존재하지만 세상의 이목을 끌려고 선택한 연예인의 사생활을 캐는 것이 나쁜 것인가에 대해서는 논란의 여지가 있다.

〈사례〉 윤리적 판단에 영향 – 사회적 합의

회계부서의 책임자는 남성이었고, 키가 155cm 정도로 항상 키에 대한 열등감이 있었다. 최근에 그는 상당히 능력이 있는 두 명의 신입사원 응시자를 거부했는데, 첫 번째 응시자는 여성이었고, 두 번째 응시자는 매우 키가 컸다.

회계부서의 책임자가 이 응시자들을 거부한 이유는 그들의 성별 및 키 때문이라 생각된다.

이 두 응시자에 대한 책임자의 의사결정 중 어느 것이 윤리적 강도가 높은가?

풀이

첫 번째이다. 성별에 근거한 차별은 나쁘다는 사회적 합의는 매우 강력하다. 이러한 차별은 법에서도 금지하고 있다.

반면, 사람의 키나 몸무게 등과 같은 외모에 근거한 차별의 부적정성에 대해서는 아직 강력한 사회적 합의에 도달하지 못했다. 대부분의 지역에서 외모에 의한 차별은 법적으로 금지되어 있지 않다.

③ 피해의 가능성

만일 행위가 피해를 줄 가능성이 적으면 피해를 줄 것이 거의 확실한 문제의 경우와 같이 강력한 정서적 반응을 일으키지 않을 것이다. 이 때문에 윤리적 강도는 부정적인 상황이 발생할 확률이 높을수록 증가한다.

〈사례〉 윤리적 판단에 영향 - 피해의 가능성

두 학생이 대학원에서 공부할 장학금 받기를 원하고 있다. 주요 선행과목에서 한 학생은 부정행위로 학점을 A^-에서 A로 끌어올릴 수 있었고, 다른 학생은 학점을 D^-에서 D로 끌어올렸다. 대학은 그들이 부정행위를 했다는 확실한 증거를 가지고 있었으나 어떤 특별한 처벌조치를 취하는 것을 거부했다. 두 학생들의 부모님은 그 대학의 주요 기부자이다.

이 학생들의 부정행위를 처벌하지 않은 대학의 조치의 윤리적 강도가 동일한가?

풀이

아니다. 첫 번째 학생을 처벌하지 않은 대학의 조치는 이로 인해 부정행위자가 정직하고 더 자격이 있는 장학금 신청자를 성공적으로 대치할 가능성이 높기 때문에 윤리적 강도가 높다.

④ 시간적 즉각성

모든 회계전공 학생들이 알다시피 오늘 받은 10만원은 먼 미래에 받을 10만원보다 더 가치가 있다. 미래의 금액은 할인하면 현재가치가 작아지는 것과 같이 사람들은 미래의 해악을 감정적으로 할인한다. 이러한 현상을 시간적 즉각성(temporal immediacy)이라고 부르는데, 이는 즉각적인 피해를 끼치는 행동이 미래에 피해를 끼치는 경우보다 감정적 영향이 크다는 것이다.

〈사례〉 윤리적 판단에 영향 - 시간적 즉각성

한 사람이 세금보고를 하면서 50만원의 비용을 투자금으로 보고했다. 의도적인 속임수로 그는 15만원의 세금을 절약했다. 다른 사람은 세금보고에서 50만원의 비용을 취득한 토지의 원가로 자산화했다. 의도적 속임수로 장부가격이 증가하여 그 토지를 처분할 때 세금을 15만원 절약할 수 있을 것이다.

두 가지 속임수 중에 어느 것이 도덕적 강도가 높은가?

풀이

첫 번째이다. 즉각적인 해악을 미치는 행동이 미래에 발생하는 해악보다 도덕적 강도가 높다.

⑤ 친밀감의 정도

친밀감(proximity)은 의사결정자가 도덕적 행동에 영향을 받는 사람과 가깝다고 느끼는 정도를 말한다. 이러한 가깝다고 느끼는 감정은 본질적으로 물리적인 것이거나 지역적인 것이다. 예를 들면, 땅주인이 거리 맞은편에 있는 이웃에게 심각한 화상을 초래할 수 있는 안전하지 못한 건물 재료를 사용한 경우가 동일한 재료를 사용하였으되 먼 지역의 잘 모르는 사람들에게 영향을 미치는 경우보다 더 큰 정서적 반응을 일으킨다.

친밀감의 개념은 상호간 공통의 친화감을 나누는 집단 간의 가까움을 느끼는 감정을 포함한다. 이러한 사회유대는 문화, 심리, 인종, 종교 등에 근거를 둔다. 예를 들면, 만일 무장강도가 LA의 한국인 상점주를 공격했다면 LA의 다른 주민들보다 LA에 사는 다른 한국인 상점주들이 더 강력한 정서적 반응을 보일 가능성이 높다.

〈사례〉 윤리적 판단에 영향 – 친밀감의 정도

다소 어려웠던 한 사업주가 지역의 조그만 상점에서 7,000원짜리 물품을 슬쩍한 것에 대해 상당한 죄의식을 느끼고 있다. 반면, 그는 의도적으로 대형 보험회사에 200,000원의 거짓 자산손실을 제출한 것에 대해서는 훨씬 적게 죄의식을 느끼고 있다.

그의 감정적 반응은 쟁점모형과 일관성이 있는가?

풀이

그렇다. 비록 두 경우 모두 동일한 윤리원칙과 관련되어 있지만 그는 멀리 떨어져 있는 보험회사보다는 지역의 조그만 상점과 더 관련되어 있다고 느낄 가능성이 있다.

⑥ 영향의 집중성

행위가 한 사람에게 큰 영향을 미칠 때 영향의 총크기는 동일하더라도 여러 사람에게 분산하여 영향을 미칠 때보다 더 강한 정서적 반응을 일으킬 가능성이 있다. 이를 영향의 집중성(concentration of effect)이라고 한다. 예를 들면, 10명에게 각자 70만원에 해당하는 제품보증을 의도적으로 거부하는 비윤리적 행위는 1만 명에게 각자 700원에 해당하는 제품보증을 거부하는 경우보다 도덕적 강도가 더 크다.

2) 성별과 문화

① 성별의 차이

여성 집단이 남성 집단보다 더 윤리적일까? 아직까지 어떤 연구도 완전한 대답을 제시하지 않았지만 몇 가지 요인을 검토할 때 '예'라고 대답할 수 있을 것이다. 이러한 요인은 여성들은 남성들보다 손실회피 경향이 크고, 과신하지 않고, 사회적 규범을 더 잘 준수하기 때문이다.

- 여성은 위험을 회피하려는 경향이 있다. 오직 일부의 여성만이 극한 스포츠를 즐기고, 위험한 도박을 즐기는 사람들은 대부분 남성들이다. 남성은 육체적 활동이 아닌 분야에서도 훨씬 위험선호자이다. 예를 들면, 여성들은 그들의 퇴직연금을 남성들이 선택한 것보다는 덜 위험한 뮤추얼펀드에 투자하는 경향이 있다.

  속임이나 비행으로 처벌받을 위험이 발생하는데, 여성은 위험회피(risk aversion) 경향으로 처벌의 위험이 있는 속임이나 비행을 회피하려 할 것이다.

- 남성은 여성보다 똑똑할까? 아니다. 그렇지만 그들은 그렇게 생각한다. 일반적으로 남성은 그들의 IQ를 과대평가하고, 여성은 스스로를 과소평가한다. 남성들은 불확실한 상황에서 그들이 성공할 가능성을 과대평가하여 의사결정의 부정적인 측면을 무시하는 경향이 있다. 그 결과로 남성들은 여성들보다 투기적인 주식거래, 노란 신호에서 속도내기 그리고 속임수와 같이 부정적인 결과를 가져올 행동에 빠져들 가능성이 높다.

  요약하면, 과잉확신(overconfidence)의 경향이 낮은 여성들은 남성들보다 속임이나 비행과 같이 부정적인 결과를 가져올 행동을 할 확률이 낮다.
- 속인다는 것은 사회적 규범(societal norm)을 어기는 것이다. 범죄기록을 검토해 보면 남성들이 사회적 규범을 어길 가능성이 여성들보다 훨씬 높다. 남성의 투옥률은 여성의 아홉 배이며, 여성이 연쇄살인범인 경우는 거의 없다.

② 문화의 차이

대부분의 사람들은 좋은 것과 나쁜 것을 구분할 줄 안다고 생각하지만 그들이 어느 사회에 살고 있는지에 따라 그들의 윤리적 행위는 매우 다양하다. 예를 들면, 어떤 나라에서는 저작권이 있는 자료의 무단복사는 매우 일반적이다. 반면 다른 나라에서는 이는 속임수의 한 형태이므로 매우 심하게 비난한다.

국가의 문화와 행위 간 관계에 대한 가장 포괄적인 연구는 지구프로젝트(GLOBE project)로 전 세계에서 170명의 연구자가 참여하였다. 연구의 결론은 직업에 남녀 동등한 참여를 권장하고 다른 사람에 관대한 시민을 보상하는 사회는 가장 발전된 윤리가치를 가진다는 것이다. 이를 공식적으로 양성평등(Gender Egalitarianism)과 인간지향(Human Orientation)이라 부른다.

(4) 속이는 행위의 방지

속임은 인간의 경험상 본질적이고 결코 제거되지 않을 것이다. 그럼에도 불구하고 기업들은 강력한 행동강령을 채택하고, 정책을 강화하고 내부고발자들이 폭로하는 것을 권장함으로써 속임이 발생하는 것을 줄여나갈 수 있을 것이다.

회계법인을 비롯한 많은 기업들이 점차적으로 조사관을 고용하여 지원자를 채용하기 전에 면밀히 검증함으로써 비행을 미연에 방지하고자 한다. 이들 조사관들은 공식적인 신원조회를 하고 이력서를 검증하고 사회미디어 웹사이트에 지원자가 게시한 내용을 평가하는 데 고도의 전문적 기술을 지니고 있다.

토론문제

1. 어렸을 때 남의 물건을 슬쩍한 일이 있는가? 만일 그렇다면 슬쩍하려는 당신의 의사결정은 Becker모형과 일치하는가?

2. 길거리에서 잃어버린 지갑을 발견하고 그 지갑을 원주인에게 돌려주기 전에 지갑 속의 일부 현금을 빼냈다. 당신이 그 지갑을 주웠다는 것을 본 사람이 없었고, 따라서 이 지갑을 가지더라도 누구도 알 수 없었다.

당신의 행위는 Becker모형과 일치하는가?

3. 경기력향상 약물을 복용한 프로스포츠 선수들이 종종 이러한 행위를 감독하는 기관으로부터 제재를 받고 있다. 한 해설가는 '우리는 경기력향상 약물을 사용한 선수를 비난하는 것을 멈추어야 한다. 팬들은 그렇지 않은 경우보다 선수들이 볼을 더 멀리 치고, 더 빨리 달리며, 더 높이 도약하는 것을 보길 원한다. 팬들은 그것을 좋아하고, 누구도 이로 인해 피해를 보지 않는다'라고 주장했다.

선수가 경기력향상 약물을 사용하는 것이 진정 속임수일까? 만약 그렇다면, 누가 속는다고 보는가?

4. 유명한 브랜드를 위조한 의류나 소지품을 알면서도 보유한 적이 있는가? 만약 그렇다면, 당신의 행위가 당해 브랜드를 소유하고 있는 기업에 피해를 끼치는가? 그것이 당신에게 어떤 피해를 가져오는가?

5. 휴대전화기를 생산하는 유명 기업이 매우 성공적인 모형의 새로운 버전을 출시했다. 경쟁업체인 당신의 고객이 새 휴대전화기의 구조를 파악하기 위해 즉시 구입하여 분해하였다.

① 당신의 고객은 이 정보를 이용하여 상당한 금액이 소요될 연구개발에 대한 투자가 없이 경쟁제품을 출시하기를 원한다. 이는 윤리적인가?

② 당신의 고객이 경쟁업체가 아니고 헤지펀드라고 가정하자. 휴대전화기를 분해해서 사용된 부품을 제공하는 기업들을 식별하고 그 기업들의 주가가 상승할 것을 예상하여 주식을 매입하였다. 이는 윤리적인가?

6. 1) 다음 두 가지 중에서 하나를 선택해야 한다면, 당신은 어느 것을 택하겠는가?

① 40만원을 잃을 가능성이 100%이다.

② 50만원을 잃을 가능성이 80%이고, 전혀 잃지 않을 가능성이 20%이다.

2) 앞의 질문에 대한 당신의 답변이 대부분 사람들의 선택과 일치할 것으로 보는가?

7. 시험에서 부정행위를 하지 않도록 억제하는 다음 항목을 효과적인 순서로 배열하라.
   ① 학교가 신입생환영회에서 학교윤리규정을 배포하고 설명하였다.
   ② 시험주간 월요일에 한 학생이 부정행위를 하다가 퇴학을 당했다는 기사를 읽었다.
   ③ 동료학생이 재학 중 부정행위를 한 사실이 드러나 취업이 취소되었다는 얘기를 들었다.
   ④ 시험지를 감독관에게 제출하기 전에 학생명예규범을 지키겠다고 서명하였다.
   ⑤ 시험에 출제될 문제가 얼마나 어려운지 보기 전 시험에 앞서 학생명예규범을 지키겠다고 서명하였다.

8. 원가가 발생하는 판매자보다 한계원가 없는 판매자를 속이는 것이 윤리적 강도가 낮다고 보는가? 다음 항목의 윤리적 강도를 평가하라.
   ① 야구장에 몰래 들어가 주인이 없는 자리에 앉았다. 그 자리의 입장료는 10만원이다.
   ② 야구장 매점에서 주스 한 병(4천원)을 구입했는데, 종업원이 보지 않아 값을 지급하지 않았다.
   ③ 야구장 매점에서 콜라를 샀는데, 그 앞에 '리필 불가'라고 분명히 공시했음에도 리필을 하였다.

9. 한 범인이 당신의 이웃사람 5명을 인질로 잡고, 살인으로 형을 받고 복역 중인 그의 동포 5명을 석방하지 않으면 살해하겠다고 위협해왔다. 그는 이미 한 명의 인질의 허벅지에 총탄을 발사해 상해를 입혔다. 관련 정부기관은 만일 5명의 범인들을 석방한다면, 그들은 본국으로 돌아가 그들의 가족과 한동안 시간을 보낸 후, 다음 해부터 다른 사람들을 살해할 것으로 추정하고 있다. 통계적으로 말해서, 그들은 본국에서 10 내지 30여 명의 사람을 살해할 가능성이 있다.
   1) 정부기관은 이 범인들을 풀어주어야 할까?
   2) 당신 의견을 결정하는 데 있어 윤리적 강도의 어떤 요소들이 당신에게 특별히 중요한가?
   3) 이러한 현상을 평가하는 데 있어 공리론자는 어떤 요인들을 고려해야만 하는가? 또한, 공리론자는 어떤 결정을 내릴 가능성이 있는가?

10. 다음 항목을 검토하고 질문에 답하라.
   ① 대학 수업에서 논문을 쓸 때 사전의 내용을 표절하였다.
   ② 회사정책을 어기고 고객과 몰래 데이트를 하였다.
   ③ 경리부서에 경비를 부풀려 청구하였다.
   ④ 근무시간표에 근무시간을 부풀려 기재하였다.
   ⑤ 근무시간표에 근무시간을 낮추어 보고했는데, 이는 당신이 비효율적이고 느리다는 것을 보여주고 싶지 않아서이다.

⑥ 근무시간에 남는 시간이 있어 온라인으로 개인상품을 구입하였다.
⑦ 작업의 마감시간을 맞추어야 할 근무시간에 온라인으로 개인상품을 구입하였다.
⑧ 자격이 안 되는 실직급여를 타내기 위해서 정부에 허위자료를 제출하였다.
⑨ 서비스를 제공하기 전에 있었던 흠집을 핑계 삼아 자동차 수리업체에 허위 손해배상을 청구하였다.
⑩ 국세청에 허위 소득신고서를 제출하였다.
⑪ 자동차를 등록기간이 지났음에도 등록하지 않고 운행하고 있다.
⑫ 배도 고프고 음악도 좋아서 누군가의 결혼식에 초대받지 않고 참석하였다.
⑬ 당신이 저지른 회계실수를 덮기 위해서 당신 회사의 감사인에게 거짓말을 하였다.
⑭ 상사의 해고협박 때문에 당신 회사의 감사인에게 거짓말을 하였다.
⑮ 당신의 상여금이 회사실적에 따라 결정되므로 당신 회사의 감사인에게 거짓말을 하였다.
⑯ 피해 나갈 수 있는지를 알아보기 위하여 당신 회사의 감사인에게 거짓말을 하였다.
⑰ 카드게임에서 아주 멋진 패를 받은 후에 베팅한 돈의 액수를 몰래 증가시켰다.
⑱ 당신의 상사에게 앙갚음하려고 회사서류를 폐기하였다.
⑲ 당신의 회사를 상대로 소송을 건 상대방에게 도움이 될 회사서류를 폐기하였다.
⑳ 법원의 경고를 위반하여 회사서류를 폐기하였다.

1) 위 항목들의 윤리적 강도를 '낮음, 중간, 또는 높음'으로 표시하라.
2) 위 항목들 중에서 어느 것이 당신을 신나게, 즉 '속임의 쾌감'을 발생시키는가?

11. 대학재학 시절에 시험 및 숙제 등에서 커닝을 한 적이 있는가?

1) 돌이켜 볼 때 그 혜택이 들켜서 벌받는 위험보다 컸는가? 부정행위를 하려고 했을 때 Becker모형을 적용할 수 있었는가?
2) 성적이 상대평가가 아닌 수업보다 상대평가인 수업의 시험에서 부정행위를 하려는 욕구가 더 컸는가, 동일했는가 아니면 적었는가?
3) 절대평가인 수업의 시험에서 당신이 부정행위를 성공했더라도 당신만 높은 점수를 받고 다른 학생들의 점수는 영향을 받지 않게 된다. 그렇다면 누구도 피해를 입지 않은 것일까? 공리론자는 당신의 행위를 어떻게 볼까? 이로 인해 영향을 받는 관계자들이 있을까?
4) 절대평가인 수업의 시험에서 부정행위의 윤리적 강도가 높은가?

[2-2]
탐욕으로 인해 어떤 회계사기가 발생하는가?

(1) **탐욕의 본질적인 충동**
1) 탐욕의 본질
2) 탐욕의 생리적 원천

(2) **뇌물**
1) 뇌물의 본질
2) 뇌물의 식별
3) 뇌물과 전쟁
4) 뇌물과 회계전문가

(3) **선물과 접대**

(4) **내부자거래**
1) 내부자거래와 윤리
2) 법적 문제

(5) **회계사기**
1) 사기삼각형
(동기와 압력, 기회, 태도와 합리화)
2) 전형적인 회계사기방법
(수익조정, 비용조정, 부채를 숨김, 폰지책략)

〈도입사례〉

1987년 4월 중순 조용했던 봄날에 미국 전역에서 7백만 명의 어린이들이 흔적도 없이 사라지는 비극이 발생했다. 어떤 사람들은 외계인이 침입하여 어린이들을 잡아갔다고 의심하기도 했다. 그러나 사실은 매우 간단하였지만 어떤 면에서는 더 충격적이었다. 무엇 때문에 이렇게 많은 어린이들이 사라졌을까? 단 두 마디 말, 그 답은 '세금사기'였다.

1987년 이전에는 사회보장(social security)번호가 없어도 자녀를 부양가족으로 보고할 수 있었다. 이에 따라 어떤 사람은 국세청의 컴퓨터에 걸릴 걱정 없이 가상의 아이들을 부양가족으로 보고하여 세금을 탈루하였다. 그러나 새 규정에 따라 사회보장번호를 제출할 것을 요구하자 부양가족수가 10% 정도 감소했다. 즉, 수백만 명의 어린이들이 외계인에 의해 사라진 것이 아니라 그들은 처음부터 존재하지 않았던 것이다. 미스터리는 풀렸다.

회계전문가는 전문가인 동시에 사업가일 수 있다. 따라서 전문가로서의 권위 있는 윤리적 행위가 때로는 부당한 부에 대한 욕심과 충돌하게 된다. 본 [2-2]에서는 뇌물, 리베이트, 내부자거래 등 사업의 지저분한 측면과 사업의 비행에 대처하고 이를 방지하는 회계전문가의 책임에 대해 검토하고자 한다.

(1) 탐욕의 본질적인 충동

1) 탐욕의 본질

왕에서 정복자 그리고 사기꾼에서 악당에 이르기까지 사회에는 재물에 대한 끝없는 열망을 가진 사람들이 있기 마련이다. 비정상적인 재물의 성취는 교육, 예술, 의료 등의 분야에 변혁적인 자선활동을 이끌어 왔다. 반면, 어떤 경우에는 이는 단순히 무자비한 행위나 과시소비를 낳기도 했다.

탐욕은 단순히 재물에 대한 탐색이 아니다. 이는 다른 사람의 권리를 무시하고 합리적으로 필요한 것 이상의 재물을 추구하는 것이다. 오랜 속담에 '과식과 탐욕은 아무리 먹어도 양이 안 찰 때 발생한다'라는 말이 있다. 그러나 수용 가능한 야망과 혐오스러운 탐욕 간에 적정한 선이 존재한다.

탐욕은 재무적인 보상을 주지만 이에 따른 위험이 없는 경우는 거의 없다. Leonardo da Vinci는 '하루에 부자가 되기를 원하는 자는 1년 안에 교수형에 처해질 것이다'라고 말했다.

반면, 'Wall Street'라는 영화에서 탐욕스러운 한 재벌은 '탐욕은 옳고, 탐욕은 작동하고, 탐욕은 진화정신의 핵심을 꿰뚫는다'라고 주장했다.

그렇다면 탐욕은 진정 옳은 것인가?

2) 탐욕의 생리적 원천

뇌과학자들은 재물의 추구는 권력이나 성적 욕망과 같이 우리의 뇌에서 화학물질인 도파민을 증가시켜 기분이 좋게 느끼도록 한다는 것을 밝혔다. 그러나 많은 사람들에게 있어서 그 상태가 그렇게 오래 지속되지는 않는다. 일단 상당한 재물을 얻더라도 얻은 재물 이상을 지속적으로 추구하게 됨으로써 자주 감정적 낙담을 경험한다.

어떤 사람들이 많은 재물에 대한 갈망을 가진 것과 같이 다른 사람들은 이러한 취향이 없고 애완동물, 스포츠나 음악 등의 비금전적인 취미를 선호한다. 예를 들면, 성공한 과학자들은 재물이 아니라 자기만족으로 이러한 성과를 이루어냈다. 그들은 과학분야에서는 많은 명성을 쌓았지만 그들의 삶은 풍족하지 않았다. 그들이 자신의 연구에서 상당한 재물을 얻지 못한 것을 한탄했을까? 절대로 그렇지 않다고 그들은 말한다. 도전적인 퍼즐을 풀고 인류에 공헌하는 즐거움만이 그들이 원하는 대가이었다.

〈사례〉 사소한 뇌물의 거절로 인한 엄청난 비극

인도의 한 국립병원에 9살 난 어린이가 산소호흡기에 의존하고 있었다. 정기적으로 산소통을 갈아 주어야 하는데, 이를 담당하고 있는 간호사가 뇌물을 요구했다. 가난한 그 어린이의 부모가 뇌물을 주지 못하자 그 간호사는 빈 산소통을 제공했다. 이로 인해 그 어린이는 산소부족으로 죽음을 맞이하게 되었다.

도대체 뇌물을 얼마나 요구했을까? 놀랍게도 그 금액은 인도 루피로 100루피(한국 돈으로 2,000원 정도)였다.

재물을 갈망하는 사람들에게조차도 탐욕충동에 반응하는 뇌영역은 자주 불의에 강하게 반응하는 다른 뇌영역에 의해 억제된다. 따라서 모든 사람에게서 탐욕에 대한 본능은 이에 대응하는 생리적 힘에 의해 희석된다. 그러나 재물에 대한 열망이 공명정대에 대한 열망을 압도할 때 탐욕이 재물에 대한 열망을 물려받게 되고, 이로써 비양심적인 행동을 하는 결과를 초래한다. 이는 뇌물이나 다른 타락행위로 나타난다.

간편한 검증으로 다음 상황을 생각해 보자. 당신과 한 이방인이 테이블에 앉아 있었는데 연구자가 이방인에게 100만원을 주었다. 이방인에 대한 지시사항은 간단하다.

당신이 원하는 대로 100만원을 둘이 나누어 가져라. 만일 상대방이 동의하면, 둘 각자가 자기 몫을 가질 수 있다. 그러나 상대방이 동의하지 않으면, 둘 모두가 한 푼도 가질 수 없다. 이 기회는 오직 한 번에 끝나고, 둘은 다시는 서로 보지 않게 될 것이다.

이 경우 만일 이방인이 당신에게 3만원만 주고 97만원을 자기가 갖겠다고 하면, 당신은 어떻게 반응하겠는가? 3만원을 받아들일까? 아니면, 이를 거절하여 둘 다 아무것도 받지 못하게 할 것인가?

순수하게 경제적 측면에서 보면 3만원을 받는 것은 아무것도 안 받는 것보다 낫다. 따라서 만일 당신이 단순히 최대이익을 추구하는 사람이라면 당신은 제안된 금액이 아무리 적더라도 받아야 한다. 그러나 아주 적은 금액을 주겠다는 제안을 받으면 많은 사람들은 크게 분노해서 그 게임에서 나감으로써 탐욕스러운 이방인에게 교훈을 주려고 한다. 사실상 공정함에 대한 믿음이 크고 탐욕을 참을 수 없는 사람들은 이 이방인을 응징하는 즐거움을 위해서 기꺼이 3만원을 포기한다.

(2) 뇌물

1) 뇌물의 본질

뇌물(bribery)의 핵심은 배신이다. 뇌물은 한 사람이 다른 사람이 그의 의무를 배신하도록 유도하기 위해서 가치 있는 무엇인가를 제시할 때 발생한다.

뇌물에는 두 가지 형태가 있다. 공무뇌물(official bribery)은 공무원이 그가 서비스를 제공해야 할 의무가 있는 시민들의 이익을 희생하는 대가로 가치 있는 무엇인가를 받을 때 발생한다. 예를 들면, 공무원이 무엇인가 가치 있는 것을 받고 정부계약을 특정 공급자에게 주었을 때 공무뇌물이 발생한다. 전 세계적으로 공무뇌물은 중대범죄로 취급된다. 중국은 뇌물을 받은 공무원에게 사형선고를 내리기도 한다.

상업뇌물(business bribery)은 민간기업의 종업원이 그의 고용주의 이익에 반하여 행동하는 대가로 가치 있는 것을 받았을 때 발생한다. 상업뇌물은 종업원이 분명히 윤리적이고 계약적인 의무를 폐기한 것으로 위반한 종업원은 고용주에게 부당하게 얻은 이익을 반환하는 것이 당연하다. 공무뇌물과는 달리 상업뇌물에 대한 관점은 나라에 따라 매우 다르다. 캐나다나 영국과 같은 나라에서는 상업뇌물은 범죄로 보고 있는 반면, 멕시코나 사우디아라비아와 같은 나라에서는 그렇지 않다. 우리나라에서는 그 액수가 충분히 크다고 판단되면, 뇌물을 받는 것을 범죄로 간주하지만 법률상 뇌물을 준 사람은 처벌을 받지 않는다.

2) 뇌물의 식별

뇌물은 전통적으로 보상에 대한 대가(quid pro quo)를 요구한다. 이는 뇌물 공여자에게 특별취급을 해주기로 약속하는 것이다. 대부분의 경우 뇌물은 조심스럽게 진행되고 꼼꼼히 숨긴다. 이에는 통상 세 가지 기법이 사용된다.

첫째, 발각된 경우에 자기가 뇌물에 관여하지 않았다고 주장하기 위해서 중개인을 이용한다. 이는 속임수이지만 컨설턴트를 발각에 대비한 보호장치로 이용하기도 한다.

둘째, 뇌물을 가족이나 자회사 등에 공여하여 뇌물의 수혜자가 누구인지 애매하게 만든다. 예를 들면, 공무원들이 뇌물을 자기가 직접 받는 대신에 이를 친척이 지배하는 회사 또는 선거캠프 자금에 지급하도록 요구한다.

셋째, 뇌물 자체의 존재를 숨기기 위해서 이를 다른 적법한 대가와 통합한다. 예를 들면, 현금으로 뇌물을 주는 대신 뇌물공여자는 자기가 받는 상품이나 서비스의 대가로 공정가격보다 부풀린 금액을 지급한다.

〈사례〉 공무뇌물

정부계약을 확보하기 위해서 회사는 공무원 부인에게 비공개된 자회사의 주식을 4천만원에 매도했다. 이 주식의 공정가치는 8천만원에서 1억원에 달할 것으로 추정된다.

이 회사는 공무원에게 뇌물을 공여한 것인가?

풀이

그렇다. 정당하지 못한 방법으로 정부계약을 확보할 것을 기대하여 가치 있는 대가를 지급한 것이다. 그 대가가 공무원 자신이 아니라 그 가족에게 지급되었다는 사실과 그 금액을 정확히 추정할 수 없다는 사실은 문제가 되지 않는다.

3) 뇌물과 전쟁

기발한 뇌물기법에 대처하기 위해서 41개국이 OECD(Organization for Economic Cooperation and Development)와 공동으로 Anti-Bribery Convention이라고 알려진 엄격한 국제규정을 만들어 냈다. 이 규정은 뇌물을 매우 폭넓게 정의하고, 기업은 사업이나 다른 부당한 이득을 취득하고 유지하기 위해서 직접 또는 간접적으로 뇌물이나 다른 부당한 혜택을 제시, 약속, 제공, 요구해서는 안 된다고 천명하고 있다. 특히 간접적인 지급을 불법화함으로써 중개인이 개입된 구조가 뇌물금지 규정의 영역을 벗어날 수가 없게 되었다. 또한 기업은 다른 사람에게 포괄적인 권리를 위임하고 그들의 부당한 행위를 알지 못했다고 주장할 수 없게 되었다.

그럼에도 예외상황을 검토할 필요가 있다. 예를 들면, 어떤 국가에서는 일을 빨리 처리하기 위해서 하급관리들에게 돈을 주는 경우가 있는데 소위 이러한 급행료는 뇌물이 아니라고 보기도 한다. 이에 따르면 사업라이선스 발급, 수도와 전기 연결서비스 등과 같은 일상적인 정부서비스의 신속한 처리를 위해 지급하는 것은 금지되지 않는다. 뇌물과 급행료 간의 차이는 뇌물은 아직 자격이 없는 사업기회라든지 혜택을 얻기 위해서 지급하는 것이고, 급행료는 비재량적 서비스를 신속하게 처리하기 위해 지급하는 것이다. 실무상으로는 이 둘 간의 경계가 모호하기는 하다.

또한 정부 관료에게 제공하는 식사, 여행, 숙박, 접대 등은 이러한 지출금액이 합리적이고 그들의 행위에 영향을 미칠 것을 기대하고 한 것이 아니라면 허용되기도 한다. 또한 환대의 의미로 정부 관료에게 제공한 적절한 선물은 그것이 관습적이고, 상황에 합리적이며, 회사의 장부에 정확히 공시되고, 일반대중의 관점에서 문제가 없다면 수용가능하다고 본다. 예를 들면, 정부 관료의 결혼을 축하하기 위해서 적절한 선물을 보내는 것은 수용가능하다.

뇌물을 제공했다는 상황을 피하기 위해서는 기업은 지출의 진짜 성격과 목적을 적절히 입증하고 공시해야 한다. 지출을 기타경비 또는 판촉비와 같은 애매한 명목으로 기술해서는 안 된다. 합리적인 세부사항이 필요하며, 기업이 구체적으로 기술하는 관리비용과 이에 따른 효익 간에 균형을 이루도록 해야 한다.

또한 기업은 지출의 적절성을 증명하고 입증할 수 있는 적절한 내부통제기능을 유지해야 한다. 불법행위는 상장기업에게는 항상 중요한 사건이므로 뇌물제공은 제공한 금액이 중요하지 않다 하더라도 신중히 다루어져야 한다.

우리나라에서는 공무원 또는 중재인이 직무행위에 대한 대가로 뇌물을 취득하는 범죄인 뇌물죄를 엄격히 처분하고 있다(형법 제129조). 여기에서 뇌물이라 하면 직무의 대가로서 부당한 이익을 얻는 것을 말하는데, 직무행위에 대한 대가로 인정되느냐 안 되느냐에 따라서 뇌물죄가 성립된다. 부당한 이익은 금전, 물품, 기타의 재산적 이익뿐만 아니라 사람의 수요 · 욕망을 충족시키는 일체의 유형 · 무형의 이익(예를 들면, 성적욕구의 충족)을 포함한다. 이러한 뇌물죄는 다음과 같이 구분된다.

- **수뢰죄** : 공무원 또는 중재인이 그 직무에 관해 뇌물을 수수 · 요구 또는 약속하는 죄
- **제3자 뇌물공여죄** : 공무원 또는 중재인이 그 직무에 관해 부정한 청탁을 받고 제3자에게 뇌물을 공여하게 하거나 공여를 요구 또는 약속하는 죄
- **수뢰후부정처사죄** : 공무원 또는 중재인이 수리죄 · 사전수뢰죄 또는 제3자 뇌물공여죄를 범해 부정한 행위를 하는 죄
- **사후수뢰죄** : 공무원 또는 중재인이 그 직무상 부정한 행위를 한 후에 뇌물을 수수 · 요구 또는 약속하거나 제3자에게 이를 공여하게 하거나 공여를 요구 또는 약속하는 죄

* 또한 공무원이 그 지위를 이용해 다른 공무원의 직무에 속한 사항의 알선에 관하여 뇌물을 수수 · 요구 또는 약속하는 죄는 알선수뢰죄라고 한다.

뇌물죄에 대한 벌칙은 적지 않은데, 특히 금액이 크면(5~10억원 정도) 「특정범죄 가중처벌 등에 관한 법률」에 의해 가중 처벌된다. 뇌물수수 혹은 뇌물공여는 일상생활 속에서 무심코 전달한 금품으로 인해 죄에 연루되어 억울하게 혐의를 입을 수도 있으므로 주의해야 한다.

4) 뇌물과 회계전문가

① 뇌물을 주겠다는 제안을 받음

회계전문가가 어느 날 그들의 행동에 부당하게 영향을 미치기 위한 선물, 특별한 환대 또는 가치 있는 물건을 제공받았다고 하자. 이는 물론 상상할 수 없는 것처럼 보이지만 그는 이를 항상 대비하고 있어야 한다. 회계전문가가 뇌물을 제안받았다는 사실만으로 실제로 이를 수용했는지 여부에 상관없이 그의

입지는 흔들릴 것이다.

뇌물을 제공받음으로 인한 윤리적 위협을 평가한 후 회계전문가는 그들에게 간접적으로 영향을 미치는 회사의 상사나 가족들에게 이를 진지하게 알려야만 한다. 또한 뇌물을 제공하는 사람의 고용인 또는 뇌물제공자에게 면허증이나 회원자격을 부여하는 조직에 알리는 것을 신중히 검토해야 한다.[1)]

② 뇌물을 주도록 하는 압력

기업에 근무하는 회계전문가는 다른 사람의 행동에 영향을 미칠 수 있는 뇌물을 제공하도록 요구받을 가능성이 있다. 뇌물에 관련되게 하는 압력은 회계전문가가 근무하는 조직 내부의 동료나 상사로부터 또는 외부인으로부터 올 수 있다. 다른 사람들의 행위에 부적절한 영향을 미치도록 하는 압력을 받은 회계전문가는 다양한 대응방안을 고려해야 하는데, 여기에는 직장에서의 사직까지도 포함한다.

③ 뇌물의 밝혀냄

법의학 회계전문가(forensic accountant)는 사기, 횡령 그리고 다른 부당한 지출을 밝히도록 훈련받고 관련 수사기법을 체득한 회계전문가이다. 불법뇌물을 방지하기 위해서 법의학 회계전문가는 다음 사항을 면밀하게 검토하도록 제안한다.

- 외국에서의 사업을 위해서 필요한 자격, 허가 등을 위한 지출 : 비록 일상적인 서비스를 촉진시키기 위한 급행료는 합법적이지만 정부 관료가 회사에 부당한 혜택을 주도록 유도하는 지출은 불법이다.
- 소액현금 : 금액이 중요치 않다는 이유로 감사인은 소액현금펀드를 검증하지 않는 경향이 있다. 그러나 이 펀드가 뇌물을 주는 데 일상적으로 이용되고 있다.

---

1) 정부공사는 그 규모가 매우 크기 때문에 그리고 어떤 개발도상국가에서는 급행료가 일상적이기 때문에 정부의 회계전문가는 특별히 뇌물제안에 직면할 가능성이 있다. 그러나 일반 대중들은 사후에 감사의 표시로 선물, 환대 등을 받는 것은 적절하지 못하다고 본다는 것을 명심해야 한다. 대부분의 국가에서는 정부의 회계전문가가 뇌물을 받는 것을 매우 중대한 범죄로 보고 있다.

- 여행 또는 접대 : 많은 뇌물은 현금이 아닌 호화로운 여행, 접대 등으로 이루어지고 있다.
- 홍보비용을 지나치게 많이 사용하거나 판매를 다른 동료들보다 매우 빠르게 완결시키는 판매사원
- 소득에 비해 지나치게 풍족한 생활을 영위하고 있는 판매 및 구매 담당자
- 팁 핫라인(tip hotline) : 국제적인 뇌물을 방지하기 위해서 이 핫라인을 널리 알리고, 외국어 구사능력이 있는 조사자에 의해 검토되어야 한다.

(3) 선물과 접대

아이 때부터 생일이나 크리스마스 선물 그리고 공짜로 받는 다양한 것들이 우리를 즐겁게 하였다. 선물이나 접대는 큰 가치를 가지지 않고 특별한 이벤트에 관련되어 제공되는 경우에만 적절하다. 무료로 제공되는 선물이나 접대는 통상 그 기간 동안과 직전후의 중대한 영업활동과 관련되는 경우에만 허용될 수 있다. 더욱이 선물이나 접대를 받거나 제공하는 것은 만일 당사자가 그러한 행위가 고객과 소속 단체의 정책 또는 법률을 침해한다는 것을 알았거나 알았어야 한다면 적절할 수 없다.

〈사례〉 접대

한 회계법인이 최근에 개정되어 금융기관에 영향을 미치는 회계원칙에 관련된 세미나를 개최하였다. 현재 및 잠재 고객들이 초청되었고, 그들에게 무료로 식사와 세미나 자료 및 주차를 제공하였다. 그러나 참가자들은 항공료와 숙박비는 자신들이 부담해야 했다.

이 회계법인은 윤리기준을 위반했다고 보는가?

풀이

아니다. 회계법인은 교육목적으로 세미나를 개최하고 참가자들에게 이에 적합한 접대를 제공했다. 즉 식사, 자료 및 주차를 제공한 것은 상황에 비추어 합리적이다.

우리 주변 소중한 사람들에게 소소한 선물을 하는 즐거움이 있었다. 하지만 '부정청탁 및 금품 등 수수의 금지에 관한 법률(일명 김영란법)'이 나오고부터 주변 공직자는 물론 스승에게도 선물을 전달하지 못하게 되면서 많은 변화가 일어났다.[2] 2015년에 제정된 김영란법은 공직사회의 부정한 금품수수와 청탁의 근절을 주요 목적으로 하였으나 입법과정에서 사립학교 교직원, 언론인까지 그 범위가 넓어졌다. 또한 그들의 가족까지도 적용대상이 될 수 있다.

적용대상만큼 중요한 것이 금액기준이다. 허용되는 금액은 다음과 같다.

- 경조사비, 결혼, 개업 등 축의금 및 조의금 5만원
- 음식, 식사접대 3만원
- 외부강의비 100만원
- 농수산물 선물 20만원 등

부정청탁 신고는 국민권익위원회에 할 수 있으며, 포상금은 최대 2억원이다. 신고할 때 유의할 점은 그 사람이 불법청탁, 금품수수 및 정해진 금액의 기준을 넘어선 무언가를 받았다는 근거자료를 충분히 준비해야 한다. 물론 신고자는 신분을 철저히 보호받을 수 있다. 그러나 허용금액이 너무 적어 현실에 맞지

---

2) 이 법의 핵심은 부정청탁의 금지인데, 금지하고 있는 부정청탁의 항목은 다음과 같다.
① 인가 · 허가 · 면허 등에 대한 법을 위반하여 처리하도록 하는 행위
② 조세, 부담금, 과태료 등 각종 행정처분 또는 형벌부과를 감경 · 면제하도록 하는 행위
③ 채용 · 승진 · 전보 등 인사에 관하여 개입하거나 영향을 미치도록 하는 행위
④ 공공기관의 의사결정에 관여하는 직위에 선정 또는 탈락되도록 하는 행위
⑤ 공공기관이 주관하는 각종 수상자 선발에 특정 대상이 선정 또는 탈락되도록 하는 행위
⑥ 입찰 · 경매 · 개발 등에 관한 직무상 비밀을 누설하도록 하는 행위
⑦ 개인 · 단체 · 법인이 계약의 당사자로 선정 또는 탈락되도록 하는 행위
⑧ 보조금 · 장려금 · 출연금 등에 특정 대상이 선정되도록 영향을 미치도록 하는 행위
⑨ 공공기관이 관리하는 재화나 용역을 특정 대상에게 비정상적인 방법으로 매각하도록 하는 행위
⑩ 학교의 입학 · 성적 · 수행평가 등을 조작하도록 하는 행위
⑪ 병역 관련 업무에 개입하는 행위
⑫ 공공기관이 실시하는 각종 평가업무의 결과를 조작하도록 하는 행위
⑬ 행정지도 대상에서 특정 대상이 배제되도록 하거나 지도결과를 조작하거나 또는 위법사항을 묵인하게 하는 행위
⑭ 사건의 수사 · 재판 · 심판 · 결정 등에서 법을 위반하여 처리하도록 하는 행위

않는다는 비판이 끊임없이 제기되고 있다.

(4) 내부자거래

회계법인 감사파트너가 외부투자자에게 그의 고객인 상장법인의 정보를 알려주는 사건이 발생했다. 이 사실이 밝혀지자 회계법인은 그 고객의 감사를 못하게 되어 막대한 감사수임료를 잃었을 뿐만 아니라 회계법인의 명성에도 막대한 피해를 입게 되었다. 그 감사파트너가 상당한 대가를 받았으리라 추측할지도 모르지만 실제로 그는 몇 장의 음악회 입장권과 한 달분 급료보다 적은 현금을 받았을 뿐이다. 이로써 그는 공인회계사 자격이 정지되었고, 관련 소송에서 상당한 손실을 보게 되었다.

1) 내부자거래와 윤리

회계전문가는 '공정(fair)'이라는 용어를 수시로 사용한다. 부동산을 구입했을 때 그 대가는 토지와 건물의 상대적인 공정시가에 기준하여 각각에 배분하여야 한다. 이해관계자와 거래는 공정가격에 근거하여 이루어져야 하며, 금융자산을 회계연도 말에 공정시가로 재평가하기도 한다.

많은 회계전문가들은 공정가치란 거래를 원하는 구매자와 판매자들 간에 합의된 가격으로 정의한다. 그러나 그들 중 한편이 협상의 우위를 점할 수 있는 특별한 정보를 가지고 있을 때 그 거래가 진정 공정할 수 있는가에 대해 의문을 제기한다.

기원전 70년 로마의 철학자 Cicero는 굶주린 시민이 있는 도시에 곡물을 가져오는 상인이 다른 상인의 곡물이 곧 도착하는지를 구매자에게 공지할 의무가 있는지를 고민했다. 수세기가 지난 후 St. Thomas Aquinas는 판매자가 이러한 정보를 공지할 필요가 없다고 결론 내렸는데, 이는 구매자에게 실제로 제시된 가격에 판매하는 것은 앞으로 무엇이 발생할지를 공시하지 않는다 해도 정의에 어긋나지 않는 것이라고 보았기 때문이었다.

이와 유사한 딜레마가 현대에도 발생한다. 회사의 임원이 회사의 비밀정보를 알았을 때 그는 이 정보를 회사에 피해를 주는 방식으로 이용해서는 안 된다는 윤리적 의무가 있다. 그러나 좀 더 당혹스런 질문은 '회사에 피해를 주지 않는다면 비공개정보를 그들 개인의 이익을 취하기 위해서 사용할 수 있는가'이다.

내부자거래와 관련된 윤리적 문제를 평가하기 위해서는 영향을 받는 다양한 사회구성원과 그들 각자가 받는 피해의 성격을 식별하는 것이 중요하다.

〈사례〉 내부자거래의 피해

대기업의 회계전문가로 일하고 있는 동안에 당신의 회사가 새로운 공급자로부터 부품을 대량으로 구입하기를 시작할 의도가 있음을 알게 되었다. 이러한 변화가 공시되면 새로운 공급자의 주가는 20% 정도 상승할 것으로 예상된다. 따라서 공시 이전에 당신은 그 회사의 주식을 당시의 시가로 취득했다.

당신의 행위가 피해를 준다고 보는가?

풀이

당신의 회사는 새로운 공급자의 주식을 취득할 의도를 가지고 있지 않다고 보므로 피해를 입지 않았다. 또한 당신에게 주식을 판매한 투자자도 판매시점에 그들이 제시한 시가를 전액 받았으므로 피해를 입지 않았다.

그러나 다소 추상적인 피해가 발생한다. 특정 시장참여자가 불공정한 유리한 정보를 가진다면 시장의 공정성에 대한 일반대중의 신뢰가 저하된다. 그 결과로 대중들이 흔쾌히 주식시장에 참여하려고 하지 않을 것이고, 이는 장기적으로 기업들이 증권시장에서 자금을 조달하는 것을 어렵게 할 것이다. 따라서 내부자거래는 시장에 대한 사기로서 주식시장의 효율성을 위협한다고 본다.

2) 법적 문제

내부자가 개인의 이익을 위해서 증권거래에서 비밀정보를 이용하는 것은 불법이라고 본다. 그러나 불법이 되기 위해서는 다음 두 가지 조건이 충족되어야 한다.

첫째, 당사자가 내부자(insider)이어야 한다. 비밀정보에 접근이 가능한 회사의 임원 및 다른 종업원들을 내부자라고 본다. 공인회계사, 변호사 및 컨설턴트도 그들이 서비스를 제공하는 과정에서 취득한 정보에 관해서는 일시적 내부자(temporary insider)이다. 추가로 회사의 주식을 상당히 소유하고 있는 증권중개인도 그들이 우수한 정보를 접할 수 있다고 보기 때문에 내부자로 분류된다.

둘째, 중요한 비공개정보에 근거하여 증권거래를 하여야 한다. 따라서 투자자가 공개적으로 이용가능한 원천으로부터 우수한 정보를 도출하고 이를 유리한 주식거래를 협상하는 데 사용하는 것은 금지되지 않는다.

교묘한 계책을 방지하기 위해서 내부자거래에 관련된 법은 중대한 비공개정보를 가진 내부자들이 이를 알고도 이러한 비밀정보에 근거하여 거래하는 다른 사람들에게 알려주는 경우에도 적용된다. 이 경우 정보제공자와 정보수신자 모두에게 불법 내부자거래가 된다.

내부자거래는 중대한 불법이다. 내부자거래가 밝혀지면 내부자는 불법으로 취득한 이득을 토해내야 할 뿐만 아니라 투옥과 같은 형사처벌을 면하지 못할 가능성도 있다.

〈사례〉 내부자거래인가?

주말에 호텔로비에서 앉아 있을 때 당신은 몇몇의 더럽혀진 옷을 입은 지질학자들이 들어오는 것을 보았다. 그들의 옷에서 당신은 대형 채굴회사의 로고를 볼 수 있었다.

그들을 관찰한 결과 당신은 그 회사가 상당한 양의 귀금속이 매장된 광구를 발견하였음을 알 수 있었다. 그 다음날 당신은 그 회사의 주식을 상당량 취득하였다.

일주일 후 그 회사가 상당한 귀금속이 매장된 광구를 발견하였음을 발표하자 주가가 천정부지로 급등하였다.

당신은 불법적인 내부자거래를 하였는가?

풀이

그렇지 않다. 당신은 회사의 내부자가 아니다. 더욱이 당신은 잘 알려지지는 않았지만 공개적으로 이용가능한 정보를 이용하여 현명하게 투자한 것이다.

(5) 회계사기

회계사기는 가짜 재무제표나 세금보고를 낳는 의도적 행위이다. 가장 보편적인 사기는 고의로 허위기재를 하는 것이지만 이는 또한 고의로 중요한 사실을 누락하는 것도 포함한다. 여기에서 회계사기를 촉발하는 환경뿐만 아니라 이를 억제하거나 방지하는 데 도움이 되는 다양한 정책을 검토해 보고자 한다.

1) 사기삼각형

회계사기가 발생할 가능성은 사기삼각형(Fraud Triangle)이라고 부르는 분석체계를 적용하여 평가할 수 있다. 그 이름에 암시하듯 사기삼각형은 세 요소를 가지고 있다. 세 요소는 동기와 압력, 기회 그리고 태도와 합리화이다([그림 1]을 참조).

[그림 1] 사기삼각형

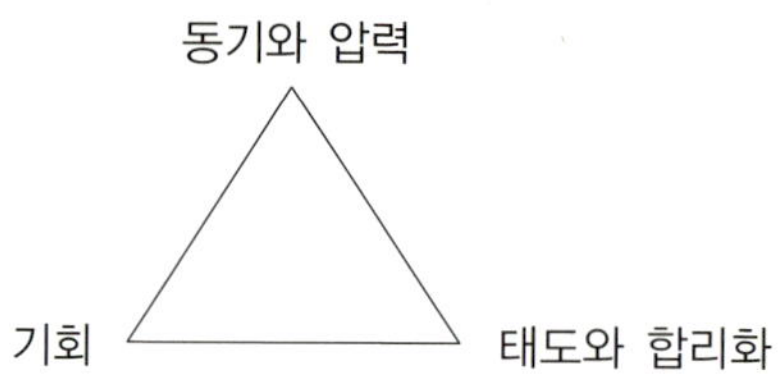

① 동기와 압력

사기를 범하려는 동기(motivation)는 전형적으로 자기 잇속만을 챙기는 것이다. 회계전문가는 감사를 시작하기 전에 감사대상회사의 임직원들, 특히 경영자가 사기를 범할 동기가 있는지 그리고 그렇게 하도록 하는 압력(pressure)에 직면하고 있는지를 평가하여야 한다.

개인적으로는 생활이 어렵거나 빚을 청산하기 위해서 급전이 필요할 수도 있다. 어떤 경우에는 호화로운 삶을 즐기는 데 자금이 필요하기도 하다.

경영자가 일정 수익률을 달성하면 연말에 상여금을 받게 되는 경우 회계사기를 범하도록 유혹하는 동기가 될 수 있다. 경영환경의 변화에 대응하고, 투자자의 기대를 충족시키고, 도산을 방지하기 위해서 느끼는 심적인 압력도 또한 유사한 유혹에 빠지게 한다.

기업이 이익을 조정하는 동기로는 다음과 같은 것이 거론되고 있다.

- 적자발생을 숨기기 위해서
- 이익유연화(이익의 평준화)를 위해서
- 상여금 또는 스톡옵션의 가치를 높이기 위해서
- 금융기관으로부터 차입을 위해서
- 투자자의 기대를 맞춤으로써 주가에 부정적인 영향을 미치지 않기 위해서
- 세금을 절약하기 위해서
- 노동조합과의 협상을 유리하게 이끌기 위해서
- 증권시장에 상장을 위해서
- 1/4분기 이익을 높임으로써 연차이익에 대한 장밋빛 환상을 주기 위해서
- 경영자의 승진, 연임 등을 위해서, 때로는 신임 경영자의 빅배스(big bath, 뒤에서 보다 상세히 언급함)

〈사례〉 회계사기의 동기

회사는 매년 초에 경영자에게 12개월이 지난 연말에 특정 행사가격으로 회사 주식을 구매할 수 있는 스톡옵션을 부여한다. 금년도에는 행사가격이 40,000원으로 정해졌다.

회사의 주식가격은 39,000원과 42,000원 사이에서 움직이고 있다. 12월 27일에 회사는 12월 당기수익을 공시하고자 한다. 경영자는 거짓으로 12월 당기수익을 과대보고할 동기가 있는가?

풀이

그렇다. 만일 보고된 당기수익이 투자자의 기대를 초과하면, 회사의 주가는 40,000원 이상으로 거래될 가능성이 있다. 그렇다면 경영자가 주식을 40,000원에 구매해서 처분하면 이익을 낼 수 있게 된다.

② 기회

사기삼각형에서 두 번째 측면은 사기를 범하려는 동기와 압력을 사기행위의 실행과 연결시키는 기회(opportunity)이다. 현금이나 재고자산과 같은 자산을 통제하는 종업원은 효과적인 내부통제시스템을 통해서 면밀히 관찰하여야 한다. 또한 자산을 통제하는 기능과 이를 기록하는 기능을 구분하는 것이 필요하다. 예를 들면, 자산을 구매하는 기능, 구매한 자산을 검수하는 기능, 그리고 이를 기록하고 대금을 지급하는 기능을 구분하여야 한다. 또한 개인의 계정과 회사의 계정이 분명히 구분되도록 하여야 한다.

삶의 모든 측면에서 기회는 번영에 이르는 비결이다. '성공의 사다리는 기회를 한 단계씩 밟으며 걸어 올라가는 것이다'라는 말이 있다. 그러나 재무보고에서는 사기를 범할 기회는 비참한 결과를 초래할 수 있다. 따라서 감사인은 재무보고 사기의 기회를 낳게 되는 상황을 경계해야 한다.

복잡성은 자주 사기의 온상이 된다. 해외 자회사의 취득이나 추정을 요하는 거래와 같은 복잡한 거래는 의도적인 과대포장의 기회를 제공한다. 기업활동의 느슨한 감시, 높은 이직률, 감사인 교체 등 또한 사기를 부추기는 비옥한 보고 환경을 낳는다.

회사와 지배주주 간과 같은 특수관계자 거래는 사기를 초래하게 될 충분한 기회가 된다. 예를 들면, 주주가 회사의 의사결정에 영향을 미칠 수 있다면, 이 주주와 회사 간의 자산매매 또는 보상패키지 등은 다른 주주에게 불공정한 영향을 미치지 않는지 면밀히 검토되어야 한다. '기회는 오직 무대에 있는 사람과 함께 춤을 춘다'라는 말을 명심하자.

〈사례〉 사기의 기회 – 특수관계자와 거래

우리통운(주)는 제품을 외국으로 보낼 때 와이(주)의 서비스를 이용한다. 임치성 씨는 와이(주)의 주식 70%를 보유하고 있으며, 동시에 우리통운(주)의 이사회 의장이다. 우리통운(주)는 제품배송을 모니터하는 시스템을 제공받는 대가로 와이(주)에 매달 고정금액을 지급한다.

이러한 관계는 사기의 기회를 제공하는가?

풀이

그렇다. 임치성 씨는 와이(주)의 지배주주이며, 우리통운(주)의 이사회 의장이다. 따라서 그는 자신에게 이익을 안겨주는 와이(주)에 지급하는 서비스대가를 결정하는 우리통운(주)에서 영향을 미칠 수 있는 위치에 있다. 그는 우리통운(주)가 와이(주)에 시장가격 이상으로 서비스대가를 지급하도록 함으로써 돈을 빼돌릴 수 있다.

이와 같은 특수관계자 간의 거래는 사기의 위험을 고조시키기 때문에 감사인과 투자자는 이러한 거래를 면밀히 검토하여야 한다.

③ 태도와 합리화

노련한 도박사는 상대방이 표현하는 방법을 읽는 것을 배운다. 유능한 감사인은 이와 같이 사기의 징후를 발견하는 방법을 배워야 한다.

상대편 도박사는 눈을 계속 깜빡거려서, 입술을 꼭 다물어서 또는 숨을 크게 내뱉음으로써 이기는 패를 가지고 있다는 것을 무의식적으로 표현한다. 사기를 발견하는 데도 이와 유사하게 일련의 단서가 문제 앞에 놓여 있을 것이다.

때로는 핵심 종업원들이 자신은 사기행위의 과실을 즐길 자격이 있다고 공개적으로 합리화한다. 어떤 사람들은 '자신들의 능력만큼 보상받지 못하고 있다'고 또는 '단지 잠시 회삿돈을 사용하고 있지만 곧 돌려줄 것이다'라고 주장한다.

그러나 자신만만한 합리화는 상대적으로 드물다. 따라서 감사인은 솔직함과 정직함에 대해 경영자의 무관심을 나타내는 몇 가지 미묘한 단서를 찾지 않으면 안 된다. 이러한 단서에는 비현실적인 이익추정치를 공표한다든지, 회계인력의 소소한 것까지 챙긴다든지, 너무 공격적인 세금축소전략을 주장하는 최고경영자를 포함한다.

다른 단서는 옛적 게걸스러운 로마황제까지도 당황케 할 화려한 삶을 살고 있는 경영자이다. 예를 들면, 한 영향력 있는 경영자는 자기 대저택 주위의 비싼 토지에 회사의 자금으로 18홀 골프코스를 건설하기도 하였다. 후에 그의 회사는 도산을 선언하였다. 옛 속담에 '사치는 사기의 가까운 친구이지만 절약은 사기를 사라지게 한다'라는 말이 있다.

사기를 범한 자가 사기사건 이후에 자기의 행동을 합리화할 수 있는 경우는 별로 없다. 왜냐하면 그들 대부분은 받아들여지지 않기 때문이다. 불행하게도 본래 매우 선량한 사람들이 사기혐의로 검거되는 경우가 많다.

〈사례〉 평범한 사람이 사기에 연루됨

한 회사의 중견 회계임원인 순자 씨가 회사의 회계사기에 연루되어 교도소에 5개월간 수감되고 5개월의 가택연금을 당하는 사건이 발생했다.

순자 씨는 회계사기의 전형적인 희생물이었다. 그녀는 회계사기에 관여할 의도가 전혀 없었지만 그녀의 상관이 그녀에게 부적절한 회계처리를 하도록 지시해서 사기에 가담하게 되었고 그로 인해 벌을 받게 되었다. 그녀의 상관이 재무제표를 실제보다 잘 보이게 만들도록 설득한 이유는 그녀의 양심을 충분히 설득할 정도로 합리적이지는 않았다.

순자 씨 사건을 담당했던 판사는 '당신은 이 사기에서 과실이 가장 적은 사람입니다. 그러나 당신은 상관의 요구를 거절해야 했어요. 그랬더라면 이 사기를 미연에 방지할 수 있었지요'라고 말했다.

우리는 위의 사례에서 순자 씨의 경우와 같이 자기가 보기에는 적절하지 못한 일을 하도록 요구받은 상황에서 어떻게 대처해야 하는지를 심각히 생각해볼 필요가 있다. 일단 그녀가 일단 부적절한 회계처리를 수행하기로 동의하면, 이를 다시 번복하기는 쉽지 않다. 만일 그녀가 양심상 할 수 없다고 하면, 이미 했던 사기에서 그녀가 했던 것을 까발리겠다고 위협할 수 있을 것이다. 자신의 진실성과 윤리적 관점을 유지하는 비결은 사기의 미끄럼에 첫걸음을 들여놓지 않는 것이다.

순자 씨는 그녀의 직업, 혜택 그리고 가족을 부양하는 수단을 잃어버릴 것을 걱정하였기 때문에 사기에 가담하게 되었다. 그러나 그녀는 남은 생애를 자신의 행동으로 인한 결과를 안고 살아가야만 할 것이다.

2) 전형적인 회계사기방법

'왼쪽을 생각하고 오른쪽을 생각하며, 아래를 생각하고 위를 생각하라. 그렇다. 오직 당신만이 노력한다면 생각해 낼 수 있는 생각'이란 말이 있다.

회계사기를 범하려는 의도를 가진 사람들은 그들의 목표를 달성하는 데 엄청나게 창조적인 경우가 많다. 그러나 다행히도 감사인은 사기를 범하는 자들이 지어낼지도 모르는 다양한 생각을 예상할 수 있도록 잘 훈련되어 있다.

과거 회계사기의 사건을 면밀히 검토한 결과에 의하면 보기에 가장 독특한 책략은 Voltaire가 언급했던 오직 현명한 모방(nothing but judicious imitation)임을 나타낸다.

〈사례〉 수익의 과대계상

당신의 회사는 일반적으로 산업용 기계를 정기적으로 한 고객에게는 신용으로 판매하는데, 그 가격은 3,200만원에서 4,000만원에 달한다. 12월 23일에 그 고객에게 기계를 표시된 가격 4,000만원에 판매하였다. 당신은 그 고객이 한 달 전에 동일 제품을 3,200만원에 구매했음에도 불구하고 이 가격을 받아들였다는 데 놀랐다.

판매계약을 검토한 후 보고된 판매가격은 4,000만원이지만 제조사가 대금회수를 시작하는 경우 고객이 최대로 책임지는 금액은 3,200만원이라고 기재되어 있음을 발견했다.

판매금액을 4,000만원이라고 기록해야만 하는가?

풀이

아니다. 당신의 회사는 고객이 최대로 오직 3,200만원을 책임짐에도 불구하고 표시된 가격인 4,000만원으로 판매를 기록함으로써 수익을 조정하려고 하는 것이 분명하다. 당신의 회사는 회수할 것으로 기대하지 않는 과장된 가격으로 기록함으로써 감사인을 속이길 원하는 것이다.

회계정보를 위조하는 방법은 기본적인 것부터 특이한 것까지 매우 다양하다. 한 기업은 보고이익을 증가시키기 위해 보유하고 있는 유형자산의 내용연수를 늘려 당해 연도의 감가상각비를 감소시켰다. 다른 기업(예를 들면, 엔론)은 특수목적회사(special purpose entity, SPE)를 설립하고 그 SPE를 통하여 구조화된 거래를 함으로써 이익을 조정하였다. 그 기업은 SPE에 부채를 떼어 넘김으로써 자기의 재무제표에는 나타나지 않게 하였으며, SPE에 불공정한 판매를 하여 숫자상으로는 회사에 이익이 나타나도록 할 수 있었다. 이로 인해 그 회사가 매우 성공적인 것처럼 보이게 만들 수 있었다.

이익조정을 위해 사용하는 기법, 즉 장부를 요리(cooking the books)하는 일반적인 방법을 살펴보기로 하자.

〈수익조정〉

① 일반적인 수익과장 기법

연구결과에 의하면 회계사기로 기소된 회사의 60% 이상이 보고된 수익을 조정했다. 수익을 높이는 가장 일반적인 기법은 다음과 같다.

- 가상의 고객과 거짓 판매 송장을 지어냄
- 의도적으로 고객에게 그들의 필요 이상으로 판매하고 그들의 협조에 일정액의 보상을 제공하는 유통망 채우기(channel stuffing)
- 제품이 선적되기 전에 판매를 기록함
- 고객이 구매한 제품의 상당부분을 반납할 것 같은데 판매액 전액을 판매로 기록함
- 경제적으로 다음 기간까지 가득되지 않을 장기계약을 당기에 수익으로 기록함
- 가치가 상승한 자산의 시장가격을 과장함으로써 평가이익을 과대하게 계상함
- 신용이 좋지 않은 고객에게 외상으로 판매하고 이로 인한 매출채권의 상당부분을 받지 못할 것을 예상하고도 전액을 매출로 기록함

대부분의 경우 잘못 보고된 수익은 지나고 보면 쉽게 알아챌 수 있다. 예를 들면, 유럽 역사상 가장 큰 회계사기는 Italy 낙농제품회사인 Parmalat가 쿠바

에 엄청나게 많은 양의 분유를 팔았다고 주장한 것이다. 만일 Parmalat의 감사인이 단지 보고된 판매수량을 쿠바의 적은 인구와 비교만 했더라도 Parmalat의 수익을 과장하려는 갈증이 쿠바의 우유에 대한 갈증을 초과한다는 것을 알아차렸을 것이다. 그 사기는 궁극적으로 밝혀졌지만 투자자들은 유럽의 엔론이라고 부르는 이 회계사기로 200억 달러를 잃은 뒤였다.

한 투자자는 감독기관에 '당신들은 연기를 가져왔고, 나는 거울을 가져올 것이다. 이것은 초보 회계전문가라도 잡아내야만 하는 것이 아닌가?'라고 항의했다.

② 왕복거래

왕복거래(round-trip transaction)는 세련된 판매자가 보고이익을 증대시키기 위해 가끔 사용하는 또 다른 기법이다. 왕복거래는 미리 준비해서 회사가 수익을 증대시키기 위해 자산을 판매하지만 바로 얼마 지나지 않아 동일한 자산을 다시 사들여 원래의 상태를 회복하는 것이다. 예를 들면, 국제적인 두 통신회사(Quest Communications와 Global Crossing)가 기계를 서로에게 판매하고 유사한 제품을 상대편에게서 구매함으로써 그들의 수익을 가짜로 증가시켰다. 이러한 사실이 알려진 후 그들의 주가가 폭락하였고, 한 회사(Global Crossing)는 도산하기에 이르렀다. 그전의 Global Crossing의 내부 이메일에서 '이러한 스왑거래는 우리를 죽일 것이다'라고 쓴 것이 밝혀졌다.

〈사례〉 왕복거래를 변형시켜 이익조정

원도넛(주)는 상장회사이지만 회사의 소매 도넛상 가맹점은 통상 작은 규모이다. 전형적인 왕복거래를 변형해서 가맹점은 자문서비스와 기계의 대금에 200만원을 더해서 원도넛(주)에 지급하였고, 원도넛(주)는 후에 가치가 없는 배타적 지역권리권을 구매하는 방법으로 200만원을 가맹점에 돌려주었다.

원도넛(주)는 어떤 동기로 이러한 거래를 하는가?

풀이

회사는 보고이익과 자산을 좋게 보이게 하려는 욕구를 가지고 있다.

회사가 가맹점에서 추가로 200만원을 받았을 때 다음과 같이 기록한다.

(차) 현 금	2,000,000	(대) 수 익	2,000,000

그리고 왕복거래로 200만원을 가맹점에 돌려주기 위해서 지역권리권이라는 자산을 취득한 것으로 다음과 같이 기록한다.

(차) 지역권리권	2,000,000	(대) 현 금	2,000,000

이와 같이 가맹점에게서 추가로 받은 현금을 돌려줌으로써 원도넛(주)의 순현금과 재고는 변하지 않았다. 그러나 이 거래는 사기로 원도넛(주)의 보고이익과 자산은 200만원만큼 과대계상되었다. 이 회사는 후에 감독당국에 적발되어 사기죄로 벌금을 부과받았다.

③ 부가협약

부가협약(side agreement)은 감사인에게 특별히 도전적인 문제를 제기한다. 부가협약은 여러 당사자가 그들의 주계약을 변형시키고자 만들어낸 특별한 거래이다. 예를 들면, 판매자가 주계약에 따라 상품을 100만원에 팔았는데 구매자가 원하면 이 중에서 25만원을 차감하고 지급할 수 있다는 부가협약을 맺어 그들의 주계약을 변경시켰다고 가정하자. 판매자는 실제로는 본 매출에서 75만원을 회수할 것임에도 불구하고 매출을 100만원으로 기록한 것을 입증하기 위해서 감사인에게 주계약만 보여주었다. 감사인이 이런 유형의 사기를 밝혀내는 것은 대단히 어렵다. 판매자와 구매자가 공모한 경우에는 특히 그렇다.

〈사례〉 부가협약으로 이익조정

회사는 두 개의 동등한 무형자산을 가지고 있다. 각각 원가는 50만원이고 시가는 70만원이다. 회사는 20×1년 12월 23일에 이 중에서 첫 번째 자산을 100만원에 팔기로 계약했으나 비밀리에 맺어진 부가계약으로 두 번째 자산을 20×2년 1월에 40만원에 팔기로 했다. 이 두 거래를 함께 보면 판매자는 무형자산 두 개의 판매대가로 시가인 140만원을 받게 된다.

판매자가 이러한 거래를 하게 된 동기는 무엇인가?

풀이

판매자는 20×1년의 이익을 높이기 원하였다. 첫 번째 자산을 시가보다 30만원이 비싸게 판매하였고, 두 번째 자산은 시가보다 30만원 싸게 판매하였다. 20×1년의 이익은 30만원만큼 증가했지만 그 결과로 20×2년의 이익은 30만원만큼 감소할 것이다.

〈비용조정〉

① 일반적인 비용조정 기법

두 번째로 가장 일반적인 회계사기 기법은 보고비용을 조정하는 것이다.

수익과는 달리 비용은 수익비용의 대응이나 발생주의 회계원칙을 충족시키기 위하여 추정되어야만 한다. 감가상각, 기대신용손실, 우발손실 등은 일부 예에 불과하지만 모두 주관적인 결정에 크게 의존한다. 그 결과로 많은 회계사기가 비용의 비현실적인 추정에 관련되어 있다.

많은 경우 기업들은 즉각적인 보고이익의 증가를 위해서 그들의 비용을 지나치게 줄여 보고하고 있다. 예를 들면, 한 기업은 연차 감가상각비용을 줄이기 위해서 자산의 기대내용연수를 비합리적으로 길게 늘였다.

보다 절묘한 경우는 기업이 전략적으로 비용을 과대계상하여 이익을 줄인다는 것이다. 비용의 상당부분을 의도적으로 당기에 계상함으로써 일종의 저축계정을 만들어 그만큼 미래에 정상보다 낮은 비용을 보고할 수 있도록 하고 있다. 이와 같은 실무를 과자통 회계(cookie-jar accounting)라고 부른다. 왜냐하면 이익증가가 필요할 때 회사는 단지 과자통에 보관된 상징적인 과자를 끄집어 낼 수 있기 때문이다.

〈사례〉 과자통 회계로 이익조정

회사는 경영자에게 연차이익이 70억원을 초과하면 상여금을 지급한다. 올해의 순이익은 70억원을 훨씬 초과할 것으로 예상하지만 경영진은 내년도 이익이 70억원에 약간 못 미칠 것을 걱정하고 있다. 만일 경영자가 정직하지 못하다면 금년도에 대손비용을 과대 또는 과소 계상할 가능성이 있는가?

풀이

과대계상한다. 경영자는 금년도에 대손비용을 과대계상하더라도 이익이 70억원을 넘게 되어 상여금을 받게 된다. 이로 인해 대손충당금에 저축된 쿠션을 마련하였으므로 경영자는 내년도에 적은 대손비용을 계상하여 이익목표를 달성할 수 있을 것이다.

② 빅배스

빅배스(big bath)는 과자통 회계의 변형이다. 이 전략에 의하면 회사는 특별한 사건이 발생했을 때 모든 손실요소를 커다란 욕조배수구에 쓸어내 버린다.

빅배스의 예를 살펴보자. 회사가 다른 회사를 취득했을 때 투자자들은 취득연도는 경영자가 비효율적인 시설물을 정리하고 인력배치도 조정하는 변화기로 이해한다. 따라서 투자자는 통상 당기에 경영자가 큰 구조조정비용을 계상하는 것을 허용하고 당기의 이익이 감소한 것에 대해 경영자를 심하게 다루지 않는다.

이와 같이 정상궤도를 벗어난 시기에 투자자로부터 무임승차권을 얻었음을 알고 있는 경영자는 그간 머뭇거렸던 과거의 모든 손실 그리고 통상 미래의 기간에 계상해야 할 손실까지도 당해 연도에 처리한다. 손실의 인식시기를 조정함으로써 투자자들이 회사의 경영성적을 더 면밀히 살펴볼 미래기간에 이익을 높게 보고해야만 하는 부담감으로부터 자유로워지게 된다.

새로 부임한 경영자가 부임연도에 큰 금액의 손실을 인식하는 빅배스 현상도 보게 되는데, 이는 그 책임을 모두 전임 경영자에게 떠넘기고 앞으로 자기의 임기 동안 발생할 수 있는 손실을 미연에 털어버림으로써 자기의 미래 실적을 좋게 보이도록 할 수 있기 때문이다.

③ 지출의 부적절한 자본화

몇몇 대형 회계부정 사건에서 기업은 적절하지 않게 비용을 자본화함으로써 이익을 증가시켰다. 특히 어떤 기업은 감사인들이 500만원 이하의 비용에는 특별한 증거를 요구하지 않는 정책을 가지고 있음을 알고 소액비용을 자본화시키기도 하였다.

상당히 유사한 회계사기가 WorldCom에서 발생했다. 2002년에 도산하기 전에 WorldCom은 미국에서 두 번째로 큰 통신회사였다. WorldCom의 회계사기는 규모는 크지만 매우 단순했다. WorldCom의 고객이 전화를 하면 때로는 다른 통신사에 연결시켜 주어야 했다. 그 대가로 WorldCom은 다른 통신회사에 일정 금액을 지급해야 한다. 이 금액은 당연히 비용이 되어야 하지만 WorldCom은 선원가라는 자산으로 처리했는데, 그 규모가 수십억 달러에 달했다. 비유적으로 말하면 매달 통신비를 지급하고 이를 자산으로 기록하는 것과 같다.

결국 내부감사팀이 이를 적발하고 회사 감사위원회에 보고했고, 이는 다시 투자자에게 공개되었다. 바로 뒤에 WorldCom은 해체되어 6만 명의 종업원은 직장을 잃고 이 사건은 미국의 역사상 가장 큰 회계사기로 기록되게 된다. WorldCom의 최고경영자인 Ebbers는 기소되어 25년간 감옥에서 지내게 되었다. 회계분야에서 WorldCom은 많은 사람들에게 영원히 'World Con(세계적 사기)'이라는 오명을 얻게 된다.

〈부채를 숨김〉

투자자와 채권자들은 다 같이 부채가 지나치게 많으면 기업의 존속까지도 위협할 수 있다는 것을 안다. 따라서 기업은 때로는 그들이 부채에 의존하는 정도를 숨기려고 시도한다.

일반적으로 부외부채(off-balance-sheet financing)라고 부르는 보이지 않은 부채가 투자은행인 Lehman Brothers의 종말의 핵심이었다. 2007년 Lehman은 세계에서 가장 큰 금융회사 중의 하나였고, 대단한 증권회사였다. 그러나 2008년 말 Lehman은 불명예스런 기록을 남겼는데, 이는 그 회사의 해체가 미국 역사에서 가장 큰 도산으로 기록되었다는 것이다.

Lehman의 종말은 널리 공포를 낳아서 투자자들로 하여금 이미 흔들리고 있던 금융시장에서 빠져나가도록 유도했다. 이에 따라 Lehman 도산 후 3일 동안 주가는 7%나 하락했다. 그러나 독일, 영국 및 벨기에 정부가 단호하게 그들의 주요 금융기관을 지키려고 시도하자 미국의 주식시장은 9%가 하락한 상태로 끝났다. 이로써 수일 내에 전 세계에서 1조 달러 이상의 부가 날아갔다.

비록 Lehman이 그들의 부채를 숨기려는 시도는 'Repo 105'와 같은 신비한 이름으로 불리기는 했지만 그들의 행동은 오히려 단순했다. 다가오는 분기결산일 바로 직전에 Lehman은 의도적으로 실적이 좋지 않은 자산을 매각하고, 그 판매대금으로 부채를 상환했다. 이로써 현금이 회사에 들어왔다가 나갔다. 즉 현금의 상태는 변하지 않았다. 그러나 Lehman은 회의적인 자산을 장부에서 제거할 수 있었고, 동시에 보고되는 부채를 줄일 수 있었다. 이는 투자자들을 안심하도록 만들었다.

Lehman은 이러한 거래를 Repo(환매조건부판매, repurchase agreement)라고 불렀는데, 왜냐하면 결산일 바로 직후에 이 거래를 뒤집어 다시 부채를 일으켜서 매각했던 자산을 재구매 또는 환매(repo)하였기 때문이다. Lehman은 소위 많은 신랑과 신부들이 결혼식 전에 하는 행동, 즉 카메라 앞에 서기 전에 멋있게 보이려고 식단을 조절해 살을 빼고 사진사가 떠나면 다시 일상생활로 회귀하는 행동을 했던 것이다.

〈폰지책략〉

폰지책략(ponzi scheme)이란 말은 1900년대 초에 미국에 새로 들어온 구변이 남달랐던 Ponzi의 교묘하지만 부정직한 행위를 따라 이름이 붙여진 것이다.

폰지책략은 기만적인 기획자가 투자자에게 너무나도 좋은 기대이익을 약속함으로써 투자자를 유혹하는 것이다. 예를 들면, 기획자는 추정컨대 희귀자원이나 외국의 정글공장에 투자함으로써 매달 투자액의 5%에 달하는 이익을 배당할 수 있다고 투자자에게 약속한다.

투자자금을 받은 후 기획자는 회의적이지만 욕심 많은 투자자들에게 기대했던 이익을 약속대로 배당한다. 예를 들면, 만일 기획자가 매달 5%의 배당금을 약속했다면, 폰지책략의 초기에는 매달 계속해서 5%의 배당금을 지급한다. 이러한 행운에 만족한 투자자들은 그들의 투자성공 이야기를 친구나 친척에게 알려 그들도 유사하게 투자하도록 유도한다. 마지막에 사기꾼은 이렇게 투자된 자금을 전부 휩쓸어 가지고 유유히 사라진다.

당신은 아마도 이런 질문을 할지도 모른다. 그 기획자는 어떻게 비정상적인 이익을 남겼을까? 그에 대한 답은 '그는 그런 적이 없다'이다. 기획자는 투자를 받고 매달 투자자에게 돌려줄 때 이를 투자에 대한 배당이라고 주장한다. 그러나 실제로는 그 지급액은 이익의 배당이 아니라 투자자금의 일부를 돌려주는 것이다. 요약하면, 기획자는 사실은 투자자가 최초에 투자했던 자금의 일부를 돌려주면서 이를 이익이라고 속여 말해서 투자자를 유인하는 것이다.

토론문제

1. 김 여사는 부동산투자에 성공해서 대학교 근처에 20여 개의 방으로 구성된 몇 채의 원룸건물을 가지고 있다. 각 건물에는 관리인이 있는데, 그 관리인은 관리대가로 방 하나를 무료로 사용할 수 있고, 매월 60만원을 받는다.

김 여사의 아들이 올해 대학에 입학하여 그 원룸건물 중 하나에서 지내고 있다. 김 여사는 아들을 그 건물의 관리인으로 지정하였다. 그는 다른 관리인들과 동일한 의무를 지는데, 방 하나를 무료로 사용할 수 있고 매월 70만원의 관리대가를 주기로 했다. 김 여사는 이 비용을 세금보고에서 비용으로 처리할 예정이다. 그녀는 자신의 아들에게 다른 관리인보다 더 많은 관리대가를 지급하는 이유로 그가 특별히 부지런하고 빌딩의 안전과 수익을 올리는 데 더 열심히 일하기 때문이라고 말했다.

김 여사가 아들에게 다른 관리인들보다 더 많은 관리대가를 지급하고 이를 비용으로 처리하는 것이 윤리적일까?

2. 외국정부에 큰 금액의 판매계약이 거의 성사단계에 들어섰다. 그런데 외국정부의 구매담당자가 '당신 회사가 고아를 돌보는 자선단체에 기부금을 내주면 더 긍정적으로 볼 것인데…'라고 말했다.

1) 그 자선단체에 큰 금액의 기부금을 내는 것이 윤리적인가?
2) 만일 당신이 구매담당자가 그 자선단체에서 상당한 보수를 받는 이사회의 일원이라는 사실을 알게 되었다면 당신의 답에 영향을 미치는가?
3) 만일 당신이 구매담당자가 그 자선단체에서 무보수 이사회의 일원이라는 사실을 알게 되었다면 당신의 답에 영향을 미치는가?

3. 유명한 대학원 프로그램의 입학에 한 자리가 남아 있는데, 두 명(갑과 을)이 신청하였다. 갑은 최고의 자격요건을 구비하고 있었고, 을은 부유한 가정 출신이다. 대학은 을이 이 프로그램에 입학하게 되면 그의 가정에서 상당한 금액을 기부할 것으로 예상하고 있다.

1) 을의 입학을 허용하는 것이 윤리적인가?
2) 이러한 기부금이 을의 가정이 제시한 뇌물로 간주될 가능성이 있음을 고려해야 할까? 을이 입학을 신청한 시점에 기부금을 낼 것을 공식적으로 약속했다면 문제가 될까?
3) 만일 예상되는 기부금을 당해 프로그램에 입학하는 30명의 저소득층 학생들에게 제공할 것이라면 당신의 답에 영향을 미치는가?
4) 결과론자들은 앞의 결정을 어떻게 볼까? 당신은 이러한 결정에 대해 Aristoteles

는 어떻게 보리라고 생각하는가?

5) 대학이 국립대학인지 아니면 사립대학인지에 따라 답이 달라질 수 있는가?

4. 회계사에게 소개료와 수수료 간에 가장 큰 차이점은 무엇인가?

5. 감사인의 남편이 큰 교통사고를 당한 후 수술을 받고 회복중이다. 오랫동안 감사해 왔던 고객이 20만원 상당의 선물(과일과 과자로 구성됨)을 집으로 배달하였다. 감사인은 그 고객을 감사하면서 지속하여 독립성을 유지할 수 있을까?

6. 회계사가 최근에 자동차딜러의 재무제표를 검토하였다. 그 회사는 자동차 전시장에 필요한 자금을 지원받는 조건으로 매달 이 재무제표를 자동차 제조사에 관례적으로 제출해야 한다. 보수계약에 따르면 회계사는 지원받는 자금의 0.2%를 받게 된다.

공인회계사 윤리기준에 따를 때 이러한 보수계약은 문제가 없는가?

7. 하자제품을 판매한 일로 당신이 이전에 근무했던 기업에 상장기업인 고객사가 소송을 제기했다. 당신은 그 회사의 회계부서에서 1년 정도 근무하였지만 자신이 거짓말하고 속이는 먼지조각이라고 생각했기 때문에 몇 개월 전에 그만두었다. 회사 사장이 비윤리적이라는 것은 산업 내에서 잘 알려져 있다.

당신은 소송을 제기한 고객사가 소송에서 이겨 상당한 배상금을 받게 되고 그 결과로 주가가 상당히 상승할 것으로 예상된다. 따라서 당신은 이 고객사의 주식을 매입하였다.

당신이 주식을 매입한 것이 법적으로 문제가 없고 또한 윤리적이라고 보는가?

8. 다음 항목이 '사기삼각형'의 어느 요소(동기와 압력, 기회, 태도와 합리화)에 해당하는가?

① 회사의 주가수익률이 산업평균을 초과하면 상위 경영진에게 상여금을 지급한다.

② 회사의 주식이 현재 주당 2,300원에 거래되고 있다. 주가가 2,000원 이하로 하락하면 증권거래소가 상장을 폐지하여 주식거래가 종료될 가능성이 있다.

③ 회사의 정보시스템을 구축하는 책임자가 다른 회사에서 더 높은 봉급을 주고 채용하겠다는 제안을 거부했다. 그녀는 회사의 받을채권과 지급채무 시스템을 운영하는 현재의 업무를 매우 즐겨 수행하고 있다.

④ 개인소유 기업이 세금목적으로 보수적인 회계를 채택하여 에어컨 설치, 수조시설 등 다수의 자본적 지출을 비용으로 처리했다.

⑤ 사장이 멋진 회사소유의 승용차를 서울에 있는 회사소유의 주택에 가져다 놓으라고 요구했다. 그녀는 자기가 서울에서 회사 일을 처리할 때 택시를 타지 않고 이를 이용하기 위해서라고 말했다.

⑥ 회사는 회계연도를 12월 말에서 6월 말로 변경했다. 신문보도에서 회사는 이러한 변경은 한가한 시즌에 감사를 받게 되어 감사수수료를 절약할 수 있기

때문이라고 말했다.

⑦ 회사는 이유를 밝히지 않고 감사인을 변경했다.

9. 회사는 도매상에 40억원의 상품을 판매했다. 부가협약에서 회사는 만일 도매상이 원가에 40%의 마진을 붙여 팔지 못하면 그 부족분을 보상하겠다고 약속했다. 이 산업에서 평균마진율은 일반적으로 35% 정도이다. 회사의 부가협약 서류철에 CFO는 '이를 감사인에게 보여주지 말라'라고 써놓았다.

1) CFO가 부가협약을 감사인에게 보여주지 말라고 한 이유는 무엇이라고 생각하는가?

2) 회사의 매출총이익이 얼마나 과대계상되었는가?

3) 이 판매에 대한 적절한 회계처리는 무엇일까?

10. 회사가 정부의 금융지원을 받기 위해서는 각 분기 말에 부채비율을 200% 이내로 유지시켜야 한다. 최근에 회사의 부채비율이 너무 높다고 당신의 상사인 CFO에게 보고하자 그는 주거래은행의 지점장과 상의하라고 지시했다.

지점장은 매 분기 말에 회사가 소유한 기계의 소유권을 은행으로 넘기는 대신 30억원의 대출금을 갚는 것으로 처리하자고 말했다. 이로써 부채비율이 200% 이내로 낮아지게 되었다. 그리고 새로운 분기가 시작되면 기계의 소유권과 은행의 대출금을 원상으로 복구시키도록 한다. CFO는 '우리는 기계를 한 발자국도 움직이지 않고도 일시적으로 기계와 차입금을 장부에서 제거한다'라고 말했다.

이러한 회계처리가 수용가능다고 보는가? 수용가능하지 않다면, 그 이유는 무엇인가?

11. 제과회사가 그들의 제품을 독립적인 프랜차이즈가 소유하고 운영하는 매점들을 통해 판매하고 있다. 프랜차이즈는 제과회사 사장을 비난하고 있는데, 왜냐하면 그 사장이 자기 부인의 고향에서 개최되는 축제에 5억원을 지원해 줄 것을 요청했기 때문이다.

독립적인 조사결과 지원금은 제과회사 사장과 부인에게는 혜택이 돌아가지만 제과회사의 마케팅에는 전혀 도움이 되지 않는 것으로 밝혀졌다.

1) 제과회사 사장의 요청은 윤리적인가?

2) 제과회사 사장이 이런 방식으로 축제자금을 모으는 것은 세금 측면에서도 적절치 못한 동기를 가지고 있다고 보는가?

12. 이동통신사가 만일 고객이 2년 서비스계약에 동의하면 전화기를 무료로 제공하고 있다. 이동통신사는 이 판매를 서비스 제공기간에 정액법으로 수익으로 인식하고 있다. 감사인인 당신은 이동통신사가 이 판매를 기록하는 방법에 대해 어떤 우려를 하는가?

13. 당신은 회사의 전략부서에 새롭게 근무하게 되었다. 항상 동료들에게 도움이 되고 신뢰받는 직원이 되려고 노력하고 있다.

당신이 상관인 은영 씨에게 햇볕에 멋있게 탄 피부를 칭찬하자 그녀는 '고마워요. 근데 이번 태국출장은 너무 힘들었어요. 해야 할 일이 상상을 초월했어요'라고 말했다. 그리고 그녀는 당신에게 몇몇 호텔 및 항공요금 영수증을 주면서 출장비를 정산해 달라고 부탁했다. 당신은 그렇게 하겠다고 말했다. 다음날 은영 씨의 남편이 부인과 점심식사하려고 사무실에 왔는데, 당신은 그가 회사의 비서에게 '우리 부부는 태국에서 하루 종일 골프치고 저녁에는 파티하면서 너무 좋은 시간을 보냈다'라고 말하는 것을 들었다.

이 경우 당신은 무엇인가를 해야 한다면, 어떻게 해야 할까? 은영 씨는 당신에게 일을 배정하지만 당신의 급료나 승진을 결정하는 위치에 있지는 않다.

14. 천진 씨는 선진회계법인에서 20년을 근무한 중견 파트너이다. 과거 2년간 그는 그가 감사하고 있는 명명(주)에 대한 주요 정보를 대중에게 공표되기 전에 그의 절친인 우둔 씨에게 알려주었다. 그로 인해 우둔 씨는 명명(주)의 주식에 투자해서 약 2억원의 매매차익을 거두었다. 금융당국이 이를 알아채고 감사한 결과 우둔 씨의 혐의를 밝혀냈다. 우둔 씨는 천진 씨가 제공한 정보에 근거해서 주식을 거래한 것을 인정하였다.

선진회계법인은 명명(주)의 감사계약을 철회하였다. 그 후 며칠 뒤에 사기성 내부거래가 기소되었다. 심문에서 천진 씨는 사업에 어려움을 겪고 있는 친구를 돕기 위해서 그렇게 했고, 그다지 큰 거래가 아니었기 때문에 감독당국이 인지하지 못할 것이라고 생각했다고 말했다. 그는 우둔 씨가 약 3천만원 정도의 주식거래를 하는 것으로 생각했다고 말했으나 실제 거래는 약 3억원에 달했다. 그는 또한 우둔 씨로부터 100만원의 현금과 고급 만년필을 받았음을 시인했다. 그러나 그가 선진회계법인에서 중견 파트너로서 받는 급료에 비하면 그 금액은 별로 중요하지 않았다.

천진 씨는 14개월의 형을 받았고 상당한 금액의 벌금과 변호사비용도 물어야만 했다.

1) 선진회계법인은 천진 씨가 감사했던 명명(주)의 감사계약을 철회하여야만 했는가?
2) 회계법인은 그들의 파트너나 소속 임직원들이 비밀정보를 유출하지 않는다는 확신을 가지기 위해 어떤 조치를 취해야 할까? 이에 대한 우려가 오직 회계법인에만 달려 있다고 생각하는가?

제 3 편 회계전문가를 위한 윤리

제3편에서는 본서의 핵심주제라고 볼 수 있는 대표적 회계전문가인 공인회계사와 관련된 윤리문제를 다루고 있다.

[3-1]에서는 전문직업인의 특권과 이에 따른 책무 그리고 전문직업인으로서 공인회계사가 갖추어야 할 덕목에 대해서 논의한다. 또한 공인회계사가 윤리적 의사결정을 할 때 직면하는 문제와 추가로 고려해야 할 사항을 살펴본다.

[3-2]에서는 한국공인회계사회의 공인회계사 윤리기준을 살펴본다. 특히 일반적인 윤리강령을 살펴보고 이를 실제로 적용하는 방법론으로 제시하고 있는 개념체계에 의한 접근법을 알아본다.

[3-3]과 **[3-4]**에서는 공인회계사들이 윤리적으로 업무를 수행하는 데 핵심요인이라고 볼 수 있는 독립성, 비밀유지, 그리고 이해상충에 대해 집중적으로 논의한다.

[3-5]에서는 기업의 사회적 책임이란 주제를 검토하고, 이에 근거하여 회계법인들이 어떻게 운영되어야 하는지를 검토한다.

[3-1]
전문직업인으로서 공인회계사의 윤리적 의무는 무엇인가?

〈도입사례〉

당신이 근무하고 있는 회계법인의 한 고객사는 광고회사인데, 경험이 많지 않은 모델들을 시간제로 고용하고 사진을 찍는 동안 그들에게 시간당 20,000원을 지급하고 있다. 그러나 화장을 하고 머리를 손질하기 위해서 의상실에서 보내는 시간에 대해서는 보상을 하고 있지 않다. 이러한 준비시간을 포함한다면 그 모델들이 받는 대가가 최저임금에 미치지 못하고 있다. 당신은 이에 대해 걱정하고 있다.

정부는 최저임금법을 위반한 것을 익명으로 고발할 수 있는 핫라인을 운영하고 있다. 고발자는 법위반자로부터 회수한 벌금의 20%를 고발에 대한 보상으로 받을 수 있다. 만일 고발대가를 받으면 당신은 이를 구호단체에 기부할 예정이다.

만일 당신이 이러한 사실을 고객사에 서비스를 제공하는 과정에서 알게 되었다면 당신은 고발할 자격이 없다. 공인회계사는 사전에 고객사의 특정한 동의가 없이는 고객사의 비밀정보를 밝혀서는 안 된다.

고객사가 최저임금법을 위반할 가능성이 있다는 정보는 공개된 정보가 아니며 또한 이를 공개하면 그 고객사에 상당한 피해를 가져올 수 있다. 따라서 고객사가 이 정보를 계속 공개하지 않을 것이라고 기대하는 것은 합리적이다.

공인회계사가 받을 가능성이 있는 고발대가는 고발여부를 결정하는 데 관계가 없다.

우리 사회에서 전문직업인(professional, 앞으로 '전문가'라고 칭함) 제도는 수세기의 역사를 가지고 있으며, 전문가로 지정받는 것은 상당한 특권이 되었다. 전문가들은 자신들의 특권을 지키기 위해 겉으로는 자신들의 경제적 이익에 반하는 것처럼 보이는 행동을 취하기조차 했다. 예를 들면, 전문가가 아닌 것처럼 보이게 한다는 이유로 단체교섭을 통해서 임금을 상승시키려는 시도를 거부하기도 하였다.

전문가들의 상징은 다양하다. 의사들은 주머니에 청진기를 늘어뜨린 하얀 제복을 입고 있고, 변호사들은 라틴풍의 언어를 말하고 있다. 공인회계사들은 비전문가인 동료들과 구별할 만한 것이라고 말하기는 다소 어렵지만 전통적인 검은색이나 청색의 양복을 입고 감사용 가방을 들고 다니는 것을 특징이라고 볼 수 있겠다. 전문가명칭이나 회원자격을 획득하는 것은 보다 분명한 표시일 것이다.

(1) 전문직업인(전문가)의 의의

전문가들은 엄격히 진입을 통제한다. 진입을 원하는 자는 전문가의 언어유희를 이해하고 이를 수용함을 증명해야만 한다. 각 전문가가 지니고 있는 지식은 그 전문가에게 힘의 원천이 된다. 전통적으로 각 전문가집단은 시험, 출판, 강좌 등의 활동을 통해서 그 전문가의 기술적 측면을 정의하고 발전시켜왔다. 이를 통해 그 전문가로 활동하기 위한 자격요건은 무엇인지 또한 수행할 업무가 무엇인지를 나타내게 된다.

1) 전문가의 특권

무엇 때문에 전문가로 지정되는 것이 특권이 될까? 가장 공통적인 특징은 공동체(community)라는 개념이다. 대부분의 전문가제도의 옹호자들은 전문가를 일반사회로부터 분리시키려고 시도한다. 이러한 분리는 먼저 전문적 지식을 통해 그리고 전문가의 공식적 발달단계에서 분출되는 비공식적인 역학과 언어유희를 통해서 달성된다.

전문가는 본질상 배타적이다. 이러한 배타성은 전문가 구성원들에게 더욱 가치를 가지도록 유도한다. 이러한 가치는 성공한 전문가에게는 분명히 주어지는 경제적 보상에서 그리고 사회가 그들에게 부여한 특권에서 도출된다.

2) 전문가가 산출하는 서비스

전문가는 시장에서 일반적으로 제공되는 제품이나 서비스와는 비교가 불가능할 정도로 높은 가치를 가진 제품이나 서비스를 제공하는 것을 목표로 하고 있다는 점에서 일반사업가와 다르다. 가격이 부여된 제품은 어떤 제품이든지 간에 사실상 이와 같은 다른 제품과 적절히 비교할 수 있다. 한 제품의 가치가 다른 제품의 가치의 몇 배라고 말할 수 있다면, 두 제품은 비교가 가능한 것이다. 예를 들면, 운동화 한 켤레 가격이 30,000원이고 질 좋은 양말 한 켤레의 값은 5,000원이라고 하자. 그렇다면 운동화 한 켤레는 양말 여섯 켤레의 가치가 있다. 이 경우 두 제품은 비교가 가능한 것이다.

대체적으로 신체의 편안함이나 외모 또는 필요를 돕는 제품, 예를 들면 음식, 의복, 집, 교통, 화장품 등은 그 종류의 다른 제품들과 비교가능하다. 이러한 제품을 가공품(instrumental goods)이라고 부른다.

그러나 모든 제품이나 서비스가 비교가능한 것은 아니다. 어떤 제품이나 서비스는 어떤 가공품으로도 측정할 수 없는 가치를 지니고 있다. 좋은 건강이 바로 이런 종류의 제품이다. 좋은 건강은 어떤 가공품이든 간에 이를 즐길 수 있는 전제조건이기 때문에 가공품과 같은 수준에 있지 않다. 가공품과 비교가 불가능한 제품으로는 지식, 인간의 권리, 자유, 정의, 예배 등이 있다. 이러한 제품을 명예제품(honorable goods)이라고 부른다. 전문가의 특징은 가공품보다 비교할 수 없을 정도로 높은 가치를 가진 제품이나 서비스를 제공하는 것을 목표로 한다는 것이다.

공인회계사는 전문가이다. 왜냐하면 그들은 회사의 상태를 표현한 것이 제대로 잘 표현하고 있는지를 검증하여 대중을 위한 신뢰(지식)를 창출하는 것을 목적으로 하고 있기 때문이다. 그들이 창출한 대중을 위한 신뢰(이를 공적신뢰(public trust)라고 함)는 시장이 적절히 작동하기 위한 전제조건이 된다.

3) 전문가의 특징

전문가는 가공품보다 비교가 불가능할 정도로 높은 가치를 가지는 제품을 목표로 한다는 사실로부터 그들의 다양한 특징이 도출된다. 특히 전문가들이 반드시 지녀야 할 덕목은 성실(integrity)인데, 여기에서 다음과 같은 전문가의 특징이 도출된다.

① 모든 전문가들은 전문가로 활동하는 데 요구되는 높은 수준의 기준을 제시한다. 변호사, 의사 그리고 공인회계사들은 일반적으로 특정 법규나 선서까지도 충족시켜야 한다. 전문가가 되는 것은 특별한 신분을 획득하는 것이다. 따라서 전문가집단의 구성원들에게는 특정 지식이나 기술을 습득하고 유지하는 것이 요구된다. 무엇보다도 전문가집단에 진입함으로써 그들은 새로운 신분을 취득한다. 그들은 더 이상 경리(bookkeeper)가 아니라 전문가인 공인회계사(certified public accountant)가 된다.

② 전문가는 사심 없는 서비스를 제공한다. 전문가가 그들의 서비스 대가로 받는 금액은 정확한 등가물이라기보다는 일종의 서비스에 대한 사례라고 볼 수 있다. 돈은 가공품이고 전문가가 제공하는 서비스는 측정불가능하게 높은 가치를 지닌 명예제품이기 때문이다.

전문가의 서비스에서 사리사욕의 추구는 부수적인 목적이라 볼 수 있는데, 이는 그들은 자신들이 제공하는 서비스를 창출하기 위해서 항상 사리사욕을 희생할 것을 준비하고 있어야 하기 때문이다. 전문가의 서비스를 받는 사람들은 서비스에 대한 적정한 대가를 지급하지 않고 있으며, 때로는 그들이 서비스를 받고 있다는 사실을 모르는 경우도 있다. 이러한 의미에서 전문가는 이타적이다.

③ 전문가는 스스로 규제한다. 가공품을 공급하는 사람들은 전적으로 다른 누군가의 요구에 맞추어 작업한다. 만일 철수가 양말을 대가로 영희에게 운동화를 공급한다고 하자. 이때 양말은 철수가 지정한 사양에 맞도록 제조될 것이며, 또한 철수는 그 양말을 받은 후에 원하는 대로 처분

할 수 있다. 그러나 전문가가 제공하는 명예제품은 가공품과 비교할 수 없이 높은 가치를 가지므로 고객은 그 제품의 사양을 지정할 수 없으며, 오히려 전문가가 추구하는 방법에 적절한 경의를 표현해야 한다.

스스로의 규제는 집단적으로 그리고 개인적으로 행해진다. 집단적으로는 전문가들은 그들 집단이 지켜야 할 높은 수준의 기준을 정하고 이를 강제하며 책임을 지도록 한다. 개인적으로는 전문가들은 각자의 일상문제에 전문가의 윤리원칙을 적용할 때마다 스스로가 판단해야 한다. 특정한 법칙이나 기준 또는 안내가 없거나 또는 의견이 일치하지 않는 상황에서 각 전문가는 '성실한 사람이 하려고 하는 일을 내가 하고 있는가?'라는 질문을 던져 의사결정이나 행위를 검증하여야 한다. 성실함은 옳음과 정의로움으로 측정되는데, 이는 회원들이 기술적이고 윤리적인 기준의 형식과 정신 모두를 준수하도록 요구한다.

④ 전문가의 업무는 기본적으로 윤리적이어야 한다. 전문가는 가공품보다 매우 높은 측정이 불가능한 가치가 있는 명예제품을 제공하는 것을 목표로 삼기 때문에 그들의 모든 지향점과 관심은 그 제품의 우수성을 증명하는 데 맞추어야 한다. 따라서 그들의 모든 지향점과 관심은 금전적 이익보다는 윤리적 고려를 우선해야 함을 인식하는 것으로 특징 지워진다. 전문가가 제공하는 제품은 이를 제공하는 사람의 윤리적 책무와 분리가능하지 않다.

요약하면, 사회에서 평균 이상의 신분과 특권을 누리는 전문가들은 성실해야 하는데, 여기에서 전문가가 가지는 다음 네 가지 중요한 특징이 도출된다.

① 공식적으로 증명된 방식으로 습득한 특별한 지식
② 전문가의 존재를 정당화하는 사회적(좋은) 목적에 대한 헌신
③ 스스로 규제하는 능력
④ 윤리적 책무

이러한 특징은 공인회계사들에게도 그대로 적용된다.

〈특별한 지식〉 공인회계사는 회계나 경영학 과목 등을 일정 학점 이상 취득해야 하고, 어려운 시험을 통과해야 하며, 일정 기간 수습을 거쳐야 하고, 특별히 전문가로 인정받기 위해서는 철저하고 효율적인 태도로 특정 직무를 수행할 수 있어야 한다. 더욱이 공인회계사는 그들의 전문가 지위를 유지시키기 위해서 지속적으로 교육의무를 충족시켜야 한다.

〈사심 없는 서비스〉 왜냐하면 공인회계사로부터 도움을 받는 일반대중(the public)은 공인회계사로부터 매우 멀리 분리되어 있고 공인회계사에게 친숙한 사람들이 아니기 때문이다. 공인회계사는 자기의 명성이나 재산을 최대화하기 위해 전문가의 특권을 주장하지 않으며, 그들이 책임지는 주된 대상은 자신이나 회사 또는 고객이 아니라 일반대중이다.

〈스스로 규제〉 왜냐하면 공인회계사는 충분한 정보를 가지고 있는 다양한 사람들(경영진이나, 감사위원회 또는 법률고문 등)의 책임을 고려하여 합리적 판단을 도출해야 하기 때문이다. 관행을 위반한 행동을 하는 공인회계사는 소속 단체인 한국공인회계사에 의해 징계를 받게 된다.

〈윤리적 책무〉 왜냐하면 공인회계사의 업무를 통해 제공되는 서비스인 공적신뢰(public trust)는 그 자체가 본질상 윤리적이기 때문이다.

분명히 전문가로서 좋은 위치를 계속 유지하고 있는 사람들은 소득이나 대중의 인정을 포함해서 많은 혜택을 받는다. 이러한 혜택은 높은 수준의 규율을 정하고 이를 지키는 것에 대한 보상이다. 엘리트그룹의 구성원이 됨으로써 얻는 명예는 전문가의 신분을 가치가 있도록 하는 것이다.

따라서 전문가는 일반 사람들과는 다르다. 그들은 지적으로 복잡한 생활방식을 유지해야 하며, 지식과 기술을 계속 갱신해 나가야 한다. 직접 또는 간접의 공공서비스는 당연한 것이다. 논쟁할 필요도 없이 행동은 윤리적 측면에서 세심히 검토되어야 한다. 모든 전문가들과 마찬가지로 공인회계사는 기술적 기능과 윤리적 가치가 뒤얽힌 어려운 판단을 내린다. 따라서 그들은 통상 윤리적 딜레마에 직면한다. 이 경우 그들은 높은 수준의 전문가규율을 지켜야 한다.

4) 전문가에게 요구되는 비밀유지

신뢰관계는 어떤 것이든 비밀을 지키는 것을 수반한다. 개인정보의 보호가 보장되지 않는다면, 법, 의학 그리고 사업에서 전문가와 고객(또는 환자) 간의 관계는 맺어질 수 없다. 변호사에게는 법으로 전적인 특권이 부여되어 있다. 이러한 의무에 수반되는 것은 소위 법원이 특권사항(privileged communication)이라고 부르는 것이다. 이는 전문가는 법정이나 다른 법적 기관에게 비밀정보를 누설하도록 요구되지 않음을 의미한다. 예를 들면, 변호사는 그의 고객에 대해서 증언하도록 강요되지 않을 것이다. 의사는 대중의 건강에 위험이 확실하지 않은 이상 환자 정보를 누설해서는 안 된다.

또한 비밀유지는 사업을 수행하는 데 필수적이다. 전문가는 고객의 사업에 대한 관련 정보를 충분히 청취할 필요가 있다. 이러한 정보가 공개될 것이라고 느낀다면, 고객은 유용한 정보를 밝히지 않을 것이다. 특히 사업에서는 정보가 힘이다. 전문가와 고객 간의 특별한 관계가 정보를 퍼트리고 다른 사람에게 불법적으로 전달하는 것을 방지하는 수단이 된다.

전문가의 비밀유지는 공리론 또는 의무론 모두의 입장에서 정당화된다. 고객, 전문가 그리고 대중의 이익 모두는 완전하고 공정하게 정보가 공개될 때 달성된다. 이와 같은 진실을 말하는 행위는 오직 법과 윤리에 의해 보장될 때만 가능해진다. 공리론의 입장에서 비밀유지의 타당성은 모든 당사자들이 비밀이 지켜지면 더 행복할 것이라는 예측에 뿌리를 두고 있다. 모든 전문가에게 요구되는 비밀유지는 의무론의 입장에서 두 가지 근거가 있다. 첫째로 약속은 지켜야만 하고 특히 전문가는 이를 지키지 않으면 안 된다. 만일 비밀을 지키기로 약속했다면, 이는 그들에게 매우 신성한 의무라는 것이다. 둘째로 고객을 위험으로부터 지킬 의무도 있다는 것이다. 따라서 만일 정보가 누설되지 않을 것이라고 말했다면 그 정보를 보호할 윤리적 의무를 져야 한다.

공인회계사는 변호사나 의사와 같은 특권을 누리지 못할 수도 있다. 그러나 이는 고객에 대한 모든 정보를 단순한 요구에 따라 누설해야 함을 의미하지는 않는다. 비밀유지가 공인회계사에게는 반드시 지켜야 할 사항은 아니지만 그 개념은 매우 신중하게 수용할 필요가 있다. 이에 대해서는 뒤의 [3-4]에서 보다

심도 있게 논의될 것이다.

(2) 회계전문가(공인회계사)

지금까지 회계에서 가장 오래되고 잘 발달된 전문가그룹 중의 하나가 바로 공인회계사이다. 한국공인회계사회(Korea Institute of Certified Public Accountant (KICPA))는 해방과 동시에 1945년에 조선계리사회로 출범하였고, 1966년에 한국공인회계사회로 그 명칭을 변경하였다. 아마도 오직 변호사와 의사만이 그 역사와 공공서비스의 지속이란 측면에서 공인회계사를 앞지를 것이다. KICPA는 공인회계사 자격을 부여하는 기준에 상당한 영향을 미친다.

소위 전문가는 실제로 공동체이다. 그 공동체는 물리적인 개념이 아니라 그 구성원들이 수행하는 업무와 그들이 가지고 있는 가치에 의해 정의된다. 구성원들은 그 공동체에 진입하는 수단을 제어함으로써 그 공동체를 적극 방어한다. 또한 그 공동체에 계속 머무를 수 있는 기준을 제시한다. 그 공동체가 보유하는 가치 중에서 윤리기준이 있다. 이 기준은 필연적으로 그 공동체가 사회 전반으로부터 전문가로 인정받을 정도로 상당히 높다.

공인회계사들은 이러한 이유로 일반사회보다 높은 윤리기준을 지켜야 함을 인식하고 있다. 이를 얼마나 잘 지키는지에 따라 모두가 부러워하는 전문가로서의 위치를 계속 유지해 나갈지가 결정될 것이다.

KICPA는 상당히 발전된 윤리기준을 가지고 있다. 그러나 이러한 윤리기준이 일반대중이나 법원으로부터 상당한 비판의 대상이 되었다. 그럼에도 불구하고 KICPA는 윤리기준을 스스로 통제하기를 원하며, 필요한 경우 그 원칙을 스스로 수정하기를 원한다. KICPA의 윤리기준은 다음과 같이 그 목적을 천명하고 있다.

> 이 윤리기준은 공인회계사가 시험에 합격하여 법 제7조의 규정에 의하여 등록한 공인회계사가 전문직업인으로서 준수하여야 할 윤리기준을 정함으로써 공인회계사로 하여금 그 직무를 높은 수준으로 수행하게 하고 공익에 부합되게 하여, 공인회계사에 대한 사회적 신뢰를 제고함을 목적으로 한다.

이는 전문가가 무엇인지, 전문가가 일반사업가와 어떻게 다른지 그리고 왜 윤리기준이 전문가에게 필수불가결한 것인지를 보여주고 있다.

공인회계사는 전문가이다. 왜냐하면 그들은 회사의 상태를 표현한 것이 제대로 잘 표현하고 있는지를 검증하여 지식을 창출하는 것을 목적으로 하고 있으며, 그들이 창출한 공적신뢰(public trust)가 시장이 효율적으로 작동하기 위한 전제조건이 되기 때문이다.

1) 공익의 수행

우리가 어떤 물건이 '좋다'라고 말한다면, 이는 그 물건이 그것에 특별히 구별된 특정 과제를 잘 수행하도록 하는 특성을 가지고 있다는 것을 의미한다. 또한 그러한 특성을 그 제품의 장점이라고 한다. 이와 동일하게 공인회계사의 덕목(virtue)은 그들이 수행하는 특정 과제와 관련시켜야 이해될 수 있다. 덕목은 중요한데, 왜냐하면 이들이 행위의 목적과 기준을 구성하기 때문이다. 즉 공인회계사의 덕목이 바로 사람들이 공인회계사에게서 기대하는 것과 공인회계사의 행위기준을 결정하기 때문이다.

공인회계사들이 수행하는 특정 과제는 물론 매우 다양하다. 예를 들면, 그들이 편집(compilation)에서 달성하고자 하는 과제는 검토(review)와는 다르고, 검토 역시 감사(audit)와는 다르다. 그러나 이러한 과제가 다르더라도 거기에는 공통적인 것이 있다. 일반적으로 공인회계사의 과제는 신뢰와 확신이다. 편집의 경우에는 기업에게 자신의 정보에 대한 내적 확신을 주고, 좀 더 중요한 과제인 검토나 감사에서는 채권자나 투자자 등 제3자에게 다양한 수준의 확신을 제공한다. 이와 같이 공인회계사는 한 편에게 다른 편의 보고서를 믿도록 한다. 공인회계사는 신뢰의 상태를 제시하고, 이 신뢰는 시장이 공정하고 자유롭게 운용되는 데 필수적이다.

이러한 특정 과제는 바로 공익(public interest)이라는 말로 대표될 수 있는데, 공인회계사 윤리기준(100.1)에 다음과 같이 언급하고 있다.

(100.1) 공인회계사라는 직업이 가지는 중요한 특징 중의 하나는 공익을 보호해야 할 책임이 있다는 것이다. 그러므로 공인회계사의 책임은 단지 의뢰인이나 본인이 소속해 있는 조직이 요구하는 사항을 충족시키는 데에만 그치지 아니한다. 공인회계사는 직무를 수행함에 있어 공익을 보호하기 위하여 이 윤리기준의 요구사항을 준수하여야 한다.

2) 공인회계사에게 요구되는 덕목

그렇다면 이제 공인회계사에게 요구되는 덕목이 무엇인지 분명해진다. 이들은 공인회계사들로 하여금 신뢰를 불어넣는 것을 가능하게 하는 특성이어야 하는데, 신뢰를 불어넣기 위해서는 공인회계사는 분명히 다음과 같이 하여야 한다.

① 자신을 회사의 재무상태를 왜곡시키려는 유인이나 보상이 없는 환경에 있도록 해야 한다.

② 제시된 기업의 재무상태를 평가하고 판단을 내릴 수 있는 충분한 기량을 갖추어야 한다.

③ 그의 견해에 따를 때 필요하다고 볼 정도까지 정보를 수집하거나 검사를 수행해야 한다.

④ 채권자나 투자자들이 중요하다고 보는 것에 유념해야 한다.

⑤ 실제로 제시된 기업의 재무상태에 대해 공정하고 합리적인 판단에 도달해야 하며, 제3자들도 자연스럽게 동일한 판단을 형성할 수 있도록 하는 언어로 이러한 판단을 표현해야 한다.

이로부터 공인회계사들은 다음과 같은 덕목을 갖추어야 할 것임을 알 수 있다.

첫째 ①로부터 독립성의 유지에 대한 관심
둘째 ②로부터 적격성과 한계의 인식
셋째 ③으로부터 정당한 주의(정당한 근면)

넷째 ④로부터 공익의 정신

다섯째 ⑤로부터 객관성(건전한 판단)

독립성(independence)은 기술적으로는 덕목이라기보다는 조건이다. 이는 판단을 바꾸도록 하는 유인이나 보상이 없는 조건이다. 그러나 그렇게 하는 것이 희생을 요구하고 자기편에서는 피해가 될 때에도 독립성을 유지하고 독립성의 가치를 높이 보게 하는 확고한 의도를 구성하는 덕목이 있을 수 있다. 이것이 바로 '독립성 유지에 대한 관심'이다.

적격성(competence)은 공인회계사의 전문성이다. 이에 따르는 덕목이 있는데, 이는 겸손함의 한 형태인 '자신의 한계를 인정'이다. 왜냐하면 좋은 공인회계사는 해당 업무를 수행할 능력을 지니고 있어야 할 뿐만 아니라 자신에게 충분한 전문성이 없어 계약을 수용할 수 없는 경우도 있음을 알아야 하기 때문이다.

정당한 주의(due care)는 공인회계사들로 하여금 건전한 판단에 이르는 데 요구되는 정보를 찾는 것을 가능하게 하는 덕목이다.

공익의 정신(sense of public interest)은 공인회계사들이 제3자의 관점에서 과제를 바라보도록 한다. 또한 정당한 주의에 따를 때 어떤 예방조치가 필요한지를 판단하는 데 도움을 준다.

객관성(objectivity)은 다른 조건들이 준비된 후에만 실행될 수 있는 건전한 판단이다. 이는 다른 이해관계자들이 기업의 재무상태에 대한 진실한 판단을 할 수 있도록 유도하는 효율적인 주의를 구성하는 공시의 투명성, 즉 표현의 충실성을 의미한다.

나아가서 성실(integrity) 또한 공인회계사의 덕목이고, 이는 전문가서비스의 기본 태도로서 모든 공인회계사 덕목들의 기초가 된다. 또한 공인회계사는 근본적으로 전문가정신(professionalism)의 유지와 전문가로서의 긍지(pride)를 가지고 과제를 처리해야 한다.

여기에서 공인회계사들이 반드시 지켜야 할 '공익을 위한 헌신'을 좀 더 상세히 알아보고, 독립성과 객관성에 대해서도 간단히 검토하고자 한다.

[공익을 위한 헌신]

그간 많은 회계부정사건으로 인하여 이러한 사건의 핵심 관계자인 공인회계사들에게는 신용위기(credibility crisis)가 발생했다. 대중들은 성실, 공정 등과 같은 가치에 근거하여 공인회계사들이 신뢰를 확보하기를 원하고 있으며, 또한 공익을 우선하는 방향으로 헌신하기를 기대하고 있다.

이에 부응하여 KICPA의 공인회계사 윤리기준 첫 번째 조항(100.1)에서도 공인회계사의 공익보호 책임을 강조하고 있다.

공인회계사의 가장 중요한 책임은 공익에 대한 헌신이다. 공인회계사들이 이러한 역할을 분명하고 정확하게 이해하지 못한다면, 그들은 중요한 질문에 대해서 윤리적으로 책임 있는 방식으로 일관성 있게 대답할 수 없게 된다. 그 결과로 엉뚱한 조언을 하게 되고 자신들이 비판받거나 상태를 더 나쁘게 하는 의사결정을 하게 될 것이다. 예를 들면, 그들의 역할에 대한 분명한 이해는 다음과 같이 그들이 부딪치는 윤리적 적정성에 대한 질문과 제공할 수 있는 적절한 서비스 및 그 수준에 대해 적합하게 응대하는 데 필수적인 것이다.

- 진정한 고객은 누구인가? 회사, 경영자, 현재 및 미래 투자자와 채권자
- 윤리적 파문이 예상되는 의사결정에서 가장 먼저 충성을 바쳐야 할 대상은 누구인가? 고용인, 고객, 상급자, 대중, 자신
- 담당하는 업무가 전문가의 업무인가? 아니면, 사업인가? 아니면, 둘 다인가?
- 서비스를 제공할 수 없는 경우가 있는가?
- 어느 경우에 전문가 책임의 하나인 비밀유지의무를 어길 수 있는가?

대중들은 변호사, 의사, 공인회계사 등의 전문가에게는 전문가가 아닌 사람들에게와 다른 기대를 한다는 것은 의심의 여지가 없다. 왜 그럴까? 그 대답은 전문가는 고도의 전문성을 가지고 책임감 있게 행한다는 신뢰가 특별히 요구되는 진정한 가치를 가진 것을 위해 일한다는 사실과 관련이 있다. 궁극적으로 특정 전문가에 대한 대중의 배려는 그들이 누리는 권리를 결정할 것이다. 권리에는 그들이 제공하는 서비스의 독점권을 가지고, 전문가로 진입을 통제하고, 상대적으로 높은 소득을 향유하고, 스스로 규제, 즉 정부가 아니라 동료들에 의해

판단을 받는 권리 등이 있다.

이에 따라 KICPA의 한국공인회계사 윤리기준의 두 번째 조항(100.2)에서도 다음과 같이 공인회계사에 대한 사회적 신뢰의 제고를 강조하고 있다.

> (100.2) 이 윤리기준은 공인회계사 시험에 합격하여 법 제7조의 규정에 의하여 등록한 공인회계사가 전문직업인으로서 준수하여야 할 윤리기준을 정함으로써, 공인회계사로 하여금 그 직무를 높은 수준으로 수행하게 하고 공익에 부합되게 하여, 공인회계사에 대한 사회적 신뢰를 제고함을 목적으로 한다. …

이와 같이 공인회계사는 공익을 위한 서비스를 제공하는 전문가로서 반드시 지켜야 할 사회적 책임을 수용해야 한다. 이 책임은 우리 사회에서 사업활동이 제대로 작동하기 위해서 반드시 필요하다. 공익이란 그 전문가가 서비스를 제공하는 사람이나 조직의 집단의 공동복지를 의미하는 것으로 이해관계자개념에 근거를 두고 있다. 공인회계사는 자유경제 시장경제를 완전히 지키기 위한 수문장으로서 공익을 추구할 책임이 있다. 분명하건대, 공인회계사는 고객의 이익을 위해 행동해야 하지만 이는 일반대중에게 불공정하지 않고 피해를 끼치지 않는 경우에만 그렇다. 상장기업이나 일정 크기 이상의 기업의 재무제표는 공인회계사의 감사를 받도록 한 법률은 회계전문가들에게 특별한 책임을 부과한다.

[독립성과 객관성]

각 소속 전문가들은 전통을 유지하고 발전시키기 위해서 모든 구성원들의 집단적인 노력이 요구된다. 공인회계사도 소속 전문가 전체가 신뢰할 수 있는 집단으로 인정받는 데 도움이 되도록 행동할 책임이 있다. 따라서 그들 각자의 업무는 공인회계사에 대한 대중의 인식에 영향을 미치므로 독립성과 객관성이 없는 어떤 상황이든 피하려고 노력할 필요가 있다.

독립성과 객관성을 유지하기 위해서는 고객관계 및 공익책임을 계속해서 점검하는 것이 필요하다. 독립성은 공인회계사 자신이 찾는 조건으로서 부정확한 판단을 하도록 이끄는 유인책을 보유하거나 경험하지 않는다는 조건이다(독립성에 대해서는 뒤의 [3-3]에서 상세히 언급될 것이다).

객관성은 생각의 객관성과 표현의 객관성으로 구분된다. 생각의 객관성(objectivity in thought)은 건전한 판단의 조건이다. 이는 판단이나 심판에서 기대하는 불편부당, 침착함 그리고 공정과 유사하다. 이는 증거에 근거해서 평가하는 방법으로서 모든 정보와 암시가 개인의 생각과 사고 속에서 동일한 비중을 가지도록 한다.

표현의 객관성(objectivity in expression)은 개인이 말하고 쓴 것이 정확히 표현하고 있다고 합리적으로 이해되는 것이다. 표현의 객관성은 소위 투명성(transparency)이라고 일컫는다. 기업의 재무상태에 대한 표현은 그 표현이 기업의 재무상태를 정확히 생각할 수 있도록 할 때 투명하다. 투명한 의사전달은 바로 그것이 제시하는 것을 올바로 생각하도록 한다.

공인회계사의 객관성은 전문가로서 자신이 간직하는 개인적인 생각이나 사고가 아니다. 공인회계사의 주요 업무는 다른 누군가에게 보고서를 제공하는 것이다. 따라서 필수적으로 객관성은 보고서를 제공하는 형태를 고려해야 한다. 그러나 만일 보고서가 누군가를 위한 것이라면, 다른 사람이 그 보고서를 어떻게 생각하는가는 결정적으로 중요하다. 그렇다면 객관성은 단순히 자신의 판단을 다른 사람들이 판단하는 것과 동일하게 하는 것뿐만 아니라 자신이 말한 것에 근거한 다른 사람의 판단을 자신의 판단과 정확히 일치하도록 만드는 것이다.

[덕목에 있어서 문화의 중요성]

특정한 결과를 성취하기를 진정 원한다면, 우리는 깊이 생각하고 그 결과를 보장하기 위해 필요한 모든 조건들을 준비해야 한다. 예를 들면, 옥수수를 키우려면 옥수수 씨를 심어야만 하지만 이로는 부족하고 옥수수 씨가 잘 자라도록 옥수수 밭을 병균이나 잡초로부터 보호하고 그 밭에 적정한 물을 공급해야 한다는 조건이 필요하다.

이와 유사하게 공인회계사가 그에게 주어진 특정 업무를 잘 수행하기를 원하면, 그는 공인회계사가 가져야 할 덕목을 갖추어야 한다. 그러한 덕목을 갖추기 위해서는 먼저 이를 습득해야 하는데, 이는 습득할 수 있는 조건을 충족시키는 것에서 시작한다.

문화(culture)란 말은 어떤 행동의 습관을 취득하고 특정 방법으로 살아가는 것을 가능케 하는 비교적 넓은 일련의 조건을 말한다. 회계법인에서 문화를 형성하는 것은 어떤 한 공인회계사가 할 수 있는 것이 아님은 분명하고, 이는 고위파트너가 책임져야 할 것, 즉 윗사람의 분위기(tone at the top)이다.

회계법인의 올바른 문화는 공인회계사들이 위에 언급한 다양한 덕목을 취득하고 유지시키는 데 전제조건이 된다. 윤리기준을 시행하는 것은 올바른 문화를 조성하는 데 유용하다. 윤리기준의 시행은 다음과 같이 하게 된다.

- 공인회계사들이 배우고 이해하는 것을 보증하는 절차를 준비한다.
- 기준을 잘 준수하는 경우에 인센티브를 제공한다.
- 기준을 강제한다. 공인회계사는 상호간에 이를 준수하도록 권장하는 습관이 들도록 하며, 각자가 다른 사람들도 이를 준수할 것이라고 기대할 수 있어야 한다. 또한 위반이 심하면 이는 보고되어야 하고 반드시 이에 대한 적절한 조치를 취해야 한다.

자연적으로 어느 기준에서와 마찬가지로 닭과 달걀의 문제, 즉 이를 가장 필요로 하는 사람들이 이를 가장 실행하지 않으려는 문제가 발생한다. 특히 고위직에 있는 파트너들에서 나타나는 강력한 개인적 기질은 바꾸기 어렵다.

성격의 덕목은 그러한 덕목을 필요로 하는 행동을 실행함으로써 얻어진다. 실무적으로 이는 조그만 문제에서 그리고 새로운 상황에서 올바른 방법으로 행하는 것을 의미한다. 작은 문제를 올바르게 행하는 것은 보다 큰 문제를 수행하는 데 필요한 행위의 행태를 설정한다. 만일 작은 것에 비윤리적이고 원칙을 준수하지 못한다면, 그는 틀림없이 그에 반하는 것에 대한 보상이 큰 경우에도 그렇게 해낼 수 없을 것이다. 새로운 상황에서 처음부터 올바르게 행하는 것은 이후의 행동이 뒤따를 가능성이 높은 전례를 설정하는 것이다. 따라서 예를 들면, 감사대상 기업경영자의 사기 조짐을 본 바로 그때에 반응하는 방식이 뒤이어 그 감사를 수행하는 방법을 대부분 결정할 것이다. 때로는 '두 번째 생각이 최고다(second thoughts are best)'라고 말한다. 그러나 윤리문제에 있어서는 양심은 첫 번째 상황에서 분명히 그리고 최고로 올바르게 반응하지만 이후에는 약화되는 경향이 있음을 유의해야 한다.

3) 공인회계사가 받는 비판

공인회계사는 전문가의 책임에 대한 비판에서 피해나가지 못하고 있다. 몇 가지 공인회계사의 책임에 대한 문제를 살펴보자. 가장 문제가 되고 있는 분야는 부정을 적발하는 책임, 그리고 컨설팅서비스를 제공하는 기업에 대한 감사서비스의 적절성이다.

감사인들은 그들의 서비스를 받고 있는 자들의 시각을 유념해야 한다. 특히 감사인들은 그들이 산출한 정보의 이용자들을 희생하면서 고객과 너무 밀접한 관계를 유지하고 있으며 또한 그들이 제공하는 서비스의 이용자를 너무 좁게 보아 노동자나 정부 그리고 다른 제3자를 고려하지 않고 투자자로 한정하고 있는 데 대해 비판이 제기되고 있다.

비록 공인회계사들이 그들의 윤리원칙, 특히 독립성, 객관성과 성실 등의 원칙의 요구사항을 충분히 잘 이행함을 인정한다 해도 아직도 풀어야 할 많은 윤리적 딜레마가 존재한다. 그들 중 어느 것은 모든 전문가에게 적용되는 포괄적인 것이고, 어느 것은 공인회계사에게만 적용되는 구체적인 것이다.

모든 전문가들에게 적용되는 것으로는 다음과 같은 것이 있다.

- 전문가의 윤리원칙이 선한 의도를 내포하고 있는가? 이러한 의도가 분명히 그리고 충분히 제시되고 있는가?
- 현재의 내부규제가 일관성 있게 적용되고 있는가?
- 전문가조직에서 윤리적 판단을 해야 했을 때 '알고 있는 것'보다 '알고 있는 사람'이 더 문제가 되는가?
- 구성원과 대중이 전문가의 원칙을 실제로 이해하고 있는가? 아니면, 규정과 기준이 불필요하게 복잡하고 사소한 것으로 채워져 있지는 않은가?
- 전문가집단의 내부자들에게 피해나갈 길을 허용하고 있는가? 임계거리가 느슨해지면 무엇을 잃게 되는가?

특히 공인회계사들에게는 전문가의 책임과 윤리적 행위에 관하여 다음과 같은 구체적인 질문이 제기될 것이다.

- 누구에게 의무를 지는가? 고객에 대한 의무와 제3자에 대한 의무 사이에 갈등이 있는가?
- 의무를 지고 있는 제3자는 누구인가? 현재의 감사실무가 투자자나 소유주를 제외한 다른 재무제표이용자들에 대한 의무를 수행하기에 충분한가?
- 전문가 상호간에 어떠한 전문가적 책임이 있는가? 최근 상호간 환경에 관련한 법원의 판단에 비추어 볼 때 이러한 책임을 다하고 있는가?
- 부정적발에 대해 어떤 책임을 져야 하는가? 대중은 이러한 분야에 대한 전문가의 책임을 제한하는 데 찬성할까?
- 고용된 경우 누구에게 의무를 지고 있는가? 제3자에 대한 의무와 고용인이 원하는 방향 간의 갈등을 어떻게 풀어나갈 것인가?
- 윤리적 의무에서 공인회계사와 기업인 간에 차이가 있는가? 만약 있다면 그것이 무엇이며, 왜 그러한 차이가 있게 되는가?

(3) 공인회계사가 직면하는 윤리의무의 충돌

때때로 무엇을 해야 옳은 것인지 알기가 어렵다. 만일 우리 행위의 기반이 될 수 있는 확실한 원칙을 발견할 수 있다면, 우리는 양심적으로 행동할 수 있을 것이다. 그러나 하나 이상의 원칙이 관계되어 있을 때 어떠한 일이 발생할까? 예를 들면, 우리 대부분은 자유를 적극 지지한다. 그러나 자유가 국가를 지킬 의무에 대한 우리 믿음에 방해가 된다고 가정하면 어떻게 될까?

윤리적 의무와 행동이 충돌할 때 이러한 딜레마를 풀기가 쉽지 않다. 많은 공인회계사들은 전문가로서의 역할과 개인적 가치 간의 긴장관계를 수시로 경험한다. 이를 무시하고, 흔히 있는 일이라고 치부할 수 있다. 또한 '내가 일하고 있을 때는 나는 전문가로서 전문가 규범에 맞게 행동하지 않으면 안 된다'라는 교묘한 말로 이러한 딜레마를 합리화할 수도 있겠다. 그러나 이러한 태도는 전문가적 가치와 개인적 가치의 사이에서 나타나는 상반된 의무에 대한 윤리적 의심과 느낌을 근절시키지는 못한다.

전문가적 가치와 개인적 가치 간의 충돌을 해결하는 한 가지 방법은 전문가 정신을 중시하는 것이다. 전문가정신은 고객만을 위해서 일한다는 것을 뜻하지도 않고, 정의 또는 이익과 같은 어떤 추상적인 이상을 좇아서 행동한다는 것을 의미하지도 않는다. 전문가정신은 궁극적으로 전문가들 간의 계약에 근거하여야 한다. 윤리적이기 위해서는 동료들과 그들의 전임자들에 의해 채택된 원칙이나 강령을 준수하는 것이다. 즉 회계전문가들이 세운 원칙이나 강령을 성실하고 일관되게 실행하는 것이다.

이러한 주장에 대해서는 반론도 상당하다. 윤리적 혼란이 있는 상황에서 전문가규정이나 동료들의 행위를 참조하여야 한다는 것은 구체적이지 못하고 애매하며 현실적이지 못하다는 것이다. 만일 전문가들을 위한 확실하고 완전한 행동지침을 제시할 수 있었다면 이미 그렇게 했을 것이다. 그러나 모든 언어는 정확하지 못하고, 더욱이 전문가 규정이나 계약을 만들 때 개인의 가치와 믿음을 모두 예상할 수 없었을 것이다.

윤리적 의무의 충돌은 다양한 형태와 크기와 강도로 나타난다. 이러한 것을 모두 예측할 수 없다. 그러나 이러한 충돌은 일반적으로 상황적이고 철학적이다. 상황적이라는 말은 공인회계사들이 개인적으로 윤리적 딜레마를 겪는다는 것이다. 즉, 그들은 선택하기 어려운 상황에 직면한다는 것이다. 철학적이란 말은 목적이나 이유 등과 같은 핵심요인에 대한 생각이 윤리적 충돌로 점화된다는 것이다.

여기에서는 공인회계사들이 실제로 직면하는 몇 가지 사례를 살펴보고자 한다.

1) 이익과 정의

경제학자인 Milton Friedman은 전통적으로 이익이 사업가들의 근원적인 동기임을 강조한다. 자유경제체제하에서는 경영자는 사업주의 고용인이다. 따라서 경영자는 사업주, 주주 그리고 동료들에게 사업을 효율적으로 수행해야 할 전문가적 책임을 진다. 조금 거칠게 말하면, 그들의 목적은 가능한 한 많은 돈을 버는 것이다.

그러나 이익을 추구하는 책임을 지는 사람도 개인적으로는 가족, 양심 그리고 관용 등에 대한 의무를 가지고 있다. 예를 들면, 공인회계사가 가난하고 집이 없는 사람들을 도와야 한다고 생각하고 있다고 가정하자. 그는 근무시간 이외에 도움이 필요한 사람들을 위한 모금활동에 참여할 수 있다. 또는 전문가로서의 역할을 활용하여 이 문제에 접근할 수 있다. 예를 들면 공인회계사가 건설회사를 감사하고 있는데 그 회사는 빈민지역을 개발하여 고급주택을 짓고 있다. 그로 인해 그 지역의 가난한 사람들이 강제로 그곳을 떠나야만 했다. 그는 무엇을 할 수 있을까?

이러한 상황은 전문가로서의 책임과 개인의 윤리의식 간의 충돌을 보여준다. '남에게 해를 끼쳐서는 안 된다'는 의무론의 원칙에 따라 그 공인회계사는 감사를 그만두고 무주택자들을 양산하는 어떤 행위도 반대한다고 공식적으로 천명할 수 있다. 역사적으로 많은 사람들이 정의롭지 못한 일에 저항해왔다. 종교개혁자인 Martin Luther는 교회 내의 계급화는 옳지 않다고 로마가톨릭에 반기를 들었으며, 인도의 Mohandas K. Gandhi는 대영제국의 인도지배에 저항하여 기꺼이 교도소에서 몇 년을 버텨냈다. Martin Luther King Jr.은 미국 남부에서 인종차별을 강요하는 주정부의 법을 기꺼이 어기고 양심에 따라 더 높은 윤리기준과 비폭력저항운동에 따라 행동했다. 우리나라에서는 안중근 의사가 일본의 불법적인 지배에 항의해서 만주 하얼빈에서 침략의 원흉 이토 히로부미를 사살하고 순국하였다.

집이 없다는 두려움이 저항하려는 의무를 불러일으킬까? 물론 개인의 윤리적 민감도는 상이하다. 그러나 한 가지 유용한 지침은 소위 '비례의 법칙'이라는 것이다. 간단히 말해서 이는 우리에게 다음을 생각해 보도록 한다.

① 수정하고자 하는 비윤리의 성격과 정도

② 변화를 원하는 우리 갈망의 강도

③ 전문가적 책임의 실행에 내재된 효익과 부담감

④ 설정한 목적을 달성할 가능성

공인회계사는 비례의 법칙을 심사숙고한 후에 회계법인을 사직하고 무주택 상황을 반전시키는 운동에 뛰어들지도 모른다. 또는 중도적인 입장을 취해 전문가적 책임과 개인적 책임을 조화시키려 할 수도 있을 것이다. 예를 들면, 건설회사 경영자들에게 그들의 고급주택사업의 결과로 무주택자들이 어려움에 처함을 알리고, 그곳을 떠나야만 하는 사람들을 위한 대안을 강구하도록 설득할 수 있을 것이다.

중용이라 불리는 이러한 균형 잡힌 접근법은 어려움이 없는 것이 아니다. 건설회사의 이익이 문제가 되고, 회계법인의 이익도 위험하다. 건설회사가 이 문제로 회계법인과의 계약을 해지한다면, 사회적 변화를 기대할 수 없다. 또한 개인적 양심에 따랐던 공인회계사는 곤궁에 빠지고 결국 그는 해고될 것이다.

그럼에도 불구하고 공인회계사 개인과 회계법인은 때때로 이익을 추구하는 단계에서 문제점이라고 생각되는 것에 대해서 자문해볼 필요가 있다. 이에 대한 솔직한 토론은 상황을 개선시키는 데 도움이 될 것이다.

2) 세속적 목적과 종교적 믿음

만일 공인회계사가 그들의 행위에 명백히 내재되어 있는 목적을 열거해 보면 그들은 놀랄지도 모른다. 특히 그들이 이러한 목적과 그들 자신의 종교적 믿음을 비교해 보면 실망할 것이다. 예를 들면, 주류를 판매하는 기업의 경영자의 목적은 주류를 최대한 많이 판매하는 것이다. 그러나 그 기업의 경영자가 신실한 기독교인이라면, 그는 이러한 주류의 판매를 증가시키는 것이 자신에게 어떤 결과를 가져오는지 심사숙고할 것이다. 주류는 구매자 가정의 평화에 부정적인 영향을 미칠 수도 있고, 개인적으로 차츰 중독에까지 이를 수도 있다. 즉 주류 판매 증가는 부정적인 결과를 초래할 가능성이 크다.

종교적 가치체계는 사업이나 전문가적 가치와 충돌하는 것 같다. 이러한 충돌을 어떻게 조화시킬 수 있겠는가? 다음과 같이 제안할 수 있다. '주류의 섭취는 주말이나 공휴일에만 가능하고, 하루에 마실 수 있는 주류의 한도를 정한다.'

그러나 이는 보다 근본적인 질문을 제기하도록 만든다. '경영자는 그의 전문가적 행위가 기독교적 가치에 위배될 때 양심상 주류판매를 지속할 수 있을까?'

이러한 예는 수없이 많다. 그러나 직업에서 걱정해야 할 순간이 왔을 때 그리고 즉각적인 해답을 찾을 수 없는 위기의 순간에 우리들 거의 모두가 종교적인 믿음을 포기한다. 알고 있는 지식이 위험한 것임이 밝혀진 회계전문가에 관여된 다음 사례를 살펴보자.

〈사례〉 종교적 믿음과 충돌

공인회계사인 순임 씨는 신실한 기독교인으로 교회에서 유치원의 운영에 적극 관여해왔다. 이 유치원은 아이들에게 성경을 가르치고 있다. 최근에 새로운 세법이 통과되었는데, 이에 따르면 유치원에서 성경을 가르치면 유치원 등록금에 대해 더 이상 세금혜택(비용으로 처리함)을 받을 수 없게 되었다.

순임 씨는 이러한 세법의 변화를 아이들 부모에게 알려야 할까? 공인회계사로서 그녀의 의무는 당연히 세법의 변화를 알려야 한다. 그러나 부모들이 세법의 변화를 알게 되면, 많은 아이들이 유치원에 등록하지 않게 되고, 유치원은 크게 타격을 받을 것이다. 아이들이 유치원을 그만두는 것은 그녀의 윤리관념에 따를 때 필수적이라고 보는 성경교육을 포기하는 것이다.

순임 씨는 부모들에게 새로운 세법의 내용을 알려야 할 전문가적 의무와 유치원에서 종교적 메시지를 전해야만 한다는 개인적 열망 사이에서 고민하고 있다. 몇 가지 대안이 있겠다. 순임 씨는 어떤 대안을 택하는 것이 좋을까?

풀이

먼저 전문가로서 역할을 다하고 결과를 받아들이는 것이다. 즉 유치원 경영자에게 개정된 세법을 설명하고 현재 및 잠재적인 고객을 유인하기 위해서는 성경교육을 포기하도록 설득하는 것이다. 이는 물론 그녀의 종교적 신념과는 어긋나는 것이다. 그러나 이는 유치원의 존립을 가능케 하고 앞으로 좋은 시절이 오기만을 기다리는 것이다.

다른 대안으로는 조용히 있으면서 어떤 일이 일어나는지 보는 것이다.

순임 씨는 적어도 자신의 전문가 기준과 믿음의 깊이를 생각하면서 이 문제를 그녀와 유사한 성경적 가치를 가진 사람들 그리고 다른 공인회계사들과 나누는 것이 좋겠다.

3) 허점을 노림과 인격적 덕

전문가적 윤리의식에 따르면 법을 잘 지켜야 한다. 그러나 법에 대한 해석이 불명확한 경우가 많다. 이러한 필연적 불명확성 때문에 규정을 왜곡하거나 허점을 찾아낼 기회가 존재한다. 또한 공인회계사가 이러한 행위를 하더라도 본질적으로 잘못이 아니며, 발견되더라도 기소되거나 비난을 받지도 않는다. 실제로 세법의 규정을 창조적으로 해석함으로써 상당한 대가를 얻기도 한다. 제도는 사용하기 위해 존재하는 것이고, 공인회계사는 '고객의 이익을 위해 법의 불명확성을 현명하게 활용하라'라는 말을 듣는다. 이것이 바로 일반적 전문가의 업무이다.

이는 자료를 숨긴다든지 서류를 왜곡하는 것이 아니고 실제로 대학교에서 가르치고 공인회계사들의 행위로 증명되고 있는 현상을 이용하는 것이다. 그러나 윤리는 공인회계사들에게 윤리적 관점에서 현재 일상적으로 행해지는 실무를 검토하고 비판하는 기회를 제공한다. 많은 공인회계사들이 '해왔던 대로'라고 현재 그대로를 유지하기를 원하겠지만 양심상 그렇게 할 수 없는 공인회계사도 있지 않을까?

이 공인회계사는 스스로 다음과 같은 질문을 할지도 모른다. '만일 내가 허점을 찾아내고 이에 근거하여 재무적 컨설팅을 한다면, 나는 좋은 공인회계사로 남아 있을 수 있을 것이다. 그러나 이러한 행위를 지속한다면, 나의 인격에는 어떤 영향을 미칠까?' 다른 관점에서 본다면, 우리는 다음과 같은 질문을 할 수도 있다. '만일 정보가 중요한데도 법에서 공시를 요구하지 않는다면, 이를 공시하지 않는 것을 묵인할 것인가?'

〈사례〉 법의 허점을 노림

상장기업인 가가(주)는 다른 기업과 수익성이 매우 높을 것으로 예상되는 계약을 협상하고 있다. 가가(주) 회계부문을 책임지고 있는 고정보 씨는 보고서를 작성하는 과정에서 협상에 매우 중요한 정보가 상대방에게 전달되지 않았음을 인지했다. 고정보 씨가 이 문제를 제기하자 '법률자문을 받았는데 현행 법률하에서는 이 정보를 상대방에게 제공할 의무가 없다고 결론이 났다'라는 말을 듣게 되었다. 법적으로 문제가 없는 상황에서 해당 정보를 제외시키고 보고서를 작성해도 회계전문가로서 최소한의 책임은 다한 것이다. 그러나 고정보 씨는 이러한 정보를 상대방에게 전달하는 것이 정당하다고 믿고 있다.

고정보 씨는 어떻게 행동하여야 할까?

풀이

고정보 씨가 법률이 요구하는 이상의 정보를 제공하기를 갈망하는 것은 '모든 것을 밝혀야 한다'는 개인적 충동보다는 공정이란 덕목에서 도출된 것으로 보인다. 공정덕목은 단순히 법적으로 허용되었다고 침묵할 때는 얻을 수 없다.

고정보 씨는 어려움에 봉착하고 있는데, 이는 경영자의 기대가 고정보 씨 자신의 개인적인 우려뿐만 아니라 내면화된 전문가적 가치와도 충돌된다는 것이다. 즉, 관련된 정보는 공시해야 한다는 공인회계사의 본능적 책임이 은폐를 강요하는 합법주의에 의해 저지되고 있다는 것이다. 법적 문제와 윤리적 문제의 충돌에 대한 깊은 토론이 요구된다.

4) 전문가의 적격성과 개인적 생각

공인회계사는 충분히 훈련받아야 한다. 준비가 안 된 상태에서 업무를 수행해서는 안 된다. 필요한 지식과 기술을 충분히 갖추는 것이 바람직하다. 공인회계사 윤리기준에서도 공인회계사의 적격성에 대해 언급하고 있다. 즉 업무를 적절히 수행할 능력이 부족한 공인회계사는 고객에게 필요한 서비스를 보다 잘 제공할 수 있는 다른 공인회계사와 계약하도록 제안할 의무가 있다.

동료나 경쟁자의 적격성에 대해 시장의 위험부담원칙(구매자가 인식하도록 함)을 적용해야 할까? 전문가의 적격성에 대한 우려와 적격성을 갖추지 못한 것을 밝혀야 할 윤리적 의무는 공인회계사로 하여금 다른 공인회계사나 경쟁자에 대해 공개적으로 언급할 필요가 있다. 일반적으로 공인회계사는 동료들이 전문가 원칙을 유지하고 규정을 준수하도록 도와야 한다.

대부분의 회계법인에서 하위 및 중간층의 공인회계사들에게 적격성을 갖추도록 하는 일반적인 방법은 '승진 아니면 퇴사'라는 절차이다. 만일 파트너로 승진하지 않으면, 회계법인을 떠나도록 하는 것이다.

공인회계사의 적격성 문제는 다양한 이유, 예를 들면 특정 분야의 개발에 실패, 건강상의 문제로 발생한다. 만일 동료 공인회계사의 적격성이 지속적으로 문제가 될 것으로 예상된다면, 윤리적 측면에서 어떤 조치를 취해야 할까? 이러한 문제는 개인적으로 친분이 있는 공인회계사나 경쟁관계에 있는 공인회계사가 부적격하다고 판명될 때 문제가 복잡해진다. 이러한 경우에 분명한 것은 적격성에 대한 정의와 기술에 일관성이 있어야 하며, 또한 이를 공정하게 적용하여야 한다는 것이다.

공정이란 동일한 것은 동일하게 처리해야 한다는 것이다. 그러나 상이한 상황에 동일한 기준을 적용하는 것은 불공정할 뿐만 아니라 차별이 된다. 소위 어머니의 취업행태(mommy track)라는 것이 있다. 이에 따르면 가족의 생계를 위해 취업한 어머니들을 동일한 방법으로 평가해서는 안 된다. 상식이나 공정이란 측면에서 그들의 능력이 다소 부족하다고 그들에게 부당한 대우를 해서는 안 된다는 것이다.

5) 의무의 중첩

윤리적 추론이 명확한 경우는 매우 드물다. 그러나 분명한 것은 권리와 의무 그리고 원칙과 믿음이 자주 충돌을 일으킨다는 것이다. 평등은 숭고한 목적이지만 이를 강요하면 우리의 지고한 목적인 자유를 제한한다. 회사에 대한 충성은 물질적으로 상당한 보상을 받게 된다. 그러나 자신의 회사에 큰 어려움을 초래하는 행동을 국가가 요구한다면 어떻게 해야 할까?

국가는 기업의 불법을 밝히는 내부자를 보호하고 그들에게 보상을 하고 있다. 우리나라에서도 2017년에 회계투명성 제고의 일환으로 내부고발자에 대한 보상을 최대 1억원에서 10억원으로 상향 조정한 바 있다. 기업의 내부자에게 불법적인 회사행동을 보고하도록 격려하는 것은 분명히 공공의 목적을 가지고 있다. 그러나 이러한 프로그램이 작동하기 위해서는 종업원을 이중생활로 이끌지 않으면 안 된다. 따라서 이 경우 충성심의 분열과 의무의 충돌이 발생하는 위험을 감수해야 한다.

회계전문가들은 윤리적 의무가 충돌할 때 이를 어떻게 조화시켜야 할까? 우리는 동질적인 사회에 살고 있지 않다. 실제로 우리 대한민국도 많은 사람이 당황할 만큼 점차 다양하고 이질적인 사회가 되어가고 있다. 이에 따라 권리와 의무가 충돌되고 윤리적 딜레마에 직면하고 있음을 경험한다. 현재 윤리에 대한 발언의 가장 놀랄 만한 특징은 이의 대부분이 의견충돌을 표현하는 데 사용되고 있음을 본다. 우리의 윤리적 논쟁은 끝이 없어 보이고, 우리의 문화에서 윤리적 합의를 도출하는 합리적인 방법이 없는 것 같이 보인다.

그러나 상호 배치되는 윤리적 주장을 다룰 때 어려움이 발견되지만 이러한 어려움이 우리를 절망하게 만들지 않는다. 윤리적 의무가 충돌될 때 회계전문가들이 일반적으로 수행하는 다음 세 가지 작업에서 긍정적 측면이 발견된다.

① 우리가 직면한 윤리적 문제를 밝히고 동료 또는 다른 사람들과 토론할 때 우리에게 공통된 상황을 생각하게 된다.
② 기업과 전문가조직은 어려운 윤리적 딜레마에 대처하는 정책과 프로그램을 개발할 수 있다.
③ 전문가도 역시 인간임을 인식하는 것은 그들의 직업활동에 대해 비현실적인 기대를 완화시키고 전문가를 인간답게 만드는 데 도움이 된다.

위의 모든 작업에서 원칙과 결과 모두를 주목함으로써 회계실무에 영향을 미치는 윤리적 추론의 형태를 세심하게 분석하는 것이 유용할 것이다.

(4) 윤리의사결정에서 추가 고려사항

1) 다른 사람들을 보호

공인회계사는 대립되는 주장으로 인해서 딜레마에 빠질 때 갈등을 겪게 된다. 만일 고용주가 '이번에는 말하지 마세요. 나는 그렇게 할 수밖에 없었어요'라고 간청한다면, 피고용인은 어려움에 처하게 된다. 만일 그가 그 요청을 존중한다면, 윤리적으로 건전하지 못한 행위가 시작된다. 그러나 그 요청을 거절한다면, 직업을 잃고 가족은 경제적으로 어려움에 처하게 될는지도 모른다.

그러나 이는 명백한 딜레마의 징후일 뿐이다. 그들의 행위로 영향을 받을 수 있는 소비자, 다른 회사 등과 같이 직접적인 이해관계가 없는 사람들이 어떠한 문제에 부딪칠 것인가? 공인회계사는 진실을 말하고 비윤리적 요구에 대응함으로써 공공의 복지, 특히 주주들의 이익을 위해 봉사할 의무가 있다.

비윤리적인 제안을 받았을 때 또는 이해상충이 있고 독립성이 침해되었다고 느낄 때 원칙에 뿌리를 둔 공인회계사는 책임 있게 행동해야 한다는 것이다. 이는 진실을 말해야 한다는 것이다. 불만을 제거하면 갈등은 해소될 것이고 또한 법적이고 윤리적인 원칙을 지키면 모든 이해관계자들에게 도움이 될 것이다.

2) 법과 윤리

법은 사회의 안정을 보증한다. 만일 운전에 대한 규제가 없다면, 우리는 어느 편 길로 달릴 것인지 또는 필요하다면 인도로 올라갈지를 선택할 수 있을 것이다. 법은 공동체에게 안전과 보안, 즉 안정을 제공한다. 그러나 법은 안정을 제고하는 기능 이상을 하는데, 거기에는 가치가 담겨져 있다는 것이다. 진실을 말하는 것은 모든 계약의 근본이다. 이는 또한 형법의 근본이 되는데, 이것이 바로 우리가 형사소추에서 진실을 말할 것을 맹세하는 이유이다.

법은 사회의 관습을 반영한다. 하나의 사례는 바로 차별폐지이다. 또한 법은 우리의 불완전성과 불확실성을 보여준다. 이것이 차별폐지조치가 논란이 되는 이유이다. 우리 사회 그리고 우리의 법은 아직도 이 문제를 해결하지 못했다.

무엇보다도 법은 사회의 원칙, 즉 쉽게 또는 전혀 위반해서는 안 되는 이상적인 것을 담고 있다. 성경의 권위가 우리에게 '도둑질하지 말라'라고 말하듯 신성한 법은 강도짓과 도둑질을 금지한다. 우리가 원하는 것을 취하면, 아무런 결과를 가져오지 않는 경우는 없다. 법은 사회의 안정화를 위한 구조물이고 윤리적 이정표이다. 따라서 법을 위반했을 때 사회가 이러한 잘못을 바로잡으려는 노력을 하게 된다.

개인적으로는 합법에서 불법으로 경계를 넘는 일은 거의 없다. 그러나 범죄는 실제로 우리의 일상이다. 살인, 유괴, 강도 등 이런 것들이 널리 알려지고 때로는 이러한 범죄가 늘어나는 것에 우리는 분노한다. 그러나 과거 10여년간 소위 지능범죄가 우리 사회의 핵심문제로 자리 잡게 되었다는 것이 중요하다.

길거리범죄는 일반적으로 매우 단순한 동기로 행해진다. 그들은 아마도 마약을 사거나 유흥에 필요한 돈을 편취하기 위한 목적으로 남의 지갑을 빼앗는다. 살인과 같은 좀 더 폭력적인 사람은 복잡한 동기를 가지고 있기는 하다. 그러나 개인의 부가 주요 원인인 지능범죄의 경우는 동기가 매우 복잡하다. 매일 정보를 변조하려는 현장 공인회계사들이 유의할 지능범죄의 주요 동기는 분열된 충성(divided loyalty)에서 찾을 수 있겠다.

공인회계사는 물론 법을 준수할 의무가 있고, 이러한 의무를 윤리적으로 수행하지 못하도록 하는 어떤 행동을 해서는 안 된다. 이러한 일반적인 요구사항과 공인회계사 윤리기준에서 강조하고 있는 '성실과 객관성'은 상당한 권위를 가진다. 그러나 기회와 유혹은 윤리기준의 제정으로만 소멸되지 않는다.

객관성 개념의 핵심이 되는 진실에 대한 충성(loyalty to truth)은 공인회계사가 갖추어야 할 덕목이다. 그러나 이와 다른 것이 있는데, 특히 젊은 공인회계사에게는 자주 진실에 대한 충성과 상반되는 것, 즉 성공이나 출세가도에 대한 충성이 있다. 1960년대 이래로 감사가 회계법인의 주요 업무인 반면, 컨설팅이 점차 회계법인의 이익을 창출하는 주요 영역이 되었다. 염려가 되는 것은 경쟁압력, 특히 가격경쟁으로 인하여 감사가 단순한 상품으로 전락되었다는 것이다. 감사의 질에 대한 자긍심과 이로 인한 대내외적인 보상의 소멸과 함께 감사는 수익성이 좋은 컨설팅을 위한 진입수단으로 변질되기 시작했다.

공인회계사가 서비스를 제공해야만 할 많은 다른 주인이 있다. 성공하기 위해서는 공인회계사는 생산적이어야 하며, 회계법인 내에서 상사들과 잘 어울려야 하고 전문성, 세련됨과 열정을 보여주어야 한다. 고객을 다룸에 있어서 공인회계사는 진실을 말하는 것과 이익의 원천 또는 관계를 소원하지 않게 하는 것 사이에 적정한 선을 조심스럽게 걸어가야 한다. 무엇보다도 야망이라는 내적 주인의 힘이 세다. 야망이 지나치면 법이나 윤리의 문제에 대한 생각이 때로는 뒤로 밀려 나갈 수밖에 없다.

수천 년 동안 철학자 간에는 윤리적 사회와 법을 준수하는 사회 중에서 어느 것이 더 중요한지에 대한 논쟁이 있어 왔다. 예를 들면, 기원전 5세기에 공자는 널리 받아들여지고 있는 의견, 즉 '최선의 정부는 강제보다는 국민의 자연적 윤리의식을 통해 다스리는 정부이다'를 제시했다.

법은 시민들이 최소한 어떻게 행동해야 할지에 대한 사회의 합의를 나타낸다. 반대로 윤리적 교훈은 사람들이 어떻게 행동해야만 하는지에 초점을 맞춘다. 비록 이 두 개념이 종종 겹치기도 하지만 법을 지키는 것과 윤리적으로 옳은 것을 준수하는 것 사이에는 큰 간격이 있을 수 있다([그림 1]을 참조).

[그림 1] 법과 윤리

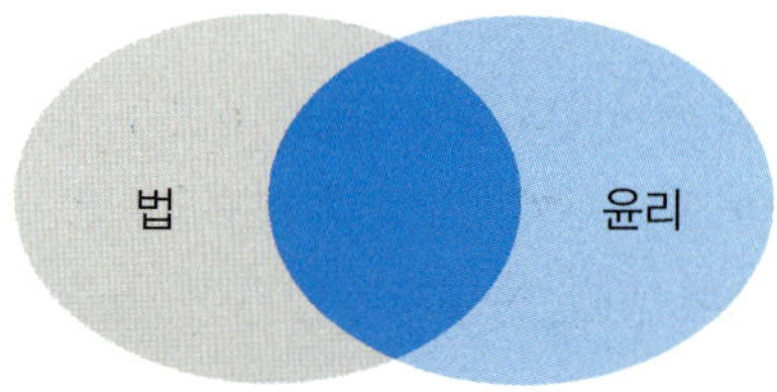

예를 들면, 기말고사에서 커닝을 하는 것은 법적으로는 문제가 되지 않으나 분명히 비윤리적이다. 반대로 제한속도를 넘어서 운전하는 것은 법적으로 문제가 되지만 심하게 다친 이웃을 병원에 데려가느라 제한속도를 어기는 것은 비윤리적인 것이 아니다. 이는 '윤리란 당신이 무엇을 할 수 있는 권리를 지니고 있는지와 무엇을 하는 것이 옳은지의 차이를 아는 것이다'라는 말을 생각하게 한다.

〈사례〉 법과 윤리의 충돌

법은 식당의 주인은 종업원에게 매 4시간마다 20분의 휴식시간을 주도록 강제하고 있다. 그러나 일반적으로 식당에서 종업원들은 저녁때에는 20분의 휴식시간을 원치 않는데, 왜냐하면 그들은 정신없이 바쁜 저녁식사 시간에는 만족한 고객으로부터 두둑한 팁을 챙길 수 있기 때문이다.

식당의 주인이 종업원들에게 자진해서 휴식시간을 포기하는 것을 허용하는 것이 윤리적인가?

풀이

그렇다. 식당 주인의 행위는 법적으로 문제가 되지만 윤리적이다. 법의 의도는 좋지만 종업원들이 자기이익을 추구하는 것을 허용하는 것이 당연하다.

3) 위태한 비탈길

철학자들은 특정 행위의 기대하지 않았거나 예측할 수 없었던 결과라는 생각을 위태한 비탈길(slippery slope, 파멸에 이르는 길)이란 개념으로 설명한다. 어렸을 적에 거짓말하는 것을 금지하면서 부모님들은 우리에게 '좀도둑이 소도둑 된다'라는 말씀을 하신다. 대부분의 위험한 윤리적 문제는 본 [3-1]의 뒤에 첨부된 〈사례연구〉의 김모 공인회계사의 경우와 같이 '지극히 작은 것'에서부터 시작한다.

따라서 윤리적으로 생각하는 사람들은 매우 작은 행위로 인해 장차 발생할 수 있는 결과까지도 유추한다. 그들은 또한 외관상으로는 작지만 몰라보게 커질 수 있는 선택에도 관심이 있다. 예를 들면, 의료분야에서는 안락사의 문제는 위태한 비탈길이란 우려를 안고 있다. 매우 늙고 아픈 사람이 수술하지 않고 죽는 것을 용인하는 것이 윤리적으로 허용가능할지도 모른다. 그러나 다음 단계는 무엇일까? 노인들이 자살하는 것을 장려해야 할까? 의사들에게 늙은 환자가 죽도록 돕는 것을 허용해야 할까? 끝이 어디인가? 안락사와 같은 문제에 대한 질문이 제기될 때마다 이러한 사회적인 불안이 뒤따른다.

위태한 비탈길은 정말 예측하기 어렵다. 자그만 눈덩이가 비탈길에서 굴러가기 시작했을 때 그것이 얼마나 커질지 그리고 얼마나 위험할지 알 수 없다. 그것이 언덕 아래에서 부서질 때 우리는 실제결과를 보게 된다. 위태한 비탈길의 원칙이 의도하는 바는 우리가 보다 일찍이 작은 일에도 조심하지 않으면 안 된다는 것이다.

회계에서 부정직과 사기가 매스컴에 노출되면 공인회계사들은 당황하게 된다. 이러한 사건이 알려지면 대중들이 신뢰하고 인정하는 분위기가 바뀔 수 있기 때문이다. 그러나 이러한 매스컴의 부정적인 관심은 한 가지 이점을 가진다. 개인적 욕심에 이끌렸던 공인회계사들은 '들통이 날 수 있다'라는 무언의 경고를 받게 된다. 얼마나 많은 비윤리적인 행위가 스캔들의 노출로 방지되었는지를 과학적으로 결정하기는 불가능하지만 이러한 노출의 방지효과로 인해 공인회계사들이 위태한 비탈길로 뛰어들기 전에 좀 더 조심할 것이다.

4) 공적신뢰의 회복

공인회계사들은 어디에 있었는가? 회계사기가 발생하자 이러한 의문이 헤드라인에 등장하게 되었다. 일반대중은 공인회계사에 대해 다음과 같은 생각을 하고 있는 것이 분명하다.

- 누구보다도 훨씬 앞서서 잘못된 정보에 접근할 수 있다.
- 그들은 공정성, 객관성, 독립성 등에 관해서 스스로 자부심을 가지고 있다.
- 위기가 발생하기 전에 경고를 할 수 있는 능력이 있다.

헤드라인에 출현한 의문은 특히 경제위기 후에 두드러지게 나타났는데, 이는 일반 매체에서뿐만 아니라 법정에서나 정부기관에서도 많은 논란의 대상이 되었다. 회계사기는 아마도 기업실무 그리고 특히 공인회계사들의 윤리상태와 대중의 인식에 가장 큰 영향을 미쳤을 것이다. 특히 대중들이 공인회계사의 역할에 대해서 큰 의문을 품게 되었다. 따라서 불법행위의 결과는 관련된 개인들에게 미친 영향을 훨씬 초과하여 회계의 윤리근간인 공적신뢰(public trust)를 흔드는 피해를 초래했다.

회계에서 윤리적으로 문제가 되는 사건들이 끊임없이 등장해 왔다. 이러한 현상이 얼마나 지속될 것인가? 이것이 바로 회계에서 발생한 불법적이고 비윤리적 행위로 인해 제기될 수 있는 가장 근본적인 질문이다. 그러나 한편으로는 공인회계사들을 방어하는 논리도 존재한다.

첫째로 불법적이고 비윤리적인 행위는 공인회계사에게서 시작하는 것이 아니다. 어떤 회계사건이든지 간에 고객의 욕심 많고 비윤리적인 행위가 시발점이 된다.

둘째로 회계실무에서 비록 감사인의 독립성과 객관성이 기본이 되지만 회계해석의 근간이 되는 자료의 원천은 대부분 고객에게서 나온다. 감사의 결과가 완전히 감사인의 머리에서 나오는 경우는 없다. 대부분의 회계사기에 나타나듯이 확실히 고객의 교묘한 이중성이 어려움을 낳게 된다. 감사가 모든 회계사기를 밝혀낼 수 있도록 하려면 엄청나게 많은 비용을 부담해야 할 것이다.

셋째로 급격히 변화하는 사업 환경에서 고객의 재무건전성에 대해 흠잡을

데 없는 판단을 내리는 것은 어려운 경우가 많다. 통상 지나고 나서야 폐단의 흔적을 읽을 수 있을 뿐이다.

마지막으로 회계윤리기준을 높게 세우는 것이 분명히 필요하다. 그러나 공인회계사에게 변호사나 의사보다 더 높은 것을 기대할 수 없다. 특히 개인이나 일부 기업의 몇 가지 행위에 근거하여 전문가 전체를 비난하는 것은 공정하지 못하다. 공인회계사는 다른 전문가보다 내부고발을 더 잘하고 있음이 분명하다. 우리는 공인회계사들이 적절한 시기에 위험신호를 보내고 있는 수많은 사례가 있음을 잊어서는 안 된다.

법적이고 윤리적인 결과에 대한 우려가 있다면, 이를 회계시스템에 녹아들어가도록 해야 한다. 위태한 비탈길은 항상 그들 앞에 놓여 있다. 개인이든 회사든 성공을 위한 질주는 지속될 것이다. 합리적인 안전장치로서 전문가 스스로가 실무를 수행함에 있어서 윤리의식을 배양해 나가야 한다.

별첨 사례연구

김모 공인회계사가 엄청난 회계스캔들로 기소된 상장회사에 관련된 범죄로 수년간의 옥살이를 시작했다. 그는 지난 5년간 그 상장회사의 재무제표가 잘못되었다는 사실을 알고도 적정의견을 주었음을 시인했다. 그 사건으로 체포될 당시 그는 대형 회계법인에서 그 회사의 감사를 담당하는 책임파트너였다.

김모 공인회계사는 이러한 회계윤리사건을 보면 겉으로 보기에 매우 나쁜 기질을 가진 것처럼 보인다. 그는 악마가 아니었다. 반대로 그는 성공한 전문가였고, 지역사회문제에도 적극 참여했으며, 오랜 결혼생활도 건전하고, 또한 두 어린 아들을 항상 자랑하곤 했다. 그가 투자자들에게 300억원이 넘는 손해를 끼치는 사기공모의 주요 책임자라는 것은 그의 아내를 포함한 많은 사람들에게 놀람 그 자체였다.

수감될 즈음에 김모 공인회계사는 다음과 같이 말했다.

> '내가 윤리적 책임에서 불법으로 경계선을 넘기 시작할 때 나는 엄청난 성공가도와 많은 야망을 가지고 있음을 느꼈다.'

그의 이야기, 특히 거기에 내재된 개인의 욕망과 사회적으로 미치는 영향은 다양한 원인으로 발생하는 압력에 직면해서 법을 준수하고 윤리적으로 행동하는 데 있어서 공인회계사들이 직면하는 많은 문제를 보여주고 있다.

위의 사례를 [1-2]에서 언급한 '윤리적 자아'의 달성과 본 [3-1]에서 언급한 '공인회계사가 윤리적 의사결정에서 추가로 고려할 문제'의 관점에서 검토해 보자.

〈검토〉

김모 공인회계사의 몰락은 윤리적 자아를 창출한다는 개념과 다른 사람들을 보호해야 할 공인회계사의 책임에 대한 실제적 사례가 된다. 그는 전형적인 범죄자가 아니었고, 다른 사람들에게 해를 끼치려는 음모도 시도하지 않았다. 그는 단순히 위장을 못 본 체하였고, 상황을 이용했을 뿐이다. 그는 '신용카드를 과대하게 사용했고, 보다 큰 아파트에서 생활하기를 기대했다'라고 말했다. 그러나 그는 결코 돈을 위하여 그러한 일을 하지 않았다고 주장하였다.

김모 공인회계사의 말을 수용한다면 우리는 그의 동기나 내적 자신감을 부정할 이유가 없지만 몇 가지 분명한 문제점을 볼 수 있다. 먼저 그의 가치관이 충분히 개발된 것 같지 않아 보인다. 그는 자신과 자기 가족을 위해 봉사하기를 원하면서 그 과정에서 두 가지를 믿었다. 첫째로 그는 체포되지 않을 것이며 모든 것이 잘 풀릴 것이라고 믿었다. 둘째로 일이 너무 나가서 그 상황에서 자신을 빼내는 것이 불가능하다고 믿었다. 그는 실패할 것을 두려워하여 어떻게 되어가고 있는지를 회사의 상사에게 말할 수 없었다. 그는 회계의 핵심가치인 정직한 실수의 고백에 대한 믿음을 갖지 못한 것처럼 보인다. 그 회계법인의 한 파트너는 '나는 정직한 실수를 했지만 이를 그대로 내버려 두는 파트너는 생각할 수 없다'라는 의견을 피력하였다. 김모 공인회계사는 이러한 전제에 대한 믿음이 없었다.

사색하는 능력도 이 경우에는 매우 제한적인 것 같다. 그는 자신 행동의 부당함과 모든 것이 밝혀질 수 있을 가능성도 전혀 생각하지 않은 것 같다. 더 중요한 것은 일어나고 있는 일의 의미를 깊이 생각하기 위하여 그 자신의 욕망으로부터 벗어나는 것에 실패했다. 특히 그는 이 사건의 끝부분에서는 문제가 더욱더 나빠지고 있음을 인지했다. 그러나 그는 모든 것이 어떻게든 잘 될 것이라는 환상에 젖어 있었다.

김모 공인회계사는 또한 공동체에 대한 책임감, 즉 사회적 선을 위한 배려심도 거의 없었던 것 같다. 회사의 주주들은 이로 인해 크게 영향을 받았을 것이다. 그가 근무했던 회계법인도 사기와 스캔들로 얼룩졌을 것인데, 그는 자신의 시각을 벗어나 보지 못했다. 사회적 책임감, 이타주의 또는 공공의 선을 위한 고려 등은 볼 수 없다. 요약하면 그는 다른 사람들을 보호하기 위해 어떤 조치도 취하지 않았다.

사례에서 김모 공인회계사는 자신의 야망으로 인해 빗나갔고, 미처 인지하지도 못한 상태에서 선을 넘어 범죄를 저지르게 되었다고 말한다. 또한 그가 회계법인에서 파트너가 되자 며칠 뒤에 고객사의 임원이 그에게 상당한 금액의 손실을 숨긴 회계책략을 말해 주었다. 그가 주장하기를 이전의 감사에서 그는 이러한 책략을 발견하지 못하고 이것이 반영된 위조 재무제표를 잘못 승인했었다. 이러한 실수가 그를 사기로 이끄는 단초가 되었다.

그는 회계사기에 순진하게 얽혀 들어갔더라도 이것이 그의 경력을 망치지는 않겠지만 상당히 영향을 주리라고 믿었기 때문에 망설였다. 고객사는 그에게 시간을 달라고 요구했고, 그는 회계법인에 보고하거나 고발을 하겠다고 위협을 하는 대신 기다리기로 결정했다. 그는 이에 대해 생각해 보기로 결정했다. 하루 이틀이 지난 후 그는 너무 멀리 왔다고 느꼈다. 그는 그의 책임에서 등을 돌렸다. 그는 '복잡한 사회에서 공인회계사가 나아갈 다양한 방향이 있다. 의무와 만족 간에 균형을 유지하는 것이 이상적이다. 그러나 대부분의 경우 모순과 딜레마의 상황에서 옳게 행동하는 것은 불가능하다'라고 말했다. 그의 충성심은 이질적인 것이고, 거의 악의가 없이 부분적으로는 그가 스스로 만든 함정에 빠져버렸다.

사례에서 언급한 김모 공인회계사의 사건은 분명히 회사의 투자자들에 대한 고려 또는 한 공인회계사의 개인적 비극 그 이상의 것이다. 이와 비슷하지만 성공한 사기나 공모가 밝혀지고 있지 않다. 따라서 밝혀지지 않은 부정직한 수단에 대해서도 우리가 관심을 가질 필요가 있다. 윤리적으로 볼 때 우리는 특정 사건뿐만 아니라 그 이상으로 윤리적으로 애매하고 옳지 못한 모든 상황이 사회에 미칠 해악에 집중할 수 있도록 배워야 한다.

아직도 사례에서 나온 우려를 떨쳐낼 수는 없다. '일부 공인회계사들이 그들의 고객과 너무 밀착해서 절대로 해서는 안 되는 것을 용인하고 있다. 공인회계사는 무엇보다도 객관성 유지에 많은 노력을 기울여야 한다'라는 말에 귀를 기울일 필요가 있다.

토론문제

1. 다음과 같이 우리 사회의 대표적인 전문가인 판사와 의사를 비교한 글이 있다.

> 판사생활을 오래 할수록 판사와 의사는 큰 차이점이 있다는 것을 실감하게 된다.
>
> 첫째, 판사 앞에 오는 사람은 대부분 진실을 다 알고 오는 반면, 의사 앞에 오는 사람은 자신의 병이 무엇인지 모르고 온다. 재판 당사자(원고, 피고, 증인, 피고인, 피해자)는 이미 경험하여 객관적 사실을 다 알고 있는데, 판사 혼자 모르는 상태에서 재판을 진행하고 결국 한쪽의 손을 들어주어야 한다. 반면에 환자는 자신의 병을 모르는 상태에서 의사를 찾아와 증상을 얘기하고, 의사는 여러 검사를 거쳐 비로소 병명을 알아내 환자에게 알려주고 치료해 준다.
>
> 그래서 환자는 자신만 믿으라고 큰소리치며 치료해 주는 의사일수록 더욱 안심이 되고 고마울 따름이다. 그러나 판사가 의사처럼 큰소리치며 재판을 진행했다가 혹시라도 사실 인정을 그르치면 낭패다. 판사를 제외한 당사자들은 이미 팩트를 다 알고 있기 때문이다. 이긴 쪽은 '판사가 잘 속아주네'라고 비아냥거리고, 진 쪽은 '판사가 순 엉터리네'라고 분통을 터뜨린다. 판사가 겸손하게 백지 상태에서 최대한 선입관을 자제하면서 조심스럽게 재판에 임할 수밖에 없는 이유다.
>
> 둘째, 의사는 전공분야별로 전문화돼 있는 스페셜리스트(specialist)지만 판사는 모든 분야의 사건을 주어지는 대로 처리해야 하는 제너럴리스트(generalist)다. 의사의 진료과목은 내과, 외과, 산부인과, 신경과, 안과, 이비인후과 등 세분화돼 있고, 큰 병원에는 내과만 해도 다시 호흡기내과, 순환기내과, 소화기내과, 혈액종양내과, 감염내과 등 전공 분야별로 의사가 존재한다. 독감을 진료하던 의사가 다음에는 뇌수술, 그다음에는 백내장수술을 돌아가며 담당한다는 것은 상상하기 어렵다.
>
> 그러나 판사는 민사, 형사, 가사, 행정, 특허, 도산, 국제거래 등 모든 분야 사건을 다 처리하는 것이 원칙이다. 물론 특허법원, 가정법원, 행정법원, 회생법원처럼 전문법원을 늘리는 추세이기는 하지만 전문법원인 회생법원은 서울에만 있고, 회생법원 소속 판사도 근무기간은 3년에 불과하므로 그 후엔 전근을 가 다른 분야 사건을 돌아가며 맡아야 한다. 필자의 경우에도 최근 수년간 형사, 민사, 도산 재판을 번갈아가면서 담당하고 있다. 조선해양공학적 전문지

식이 없으면서도 세월호 형사재판을 하면서 침몰원인을 규명해야 했고, 건설 관련 지식과 용어가 생소한데도 아파트 하자 소송 사건을 처리해야 했다.

이처럼 판사와 의사는 크게 다르기 때문에 판사는 명의(名醫)가 될 수도 없고, 되어서도 안 된다는 것이 필자의 조심스러운 결론이다. 판사는 심판(umpire)자가 되어야지, 스타플레이어가 되어서는 안 된다. 판사는 규칙대로 공정하게 경기를 진행하고, 플레이어의 반칙에 제재를 가하면서도 경기가 지연되지 않도록 운영의 묘를 살리며, 자신이 없으면 바로 '전문가(비디오 판독)'의 도움을 구하는 것이 그저 최선이다.

(매일경제 & mk.co.kr, 2021.6.14, 서경환 서울회생법원장)

우리 사회에서 또 다른 주요 전문가인 공인회계사(감사인)는 어떠한 특징을 가지고 있을까? 다음 질문을 통해 생각해 보기로 하자.

1) 공인회계사보다 고객인 기업이 자신의 상태를 더 잘 알고 있을까?
2) 공인회계사는 specialist인가? 아니면, generalist인가? 즉, 회계분야에 따라 전문가가 존재하는가? 예를 들면, 세무회계에 대해서 특별한 회계전문가가 필요하고, 또 그러한 공인회계사가 별도로 존재하는가?
3) 공인회계사는 umpire가 되어야 하는가? 아니면, star player가 되어야 하는가?
4) 감사된 정보의 최종소비자가 누구인가? 즉 공인회계사는 누구를 위해 감사를 하고, 누구에게 책임을 져야 하는가?
5) 전문가로서 공인회계사가 견지할 주요 특성은 무엇인가?
6) 공인회계사에게 윤리가 중요한가? 그렇다면, 왜 그렇다고 생각하는가?

2. 공동체개념이 전문가의 특권과 어떤 관련이 있는가?

3. 전문가가 산출하는 서비스가 다른 제품과 비교가 불가능한 제품(명예제품)이라고 보는 이유는 무엇인가?

4. 성실한 전문가가 되기 위한 특징 4가지를 제시하라. 또한 이를 공인회계사에게 적용해 보라.

5. 전문가가 고객의 비밀을 보호할 필요가 있는가? 그렇다면, 왜 그러한가?

6. 감사업무에 종사하는 공인회계사들에게는 어떤 다른 전문가들보다 높은 윤리기준이 요구되는 이유는 무엇인가? 공인회계사가 공익을 위해 일한다는 것은 무엇을 의미하는가?

7. 공인회계사가 갖추어야 할 덕목을 지켜나감에 있어서 문화가 왜 중요한가?

8. 서훈 씨는 대학을 졸업하고 수년간 직장에서 경험을 쌓은 후 대전에서 벤처기업을 시작했다. 초기에는 수입이 적어 아내인 수지 씨가 가정을 이끌어 나갔다. 공인회계

사인 수지 씨는 서울에 있는 대형 회계법인인 우리회계법인에서 근무하고 있는데, 그녀는 특이하게도 감사가 아닌 인사부문을 담당하고 있다. 그녀는 능력을 인정받아 조만간 부대표로 승진할 것으로 예상된다. 서훈 씨와 수지 씨는 둘 모두의 출근시간을 최소할 수 있도록 중간지점인 천안에 집을 마련하여 살고 있다.

서훈 씨는 벤처기업이 성장하여 대형 회계법인의 감사서비스를 받는 것이 낫다고 보고 회계법인을 찾았다. 여러 가지를 고려한 결과 우리회계법인이 가장 적합하다고 판단했다. 서훈 씨가 지나가는 말로 그와 같은 판단을 아내인 수지 씨에게 알리자 수지 씨는 우리회계법인은 그녀가 서훈 씨와 결혼한 것을 알면 감사계약을 받아들이지 않을 것이라고 말했다. 서훈 씨는 아내가 우리회계법인에 근무한다는 사실이 그의 결정에 영향을 미치지도 않았고, 또한 영향을 미쳐서는 안 된다고 말했다. 더욱이 그들의 근무지가 서로 다른 도시에 있고, 수지 씨는 감사와 전혀 관련이 없는 업무를 담당하고 있다. 서훈 씨는 우리회계법인의 파트너에게 감사계약을 수용하도록 설득하겠다고 했다.

1) 만일 당신이 본 감사계약을 결정해야만 하는 우리회계법인의 파트너라면, 감사계약을 수용하겠는가?
2) 서훈 씨에게 당신의 의견을 전달하는 서신을 간략히 작성하라.
3) 본 사안에 관련하여 사실상 독립성과 외관상 독립성 간에 차이가 있다고 보는가?

9. 공인회계사들이 직면하고 있는 중요한 비판 2가지를 제시하라.

10. 공인회계사가 직면하는 윤리적 의무의 충돌이 나타나는 상황을 적시하고, 각각의 경우 나타날 수 있는 사례를 제시하라.

11. 법을 잘 지킨다면 윤리적으로 옳은 일을 한다고 볼 수 있는가? 그렇지 않다면, 어느 경우에 그렇지 않을 수 있는지 2가지 사례를 제시하라.

12. 공인회계사들이 유의할 '위태한 비탈길'과 '공적신뢰의 회복'의 개념을 설명하라.

13. 한여름 씨는 한 달 전 무지(주)의 재무담당 부사장으로 자리를 옮겼다. 그녀는 새로운 자리가 부여하는 상당한 권한과 책임이 마음에 들어 여기에서 계속 근무하기를 소망하고 있다.

무지(주)와 그녀가 직전에 근무하던 선한(주)는 매우 유사한 사업을 하고, 서로 치열하게 경쟁하고 있다. 한 가지 차이점은 무지(주)는 상장기업이고, 선한(주)는 파트너십이다.

한여름 씨는 선한(주)에서 10년을 근무했고, 능력을 인정받아 재무부서의 부장으로 승진하였다. 그녀는 선한(주)에서의 경험을 매우 소중히 여기고 있다. 그러나 무지(주)가 제시한 조건이 너무 좋아 자리를 옮기게 되었다.

어느 날 임원회의에 참석하였는데, 사장인 우격 씨가 '우리의 경쟁사인 선한(주)가 우리 회사보다 제품원가가 낮은 이유가 재고관리에 있을 것 같다'라고 말했다.

그러면서 한여름 씨에게 말을 걸어 왔다.

우 격 : 여름 부사장, 당신은 선한(주)에서 오래 근무하셔서 그들의 재고관리시스템을 잘 알고 있으시죠?

한여름 : 네, 비교적 잘 알고 있기는 합니다.

우 격 : 잘 되었네요. 그들의 비법을 우리에게 말해 주면 좋겠네요.

한여름 : 죄송해요. 그것은 선한(주)에서 비밀로 취급하는 정보입니다.

우 격 : 비밀정보라고요. 말도 안 되어요. 우리 회사는 그러한 정보는 누구든지 원하면 다 알려줘요.

한여름 : 알아요. 그러나 선한(주)는 상이한 정책을 가지고 있어요.

우 격 : 그래요. 그것은 그들의 문제이지요. 부사장, 우리 시스템과 당신이 아는 그들의 시스템을 비교하는 상세한 보고서를 작성해 주세요.

한여름 : 미안합니다, 사장님. 나는 매우 불편한데요. 제가 선한(주)에서 근무할 때 그러한 정보를 절대로 누설하지 않겠다고 약속했거든요.

우 격 : 생각을 바꿀 필요가 있어요. 지금은 무지(주)에서 일하고 있잖아요. 그렇다면, 회사에 대한 충성심을 보여주어야죠. 월요일 퇴근 전까지 보고서를 받기를 바랍니다.

1) 한여름 씨가 어떤 결정을 해야 할까? 공리론과 의무론 그리고 덕윤리에서 제시된 원칙을 이용해 보라.
2) 두 기업이 회계법인이고 한여름 씨는 파트너인데 감사절차에 대한 비밀정보를 요구받는다는 것을 제외하고는 위와 동일하다고 가정하라. 당신의 답은 달라지는가? 만일 그렇다면, 어떻게 그리고 왜 그러한가?
3) 선한(주)가 회계법인이고 무지(주)가 기업이라고 가정하자. 우격 씨가 선한(주)의 고객기업이며 무지(주)의 경쟁기업에 대한 비밀정보를 원한다면, 당신의 답은 달라지는가? 그렇다면, 어떻게 그리고 왜 그러한가?
4) 본 사례를 풀어가면서 전문가이기 때문에 일반 사람들과 다른 점이 있다고 보았다면, 그것이 무엇인지 언급해 보라.

[3-2]
공인회계사는 왜 윤리기준을 가지게 되었는가?

(1) 윤리기준과 윤리강령
 1) 윤리기준의 역할
 2) 공인회계사의 책임과 윤리기준의 목적
 3) 윤리강령
(2) 윤리기준 개념체계
(3) 윤리적 갈등의 해결
(4) 윤리규정

〈도입사례〉

공인회계사인 고영민 씨는 최근에 지역 골프클럽의 이벤트에 따라 그가 근무하고 있는 회계법인의 최대 세무업무 고객사의 CFO와 한 라운드의 골프를 치기로 되어 있다. 이벤트가 시작하기 전에 그 CFO가 골프에서 이긴 사람에게 100만원을 주는 게임을 할 것을 제안했다. 그런데 그 CFO의 골프솜씨는 형편없고, 그는 고영민 씨가 한때 골프선수로 활약했음을 잘 알고 있다.

고영민 씨가 근무하는 회계법인은 그 고객사에 세무서비스를 제공하지만 감사라든지 기타 인증서비스는 제공하지 않고 있다. 그 고객사는 해외에서 발생한 이익을 세금보고에서 누락시켰다는 혐의로 현재 국세청의 조사를 받고 있다. 고영민 씨가 회계법인의 최고의 국제세무전문가이므로 다가오는 국세청 담당자와의 회의에 고객사의 대리인 자격으로 참가할 가능성이 매우 높다.

고영민 씨가 고객사의 CFO와 골프라운드에서 게임을 하는 것이 윤리적일까? 비록 고영민 씨가 친선게임을 하는 것처럼 보이지만 그가 이길 확률이 매우 높아 CFO가 100만원을 잃을 것이 거의 확실하다. 따라서 그러한 수취액은 게임으로 얻는 것이라기보다는 이미 확정된 금액으로 보아야 한다.

공인회계사 윤리규정을 보면 선물이 주어진 상황에서 합리적인 금액이 아니라면 공인회계사의 성실성을 해친다고 본다. 본 사례의 경우 100만원은 적지 않은 금액이다. 따라서 다가오는 국세청 담당자와의 회의에서 고객사의 대리인으로 서비스를 제공할 때 고영민 씨가 전문가로서의 객관성을 유지할 수 없도록 만들 것 같다.

고영민 씨는 아마도 이러한 게임을 소속 회계법인에 알려야 할 것 같다. 회계법인의 어떤 사람은 그 CFO와의 이러한 게임을 품위 없다 볼 것이고, 어떤 사람은 회계법인의 직원에게 후한 팁을 주는 것을 우려할지도 모르고, 또 다른 어떤 사람은 그 수취액은 고영민 씨 개인이 아니라 법인에 귀속되어야 하는 고객사에 대한 서비스의 대가라고 볼 수도 있다.

전문가로부터 서비스를 받고 있는 고객들은 그들의 변호사, 의사 또는 공인회계사들이 제공하는 전문적인 서비스를 믿는 방법밖에 없다. 전문가들은 복잡하고 변화하는 문제를 잘 다룰 수 있다고 본다. 이것이 바로 그들을 고용한 이유이다. 그러나 이것이 바로 고객들은 전문가의 능력을 거의 평가할 수 없음을 의미한다. 그들은 전문가들이 자신이나 자기 회사의 이익이 아니라 최대한 고객의 이익을 위해 서비스를 제공할 것을 기대하고 있다. 특히 대중에게 정보의 신뢰성을 공인하는 공인회계사에게 있어서는 공적신뢰(public trust)가 매우 중요하다.

윤리기준을 제정하고 이를 준수하는 것이 공적신뢰를 유지하는 데 중요한 역할을 한다. 공인회계사들이 그들의 노력에 대한 대중의 지지를 원하는 특별한 이유가 있다. 회계에서는 이 문제가 더 복잡한데, 이는 제3자(the third party)라는 보다 복잡한 개념이 얽혀 있기 때문이다. 재무제표를 감사받는 기업이 공인회계사의 서비스에 대한 대가를 지급하지만 공개된 재무정보를 받고 이에 의지하는 대중들이 감사를 수행하는 공인회계사를 신뢰해야 하기 때문이다.

(1) 윤리기준과 윤리강령

1) 윤리기준의 역할

감사인으로서 공인회계사는 감사대상조직의 재무제표를 평가하고 이의 진실성을 인증하는 책임이 있다. 그렇게 함으로써 공인회계사는 전문가의 목적, 즉 그들이 일하는 대상인 고객이나 조직의 요구를 충족시킨다. 또한 그 조직의 재무상태와 경영성과에 대한 진실한 표현을 받을 권리가 있는 관련된 당사자들에게 최선의 이익이 되는 서비스를 제공하게 된다.

개인들은 그들의 업무를 수행하는 데 있어서 윤리적 책임이 있다. 전문가의 경우 이러한 윤리적 책임은 전문가조직의 윤리기준에 나열된다. 공인회계사들도 윤리기준을 제정해왔다. 이러한 윤리기준은 공인회계사의 행위에 대한 기준으로서 단순히 법을 문자 그대로 따르는 것 이상의 것을 요구하는 기준이다. 이러한 정교한 기준은 조직의 윤리기준을 정하는 것과 동일하다. 전문가인 공인회계사들의 윤리기준은 다음과 같은 특성을 지니고 있어야 한다.

- 윤리기준은 의사결정에서 고려되어야 할 일련의 행위를 뒷받침함으로써 동료집단으로부터 받는 사회적 압력에 대응하는 동기를 가지고 설정되어야 한다.
- 윤리기준은 옳고 그름에 대하여 일시적이거나 임시적이 아닌, 안정적이고 지속적인 지침을 제공하여야 한다.
- 윤리기준은 특히 애매한 상황에서 필요한 지침을 제공하여야 한다.
- 윤리기준은 공인회계사들의 행위를 인도할 수 있을 뿐만 아니라 그들을 고용하고 있는 고용인의 전제적인 힘을 통제할 수 있어야 한다.
- 윤리기준은 공인회계사들의 사회적 책임을 구체화하는 데 도움이 되어야 한다.
- 윤리기준은 분명히 공인회계사들 자신의 이익에 도움이 되어야 한다. 왜냐하면 공인회계사들이 스스로 윤리적 정책을 취하지 않는다면 다른 사람이 그들에게 그렇게 하도록 강요할 것이기 때문이다.

우리나라 한국공인회계사회(Korea Institute of Certified Public Accountant (KICPA))에서 제정한 공인회계사 윤리기준을 살펴보자.[1] 이 윤리기준은 3부로 구성되어 있다. 제1부는 일반사항을 제시하고 있는데, 여기에서는 공인회계사의 책임과 윤리기준의 목적, 그리고 기본이 되는 윤리원칙인 윤리강령과 이를 적용하는 데 필요한 접근방법으로 개념체계를 제시하고 있다. 제2부와 제3부는 구체적 상황에서 윤리강령을 어떻게 적용할 것인가를 개업공인회계사와 비개업공인회계사로 구분하여 제시하고 있다.

2) 공인회계사의 책임과 윤리기준의 목적

일반사항은 먼저 공인회계사의 책임과 윤리기준의 목적에 대하여 설명하고 있다. 먼저 공인회계사의 특징 중의 하나로 윤리기준(100.1)에서 공익보호 책임

1) KICPA의 윤리기준은 오랜 역사를 지니고 있다. 그러나 가장 최근의 것은 2006년에 국제회계사연맹의 윤리기준에 맞추어 수정된 것이다.

을 강조하고 있다.

또한 윤리기준의 목적으로 윤리기준(100.2)에서 공인회계사의 적절한 직무 수행과 공인회계사에 대한 사회적 신뢰를 제고하는 데 도움을 주는 것임을 제시하고 있다.

여기에서 전문가의 책임으로 윤리적 판단을 요구함을 알 수 있다. 즉 전문가의 행위와 윤리적 판단은 불가분의 관계에 있다.

우리 사회에서 공인회계사가 수행하는 업무는 매우 중요하다. 공인회계사는 그들의 전문서비스를 받는 모든 사람들에게 책임을 진다. 대부분의 전문가들의 주요 책임은 그들의 고객에 대한 것이다. 그러나 기업의 재무상태와 경영성과에 대한 정보를 제공함으로써 자유경제시스템에서 주요 역할을 하는 공인회계사가 책임져야 할 대상자에는 고객 이외에도 제공되는 정보를 이용하는 많은 다른 대상자, 특히 일반대중(the general public)이 있다. 따라서 공인회계사는 그들의 직무가 공익에 부합하도록 특히 그들이 취급하는 재무제표를 일반대중이 믿을 수 있도록 해야 한다는 것이다. 여기에서 일반대중이란 시장이 제대로 작동하는 데 있어서 공인회계사의 객관성과 진실성에 의존하는 모든 사람을 말한다.

고객과 일반대중 사이에 그리고 고용주와 일반대중 사이에 이해상충이 발생할 수 있다. 그러나 주목할 점은 공인회계사들이 공익을 충족시킬 때 그들의 고객이나 고용주들에게 가장 적절한 서비스를 제공한다는 것이다. 정말로 그럴까? 기업이 대출을 받지 못하면 도산할 것이고 공인회계사가 기업의 재무상태를 왜곡하지 않는다면 대출을 받지 못한다고 하자. 공인회계사가 진실을 말할 때 모든 이해관계자들이 만족할까? 그렇지 않아 보인다. 그러나 여전히 윤리기준의 취지에 비추어 볼 때 공익이란 개념은 매우 적절하다. 공인회계사에 의존하는 사람들은 공인회계사가 진실성, 객관성, 전문가적 정당한 주의를 가지고 공익을 위하여 일한다고 기대한다. 이것들이 바로 윤리기준이 식별하고 또한 일반대중이 기대하는 것이다.

공인회계사는 세 가지 주요 책임을 지는데, 이는 회계의 기술을 발전시키는 책임, 공인회계사에 대한 일반대중의 신뢰를 유지하는 책임, 그리고 전문가로서 스스로를 규제하는 책임이다. 오늘날 회계기준, 특히 규정중심의 회계기준은 복잡한 회계거래를 감당하기에 충분하지 못하다는 비판이 많다. 이는 최근에 발생했던 다수의 회계스캔들로 분명히 밝혀졌다. 이로 인해 공인회계사에 대한 일반대중의 신뢰가 크게 위협받고 있다. 따라서 공인회계사들이 스스로를 규제하는 책임이 크게 부각되고 있다. 그러나 현행 상호검증(peer review)이 실무적으로 이러한 책임을 충분히 수행하고 있는지에 대한 논란이 끊이지 않고 있다.

윤리적 책임을 이행하기 위해서는 공인회계사들은 민감하게 전문가적이고 윤리적인 판단을 해야 한다. 그들은 어떤 행위가 다른 사람을 해치는지, 그들의 권리를 존중하는지 그리고 공정한지를 결정해야 한다. 민감한 윤리적 판단은 이기적인 행위와는 양립할 수 없다. 따라서 공인회계사는 윤리 황금률, 즉 '다른 사람이 너희에게 행하기를 원하는 대로 너희도 다른 사람에게 그렇게 행하라'를 지켜야 한다.

3) 윤리강령

KICPA에서 정한 공인회계사 윤리기준의 일반사항에서 공인회계사 윤리의 기본원칙이 되는 나섯 가지의 윤리강령을 제시하고 있다.

① 성실(integrity)

본 강령은 모든 공인회계사에게 전문가적 또는 사업적인 관계에 있어서 솔직하고 정직하여야 할 의무를 부과한다. 성실은 또한 직무를 수행함에 있어서 공정해야 하고 진실성이 있어야 한다는 의미도 내포하고 있다.

이에 따라 공인회계사는 다음과 같은 정보를 포함하고 있다고 믿어지는 보고서, 신고서 또는 기타 정보 등에 자신의 명칭이 사용되는 것을 허용하지 말아야 한다.

- 내용이 중대하게 잘못되었거나 사실을 오도하는 경우
- 내용 중에 무모하게 삽입된 정보가 포함되어 있는 경우
- 필요한 정보가 누락되었거나 애매모호하게 표현됨으로써 사실을 오도하는 경우

이해충돌이 발생하는 상황에서 성실로 풀어나가야 함을 강조한다. 성실은 공인회계사가 전문가로 인정받는 기본이 되는 특징 중의 하나이다. 이로부터 일반대중의 신뢰를 끌어낼 수 있다. 또한 이는 공인회계사들이 모든 의사결정을 마지막으로 검증하는 기준이 된다. 그러나 성실이 도대체 무엇을 의미하는지 분명하지 않다.

분명히 기업의 재무상태를 왜곡하는 의사결정이나 회사의 재무상태에 대한 위험신호를 무시하는 것은 공인회계사의 성실성을 위반하는 것이다. 그러나 성실성의 위반이란 무엇을 의미하는가?

분명히 왜곡은 부정직함을 내포한다. 사실상 성실은 때로는 정직과 동일시된다. 그러나 거기에 머무르기에는 충분하지 않다. 또한 성실이 공익을 위해서 개인의 사익을 포기하는 것이라든지 옳고 정당한 것을 하는 것이라고 말하는 것도 충분하지 않다. 성실한 사람은 어떤 특성을 갖추고 있는가? 좀 더 분석해 보기로 하자.

성실을 갖추어야 할 기질로 이해하기 위해서 덕윤리를 검토해야 한다. 성실의 한 정의는 흠 없음, 즉 모든 것을 갖추고 있음이다. 그러나 모든 것의 의미 또한 애매하다. Platon이나 Aristoteles에서 시작된 전통적인 윤리이론에서는 성실 또는 흠 없음을 크게 강조해왔다. 사람은 네 가지 중요한 덕목, 즉 지혜, 정의, 인내와 용기를 갖추고 있지 않은 한, 흠 없다 또는 성실하다고 말할 수 없다. 이들 각 덕목은 서로 다른 덕목들을 필요로 한다.

성실한 공인회계사는 이러한 덕목을 취득하고 이에 따라 행동하여야 한다. 특별한 규칙이나 기준이 없거나 이해상충이 발생한 상황에서 공인회계사는 '나는 성실한 사람이 할 일을 하고 있는가?', '나는 진실로 성실한가?' 등의 질문을 함으로써 의사결정과 행위를 검증해야 한다. 성실이란 공인회계사들이 기술적이고 윤리적인 기준의 형식과 정신 모두를 준수하도록 요구한다. 이때 성실은 '무엇이 옳고 정당한가?'로 측정되는데, '무엇이 옳고 정당한가?'를 결정하는 것 자체가 어렵다. 이에 따라 악순환의 논리에 빠지게 된다.

이를 해결할 수 있는 방법으로 첫 번째는 윤리 황금률을 이용하는 것이다. 즉 당신에게 이러한 행위를 한다면, 이를 허용할 것인가를 반문해 보는 것이다.

항상은 아니지만 일반적으로 이는 합리적인 검증방법이다. 적어도 이는 당신이 오로지 당신의 이익만을 위하지 않고 다른 사람들의 필요와 품위를 고려함을 나타낸다. 두 번째 해결방법은 당신이 그렇게 할 의사결정을 한 이후에도 자존심을 유지할 수 있을지를 물어보는 것이다.

성실의 원칙은 공인회계사가 객관성과 독립성을 유지할 것을 요구하고 있다. 객관성과 독립성은 아마도 공인회계사 윤리기준에서 가장 중요한 원칙일 것이다.

② **공정 : 객관성과 독립성**(objectivity and independence)

윤리강령에서는 공정이란 용어로 표현하고 있지만 이는 공인회계사가 객관성과 독립성을 유지해야 함을 의미한다. 이는 모든 공인회계사에게 편견, 이해의 상충 또는 타인의 부당한 영향 때문에 전문가적 또는 사업적인 판단을 훼손하면 안 된다는 의무를 부과한다.

공인회계사는 공정함이 손상될 수 있는 상황에 처할 수 있다. 이러한 모든 상황을 정의하거나 규정하는 것은 불가능하다. 그러나 전문가적 판단을 함에 있어서 편견을 일으키거나 부당한 영향을 미칠 수 있는 관계를 피하여야 한다.

객관성은 마음의 상태로서 공인회계사 서비스에 가치를 부여하는 특성이다. 따라서 객관성은 품성으로 발전시켜야 할 습관이다. 객관적인 공인회계사는 불편부당하고, 이해상충으로부터 자유로울 것이다. 객관성 원칙은 인증업무를 수행하는 공인회계사의 독립성을 해칠 것으로 보이는 관계를 금지한다.

독립성을 유지하는 것은 쉽지 않다. 다음 두 문장을 생각해 보자. '그것이 사실이기 때문에 믿는다.' 또는 '믿기 때문에 그것은 사실이다.' 사람들은 일반적으로 있는 그대로가 아니라 그들이 생각하는 대로 보는 경향 또는 그들이 원하는 방식으로 사실을 해석하는 경향이 있다. 이는 회계에도 그대로 적용된다. 공인회계사는 그들이 감사하는 기업의 모든 사람들이 정직하다고 믿으면 좀 회의적인 감사인이 볼 수 있는 것을 보지 못한다. 따라서 윤리기준은 공인회계사가 조심해서 회의적인 태도를 견지하는 것이 바람직하다고 본다.

특히 객관성의 원칙은 불편부당하고, 지적으로 정직해야 하며, 이해상충이 없어야 할 것을 주문하고 있다. 불편부당과 이해상충에 대해 좀 더 살펴보자.

불편부당하기 위해서는 그들이 하는 어떤 의사결정이나 판단 그리고 행하는 모든 행위에 있어서 개인적인 감정이나 이해관계를 제거시켜야 한다. 그들은 상황에서 그 자신을 분리시키고 이를 이해관계가 없는 제3자의 관점에서 바라보아야 한다.

실질적 이해상충뿐만 아니라 외관상 이해상충도 없어야 한다. 만일 공인회계사가 한 회사에서 받는 서비스 대가의 반 이상이 그 회사에 컨설팅을 제공해서 나온다면, 그는 그 회사에 대한 인증업무를 독립적으로 수행할 수 있다고 볼 수 있을까? 이 경우 컨설팅 업무를 계속 유지하기 위하여 공인회계사는 인증업무에서 발견한 문제점을 덮고 넘어갈 가능성이 있다. 따라서 실제적인 이해상충뿐만 아니라 외관상의 이해상충도 중요하다고 본다.

③ 전문가적 적격성과 정당한 주의(professional competence & due care)

본 강령은 공인회계사에게 다음과 같은 의무를 부과한다.

- 전문가적 적격성 : 의뢰인이나 고용주에게 적격성을 갖춘 전문서비스를 제공하기에 합당한 수준의 전문적 지식과 기술을 유지해야 한다.
- 정당한 주의 : 전문서비스를 제공함에 있어 정당한 주의를 기울여 관련 기술적 기준 및 전문적 기준을 준수하여야 한다.

[전문가적 적격성]

전문가적 적격성은 습득과 유지 두 단계로 구분된다. 전문가적 적격성을 유지하기 위해서는 관련된 기술적, 전문가적, 사업적 발전 동향에 대한 계속적인 관심과 이해가 필요하다. 또한 공인회계사는 계속적인 전문가적 개발을 통해 전문적인 환경 속에서 적격하게 업무를 수행할 수 있는 역량을 개발하고 유지할 수 있다.

[정당한 주의]

공인회계사는 맡은 업무의 요구조건에 따라 철저하고도 신중하며 적시에 업무를 수행해야 한다. 또한 자신의 통솔하에 전문가의 자격으로 업무를 수행하는 모든 구성원이 적절한 훈련과 감독을 받도록 조치를 취하여야 한다. 필요하다면 의뢰인, 고용주 또는 기타 전문서비스의 이용자에게 전문서비스가 갖는 고유 한계를 일깨워 줌으로써 공인회계사의 의견표명이 사실에 대한 주장으로 잘못 해석되지 않도록 하여야 한다.

정당한 주의라는 원칙은 공인회계사에게 매우 높은 기준을 설정한다. 정당한 주의의 핵심은 공인회계사의 탁월성이다. 탁월성은 능력(competence)과 근면성(diligence)을 필요로 한다. 공인회계사는 서비스를 제공받는 당사자들을 위하여 그리고 일반대중에 대한 전문가 책임에 부합되도록 최선을 다해야 한다.

공인회계사는 교육과 실무를 통해 그들의 능력을 발전시킨다. 먼저 그들은 회계에 관한 지식을 습득해야 한다. 높은 수준의 안목을 유지하기 위해서 그들은 습득한 지식을 전문가로서 발전시키기 위해 지속적인 헌신으로 보완해 나가야 한다. 정당한 주의는 또한 공인회계사들이 자기능력의 한계를 인식했을 때 다른 사람들에게 도움을 청하거나 고객에게 그러한 능력을 가진 사람을 소개할 것을 요구한다. 공인회계사들은 스스로 자신의 능력을 평가해 보아야 한다.

근면성은 서비스를 빠르고 조심스럽게 제공하고, 적용해야 할 기술적이고 윤리적인 기준을 철저하게 준수할 책임을 부과한다. 이를 위해서는 공인회계사는 그가 책임지는 전문가로서의 업무에 대해 적절히 계획을 세우고 감독하여야 한다. 게으름은 윤리적으로 문제가 되지 않는다고 보는 견해도 있지만 고객에 대한 부적격한 서비스를 초래하는 게으름은 비윤리적인 행위로 간주된다.

④ 비밀유지(confidentiality)

본 강령은 공인회계사에게 다음과 같은 행위를 하지 말아야 할 의무를 부과한다.

- 직무상 지득한 비밀정보를 법적 또는 직업적으로 공개할 권리나 의무가 없는 경우에, 적절하고 명확한 승인 없이, 회계법인 또는 소속기관 외의 외부에 누설하는 행위
- 직무상 지득한 비밀정보를 본인이나 제3자의 이익을 위해 사용하는 행위

공인회계사는 친밀한 관계에서도 비밀유지 강령을 준수하여야 한다. 오랜

사업상의 관계자, 직계가족 또는 측근가족과의 사이에서 우연하게 비밀을 누설할 가능성이 있다는 점을 특히 경계하여야 한다.

공인회계사는 예상되는 의뢰인이나 고용주가 제공한 정보에 대해서도 비밀을 유지하여야 한다. 또한 회계법인이나 소속기관 내부에서도 정보에 대한 비밀을 유지할 필요성이 있는지를 고려하여야 하며, 자신의 통제하에 있는 직원과 자문 등의 지원을 제공하는 구성원이 비밀유지의무를 반드시 지키도록 모든 합리적인 조치를 취하여야 한다.

공인회계사는 의뢰인 또는 고용주와의 관계가 종료된 이후에도 비밀유지의 원칙을 준수하여야 할 필요성이 있다. 고용관계를 변경하거나 새로운 의뢰인으로부터 업무를 수임한 경우, 이전의 업무경험을 이용할 자격이 있다. 그러나 직무수행과정에서 지득한 어떠한 비밀정보도 사용하거나 공개해서는 안 된다.

특별한 경우에는 기밀정보를 공개할 수 있다.[2] 그러나 이 경우에도 공인회계사는 다음의 사항을 고려하여 정보의 공개여부를 결정하여야 한다.

- 의뢰인 또는 고용주가 정보의 공개에 동의한 경우에도 정보공개가 제3자를 포함한 모든 이해관계자의 이익에 나쁜 영향을 미치게 되는지 여부
- 모든 관련 정보가 입증될 수 있는지 여부. 사실관계를 입증할 수 없거나 정보가 불완전하거나 또는 결론을 입증할 수 없는 경우에는 정보공개의 유형을 결정함에 있어서 전문가적 판단을 발휘하여야 한다.
- 의사소통방식과 그 대상자에 대한 고려. 특히 의사소통 대상자가 적임자

---

2) 다음 경우에는 비밀을 공개할 수도 있다고 본다.
- 법규에 의해 정보의 공개가 허용되고 의뢰인 또는 고용주로부터 공개를 허락받은 경우
- 다음과 같이 법규에 의해 정보의 공개가 요구되는 경우
  - 소송절차에 따라 문서를 제시하거나 기타증거로 제시하는 경우
  - 이미 알려진 법규위반 사실을 해당 공공기관에 공개하는 경우
- 법규에 의해 정보의 공개가 금지되지 아니한 경우로서, 정보의 공개에 대하여 전문가적인 권리 또는 의무가 있는 경우
  - KICPA 또는 감독기관의 품질관리 감리의무를 준수하기 위한 경우
  - KICPA 또는 감독기관의 질의 또는 조사에 응하기 위한 경우
  - 소송에서 공인회계사의 직업상의 이해관계를 보호하기 위한 경우
  - 기술적 기준 및 윤리적 요구사항을 준수하기 위한 경우

인지를 확실히 하여야 한다.

⑤ 전문가적 품위(professional behavior)

본 강령은 공인회계사에게 관련 법규를 준수하고 공인회계사의 품위를 실추시키는 행동을 하지 말아야 할 의무를 부과한다. '하지 말아야 할 행동'이란 관련된 모든 정보를 알고 있는 합리적인 제3자가 공인회계사의 명성에 부정적인 영향을 줄 수 있다고 판단하는 행동을 말한다.

공인회계사는 자신과 자신의 업무를 광고하고 홍보함에 있어 전문가적 품위를 실추시켜서는 아니 된다. 정직하고 진실하여야 하며 다음과 같은 행위를 하여서는 안 된다.

- 공인회계사가 제공할 수 있는 서비스의 내용과, 공인회계사의 자격 또는 공인회계사의 업무경험 등에 대한 과장된 주장
- 다른 공인회계사의 업무에 대한 비방 또는 입증되지 않은 비교

공인회계사는 명목여하를 불문하고 중개인을 내세우거나 권력의 이용 또는 금전 등의 제공에 의하여 자신에게 업무를 위촉할 것을 강요하거나 수임하는 것과 같은 부당한 방법으로 직무상의 경쟁을 하여서는 아니 된다.

본 강령은 다른 모든 윤리강령과 회계사의 책임을 묶는 역할을 한다. 이는 먼저 공인회계사의 책임으로부터 시작한다. 즉 공인회계사라는 직업이 가지는 중요한 특징 중의 하나는 공익을 보호해야 할 책임이 있다는 것이다.

성실은 서비스나 공익이 개인의 사익 때문에 희생되어서는 안 됨을 요구한다. 객관성과 독립성을 내포하는 공정은 공인회계사들이 그들의 업무를 수행할 때 이해상충에서 벗어나야 함을 요구하고, 전문가적 적격성과 정당한 주의는 서비스를 감당할 만한 충분한 능력과 근면으로 수행해야 함을 강조한다. 또한 공인회계사는 직무수행과정에서 알게 된 정보에 대한 비밀을 지켜야 한다.

위에 언급한 상황을 고려할 때 공인회계사는 전문가로서의 품위를 어떻게 지킬지를 결정하여야 한다. 그들은 법규를 지키는 것뿐만 아니라 공인회계사의 품위를 해치는 행위를 해서는 안 된다. 따라서 업무의 수임, 광고 등에서 공인회

계사의 명성에 부정적인 영향을 주는 행동을 하지 않아야 함을 강조하고 있다.

윤리강령은 공인회계사들이 윤리적 의사결정을 할 때 요구되는 기본개념을 제공한다. 그러나 윤리강령에 대한 두 가지 비판이 제기되고 있다.

첫째, 강령에서 제시한 원칙들이 공인회계사가 수행하는 민감한 판단을 구체적으로 정의하고 있지 않기 때문에 행태가 분명하지 못하다는 것이다. 그러나 이에 대한 답변은 언어는 항상 일반적이며 해석을 필요로 하고, 원칙을 적용하는 규칙과 해석에서 부족했던 구체적인 문제를 다루고 있다는 것이다. 더욱이 원칙은 영감을 주는 것이고, 규칙이 구체적인 것이다.

둘째, 전체적으로 보았을 때 원칙들이 거의 의무화되지 않았다는 것이다. 강제성이 없는 원칙은 이러한 원칙이 전혀 없는 것보다 더 좋지 않다. 이러한 한계점을 극복하기 위하여 금융감독원과 같은 규제기관에 기준을 강제하는 권한을 부여하고 있다.

이러한 비판에도 불구하고 윤리강령은 전문가로서 공인회계사에 대한 기준을 설정하는 데 대단히 중요하다. 뒷부분에서 논의될 구체적인 기준은 윤리강령에서 제시된 원칙의 모호성을 상당히 제거할 수 있을 것이다.

(2) 윤리기준 개념체계

윤리의사결정에 원칙이 되는 윤리강령을 제시한 후에 이를 실제로 적용하는 데, 즉 윤리적 판단을 하고 실행으로 옮기는 데 보다 구체적인 규정이 필요하다. 공인회계사 윤리기준에서 규정은 개업공인회계사에게 적용되는 규정(제2부)과 비개업공인회계사에게 적용되는 규정(제3부)으로 구성되어 있다.

이러한 규정이 제시되기 전에 제1부에서는 윤리강령을 적용하는 방법론으로 개념체계에 의한 접근방법을 제시하고 있다. 즉, 윤리강령은 개념체계에서 시작한다.

윤리기준(100.5)에는 다음과 같이 명시되어 있다.

(100.5) 공인회계사는 직무를 수행함에 있어서 윤리강령을 준수하는 데 위협이 되는 상황에 처할 수 있다. 그러나 위협이 되는 모든 상황을 규정하고 각 상황에 맞는 적절한 대처방안을 모두 명기하는 것은 불가능하다. 또한 수행하는 직무의 성격에 따라 관련된 위협요소도 상이하기 때문에 해당 위협요소에 맞는 서로 다른 안전장치의 적용이 요구된다. 개념체계는 공인회계사가 독단적일 수 있는 일련의 세부적인 규정을 단순히 준수하는 데 그치지 않고 윤리강령에 위협을 파악하고 평가하며 이에 대처함으로써 결과적으로 공익을 보호할 것을 요구한다.

이 윤리기준은 공인회계사가 윤리강령의 준수에 대한 위협을 파악하고 평가하며 이에 대처함에 있어서 도움이 되는 틀을 제공한다. 공인회계사는 파악된 위협이 명백하게 경미한 경우가 아니면 해당 위협을 제거하거나 수용가능한 수준 이하로 감소시키기 위해 필요한 안전장치를 적용함으로써 윤리강령의 준수가 훼손되지 않도록 하여야 한다.

개념체계는 부딪친 윤리적 문제가 규정에서 직접 언급되지 않거나 이에 대한 사례 등이 제시되지 않은 경우 공인회계사에게 이를 풀어나갈 길을 제시하는 것이다.

개념체계에 따르면 공인회계사들은 규정을 준수하는 데 위협이 되는 요소를 식별하고 식별된 위협의 중요성을 평가한다. 위험은 회계사가 규정을 준수하는 데 누적효과가 있기 때문에 식별된 위협을 개별적으로뿐만 아니라 전체적으로도 평가하여야 한다. 개념체계는 식별된 위협이 중요한 경우에 이러한 위협을 수용가능한 수준 이하로 줄일 수 있는 안전장치를 식별하고 평가하는 과정을 제시한다. 윤리기준(100.6과 100.7)에는 다음과 같이 명시되어 있다.

(100.6) 공인회계사는 윤리강령의 준수에 지장을 초래할 수 있는 상황이나 관계를 인지하거나, 또는 인지할 것이라고 합리적으로 예상되는 경우에는 윤리강령의 준수에 대한 위협을 평가하여야 할 의무가 있다.

(100.7) 공인회계사는 위협의 심각성을 검토함에 있어서 양적요인과 질적요인을 동시에 고려하여야 한다. 공인회계사가 적절한 안전장치를 적용할 수 없는 경우에는 해당 직무의 수행을 거절하거나 중단하여야 하며, 필요한 경우 해당 의뢰인과의 관계를 중단하거나, 또는 본인을 고용하고 있는 조직으로부터 사임하여야 한다.

개념체계는 [그림 1]에서 보듯이 4단계로 구성되어 있다.

[그림 1] 개념체계의 단계

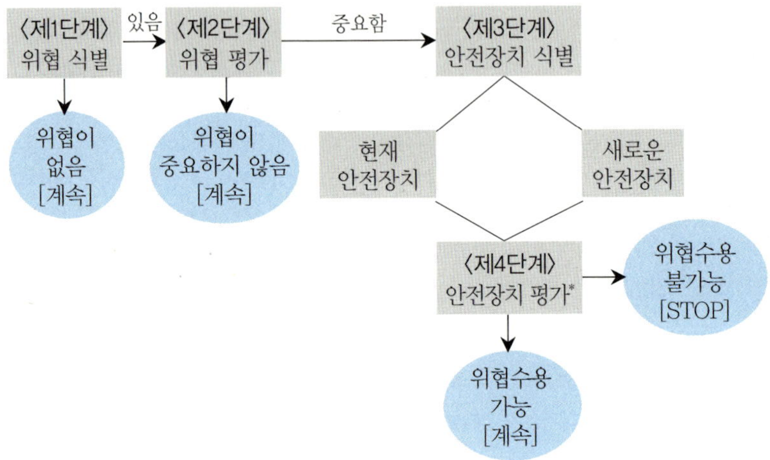

* 양적요인과 질적요인을 동시에 고려해야 한다.

〈제1단계〉 위협의 식별

공인회계사는 다양한 업무를 수행하는 과정에서 상황이나 관계로 인해 윤리규정을 준수하는 데 위협이 되는 요인과 수시로 부딪친다. 이러한 위협요소가 규정이나 사례 등에서 특별히 다루어지지 않은 경우에 이러한 위협이 어떤 것인지 식별해야 한다. 윤리강령의 준수에 지장을 초래할 수 있는 잠재적인 위협들은 상황에 따라 매우 다양한데, 이는 이기적 위협, 자기검토위협, 변호위협, 유착위협 및 압력위협으로 분류된다.

① **이기적 위협** : 공인회계사 본인, 그의 직계가족 또는 측근가족이 재무적 또는 기타 이해관계가 있는 경우에 발생한다. 이를 예시하면 다음과 같다.

- 의뢰인에 대하여 재무적 이해관계가 있거나 의뢰인과 공동으로 재무적 이해관계를 가지고 있는 경우

- 전체 수임료가 해당 의뢰인의 수임료에 지나치게 의존하고 있는 경우
- 의뢰인과 친밀한 사업관계를 맺고 있는 경우
- 의뢰인 관계가 상실될 가능성을 우려하는 경우
- 의뢰인과 잠재적 고용관계가 있는 경우
- 인증업무와 관련하여 성공보수약정이 있는 경우
- 의뢰인 또는 의뢰인의 임원으로부터 자금을 차입한 경우

② **자기검토위협** : 공인회계사가 과거에 본인이 판단한 사항에 대하여 검토를 수행하는 경우에 발생한다. 이를 예시하면 다음과 같다.

- 자신이 과거에 수행한 업무에 대한 감사를 실시하는 중에 중요한 오류를 발견하는 경우
- 자신이 설계 및 구축한 재무시스템에 대하여 그 운영에 대한 인증보고업무를 수임하는 경우
- 인증대상이 되는 기록을 작성하는 데 사용되는 원시자료의 작성업무를 수행하는 경우
- 인증업무팀의 구성원이 현재 또는 최근까지 의뢰인의 임원으로 종사한 경우
- 인증업무팀의 구성원이 현재 또는 최근까지 의뢰인의 직원으로서, 인증대상에 직접적이고 심각한 영향을 줄 수 있는 직위에 종사한 경우
- 의뢰인에게 제공하고 있는 서비스가 인증대상에 직접적으로 영향을 주는 경우

③ **변호위협** : 공인회계사가 공정성이 손상될 수 있을 정도로 어떤 입장이나 의견을 옹호하는 경우에 발생한다. 이를 예시하면 다음과 같다.

- 상장회사인 재무제표감사의뢰인의 주식을 알선하는 경우
- 제3자와의 소송이나 분쟁해결에 있어서 인증의뢰인을 옹호하는 역할을 수행하는 경우

④ **유착위협** : 공인회계사가 밀접한 관계로 인하여 타인의 이익에 지나치게 동정적이 되는 경우에 발생한다. 이를 예시하면 다음과 같다.

- 업무수행팀 구성원의 직계가족 또는 측근가족이 의뢰인의 임원인 경우
- 업무수행팀 구성원의 직계가족 또는 측근가족이 의뢰인의 직원으로서, 인증대상에 직접적이고 심각한 영향을 주는 직위에 종사하는 경우
- 회계법인의 파트너이었던 자가 의뢰인의 임직원으로서, 인증대상에 직접적이고 심각한 영향을 주는 직위에 종사하는 경우
- 의뢰인으로부터 선물 또는 특혜를 받은 경우. 단, 제공받은 선물이나 특혜의 가치가 명백하게 경미한 경우는 제외함
- 회계법인의 고위임직원이 인증의뢰인과 오랜 친분관계를 유지하고 있는 경우

⑤ **압력위협** : 공인회계사가 현실적 또는 잠재적인 협박의 가능성 때문에 공정하지 못하게 되는 경우에 발생한다. 이를 예시하면 다음과 같다.
- 해임 또는 교체의 위협이 존재하는 경우
- 소송의 위협이 있는 경우
- 업무보수를 낮추기 위하여 수행업무의 범위를 부적절하게 제한하려는 압력이 존재하는 경우

윤리기준의 제2부와 제3부에서는 이러한 종류의 위협이 발생되는 상황을 예시하고 있다.

위협이 있다고 해서 규정을 위반한 것은 아니다. 다음 단계에서는 이러한 위협의 중요성을 평가하여야 한다.

〈제2단계〉 위협의 중요성을 평가

공인회계사는 윤리강령의 준수에 지장을 초래할 수 있는 상황이나 관계를 인지하거나, 또는 인지할 것이라고 합리적으로 예상되는 경우에는 윤리강령의 준수에 대한 위협을 평가하여야 할 의무가 있다. 만일 관련된 정보를 알고 있는 합리적인 제3자가 그 위협이 공인회계사가 윤리기준을 준수하는 데 문제가 없으리라고 결론지을 것을 기대한다면, 위협은 수용가능한 수준 내에 있다고 본다. 또한 현존하는 안전장치가 그 위협을 수용가능한 수준으로 감소시키고 있다면, 그 위협은 수용가능한 수준 내에 있다고 본다. 공인회계사는 위협의 심각성

을 검토함에 있어서 양적요인과 질적요인을 동시에 고려하여야 한다. 위협이 수용가능한 수준 내에 있다면 회계사는 더 이상 위협을 평가할 필요가 없다.

〈제3단계〉 안전장치의 식별

만일 식별된 위협이 수용가능한 수준에 있지 않다면, 그 위협을 제거하거나 수용가능한 수준으로 감소시키기 위하여 안전장치를 적용하여야 한다. 윤리강령의 준수를 저해할 위협을 제거하거나 수용가능한 수준 이하로 감소시키기 위한 안전장치는 크게 두 가지 범주(① KICPA 또는 법규에 의하여 마련된 안전장치, ② 업무환경 내의 안전장치)로 분류된다.

① KICPA 또는 법규에 의하여 마련된 안전장치 : KICPA의 회칙이나 내규 또는 법규에 의하여 마련된 안전장치로서 적어도 다음 내용을 포함한다.
  - 교육, 훈련 및 실무경험 등 공인회계사 등록에 요구되는 사항
  - 계속적이고 전문가적 개발에 대한 요구사항
  - 내부감시기구에 대한 규정
  - 전문적 기준
  - KICPA 또는 감독기관의 모니터링 및 제재 절차
  - 공인회계사가 작성한 보고서, 신고서, 통신문 또는 기타정보에 대하여 법적 권한을 가진 제3자가 수행하는 외부 감리

② 업무환경 내의 안전장치 : 공인회계사가 업무를 하는 환경 내의 안전장치는 적용되는 상황에 따라 다양할 것이다. 이는 회계법인 전체에 대한 안전장치와 개별업무에 대한 안전장치로 구분된다(상세한 내용은 회계법인의 윤리를 논의하는 [3-5]를 참조하기 바람).

또한 공인회계사는 업무의 성격에 따라 의뢰인이 실시하고 있는 안전장치에 의존할 수 있다.[3] 그러나 오로지 이러한 안전장치에만 의존하는 것은 윤리강

---

3) 의뢰인 조직 및 절차 내에 마련된 안전장치를 예시하면 다음과 같다.
  - 회계법인의 선임시 경영자 이외의 다른 사람이 이를 추인하거나 승인하는 절차
  - 경영의사결정을 할 수 있는 경험과 연륜을 갖춘 적격한 인력의 보유
  - 인증업무를 수행하는 회계법인을 위촉함에 있어 공정한 선정을 보장하는 내부절차의

령의 준수를 저해할 위협을 수용가능한 수준 이하로 감소시킬 수가 없다.

〈제4단계〉 안전장치의 평가

공인회계사는 적용되는 안전장치의 성질을 결정하는 데 판단을 내려야 하는데, 이는 안전장치의 효과성은 상황에 따라 상이하기 때문이다. 적절한 안전장치는 여러 가지 위협을 제거하거나 줄일 수 있다. 반대로 어떤 경우에는 하나의 위협을 수용가능한 수준으로 줄이기 위해서 다수의 안전장치가 필요할 수도 있다. 또 다른 경우에는 식별된 위협이 너무 심각해서 어떤 안전장치도 그 위협을 제거하거나 수용가능한 수준으로 줄일 수 없다. 이러한 상황에서는 공인회계사가 특정 전문가 서비스를 제공하는 것이 윤리규정에 맞지 않게 된다. 따라서 그러한 서비스를 제공하는 것을 거절 또는 중단하거나 계약을 철회하여야 한다.

(3) 윤리적 갈등의 해결

공인회계사는 윤리강령의 준수여부를 판단함에 있어 윤리적 갈등을 해결하여야 한다. 공식적 또는 비공식적으로 윤리적 갈등을 해결하려고 하는 경우, 해결과정의 일환으로 다음의 사항을 개별적으로 또는 더불어 고려하여야 한다.

① 관련 사실

② 관련된 윤리적 사안

③ 논란이 되고 있는 사안과 관련된 윤리강령

④ 갈등해결을 위한 내부절차

⑤ 일련의 대체적인 조치

공인회계사는 상기 사항들을 고려한 후, 윤리강령에 부합하는 적절한 조치가 무엇인지를 결정하여야 한다. 가능한 각각의 조치에 대하여 초래될 수 있는 결과를 비교해 보아야 한다. 갈등이 해결되지 않을 경우, 회계법인 또는 소속기

수행

• 회계법인이 제공하는 업무에 관하여 적절한 감독과 의사소통기능을 수행하는 내부감시기구의 유지

관 내의 적절한 타구성원에게 해결책을 얻기 위하여 도움을 요청하여야 한다.

공인회계사 자신이 속해 있는 조직과 갈등이 발생하거나 또는 조직 내부에서 갈등이 발생한 경우, 이사회나 감사위원회와 같은 당해 조직의 내부통제기구에게 이러한 갈등과 관련된 사안에 대하여 자문을 구할 것인지를 고려하여야 한다.

공인회계사는 갈등과 관련된 사안의 요지, 세부 논의내용 및 사안과 관련된 결정사항 등을 문서화하는 것이 매우 중요하다.

중요한 갈등이 해결될 수 없는 경우, 공인회계사는 KICPA 또는 법률 전문가에게 조언을 요청함으로써, 비밀유지의무를 위반하지 아니하고 윤리적 사안에 대한 지침을 얻을 수 있다. 예를 들면, 알게 된 부정행위를 보고하게 되면 비밀유지의무를 위반하게 되는 경우가 발생할 수 있다. 이러한 경우에는 부정행위를 보고해야 하는지를 판단하기 위하여, 법적 조언을 구할 것인지 여부를 고려하여야 한다.

공인회계사는 가능한 모든 방안을 강구한 이후에도 윤리적 갈등이 해결되지 않은 경우에는 가능한 한 갈등을 일으키는 해당 사안과의 연관을 거부하여야 한다. 이러한 상황에서 갈등과 관련된 업무수행팀 또는 해당 업무에서 철수하거나 업무수임을 거절하는 것은 물론, 회계법인 또는 소속기관에서도 사임하는 것이 적절한지를 결정해야 한다.

(4) 윤리규정

윤리규정에서는 개업공인회계사[4]와 비개업공인회계사가 실무를 하는 과정에서 부딪칠 수 있는 문제에 앞서 언급한 개념체계를 적용하는 사례를 제시하고 있다. 독립성과 비밀유지 및 이해상충은 다음 [3-3] 및 [3-4]에서 언급하기로 하고, 나머지를 여기에서 살펴본다.

4) 개업공인회계사라 함은 KICPA에 개업공인회계사로 등록되어 있으며, 감사, 세무 또는 경영자문업무 등과 같은 전문서비스를 제공하는 공인회계사를 말한다. 여기에는 회계법인이 포함된다.

① 업무수임

[새로운 의뢰인과의 업무관계 수용]

공인회계사는 새로운 의뢰인과의 업무관계를 수용함에 있어 윤리강령의 준수를 저해할 위협이 발생하는지 여부를 고려하여야 한다. 예를 들면, 해당 의뢰인(그 소유주, 경영자 및 영업활동 포함)과 관련하여 의문시되는 문제들이 있는 경우 윤리강령(성실 또는 전문가적 품위)의 준수에 잠재적 위협이 발생할 수 있다.[5)]

공인회계사는 새로운 의뢰인과의 업무관계를 수용함에 있어 윤리강령의 준수를 저해할 위협의 심각성을 평가하여야 한다. 해당 위협이 명백하게 경미한 경우[6)] 이외에는 해당 위협을 제거하거나 수용가능한 수준 이하로 감소시키기 위해 필요한 안전장치를 강구하여야 한다. 의뢰인의 수용과 관련된 적절한 안전장치에는 의뢰인, 그 소유주, 경영진, 내부감시기구 및 의뢰인의 영업활동에 대한 지식과 이해를 획득하거나, 내부감시기구 운영방식과 내부통제를 개선시키겠다는 의뢰인의 확약을 보장받는 것이 포함된다.

공인회계사는 해당 위협을 수용가능한 수준 이하로 감소시키는 것이 불가능한 경우 의뢰인과의 업무관계 수용을 거절하여야 한다. 기존 의뢰인에 대해서는 계속해서 업무수임관계를 유지할지 여부를 주기적으로 재검토하여야 한다.

[업무수임의 승낙]

공인회계사는 적격하게 업무를 수행할 수 있다고 판단되는 업무만을 제공하여야 한다. 업무수임을 승낙하기 전에, 해당 업무의 승낙이 윤리강령의 준수에 위협이 되는지를 고려하여야 한다. 예를 들면, 업무수행팀이 해당 업무를 적절하게 수행하기 위해 필요한 적격성을 보유하고 있지 않거나 이러한 적격성을 습득할 수도 없는 상황이라면, 해당 업무의 수임을 승낙하는 것은 윤리강령(전문가적 적격성과 정당한 주의)의 준수에 대하여 이기적 위협을 야기시킨다.

공인회계사는 파악된 위협의 심각성을 평가하여야 한다. 해당 위협이 명백

---

5) 윤리강령의 준수에 대한 위협을 발생시키는 문제로는 의뢰인이 자금세탁과 같은 불법행위, 부정행위 또는 미심쩍은 재무보고 사례에 연관된 경우 등이 있다.

6) 명백하게 경미한(clearly insignificant) 것이라 함은 사소하고 미미하다고 판단되는 것을 말한다.

하게 경미한 경우 이외에는 해당 위협을 제거하거나 수용가능한 수준 이하로 감소시키기 위한 안전장치를 적용하여야 한다. 이러한 안전장치를 예시하면 다음과 같다.

- 의뢰인 사업의 성격 및 영업활동의 복잡성, 해당 업무의 구체적 요구사항, 해당 업무의 목적과 성격 및 범위 등에 대하여 충분한 이해를 하고 있음
- 관련 산업이나 해당 업무에 대한 지식을 보유하고 있음
- 해당 업무와 관련된 규제상 또는 보고상의 요구사항에 대한 경험을 보유하고 있거나 획득할 수 있음
- 적격성을 갖춘 직원을 충분히 투입하고 있음
- 필요한 경우 전문가를 활용하고 있음
- 현실적으로 수행가능한 업무일정을 수립함
- 품질관리정책과 세부절차는 해당 업무를 적격하게 수행할 수 있는 경우에 한하여 업무를 승낙한다는 확신을 줄 수 있도록 설계하고 준수하고 있음

공인회계사가 다른 전문가를 활용하여 업무를 수행하고자 하는 경우에는 당해 전문가의 조언과 수행한 업무를 신뢰하는 것이 정당한지 여부를 평가하여야 한다. 이 경우 당해 전문가의 명성, 전문성, 가용자원, 관련된 전문적 기준 및 윤리적 기준 등을 고려하여야 한다. 이와 같은 정보는 당해 전문가와의 과거의 관계 또는 다른 사람들과의 자문을 통해 입수할 수 있다.

[공인회계사의 교체]

공인회계사가 다른 공인회계사가 수임했던 업무를 수임하려고 하거나 수임하기를 요청받았다면 윤리강령의 준수를 저해할 수 있는 위협이 존재하는지 여부를 고려해 보아야 한다. 예를 들면, 관련된 모든 사실을 파악하지 아니하고 어떤 업무의 수임을 승낙하는 경우에는 윤리강령(전문가적 적격성과 정당한 주의)을 위반할 위협이 발생할 수 있다.

공인회계사는 윤리강령의 준수가 훼손될 수 있는 위협의 심각성을 평가하여야 한다. 업무의 성격에 따라서는 기존 공인회계사와의 직접적인 의견교환을

통해 교체의 사유 및 배경을 확인하고, 해당 업무의 수임이 적절한지 여부를 결정하는 것이 필요할 수 있다. 예를 들면, 교체하는 표면적인 사유가 실제 사실과 일치하지 않을 수도 있고, 회사와 기존 공인회계사 간의 업무수임 결정에 영향을 미치는 중요한 의견불일치 사항이 존재할 수도 있다.[7)]

공인회계사는 교체로 인해 야기되는 윤리강령의 준수에 대한 위협이 명백하게 경미한 경우 이외에는 해당 위협을 제거하거나 수용가능한 수준 이하로 감소시키는 데 필요한 안전장치를 강구하고 이를 적용하여야 한다. 이러한 안전장치의 예는 다음과 같다.

- 의뢰인과 관련된 사항을 기존 공인회계사와 충분히 그리고 제한 없이 논의함
- 신임 공인회계사가 업무수임 승낙여부를 결정함에 있어서 반드시 알아야 한다고 기존 공인회계사가 판단하는 모든 사실과 상황에 대한 정보를 기존 공인회계사에게 제공해 달라고 요청함
- 입찰에 의한 업무제안서를 제출하는 경우, 업무수임을 승낙하기 이전에 업무수임을 승낙하지 말아야 할 사유가 있는지 여부를 기존 공인회계사에게 확인할 것이라는 점을 입찰제안서에 명시함

공인회계사는 통상적으로 기존 공인회계사와의 논의에 대하여 가급적이면 문서화된 의뢰인의 동의를 얻는 것이 바람직하다. 의뢰인의 동의가 있는 경우 기존 공인회계사는 정보제공과 관련된 제반 법규를 준수하여야 한다. 기존 공인

7) 기존 공인회계사는 비밀유지의무를 준수하여야 한다. 기존 공인회계사가 의뢰인과 관련된 사항을 신임 회계사와 논의할 수 있거나 논의해야 하는 범위는 해당 업무의 성격과 다음 사항에 따라 결정된다.

- 정보공개에 대한 의뢰인의 허용여부
- 의견교환 및 정보공개와 관련된 법적 · 윤리적 요구사항

의뢰인의 구체적인 허락이 없는 상황에서 기존 공인회계사는 자발적으로 의뢰인과 관련된 사항에 대한 정보를 제공하여서는 안 된다(기밀정보를 공개하는 것이 적절한 상황에 대해서는 윤리기준에서 상세히 기술하고 있다. 이에 대한 설명은 다음 [3-5]에서 논의됨).

기존 공인회계사는 신임 공인회계사에게 정보를 제공함에 있어서 정직하고 명료하여야 한다.

회계사와의 의견교환이 불가능한 경우에는 제3자에게 질의를 하거나 최고경영자 또는 내부감시기구에 대한 배경조사를 실시하는 등 기타의 다른 방법을 이용하여 윤리강령의 준수를 저해할 수 있는 위협에 대한 정보를 입수하기 위해 노력하여야 한다.

공인회계사는 안전장치의 적용에 의해 해당 위협이 제거되거나 수용가능한 수준 이하로 감소되지 않을 경우에는 기타의 다른 수단을 통해서도 필수적인 사실이 충분히 확인되지 않는 한 해당 업무의 수임을 거절하여야 한다.

[기존 공인회계사 업무의 보조 또는 추가]

공인회계사는 기존 공인회계사 업무의 보조적이거나 추가적인 업무를 수행해 달라는 제안을 받을 수 있다. 이러한 상황에서 해당 업무 및 의뢰인에 대하여 정보의 부족이나 불완전 등으로 인하여 윤리강령(전문가적 적격성과 정당한 주의)을 위반할 위협이 발생할 수 있다.

이러한 위협에 대처하기 위한 안전장치에는 해당 업무의 수행을 제안받은 사실을 기존 공인회계사에게 통지하는 것이 포함된다. 이를 통해 기존 공인회계사로부터 해당 업무를 적절하게 수행하기 위해서 필요한 관련 정보를 입수할 수 있는 기회를 마련할 수 있을 것이다.

② 제2의 의견

공인회계사가 의뢰인이 아닌 회사로부터 특정 상황이나 거래와 관련하여 회계, 감사, 보고, 또는 기타 기준이나 원칙의 적용에 대하여 제2의 의견(Second Opinion)의 제공을 요청받은 경우에는 윤리강령의 준수에 대한 위협이 발생될 수 있다. 예를 들면, 제2의 의견이 그 회사의 기존 공인회계사가 알고 있는 사실과 동일한 사실에 근거하지 않거나, 부적합한 증거에 근거하여 형성되는 경우에는 윤리강령(전문가적 적격성과 정당한 주의)의 준수에 대한 위협이 발생할 수 있다.

공인회계사는 제2의 의견을 제공해 달라는 요청을 받은 경우 발생하는 위협이 얼마나 중요한지를 평가하여야 한다. 해당 위협이 얼마나 중요한지는 제2의 의견을 요청받은 상황과 전문가적 의견표명의 근거가 된 관련 사실 및 가정에 달려 있다.

해당 위협이 명백하게 경미한 경우 이외에는 해당 위협을 제거하거나 수용가능한 수준 이하로 감소시키기 위해 필요한 안전장치를 강구하고 이를 적용하여야 한다. 이러한 안전장치에는 해당 회사에 기존 공인회계사와의 논의를 허용하여 줄 것을 요청하고 제2의 의견 표명의 한계를 설명하며, 기존 공인회계사에게 당해 제2의 의견의 사본을 제공하는 것이 포함된다.

제2의 의견을 요청하는 회사가 기존 공인회계사와의 의견교환을 허용하지 않는 경우에는 모든 상황을 감안하여 회사가 요청하는 의견을 제공하는 것이 적절한지 여부를 고려하여야 한다.

③ 보수와 기타 유형의 보상

[보수]

공인회계사는 전문서비스의 제안과 관련하여 보수를 협상함에 있어서 본인이 적절하다고 생각되는 보수를 얼마든지 제시할 수 있다. 어느 한 공인회계사가 다른 공인회계사보다 낮은 보수를 제시하는 것이 그 자체로는 비윤리적인 것이 아니다. 그러나 제시된 보수의 수준에 따라 윤리강령 준수에 대한 위협이 발생할 수도 있다. 예를 들면, 제시된 보수가 너무 낮아서 그 가격으로는 해당 업무를 수행함에 있어서 적용하여야 하는 기술적 · 전문적 기준을 준수하기가 어려울 경우에는 윤리강령(전문가적 적격성과 정당한 주의)의 준수에 대한 이기적 위협이 발생한다. 이러한 위협의 심각성은 제시된 보수의 수준과 해당 업무에 따라 결정된다.

잠재적 위협을 감안하여 해당 위협을 제거하거나 수용가능한 수준 이하로 감소시키는 데 필요한 안전장치를 강구하고 이를 적용하여야 한다. 적용가능한 안전장치의 예를 들면, 이는 다음과 같다.

- 의뢰인에게 계약조건, 특히 보수산정 기준 및 제시된 보수로 수행하게 될 서비스의 구체적인 내용을 인지시킴
- 해당 업무에 대하여 적절한 시간과 적격한 스태프를 투입함

일부 비인증업무 중에는 성공보수 조건으로 수행되는 경우가 있다. 그러나 상황에 따라서는 성공보수에 의하여 업무를 수임하는 것이 윤리강령 준수에 대한 이기적 위협을 발생시킬 수 있다. 이러한 위협이 얼마나 중요한지 여부는 다음에 예시하는 요인들에 의해 결정될 것이다. 공인회계사는 이러한 위협의 심각성을 평가하여야 한다.

- 업무의 성격
- 보수의 범위
- 보수의 산정기준
- 해당 거래의 산출물이나 결과를 독립적인 제3자가 검토하는지 여부

해당 위협이 명백하게 경미한 경우 이외에는 해당 위협을 제거하거나 수용가능한 수준 이하로 감소시키는 데 필요한 안전장치를 강구하고 이를 적용하여야 한다. 이러한 안전장치를 예시하면 다음과 같다.

- 보수의 산정근거와 관련하여 의뢰인에게 서면으로 된 사전동의서를 징구함
- 공인회계사가 수행한 업무결과를 이용할 것으로 예정된 자에게 수행한 업무의 내용과 함께 보수의 산정근거를 제시함
- 품질관리 정책과 절차
- 공인회계사가 수행한 업무를 객관적인 제3자가 검토함

[알선수수료]

공인회계사는 의뢰인과의 업무와 관련하여 알선수수료를 수령할 수 있는 상황에 처할 수 있다.[8] 예를 들면, 의뢰인으로부터 요청받은 특정 업무를 본인이 스스로 수행하지 아니하고 다른 공인회계사나 다른 전문가에게 소개하여 주고, 그 대가로 알선수수료를 받을 수도 있다. 또는 제3자(예를 들면, 소프트웨어 판매업자)로부터 의뢰인에게 제공된 상품 또는 서비스와 연계하여 알선수수료를

8) 공인회계사가 다른 회계법인 업무의 전부 또는 일부를 인수하는 경우에는 그 회계법인의 전 소유자인 개인 또는 그의 상속인에게 지급하는 인수대가는 알선수수료로 간주되지 아니한다.

받을 수도 있다. 이러한 알선수수료의 수령은 공정, 전문가적 적격성 및 정당한 주의 강령 준수에 대한 이기적 위협을 발생시킬 수 있다.

공인회계사는 의뢰인을 소개받은 대가로 알선수수료를 지급하는 상황에 처할 수도 있다. 예를 들면, 다른 공인회계사의 의뢰인을 위하여 그 공인회계사가 제공하지 않는 서비스의 제공을 요청받은 경우에는 그 공인회계사에게 의뢰인을 소개받은 대가로 알선수수료를 지급하는 경우가 이에 해당한다. 이러한 알선수수료의 지급은 윤리강령(공정, 전문가적 적격성 및 정당한 주의)의 준수에 대한 이기적 위협을 발생시킬 수 있다.

공인회계사가 알선수수료를 지급하거나 수령하는 것은 윤리강령 준수에 상당히 심각한 위협을 초래한다. 따라서 이러한 위협을 제거하거나 수용가능한 수준 이하로 감소시킬 수 있는 안전장치가 존재하지 아니한다. 따라서 공인회계사는 어떠한 종류의 알선수수료도 지급하거나 수령해서는 안 된다.

④ 광고

공인회계사가 광고 또는 기타 마케팅방식을 이용하여 새로운 업무에 대한 수임을 권유하는 경우, 윤리강령의 준수에 대한 잠재적 위협이 발생할 수 있다. 예를 들면, 서비스, 업적 또는 산출물에 대한 마케팅방식이 전문가적 품위의 윤리강령에 부합하지 않는 경우에는 전문가적 품위 강령의 준수에 대한 이기적 위협이 발생한다.

공인회계사는 전문서비스를 광고하는 경우, 전문직의 명예를 저해하는 행위를 하여서는 안 된다. 정직하고 진실하여야 하며, 다음과 같은 행위를 하여서는 안 된다.[9]

- 제공하는 서비스, 보유한 자격의 내용 또는 업무경력에 대한 과장된 주장
- 입증되지 아니한 비교결과를 인용하여 다른 회계사의 업무를 비난하는 행위

9) 광고방식이 적절한지 의문시되는 경우, KICPA에 자문을 요청해야 한다.

⑤ 선물과 접대

공인회계사와 그의 직계가족 또는 측근가족이 의뢰인으로부터 선물과 접대의 제공을 제의받으면, 통상적으로 윤리강령의 준수에 대한 위협이 발생한다. 예를 들면, 의뢰인으로부터 선물을 받은 경우에는 이기적 위협으로 인하여 공정함을 잃게 될 수 있으며, 또한 선물을 받은 사실이 공개될 가능성 때문에 공정강령의 준수에 대한 압력위협이 발생할 수 있다.

이러한 위협의 심각성은 선물과 접대의 성격, 가치 및 취지에 따라 달라진다. 제의받은 선물이나 접대가 관련 상황을 잘 알고 있는 합리적인 제3자에 의하여 명백하게 경미한 것으로 판단되는 경우에는, 제의받은 선물이나 접대가 의사결정에 영향을 미치거나 정보를 획득하기 위하여 특별히 의도된 것이 아니고 사업상의 통상적인 과정에서 제공된 것이라는 결론을 내릴 수 있다. 이러한 경우 일반적으로 윤리강령의 준수를 훼손할 정도의 심각한 위협이 없다는 결론을 내릴 수 있다.

해당 위협이 명백하게 경미한 경우 이외에는 해당 위협을 제거하거나 수용가능한 수준 이하로 감소시키기 위해 필요한 안전장치를 강구하고 이를 적용하여야 한다.

공인회계사는 해당 위협이 안전장치의 적용에 의하여 제거되거나 수용가능한 수준 이하로 감소되지 아니한 경우에는 선물과 접대를 받아서는 안 된다.

⑥ 의뢰인 자산의 보호관리

공인회계사는 법률이 허용하는 경우에 한하여 의뢰인의 자금 또는 기타자산을 보호관리(custody)하는 업무를 수행할 수 있다. 공인회계사가 법률이 허용하는 자산을 보호하고 관리하는 업무를 수행하는 경우에는 관련 법률상의 의무를 준수하여야 한다.

의뢰인 자산의 보호관리는 윤리강령 준수에 대한 위협을 일으킨다. 예를 들면, 의뢰인 자산을 보호관리하는 것은 윤리강령(전문가적 품위와 공정)의 준수에 대한 이기적 위협을 발생시킬 수 있다. 공인회계사는 의뢰인의 자산과 연관하여 발생할 수 있는 윤리강령의 훼손위협을 경계하여야 한다. 예를 들면, 해당 자산이 돈세탁과 같은 불법행위에 의하여 획득된 것일 수도 있다.

타인의 금전(또는 기타자산)을 위탁받은 회계사는 이러한 위협에 대하여 다음의 안전장치를 적용하여야 한다.

- 담당 공인회계사 자신 또는 당해 회계법인의 자산과 의뢰인 자산을 분리하여 보관함
- 의뢰인 자산은 오로지 의도된 목적에만 사용하도록 함
- 의뢰인 자산과 그 자산에서 발생하는 이익이나 배당수입 등에 대한 수지보고서를 정기적으로 작성 비치함
- 의뢰인 자산의 보관 및 회계와 관련된 모든 법규를 준수함

공인회계사는 의뢰인 자산의 보호관리업무를 수임함에 있어 업무수임 절차의 하나로서 해당 자산의 원천에 대하여 필요하다고 생각되는 질문을 하고 법규상 지켜야 할 의무가 무엇인지를 고려하여야 한다. 또한 법적 조언을 요청할 것인지 여부도 고려할 수 있다.

⑦ 공정 – 모든 업무에 적용됨

공인회계사는 모든 전문서비스를 제공함에 있어 의뢰인 또는 의뢰인의 임직원과의 이해관계 및 유대관계에 의하여 공정에 대한 위협이 발생하는지 여부를 고려하여야 한다. 예를 들면, 가족 및 친밀한 인적 관계 또는 사업적 관계에 의하여 유착위협이 발생함으로써 공정 강령의 준수에 대한 위협이 발생할 수 있다.

전문서비스를 제공함에 있어서 발생하는 공정에 대한 위협은 해당 업무가 처해 있는 특별한 상황과 해당 업무의 성격에 의하여 결정된다.

인증업무를 제공하는 공인회계사는 인증의뢰인으로부터 독립적이어야 한다. 공인회계사가 편견이나 이해상충 또는 타인의 부당한 영향이 없는 상태에서 결론을 표명하고 외관상으로도 그렇게 보이기 위해서는 실질적 독립성과 외관상의 독립성이 필수적으로 요구된다.[10)]

10) 공인회계사가 인증업무를 수행함에 있어서 준수하여야 하는 독립성 요구사항에 대한 구체적인 지침은 윤리기준에서 상세히 기술하고 있다. 이에 대한 설명은 다음 [3-3]에서 논의하고자 한다.

공인회계사는 공정과 관련된 위협의 심각성을 평가하여야 한다. 해당 위협이 명백하게 경미한 경우 이외에는 이러한 위협을 제거하거나 수용가능한 수준 이하로 감소시키기 위해 필요한 안전장치를 강구하고 이를 적용하여야 한다. 이러한 안전장치를 예시하면 다음과 같다.

- 업무수행팀에서 제외
- 감독절차의 수립과 적용
- 위협을 발생시키는 재무적 · 사업적 관계의 해소 조치
- 회계법인 내부의 고위경영진과 논의
- 의뢰인의 내부감시기구와 논의

토론문제

1. 공인회계사들이 스스로 자신들의 윤리기준을 제정하는 목적은 무엇인가? 그리고 이 윤리기준은 누구에게 그리고 어떤 상황에서 적용되는가?

2. 윤리기준에서 기본원칙으로 제기된 5가지 윤리강령이 어떤 경우에 위반되며, 위반이 있을 경우 이를 방지하기 위해서는 어떤 조치를 취해야 하는가?

3. 감사인이 재무제표에 대한 경영자의 의견에 전적으로 의존하면 어떤 문제가 발생하는가?

4. 윤리강령의 문제점에 대해서 제기되고 있는 비판을 설명하고, 당신이 이러한 비판을 방어하는 방안을 제시하라.

5. 공인회계사 윤리기준을 적용하는 방법론으로 개념체계 접근법이 제시되고 있다. 개념체계 접근법의 이점을 제시하고, 개념체계를 적용하는 방법을 구체적으로 제시하라.

6. 윤리강령의 준수에 지장을 초래할 수 있는 대표적인 위협을 열거하고, 어떤 경우에 이러한 위협이 발생하는지를 설명하라.

7. 윤리규정을 위반할 수 있는 대표적인 12개의 상황을 제시하라.

8. 공인회계사도 광고할 수 있어야 한다고 보는가? 이에 대해서 당신은 어떤 제안을 제시하겠는가? 당신은 금지되어야 한다고 보는 부분이 있는가?

9. 공인회계사는 언제 소속된 회계법인의 고객사가 제시한 직위를 수용할 수 있는가?

10. 공인회계사가 과거 5년간 근무했던 회계법인을 사직했다. 이 경우 그는 다음과 같은 행위를 할 수 있다고 보는가?
    - 자신의 개인 facebook 계정에 이전 고용인에 대한 부정적인 의견을 제시함
    - 종전 회계법인의 고객에게 자신이 사직한다는 사실을 이메일이나 전화를 통해 알려줌
    - 사직할 때 종전 고객의 재무제표 사본을 가져감

11. 당신이 소속된 회계법인은 다양한 기업에 장부정리 및 기타 비감사업무를 제공하고 있다. 공인회계사들과의 모임에서 당신은 많은 회계법인들이 점차 임금이 매우 저렴한 해외사무소에 위탁해 나가고 있음을 흘려들을 수 있었다. 이는 상당히 고무적으로 보였다.

이와 같은 추세를 볼 때 어떤 윤리적 문제를 고려할 필요가 있을까?

12. 시니어 매니저인 당신은 비상장기업이지만 회계법인의 가장 중요한 고객의 감사에 투입되었다. 감사과정에서 고객의 이익을 상당히 왜곡시키는 문제를 발견했다. 회계기준에 따르면 수정가능성이 있는 사항은 어떤 것이든 작업일지에 기록되어야 하고, 이의 중요성은 그 감사를 책임지고 있는 파트너가 최종 결정하게 된다.

최종 현장작업을 완료하기 전에 감사매니저는 당신에게 이 수정을 작업일지에 언급하지 말 것을 요구했다. 그는 '그 기업은 비공개기업이고 세금에도 영향을 미치지 않으므로 그들에게 수정을 통보하지 않도록 결정했다'라고 말했다.

이 상황에서 당신은 어떻게 처신해야 할까?

13. 공인회계사인 혜연 씨는 최근에 중고기계를 매매하는 중소기업의 CFO로 영입되었다. 그 기업은 도산하거나 어려움을 겪고 있는 기업의 중고기계를 사들여 이를 재판매하고 있다. 혜연 씨는 재고자산으로 잡혀 있는 중고기계의 공정가치를 결정하고자 한다. 재고관리 직원과 함께 현장을 점검한 결과 상당한 중고기계가 수년간 방치되어 있고 녹슬어서 더 이상 정상적으로 사용하기가 불가능함을 발견했다. 더욱이 중고기계의 판매가 매우 지연되고 있으며 상당히 할인된 가격으로 판매되고 있었다.

혜연 씨는 사장에게 상황을 보고하고 이를 어떻게 해결하면 좋을지 문의했다. 사장은 '경제가 호전되면 대부분의 중고기계는 정상가격으로 판매될 것으로 믿는다' 라고 말했다. 또 그는 '지금은 재고자산의 평가로 회사가 타격을 입을 때가 아니다' 라고 언급했다.

그 후 수개월이 지난 뒤 혜연 씨는 재고자산에 큰 변화가 없음을 발견했다. 다시 사장에게 감사인들이 오면 이 문제를 어떻게 설명할지를 물었다. 그러자 그는 '감사인에게 이 문제를 언급하지 말고, 일단 그들이 눈치 채는지 지켜보자'라고 말했다. 또한 그는 '만일 감사인이 문제를 제기하면, 당신이 그들에게 이 재고가 곧 판매되기로 되어 있음을 보여줄 수 있기를 희망한다'라고 말했다. 이 말을 들은 혜연 씨는 사장이 서류 조작을 지시하는 것으로 이해했다. 혜연 씨는 이를 어떻게 대처할지 난감해하고 있다.

1) 여기에 어떤 윤리기준이 문제가 되고 있는가?
2) 혜연 씨는 이 문제를 어떻게 대처해야 할까?

14. 호중 씨와 성섭 씨는 어릴 적부터 함께 자란 매우 친한 동네 친구였다. 성섭 씨의 아버님이 자동차 정비공장을 운영하셨는데, 그 정비공장은 그들이 때때로 이용하는 놀이터였다.

호중 씨는 성장하여 그 지방에서 가장 큰 회계법인의 파트너가 되었다. 그는 고객이 재무상태를 잘 관리하고 세금도 꼭 필요한 것만 내도록 도와주는 것으로 유명하다. 특히 호중 씨가 자신의 고객을 매우 엄정하게 대하기 때문에 그 지방의 은행들은 자신들 고객의 감사인이 호중 씨라면 안도의 한숨을 내쉬었다.

성섭 씨는 차량부품상을 운영하고 있는데, 아버님의 정비공장을 감사하던 공인회계사와 감사계약을 맺어왔다. 아버님이 갑자기 돌아가시자 성섭 씨는 호중 씨에게 은행에 제출해야만 하는 자신의 차량부품상 분기보고서를 검토해 달라고 부탁했다. 호중 씨의 회계법인은 호중 씨와 성섭 씨가 매우 친한 친구이기 때문에 중요한 유착위협이 존재한다고 보았다. 따라서 회계법인은 유착위협을 낮추기 위해서 다음 안전장치를 도입하기로 결정했다.

- 호중 씨를 성섭 씨 회사의 감사팀에서 배제시킴
- 회계법인이 상대적으로 작고 호중 씨가 다른 계약의 공인회계사와 소통할 가능성이 있어 본 검토를 다른 계약에서 호중 씨와 함께 작업한 공인회계사가 재검토하기로 함

회계법인은 일단 위와 같은 안전장치를 도입하면 유착위협이 수용가능한 수준으로 감소하여 성섭 씨 회사의 재무제표를 검토하는 계약을 수용해도 좋다고 보았다. 공인회계사 윤리기준을 충족시키기 위해서 회계법인은 그들이 유의한 위협이 있음을 식별하고 이에 대응하기 위해 도입한 안전장치를 문서로 작성하였다.

1) 개념체계 접근법을 사용할 때 만일 중요한 위협이 존재한다고 식별되면 이에 어떻게 대처해야 하는가?
2) 차량부품상에 관련된 위협을 감소시키려고 도입한 안전장치를 그대로 이용하여 자동차정비공장의 연차 재무제표를 검토할 수 있는가?

[3-3]
공인회계사는 왜 독립성을 지켜야 하는가?

(1) 독립성의 의의
1) 독립성 달성방법
2) 독립성이 요구되는 당사자
3) 독립성이 요구되는 기간
4) 독립성이 요구되는 업무

(2) 독립성을 해치는 위협
1) 유착위협
2) 이기적 위협
3) 변호위협
4) 압력위협
5) 자기검토위협
6) 경영참여위협
7) 이해상반위협

(3) 독립성에 대한 개념적 접근
1) 개념체계의 적용
2) 개념적 접근의 사례
3) 독립성 위협을 상쇄하는 안전장치
4) 개념체계 관련 사항
5) 독립성이 침해되었을 때 필요한 조치

[사례] 인증업무에서 독립성을 훼손시킬 수 있는 상황이나 관계

〈도입사례〉

대형 은행의 감사현장에서 그 은행의 임원이 당신에게 접근하여 외부감사인을 그만두고 은행의 대출담당 책임자가 되면 어떠냐고 제안했다. 이러한 제안에 흥미를 느껴서 당신은 그 임원에게 당신의 고용에 대한 사전 논의를 비밀로 해달라고 요구하자 그는 이에 동의하는 의미로 고개를 끄떡였다.

당신의 진지한 전문가적 판단에 따를 때 은행에 고용될 가능성이 현재의 감사를 책임 있게 완수하는 데 아무런 영향을 미치지 않을 것이라고 확신하고 있다.

당신은 은행으로 이직할 가능성에 대해 감사팀에게 밝혀야 할까?

사실을 인지하고 있는 사람이 감사계약 팀원의 객관성을 의심할 이유를 가질 때 독립성이 문제가 된다. 위의 사례와 같이 고객과 고용계약에 대한 논의는 합리적인 사람들로 하여금 당신의 객관성이 침해되었을 가능성을 의심할 수 있게 할 것이다. 이러한 상황은 사익추구위협, 유착위협 그리고 압박위협을 초래할 수 있다. 비록 당신이 고객에게 실제로는 호의를 보이지 않더라도 적어도 당신은 자신의 판단을 포기할 동기가 존재하기 때문에 그럴 가능성만으로도 독립성이 침해된다고 본다.

조용하고 아름다운 지역의 한 식당에 식사하러 들어갔다. 그 지역의 식당은 위생점검을 받는데, 식당주인이 점검자를 선정하고 점검자에 대한 대가도 결정하며, 점검자를 다른 사람으로 바꾸는 것도 식당주인이 한다는 말을 들었다. 당신은 안심하고 그 식당에서 맛있게 식사할 수 있을까?

이와 같은 느슨한 규제방법이 조금 우스꽝스러워 보이지만 현재 회계감사제도가 이와 유사한 방법으로 운영되고 있다. 기업이 자기를 감사할 공인회계사를 선정하고 그에게 대가를 지급한다.

이러한 제도의 잠재적 위험을 균형 잡기 위하여 사회는 감사인에게 강력한 윤리의무를 부과하고 있다. 특히 공익을 지키는 파수꾼으로서 감사인은 항상 고객으로부터 완전한 독립을 유지해야 하고, 대중의 신뢰를 충족시켜야만 한다.

대중을 보호하는 자로서 공인회계사는 독립성 규정을 지켜야 한다. 이러한 조치에 따르면 공인회계사는 고객의 재무제표를 비판적으로 점검해야 하며, 관계자들이 독립성에 대해 의문을 품을 수 있는 상황을 피해야 한다.

본 [3-3]에서는 독립성 규정이 부과하는 윤리적 책임과 이 규정을 지키는 것을 위협하는 다양한 요소들을 검토하고자 한다.

(1) 독립성의 의의

지난 반세기 동안 회계법인들의 커다란 성장에 많은 사람들이 놀란다. 회계법인의 규모와 서비스의 범위가 확장되자 모든 회계법인들이 고객들과 사적이고 친밀한 관계에서 벗어날 것이라고 기대하는 것이 점차 불가능하게 되었다. 그럼에도 불구하고 만일 서비스를 받는 관계자들이 모든 것을 감안할 때 독립성 위반으로 인한 위험을 수용할 수 없다면 인증의견을 제시해서는 안 된다.

공인회계사가 독립성을 유지하기 위해서는 고객관계 및 공익책임을 계속해서 점검하는 것이 필요하다. 독립성은 공인회계사 자신이 갖는 조건으로서 부적절한 판단을 하도록 이끄는 유인이 없는 상태에 있다는 것이다. 공인회계사가 독립성의 조건을 유지하려고 적극적으로 추구하는 덕목, 즉 기질 또는 정신체계를 유지해야 한다.

- 독립성(조건) : 판단을 바꾸도록 작동하는 유인에서 자유로운 조건
- 독립성(덕목) : 독립성에 자신의 사익 이상의 가치를 두며, 습관적으로 독립성을 달성하려고 조심함

독립성을 해칠 수 있는 외적 및 내적 요인이 있다. 외적요인은 더 자주 연구되고 보다 더 익숙한데, 이는 소위 이해상충이다. 분명하고도 지독하게 나쁜 사례로는 공인회계사가 감사하고 있는 기업에 많은 투자를 하고 있어 그 기업의 재무상태가 좋게 나타나면 상당한 혜택을 볼 수 있는 경우이다.

내적요인은 이해상충이라고 볼 수 없지만 기꺼이 공인회계사들의 판단을 변경하도록 하는 욕구를 말한다. 예를 들면, 공인회계사가 한 기업을 감사하면서 동시에 그 기업으로부터 컨설팅 대가를 받는 것이 허용된다고 하자. 이는 그 자체로 이해상충은 아니라고 본다. 그럼에도 불구하고 감사인이 재물에 대한 지나친 욕구가 있다면, 이 상황하에서 그는 독립성을 타협할 가능성이 있다. 즉 어떤 의미에서 외적으로는 그렇지 않은데도 불구하고 내적요인에 의해 독립성을 침해할 수도 있다.

독립성을 침해할 수 있는 외적요인뿐만 아니라 내적요인이 있으므로 감사인은 자신이 이해상충이 되지 않도록 조심해야 할 뿐만 아니라 재물에 대한 이해관계로 인하여 의무를 저버리지 않도록 인격을 갈고닦아야 한다. 따라서 좋은 인격은 독립성의 전제조건이다.

- 독립성에 대한 외적 공격 : 이해상충
- 독립성에 대한 내적 공격 : 나쁜 인격

공인회계사의 판단에 있어 어떤 부당함이나 오류를 의식적으로 인식하지 못한 상태에서 그들의 독립성이 침해되는 일이 자주 발생한다. 말하자면, 인식되지 않은 독립성 결여로 인하여 체계적인 편향을 보일 수 있다. 인식하지 못한 상태에서 독립성을 잃는 것이 가능하고 실제로도 쉽기 때문에 의심스러운 경우에는 독립성 편에 서는 것이 좋다. 다시 말하면, 의심이 가는 경우에는 보수적으로 대처하는 것이 보다 현명하다.

이에 따라 감사나 인증업무를 수행하는 공인회계사에게는 사실상으로 독립적일 뿐만 아니라 외관상으로도 독립적일 것을 요구하고 있다. 이것이 바로 전통적인 공인회계사 윤리기준에서 외관상 독립성이 없는 상황도 피하는 이유이다. 이와 같이 엄격한 기준이 요구되는 이유는 공인회계사가 수행하는 업무를 고려할 때 분명해진다. 공인회계사가 제공하는 업무는 신뢰이다. 신뢰는 누군가를 신뢰할 수 있는 것을 의미하는데, 이는 인식의 문제이다. 따라서 단순히 누군가를 신뢰할 수 있는 것으로는 충분하지 않고 그 누군가는 또한 신뢰할 수 있는 것처럼 보여야 한다.

공인회계사는 각자 공인회계사들 전체가 신뢰할 수 있는 집단으로 인정받는 데 도움이 되도록 행동할 책임이 있다. 공인회계사 각자의 업무는 그가 속한 집단의 다른 사람들에 대한 대중의 인식에 영향을 미치므로 독립성이 없는 상황은 어떤 것이든지 매우 중요하다. 따라서 각 공인회계사는 공인회계사 집단에 대한 대중의 신뢰를 높이고 자체규제에 따른 책임을 다하도록 상호간에 협력하여야 한다.

1) 독립성 달성방법

독립성을 달성하기 위해서는 공인회계사는 사실상 독립성과 외관상 독립성을 모두 만족시켜야 한다([그림 1]을 참조).

[그림 1] 독립성을 유지하기 위한 쌍둥이 요구사항

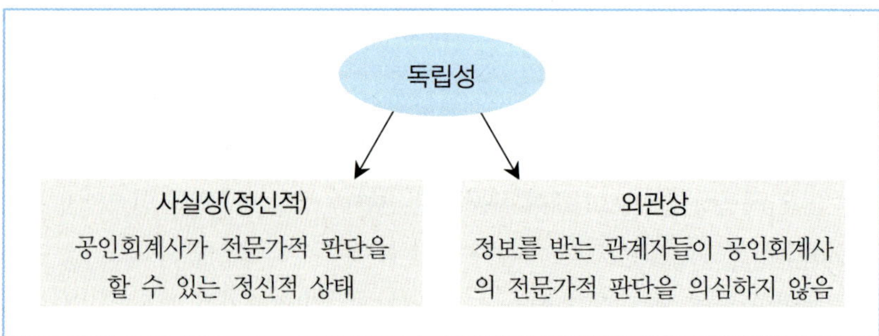

첫째, 사실상 독립성(independence in fact, 정신적 독립성(independence in mind)이라고도 함)이란 전문가적 판단을 손상시키는 요인에 영향을 받지 않고 의견을 표명할 수 있는 정신적 상태를 의미하는데, 개인으로 하여금 성실하게 행동하고 공정함을 유지하며 전문가적인 의구심을 발휘하도록 한다.

둘째, 외관상 독립성(independence in appearance)이란 안전장치를 포함한 관련된 모든 정보를 알고 있는 합리적인 제3자가 회계법인 또는 인증업무팀의 구성원의 성실, 공정 및 전문가적 의구심이 손상된 것으로 판단하게 만드는 중요한 사실이나 상황이 없음을 의미한다.

독립성과 관련된 결정은 공인회계사들 자신이 전문가적 판단을 발휘하여 이루어진다. 즉 감독기관이나 다른 사람의 인증이 요구되지는 않는다.

독립성이라는 말은 그 자체만으로 볼 때 전문가적 판단을 수행하는 자는 모든 경제적 · 재무적 관계와 기타 관계로부터 자유로워야 한다는 오해를 불러일으킬 수 있다. 그러나 모든 사회구성원은 타인과 관계를 형성하고 있으므로 모든 관계로부터 자유로워지는 것은 현실적으로 불가능한 일이다. 따라서 경제적 · 재무적 관계 및 기타 관계의 심각성은 '관련된 모든 정보를 알고 있는 합리적인 제3자가 수용할 수 없는 것으로 판단할 만한 사항이 무엇인가?'라는 관점에서 평가하여야 한다.

다양하고 복합적인 상황 속에서 독립성에 위협이 되는 모든 상황을 규정하고, 각 상황에 맞게 해당 위협을 완화하기 위해 필요한 적절한 대처방안을 모두 열거하는 것은 불가능하다. 또한 인증업무의 성격에 따라 관련된 위협요소도 상이하기 때문에 해당 위협요소에 맞는 서로 다른 안전장치의 적용이 요구된다. 이 경우에 이용되는 개념체계 접근법(뒤의 (3)에서 구체적으로 설명함)은 회계법인 및 인증업무팀이 다분히 자의적일 수도 있는 일련의 규정을 단순히 따르기보다는 회계법인 및 인증업무팀이 독립적이지 못할 위협을 파악하고 평가하며, 이에 대처함으로써 공익에 부합하기를 요구하는 것이다.

2) 독립성이 요구되는 당사자

다음 다섯 집단은 모든 독립성 규정을 지켜야 한다.

• 인증업무를 하는 공인회계사 : 인증업무를 수행하는 모든 참가자와 이와 동시에 제2의견을 제공하는 파트너를 포함한다. 단순한 운영 및 사무 업무를 하는 비회계종업원은 제외한다.
• 인증업무에 영향을 미칠 위치에 있는 공인회계사 : 품질관리와 업적평가를 감독하는 고위간부와 그의 상관을 포함한다. 또한 내부고문으로서 기술적 조언을 하는 회계법인의 구성원도 포함한다.
• 인증업무를 받는 고객에게 세무 또는 컨설팅 업무를 제공하는 파트너와 고위간부
• 인증업무 책임자로서 같은 사무실에서 일하는 모든 파트너 : 감사부서 책임자와 정기적으로 소통할 것 같은 모든 파트너를 포함한다.[1)]
• 회계법인 그 자체

〈사례〉 독립성이 요구되는 당사자 식별

전국 여러 곳에 사무실을 가지고 있는 회계법인이 전주에 있는 기업을 감사하고 있다. 감사총괄 파트너는 서울본사에 근무하고 있다. 다음과 같은 사람들이 이 회계법인에서 근무하고 있다.

• 서울본사에서 근무하고 있는 비서
• 전주의 고객에게 약간의 세금관련 컨설팅을 한 서울본사의 파트너
• 전주의 고객에게 어떤 서비스도 제공하지 않았고 기업의 어떤 보상이나 승진 의사결정에 참여하지 않은 광주지점 근무 파트너

위에 언급한 사람 중에서 누가 전주의 고객에 관련된 적용집단인가?

풀이

아무도 아니다. 개인은 단순히 관리업무를 수행하였거나, 고객에게 많지 않은 비인증업무를 제공하였거나 또는 그 계약의 총괄파트너와 동일한 사무실에서 근무하지 않았으면, 그 고객과 관련하여 독립성 규정이 적용되는 집단에 속하는 것으로 보지 않는다.

---

1) 사무실이란 물리적 장소에 관계없이 동일한 고객 또는 업무를 가지고 상호간에 정기적으로 소통하는 집단을 말한다. 예를 들면, 회사의 금융기관감사팀에서 일하는 모든 감사파트너는 비록 그들이 지역적으로 멀리 떨어져 있더라도 한 사무실을 구성한다.

기타 공인회계사는 일반적으로 다음 두 가지 한정된 상황을 제외하고는 독립성 규정을 만족시킬 필요가 없다.

- 개인적으로 또는 직계가족과 함께 고객주식의 상당지분(약 5%) 이상을 보유하고 있는 경우
- 재무보고에 영향을 미칠 수 있는 위치에 있는 고객사의 직위에 동시에 근무하는 경우

공인회계사는 독립성 규정의 위반을 사전에 피하기 위해 고객사에 대한 자신의 주식을 친척명의로 변경할 것을 고려할 것이다. 이러한 잠재적 오용을 방지하기 위해서 친척의 지분을 감사인 자신의 지분으로 취급하도록 규정하게 되었다. 특히 이 규정에서 애인도 직계가족이나 가까운 친척으로 분류한다.

공인회계사의 배우자, 사실상의 배우자와 부양자녀는 직계가족이라고 부른다. 직계가족이 보유하고 있는 주식은 공인회계사가 보유하고 있는 것으로 본다.

공인회계사의 부모, 형제자매와 독립한 자녀는 가까운 친척이다. 직계가족이 보유하는 주식과는 달리 가까운 친척이 보유하는 주식은 자동적으로 공인회계사의 자산으로 취급되지는 않는다. 다만 가까운 친척이 보유하고 있는 주식은 일반적으로 그것이 친척의 순자산에 비해 중요(material)하거나 그것이 친척으로 하여금 고객의 지배에 상당한(significant) 영향을 미칠 수 있는 경우에는 공인회계사가 보유한 것으로 본다.

3) 독립성이 요구되는 기간

감사인은 통상 고객의 재무제표가 적용되는 회계기간과 전문서비스 계약기간 동안에 독립성을 유지하여야 한다. 많은 경우 이 두 기간이 상당히 중복된다.

4) 독립성이 요구되는 업무

독립성은 공인회계사가 감사의견 등의 인증의견을 표현할 때 요구된다. 반면 기업에서 일하거나 세금보고 또는 컨설팅서비스와 같은 비인증서비스를 제

공하는 경우에는 독립성의 규정을 충족시킬 필요가 없다. 그럼에도 불구하고 공인회계사는 항상 그들의 업무를 솔직하고 객관적으로 수행하여야 한다.

인증업무에는 주장기준 인증업무와 직접보고 인증업무가 있다. 모든 인증업무는 공인회계사, 인증대상업무 책임자 및 의도된 이용자가 관련된다.

① 주장기준 인증업무

주장기준 인증업무에서는 인증대상의 평가와 측정은 그 인증대상업무를 수행하는 책임자에 의해 수행되며, 인증대상정보는 인증대상업무를 수행하는 책임자가 의도된 이용자에게 주장하는 형태로 제공된다. 주장기준 인증업무의 대표적인 것이 재무제표감사업무이다.

[재무제표감사업무]

재무제표감사업무는 잠재적이고 광범위한 정보이용자와 관련이 있다. 따라서 인증업무팀의 구성원 및 회계법인 등은 감사의뢰인[2]으로부터 독립적이어야 한다. 이러한 독립성 요구사항은 인증업무팀의 구성원과 인증대상정보(재무제표)에 직접적이고 중요한 영향력을 미칠 수 있는 직위에 있는 감사의뢰인의 임직원 간의 특정 관계를 금지하는 내용을 포함한다. 그리고 인증대상에 대하여 직접적이고 심각한 영향을 미칠 수 있는 직위에 있는 직원과의 관계에 의하여 독립성 훼손위협이 발생할 수 있는지 여부도 감안하여야 한다.

[재무제표감사 이외의 업무]

재무제표감사 이외의 주장기준 인증업무를 수행하는 인증업무팀의 구성원과 회계법인은 인증의뢰인(인증대상업무 책임자, 즉 인증대상정보뿐만 아니라 인증대상에도 책임을 지는 자일 수 있음)으로부터 독립적이어야 한다. 이러한 독립성 요구사항은 인증업무팀의 구성원과 인증대상정보에 직접적이고 중요한 영향력을 발휘할 수 있는 직위에 있는 인증의뢰인 간의 특정 관계를 금지하는 내용을 포함한다. 그리고 인증대상에 대하여 직접적이고 심각한 영향을 미칠 수 있는 직위에 있는 직원과의 관계에 의하여 독립성 훼손위협이 발생할 수 있는지 여부

2) 재무제표감사의뢰인이라 함은 회계법인이 수행하는 재무제표감사업무의 대상이 되는 회사를 말한다. 상장회사의 재무제표감사의뢰인에는 항상 그 특수관계자가 포함된다.

도 감안하여야 한다. 또한 회계법인은 네트워크 회계법인의 이해관계 및 유대관계에 의하여 발생할 수 있다고 판단되는 독립성 훼손위협도 고려하여야 한다.

재무제표감사 이외에 대부분의 주장기준 인증업무에서는 인증대상업무 책임자가 인증대상정보와 인증대상 모두에 대하여 책임을 진다. 그러나 어떤 경우에는 인증대상업무 책임자가 인증대상에 책임을 지지 않을 수도 있다. 예를 들면, 환경전문가가 의도된 이용자에게 배포할 목적으로 기업의 지속가능성 실무에 대한 보고서를 작성하고 공인회계사가 이 보고서에 대한 인증업무를 수행하는 경우에는 동 환경전문가는 인증대상정보에 책임을 지고, 기업이 인증대상(지속가능성 실무)에 책임을 진다.

인증대상업무 책임자가 인증대상정보에 책임을 지고 인증대상에는 책임을 지지 않는 경우에는 인증업무팀의 구성원과 회계법인은 인증대상정보 책임자(인증의뢰인)로부터 독립적이어야 한다. 또한 회계법인은 인증업무팀의 구성원 및 회계법인 등과 인증대상 책임자 간의 이해관계 및 유대관계에 의하여 발생할 수 있다고 생각되는 독립성 훼손위협도 고려하여야 한다.

② 직접보고 인증업무

직접보고 인증업무에서는 공인회계사가 인증대상을 직접 평가하고 측정하거나 평가와 측정을 수행한 책임자로부터 확인서를 징구하는데, 그러한 확인서는 의도된 이용자에게 공개되지 않는다. 인증대상정보는 인증업무보고서의 일부로서 의도된 이용자에게 제공된다. 직접보고 인증업무를 수행하는 인증업무팀의 구성원과 회계법인은 인증의뢰인(인증대상업무 책임자)으로부터 독립적이어야 한다.

(2) 독립성을 해치는 위협

공인회계사의 불편부당에 대한 위협이 될 수 있는 모든 관계와 상황을 식별하는 것은 불가능할 것이다. 그럼에도 불구하고 통상 공인회계사의 독립성을 위협하는 주요 요인을 살펴보고자 한다(〈표 1〉을 참조).

〈표 1〉 공인회계사의 독립성에 대한 주요 위협

독립성에 대한 위협	위협의 성격
유착위협	회계사와 고객 간의 가까운 관계는 회계사로 하여금 고객의 관점에 너무 동정적이거나 고객의 관점에 객관적으로 도전하는 것을 매우 꺼리게 한다.
이기적 위협	회계사가 고객이나 고객과 관계된 사람들의 성공에 재무적 또는 다른 이해관계를 가지고 있다. 회계사는 고객에 어떤 직접적인 또는 중대한 간접적인 이해관계를 가지고 있지 않을 수도 있다.
변호위협	행정심판이나 마케팅 제안에서 고객을 대변하는 것 등과 같이 회계사가 고객의 이익을 위해 홍보한다.
압력위협	고객의 적극적이고 압도하는 성격이나 영향의 범위는 회계사를 겁주어 그들의 관점을 수용하도록 한다.
자기검토 위협	회계사는 이전에 실질적으로 고객의 직원과 같은 역할로 매출채권이나 종업원보상 자료를 준비한 경우에는 이를 객관적으로 검토하거나 감사할 수 없다.
경영참여 위협	회계사는 고객의 이사, 임원 그리고 이와 유사한 경영의사결정자로서 일하고 있는 동안 그가 수행한 판단이나 의사결정을 객관적으로 검토하거나 감사할 수 없다.
이해상반 위협	고객과 회계사의 이해는 그들이 서로 소송을 건 상태이거나 걸겠다고 위협할 때 상반된다.

(주) 앞의 [3-2]에서 보았듯이 우리나라 공인회계사 윤리기준에서는 경영참여위협과 이해상반위협을 별도로 언급하고 있지 않다.

1) 유착위협

'우리가 적에 맞서기 위해서는 우리의 친구에 대응하는 것만큼 상당한 용기가 필요하다'라는 말이 있다. 공인회계사들은 친구나 가까운 관계 속에 있는 사람들을 대응하는 것이 얼마나 도전이 되는 일인지 알고 있다. 특별대우 또는 적어도 외관상 특별대우는 공인회계사가 고객을 위해 일하는 사람들에게 동료의식이나 충성심을 가질 때 쉽게 일어날 수 있을 것이다.

독립성에 대한 유착위협(familiarity threat)은 일반적으로 적용집단의 구성원의 가까운 친구, 가족 또는 동료들이 고객사에서 주요 보직에 있을 때 발생한다. 주요 보직이란 그 사람이 재무제표의 근간이 되는 회계기능의 주요 책임을 지거나, 재무제표 작성의 주요 책임을 지거나, 재무제표의 내용에 중대한 영향을 미치는 위치에 있는 직위를 말한다. 따라서 여기에는 재무보고감독기능을 맡은 CEO, CFO, 회계담당자와 법무자문위원이 포함된다.

또한 유착위협은 공인회계사가 고객과의 관계가 오래되었을 때 발생할 수 있다.

〈사례〉 유착위협의 존재 여부

당신의 부친은 회사에서 모든 판매팀을 감독하는 마케팅 최고책임자이다. 부친이 공인회계사인 당신에게 그 회사의 감사인 선임계약에 응찰해 보라고 권고하였다.

당신 부친의 고용관계가 당신이 그 회사에 감사서비스를 제공하는 데 독립성의 규정을 위반한다고 보는가?

풀이

아니다. 가족구성원이 고객사에서 일하고 있고 주요 보직을 맡고 있다면, 일반적으로 감사인의 독립성을 위협한다. 담당업무가 재무자료를 처리하고 재무보고를 하는 일이나 재무제표의 내용에 영향을 미치는 경우에만 독립성에 영향을 미치는 주요 보직이라고 본다. 따라서 마케팅 책임자로서 부친의 역할은 당신의 독립성을 해치지 않는다.

직업변경과 관련된 유착위협을 살펴보자.

직업을 바꾼 뒤에도 전임 동료들과 친구관계가 때로는 오래 지속되기도 한다. '나는 영원히 당신 편에 설 거예요. 그것이 바로 친구이지요'라는 말이 있다. 오랜 친구관계를 유지하는 것은 멋지다. 그러나 공인회계사가 회계법인에서 고객사로 이직하거나 고객사에서 회계법인으로 이직하는 경우 독특한 유착위협을 낳는다.

① 이전에 고객사에서 근무했던 공인회계사

이전에 고객사에서 근무했던 공인회계사가 회계법인으로 자리를 옮기면 분명히 유착위협이 발생한다. 이러한 공인회계사의 독립성이 유지되도록 새로 고용된 공인회계사는 고객과의 모든 재무적 관계를 중단해야 하며, 그가 고객사에서 일했던 이전 기간이 포함되는 감사에는 참여하지 않도록 해야 한다.

② 이후에 고객사에서 근무하는 공인회계사

공인회계사가 근무했던 회계법인을 떠나 고객사에서 주요 보직을 맡게 되었을 때 떠난 공인회계사가 회계법인과 모든 관계, 특히 외관상 관계를 끊어버리지 않으면 독립성을 잃게 된다. 따라서 이직한 공인회계사는 실제적으로 그의 종전 회계법인과의 재무적 관계, 재무적 활동 및 혜택을 모두 중단해야 한다. 더욱이 계속적인 관계가 있는 것으로 보이는 것도 역시 중단되어야 하는데, 종전 회계법인은 이를 통상 그들의 사무실이나 웹사이트에서 이직한 공인회계사에 대한 언급을 모두 삭제함으로써 달성할 수 있다.

③ 회계법인을 떠나 고객사로 옮길 것을 고려하고 있는 공인회계사

현재의 고용상태를 보호하기 위해서 근무자가 새로운 일자리를 찾고 있음을 현재의 고용주에게 숨기는 것은 이해할 만하다. 그러나 감사의 관점에서는 감사팀원이 감사 중에 있는 바로 그 기업과 고용기회를 논의하고 있다면 심각한 윤리문제가 발생한다. 이러한 상황에서는 예상 고용주를 만족시키려는 감사팀원의 본능적 동기로 인하여 감사팀의 긴장도와 독립성에 대한 심각한 의구심이 일어날 것이다.

이러한 분열된 충성심 때문에 감사대상기업에서 새로운 일자리를 찾고 있는 공인회계사는 즉시 감사업무에서 손을 떼고 그의 의도를 현재의 고용주에게 알려야 한다. 이러한 공개의무는 공인회계사가 감사고객과 취업가능성을 '찾거나 논의하는 시점'에 시작한다. 감사대상기업에서 어떤 형태의 업무를 할 것인지는 관계가 없다.

감사팀원이 고객사에서 일자리를 찾으려는 시도를 알면, 회계법인은 즉시 추가 의무를 지게 된다. 그 공인회계사가 전에 수행했던 업무를 주의를 기울여 평가하고, 필요하다면 이러한 일을 모두 다시 수행하도록 해야 한다.

2) 이기적 위협

농구심판이 자기가 주심이었던 경기에 베팅했다면 문제가 되는 것과 같이 독립성에 대한 이기적 위협(self-interest threat)은 공인회계사가 다른 사람들이 그의 불편부당함에 의문을 제기하도록 하는 재무적 이해관계를 가진 경우에 발생한다. 이기적 위협이 발생하는 대표적인 상황을 살펴보자(〈표 2〉를 참조).

〈표 2〉 이기적 위협

금 지	허 용
직접적 재무지분 또는 중요한 간접적 재무지분	중요하지 않은 간접적 지분. 간접적 지분이란 고객의 지분투자에 대해 적극적인 의사결정을 하는 뮤추얼펀드라든지 퇴직연금 등과 같은 단위에 대한 수동적 지분임
고객에게 대여 또는 고객으로부터 차입	일반인에게 제공되는 관례에 따른 조건인 차량차입금이라든지 신용카드 같은 표준신용공여
고객과의 공동기업에 중요한 지분	중요하지 않은 공동기업활동
단일 고객에 지나친 의존	회계법인이 한 고객으로부터 15%까지의 수익을 얻을 수 있음

① 독립성을 해치는 재무지분

관련된 공인회계사들이 고객에 직접적인 재무지분을 가지거나 중대한 간접적인 재무지분을 가지고 있을 때 독립성이 침해된다.

직접지분은 관련된 공인회계사들이 고객사의 주식을 한 주라도 가지고 있을 때 존재한다. 이 경우에는 중요성을 따지지 않는다.

간접지분은 관련된 공인회계사들이 다른 조직에 지분을 가지고 있으나 그 조직의 의사결정을 통제하거나 영향을 미치지 않을 때 존재한다. 간접지분은 통상 그들의 투자포트폴리오에 고객의 주식을 보유하고 있는 뮤추얼펀드나 퇴직연금에 수동적인 소유지분을 포함한다. 관련된 공인회계사가 중대한 간접지분을 보유하고 있으면 독립성을 해친다. 중요성은 관련된 공인회계사의 순자산을 참조하여 결정된다.

〈사례〉 감사대상회사에 간접지분을 보유한 경우 독립성에 미치는 영향

공인회계사가 자신의 감사고객인 A사의 주식을 한 주도 보유하고 있지 않다. 그의 순자산은 약 17억원이다. 그의 순자산에는 회사의 퇴직연금에 투자한 5천만원이 포함되어 있다. 퇴직연금은 A사 주식 약간을 포함하여 100여 종류의 다양한 주식을 보유하고 있다.

공인회계사는 A사와 관련하여 독립성의 규정을 충족시키고 있는가?

풀이

그렇다. 공인회계사는 A사에 직접지분을 전혀 가지고 있지 않다. 더욱이 그는 중대한 간접지분도 가지고 있지 않다. 그가 퇴직연금에 투자한 간접지분은 그의 순자산의 주요 부분이 아니다.

② 독립성을 해치는 채권자 지분

'당신의 친구는 돈을 빌려주고, 당신의 적은 갚으라고 한다'라는 말이 있다. 많은 친근한 관계는 채무자가 부채를 갚지 않을 때 갑자기 안 좋아진다. 따라서 감사인과 고객 간의 채권-채무 관계는 감사인의 독립성을 위태롭게 한다.

[고객이 관련된 공인회계사에게 신용을 제공]

고객에게서 돈을 빌린 후 공인회계사는 더 유리한 대출금 상환조건을 얻길 원해서 고객을 관대하게 대할 수 있다. 따라서 일반적으로 고객이 그들에게 신용을 제공하면 관련된 공인회계사는 독립성을 잃는다고 정하고 있다.

그러나 만일 감사인이 자동차 구입대금을 빌리거나 관례적인 조건으로 신용카드를 이용한다면 독립성은 침해되지 않는다고 본다. 또한 담보대출이나 담보가 없더라도 금액이 적으면 제한적인 상황에서는 허용되고 있다.

〈사례〉 관례에 따른 채권자 지분이 독립성에 미치는 영향

공인회계사인 김모 씨는 고객인 은행으로부터 차량구매대금을 차입했다. 그 차입금의 담보로 구입한 차량이 제공되었고, 김모 씨는 관례에 따라 20%를 선급하였다. 은행 대출금 이자율은 통상 기준금리+1.5%이었지만 김모 씨의 신

용상태를 반영하여 기준금리+1.0%로 결정되었다. 김모 씨와 유사한 신용상태인 사람들도 동일한 이자율이 적용되었다.

김모 씨는 은행에 대해 독립성의 규정을 만족시켰는가?

풀이

그렇다. 담보차입과 같은 일부의 차입은 그 차입조건이 일반인에게 적용되는 것과 유사하다면 공인회계사의 독립성을 해치지 않는다. 비록 김모 씨가 일반인들보다는 낮은 이자율을 적용받았지만, 이는 김모 씨의 우수한 신용상태로 인한 것이지 특별대우로 인한 것이 아니다.

[감사인이 고객에게 신용을 제공]

고객이 공인회계사에게 빚을 지면 공인회계사는 분명히 고객의 지속적인 번영에 관심을 갖게 된다. 비록 공인회계사가 고객에게 공공연히 자금을 대여하는 경우는 극히 드물지만 대부분의 공인회계사들은 서비스대금을 지급하는 데 일정 유예기간을 주고 있다. 통상적인 신용공여기간 이내의 대여금은 독립성에 영향을 주지 않는다. 그러나 전에 제공한 서비스에 대한 대금이 1년이 넘어서도 회수되지 않았다면, 이는 공인회계사의 독립성을 해치는 대출과 유사하다.

〈사례〉 미회수 서비스대금이 독립성에 미치는 영향

회계법인이 재무적으로 튼튼한 고객에게 4개월 전에 컨설팅서비스를 제공했으나 아직 서비스대금을 받지 못했다. 청구된 금액은 고객이나 회계법인 모두에게 중요하다.

공인회계사는 여전히 독립성의 규정을 충족시키고 있는가?

풀이

그렇다. 회수되지 않은 서비스료는 오직 1년을 경과했을 때 공인회계사의 독립성을 위협한다고 본다.

③ 고객과 공동사업

공인회계사와 그의 고객은 일반적으로 서로간의 사업감각을 존중한다. 그 결과로 공인회계사는 때로는 고객과 팀을 이루어 공동기업의 소유주가 되기도 한다. 그러나 공인회계사가 고객과 공동으로 사업하기로 계약을 체결하면, 외부인들은 공인회계사가 고객을 감사하는 데 있어서 솔직하고 객관적일 수 있는지를 당연히 우려하게 된다. 따라서 대부분의 경우에 공인회계사가 고객과 중요한 협력관계의 사업계약을 하거나 공동투자를 하면 공인회계사는 고객에 대한 독립성을 잃게 된다고 본다. 그러나 공인회계사와 고객 간의 리스계약은 리스료가 현행 시장가격을 반영하는 한 독립성을 해치지 않는다.

④ 특정 고객에게 지나친 의존

공인회계사가 재무적으로 지나치게 한 고객에게 의존하게 되면, 그는 그 고객에게 순종적이 될 수 있다. 따라서 윤리기준에서는 '단일 인증고객에게서 나오는 수익에 지나친 의존은 아마도 독립성을 해칠 것이다'라고 언급하고 있다.

〈사례〉 특정 고객에 대한 지나친 의존이 독립성에 미치는 영향

한 중소회계법인이 그들의 한 감사고객으로부터 받는 수익이 총수익의 7%에 해당한다. 또한 추가적으로 19%의 수익이 그 고객에게 세무서비스를 제공함으로써 발생한다.

이 회계법인은 당해 감사고객에 대한 독립성의 규정을 충족시키고 있는가?

풀이

아니다. 회계법인의 총수익이 지나치게 한 고객에게 의존하고 있다.

3) 변호위협

공인회계사가 법정에서 '고객이 불법적인 자금세탁을 했다는 소송은 추측에 의한 것이고 혐의가 없다'라고 증언했다. 고객을 지지하는 공인회계사의 주장은 그의 독립성을 잃도록 하는가?

변호위협(advocacy threat)은 고객의 대변인 역할이 다른 사람들로 하여금

공인회계사가 자신의 능력을 고객에 대해서 불편부당하게 행사할 수 있을까를 의심하게 할 때 발생한다. 이 경우를 보면, '고객이 협의가 없다'라는 공인회계사의 주장은 후에 공인회계사가 사실상 자금세탁에 관여되었다는 증빙을 객관적으로 평가할 수 없도록 할 것이다. 지지하는 증거를 찾거나 반대증거를 무시함으로써 전에 가졌던 믿음을 확증하려는 경향은 심리학에서 확증편향(confirmation bias)이라고 알려져 있다. 따라서 고객의 대변인 역할을 하면, 공인회계사는 고객의 감사인으로서 독립성을 유지할 수 없게 된다.

〈사례〉 고객의 대변인이 되는 것이 독립성에 미치는 영향

최근 재산세 관련 조사에서 국세청 담당자가 당신의 고객이 부동산 취득원가를 건물과 토지에 잘못 배정하였다고 주장했다. 이를 방어하기 위해서 공인회계사인 당신은 고객의 취득원가 배정의 정당성을 변호하는 문서를 작성하여 제출했다.

당신은 아직도 고객의 감사인으로서 독립성을 만족시키는가?

풀이

아니다. 이러한 문서를 제출함으로써 당신의 독립성을 해치는 변호위험이 발생했다.

4) 압력위협

고객과 감사인 간의 논의는 청와대 안에서의 부부동반 파티와 같이 정중할 필요는 없지만 밀어붙이는 럭비의 스크램블을 닮아서도 안 된다. 압력위협(undue influence threat)은 고객이 그들의 요구에 맞추어 공인회계사가 내렸던 최선의 판단을 포기하도록 도를 넘는 시도를 할 때 발생한다. 이러한 위협은 여러 가지 상이한 방법으로 발생한다.

① 고객의 압력

고객이 감사인의 서비스대가를 지급하는 현재의 제도하에서는 본질적으로 고객이 감사인의 생계에 영향을 미칠 수 있는 재무레버리지를 가진다. 다행히도 고객과 공인회계사 모두 이러한 상황을 알고 있음에도 불구하고 대부분의 감사인-고객 대화는 명백한 위협이 없이 부드럽고 전문적인 방법으로 이루어진다.

그러나 어떤 경우에는 고객이 감사인에게 해고하겠다는 위협 등의 겁을 주는 방법으로 그들의 우월한 경제적 위치를 이용하려고 시도할 수도 있다. 고객이 그들의 정당한 관점을 표현한다는 것이 윤리적 선을 넘어 겁을 주는 행위가 될 때 이로 인한 압력위협은 감사인의 독립성을 해친다. 이러한 상황을 협박위협(intimidation threat)이라고도 부른다.

② 선물과 접대

[고객에게서 가치 있는 것을 받음]

어떤 고객은 호전성보다는 친근감을 이용하여 감사인에게 영향을 주려고 노력한다. 고객이 감사인에게 가치 있는 것을 주었을 때 그들의 목적은 순수한 것일 수 있지만 비판적인 관람자들은 그 선물을 은근한 뇌물로 볼지도 모른다. 따라서 부적절한 행동으로 보일 수 있는 가능성을 예방하기 위해서 감사인은 선물의 가치가 중요하지 않은 경우에만 받아야 할 것이다. 접대 또는 스포츠경기나 콘서트 입장권 등과 같은 다른 형태의 환대는 단지 상황에 비추어 합리적인 경우에만 허용된다. 이러한 상황에는 행사의 성격과 가치, 행사에 고객사 인물의 참여, 그리고 그 행사와 사업활동의 관련성 등이 포함된다.

〈사례〉 감사인에 대한 고객의 환대가 독립성에 미치는 영향

감사인의 부인에게 심장마비가 와서 긴급수술을 받고 회복중이다. 오랫동안 고객이었던 기업이 7만원 정도의 화분과 회복을 희망한다는 카드를 집으로 보냈다.

이 선물이 감사인의 독립성을 해치는가?

풀이

아니다. 이 선물은 압력위협을 불러일으키지 않을 것이다. 이 선물은 심각한 감정적 어려움을 겪고 있는 동료를 점잖고 사려 깊게 응원하는 것이었다. 상황에 비추어 볼 때 이 선물의 가치는 분명히 중요하지 않았다.

[고객에게 가치 있는 것을 제시]

이와는 반대로 감사인이 고객에게 선물이나 접대를 제공하는 것은 특별히 문제가 되지 않는다. 회계법인은 핵심적으로 그들의 서비스를 선전하는 권리를 가지고 있다. 따라서 감사인이 고객에게 제시하는 선물과 접대는 감사인의 행동이 상황에 비추어 합리적인 한 감사인의 독립성을 침해하지 않는다.

5) 자기검토위협

감사법인은 표준감사보고서에 '경영진은 재무제표를 작성할 책임이 있으며, 우리는 해당 재무제표에 대하여 의견을 표명하는 것입니다'라고 언급한다. 즉 스포츠의 예를 들면, 회사는 선수이고, 감사인은 심판이다.

그러나 만일 감사인이 재무제표를 작성하고 그들이 이의 적정성을 검토하도록 하면, 이러한 책임의 구분이 애매해진다. 이러한 자기검토위협(self-review threat)을 제거하기 위해서 감사인은 일반적으로 고객의 계정기입, 송장, 구매의뢰서 등의 서류를 만드는 데 관여해서는 안 된다. 그러나 고객이 회계정책을 실행하거나 공시규정을 충족하도록 도울 수는 있다. 왜냐하면 감사과정에서 감사법인과 감사고객의 경영진 간의 소통이 필요하기 때문이다.

〈사례〉 고객의 회계처리에 대한 관여가 독립성에 미치는 영향

연말에 감사대상 고객이 이미 발생한 몇 가지 부채를 기록해야 함을 주지하게 되었다. 고객을 돕기 위해서 그 고객사의 CFO에게 수정분개의 사례를 보내주고, 이와 비슷한 분개를 해야 함을 제안했다.

당신은 독립성 규정을 위반하였는가?

풀이

아니다. 비록 감사인은 일반적으로 고객을 위한 분개를 해서는 안 되지만 감사도중에 완성된 재무제표가 회계기준에 부합하는 것을 담보하기 위해서 회계기록의 수정을 제안할 수 있다. 고객이 최종 회계처리를 하고 승인하는 한 독립성은 유지된다.

6) 경영참여위협

지도자의 자질을 말할 때 '뒤에서 이끌고, 그들이 앞에 있다고 믿게 하라'라는 말이 있다. 그러나 이는 감사인에게는 맞지 않는 조언이다. 경영참여위협(management participation threat)에 따르면 감사인은 뒤서건 앞서건 간에 감사인이 고객의 지도자 역할을 맡게 되면 감사인의 독립성은 침해된다. 감사인이 고객을 위해 중요한 경영의사결정을 하고 나서 자신 행위의 결과를 객관적으로 검토할 수 없기 때문에 감사인에 의한 경영의사결정은 적절하지 못하다.

경영참여위협을 제거하기 위해서 감사인은 무엇보다도 고객의 내부통제를 감시하고, 영업을 감독하고, 수표에 날인하고, 자금을 지출하고, 인사에 관련된 의사결정을 하는 것이 금지되어 있다. 이러한 금지조항의 폭은 매우 넓지만, 감사인이 컨설팅서비스를 제공하는 경우에는 고객이 최종 의사결정을 하는 한 독립성이 침해되지 않는다.

〈사례〉 고객에 대한 컨설팅이 독립성에 미치는 영향

고객사가 직원 6%를 해고하기로 결정하고, 해고해야 하는 종업원을 결정하는 데 당신의 조언을 요구했다. 이러한 요구에 응답하여 당신은 스톡옵션, 퇴직금부담액과 다른 부가적 혜택을 포함하여 종업원 각자가 받는 총보수금액을 결정했다. 그리고 당신의 분석에 근거하여 고객사는 종업원을 원가-효익 생산성에 따라 서열을 매기고 생산성이 낮은 종업원들에게 해고를 통보하였다.

당신은 이 감사고객에 대한 독립성 규정을 충족하고 있는가?

풀이

그렇다. 당신은 단순히 고객에게 원가자료를 제시했고, 고객이 자신의 의사결정을 위하여 그 자료를 이용했다.

회계법인이 감사고객에게 세금관련 서비스를 제공했을 때 그 회계법인의 감사부서는 사실상 세금부서가 수행한 작업을 비판하게 된다. 재무성과표에서 세금비용이 매우 중요하기 때문에 어떤 투자자들은 회계법인이 세금서비스를 제공하고 나서 자신의 세금관련 서비스의 신뢰성을 감사하면 독립성 침해를 방어할 수 없는 위협이 발생한다고 불평한다. 만일 감사부서에서 세금부서 동료의 잘못을 발견하면, 그들은 아마도 자신들의 난처함을 감추려고 그 잘못을 덮으려고 할 것이 당연하지 않은가라는 의문을 제기할 것이다.

다른 사람들은 이러한 우려를 일축한다. 그들은 회계법인이 한 고객에게 세무와 감사 업무를 모두 수행하면 상당한 지식전파의 효익이 발생한다고 주장한다. 즉 감사인은 회계법인이 고객의 세무전략을 개발하는 데 참여하고 고객의 세금보고에 대한 사전지식을 가지고 있을 때 보다 효율적으로 감사를 수행할 수 있다는 것이다.

투자자들은 감사법인이 컨설팅 또는 다른 유형의 비인증서비스 제공에 대해서도 우려를 제기한다. 그들은 회계법인은 조언을 제공하고 나서 자신의 조언을 객관적으로 비판할 수 없다고 주장한다.

많은 논쟁이 있은 후에 회계법인은 네 가지 요소를 충족시킨다면 비인증서비스를 제공하는 쪽으로 이 문제가 정리되고 있다.

- 회계법인이 고객의 경영의사결정을 하지 않는다.
- 제공된 비인증서비스를 감독하고 평가할 수 있는 능력을 고객이 가지고 있다.
- 제공된 모든 서비스에 대한 완전한 책임을 고객이 진다.
- 회계법인과 고객 모두가 제공되는 비인증서비스의 성격과 범위를 문서화한다.

〈사례〉 고객에 대한 비인증서비스의 제공이 독립성에 미치는 영향

감사고객이 당신에게 은행계정조정표 작성을 의뢰하였다. 당신이 보고서를 제출하자 고객사의 CFO가 약간의 수정을 거쳐 재무제표에 보고되는 현금계정을 확정하였다. 이러한 비인증서비스의 성격과 범위는 당신이 이 업무를 수행하기 전에 문서로 작성하였다.

당신은 여전히 이 고객에 대한 독립성의 규정을 충족시키는가?

풀이

그렇다. 고객이 은행계정조정표에 대한 최종 경영의사결정을 하였고, 감사인 서비스의 적정성을 평가하였고, 그 업무에 대한 책임을 지고, 사전에 그 서비스의 성격과 범위를 문서화하였다.

7) 이해상반위협

이런 노래가 있다. '우리는 헤어지려고 만났지요. … 처음에 당신은 날 사랑했지만 그 뒤엔 나를 미워했어요. 이는 바보들을 위한 게임이지요.' 감사하는 동안 논쟁이 발생하면 때로는 고객과 감사인은 헤어지자고 위협하지만 다시 상호간의 이해관계에서 변함없이 같이한다. 감사관계를 끝내는 것은 정말 바보 같은 일이다. 왜냐하면 어떤 고객도 감사인을 해고함으로써 진실한 재무제표를 제공했던 그들의 평판을 해치길 원치 않기 때문이다.

비록 대부분의 감사인-고객 분쟁은 원만하게 해결되지만 공공연한 적대감은 감사인이 불편부당을 유지하는 것을 어렵게 만든다. 따라서 이러한 이해상반위협(adverse interest threat) 때문에 감사인과 고객이 상호간 소송을 시작하거나 시작하겠다고 위협했을 때 감사인의 독립성은 소멸한다.

〈사례〉 감사인-고객 간의 분쟁이 독립성에 미치는 영향

고객이 감사수수료를 과대 청구했다고 감사인을 고소했다. 감사인은 이러한 주장을 반박하고 아직 지급되는 않은 감사수수료 회수를 위한 소송을 제기할 계획이 있다고 공표했다. 감사인은 이미 당기의 감사를 위한 실사를 시작한 상태이고, 고객의 보고시한은 멀지 않다.

감사인은 이 현장실사를 끝마치고 감사의견을 제시할 수 있는가?

풀이

아니다. 감사인과 고객 간의 소송이 시작되었거나 시작하겠다고 위협한 경우에 이해상반위협은 감사인의 독립성을 해친다. 감사인의 실사가 시작된 것과 보고서 제출기간이 급박한 것은 관계가 없다.

(3) 독립성에 대한 개념적 접근

국제적인 회계법인들은 오랫동안 어떤 사람이든 모든 경제적 또는 재무적 및 기타 관계에서 자유롭게 전문적인 판단을 하는 것이 불가능하다고 인식해왔다. 윤리기준에서는 위험기준 개념체계를 채택하고 감사인이 부딪치는 위협과 이러한 위협을 줄이는 안전장치를 따져보도록 요구하고 있다. 감사인은 정보를 받는 관계자들이 독립성 위반으로 인한 위협이 모든 것을 감안하여 수용가능한 경우에만 인증의견을 표현할 수 있을 것이다.

1) 개념체계의 적용

인증업무팀의 구성원 및 회계법인 등은 각각의 상황에 대하여 이 윤리기준에서 규정한 개념체계를 적용하여야 한다. 회계법인 및 인증업무팀의 구성원과 인증의뢰인 간의 관계를 파악하는 것뿐만 아니라, 인증업무팀 외부의 개인과 인증의뢰인 간의 관계가 독립성 훼손위협을 발생시키는지 여부를 고려하여야 한다.

독립성 훼손위협은 심각한 위협과 명백하게 경미한 위협으로 구분된다. 어떤 구체적인 사항이 심각한지 여부를 검토하기 위해서는 양적요소뿐만 아니라 질적요소를 함께 고려하여야 한다. 어떤 사항을 명백하게 경미한 것으로 판단하기 위해서는 해당 문제가 사소하고 미미하다고 인정되어야 한다.

독립성 훼손위협과 이러한 위협을 제거하거나 수용가능한 수준 이하로 감소시키는 데 필요한 안전장치의 성격은 개개의 인증업무의 특성에 따라 다르다. 예를 들면, 인증업무가 재무제표감사업무인지 또는 다른 형태의 인증업무인지의 여부에 따라, 그리고 재무제표감사업무 이외의 인증업무인 경우에는 인증업무의 목적, 인증대상정보 및 의도된 이용자에 따라 독립성 훼손위협의 성격과 해당되는 안전장치의 내용이 달라진다. 따라서 회계법인은 업무의 수임 및 유지 여부를 결정하고 필요한 안전장치의 성격을 판단할 때와 특정 개인을 인증업무팀에 포함시킬 것인지 여부를 결정할 때에는 관련 상황, 인증업무의 성격 및 독립성 훼손위협을 평가하여야 한다.

독립성 훼손위협의 심각성과 해당 위협을 수용가능한 수준 이하로 감소시키는 데 필요한 안전장치에 대한 판단은 공익을 고려한 것이어야 한다. 어떤 기업은 사업 내용, 규모 및 광범위한 이해관계자로 인하여 공익에 중요한 영향을 미칠 수 있다. 이러한 기업의 예로서 상장회사, 은행, 보험회사 및 연금기금을 들 수 있다. 상장회사의 재무제표가 가지는 강한 공익성 때문에 상장회사감사업무와 관련하여 추가적인 요구사항을 규정하고 있다. 비상장회사인 재무제표감사의뢰인에 대해서도 공익이 중요한 경우에는 상장회사감사업무에 관한 개념체계의 적용을 고려하여야 한다.

독립성 훼손위협이 명백하게 경미한 경우가 아님에도 불구하고 회계법인이 해당 인증업무를 수임하거나 유지하기로 결정하는 경우에는 파악된 위협, 해당 위협을 제거하거나 수용가능한 수준 이하로 감소시키기 위해 적용한 안전장치와 이에 따른 결론 및 그 결론의 근거를 문서화하여야 한다.

의뢰인의 경영진으로부터 독립적이며 의뢰인의 이사회가 회계법인의 독립성을 확신할 수 있도록 이를 지원하는 감사위원회는 내부감시기구와 관련된 중요한 역할을 할 수 있다. 회계법인은 독립성에 영향을 준다고 합리적으로 생각되는 관계 및 기타 사항에 관하여 상장회사의 감사위원회(감사위원회가 없는 경우에는 다른 내부감시기구)와 주기적으로 의견을 교환하여야 한다.

회계법인은 감사위원회 또는 다른 내부감시기구와 독립성에 대한 의견교환을 함에 있어서 이와 관련된 정책 및 절차를 수립하여야 한다. 상장회사의 재무제표감사업무의 경우 회계법인은 전문가적 판단의 견지에서 독립성에 영향을 주는 것으로 합리적으로 생각되는 모든 관계 및 기타 사항에 관하여 연간 1회 이상 구두 및 문서상으로 의견교환을 하여야 한다.

2) 개념적 접근의 사례

인증업무에서 독립성은 매우 중요하다. 따라서 공인회계사 윤리기준에서는 독립성에 대한 개념적 접근이 특정 상황과 관계에 대하여 어떻게 적용되고 있는지에 대한 구체적인 사례를 제시하고 있다.[3] 이러한 제시의 목적은 회계법인과 인증업무팀의 구성원이 다음 사항을 수행하는 데 도움을 주고자 함에 있다.

• 독립성 훼손위협의 파악
• 이러한 위협이 명백하게 경미한지의 여부 평가
• 이러한 위협이 명백하게 경미한 경우 외에는 이를 제거하거나 수용가능한 수준 이하로 감소시키기 위한 적절한 안전장치의 파악과 적용

독립성 훼손위협의 심각성을 평가할 때에는 적용된 안전장치 및 관련된 모든 정보를 알고 있는 합리적인 제3자가 수용할 수 없는 것으로 판단할 만한 사항이 무엇인지를 고려해야 한다. 독립성 훼손위협을 제거하거나 수용가능한 수준 이하로 감소시키기 위한 적절한 안전장치를 결정하기 위해서는 전문가적 판단이 필요하다. 독립성 훼손위협을 수용가능한 수준 이하로 감소시키기 위한 안전장치를 적용할 수 없는 경우의 유일한 해결책은 해당 위협을 발생시킨 활동 또는 이해관계를 제거하거나 해당 인증업무의 수임 또는 유지를 거절하는 것이다.

공인회계사 윤리기준에서는 독립성 훼손위협을 일으킬 수 있는 구체적 상황과 관계를 다음 7가지 경우로 나누어 제시하고 있다(구체적 내용은 본 [3-3]에 첨부된 〈사례〉를 참조).

① 재무적 이해관계
② 대출과 보증
③ 인증의뢰인과의 친밀한 사업관계
④ 가족관계 및 개인적 관계
⑤ 인증의뢰인과의 고용관계
⑥ 회계법인의 고위구성원이 인증의뢰인과 장기간의 업무수임관계를 유지
⑦ 인증의뢰인에게 비인증업무를 제공

---

3) 그러나 제시된 사례들이 독립성 훼손위협이 발생할 수 있는 모든 상황을 빠짐없이 포함하지는 않는다. 따라서 이 사례들만을 단순히 준수하는 것으로는 충분하지 아니하며, 업무를 수행하는 중에 겪게 되는 각각의 구체적인 상황에 맞추어 개념체계를 적용하여야 한다.

3) 독립성 위협을 상쇄하는 안전장치

독립성은 조그만 차이가 수용가능한 위험과 수용가능하지 않은 위험을 구분하는 연속체 위에서 평가된다. 비록 감사인들이 이러한 위험을 피하려고 노력하지만 때로는 위험에 대응할 안전장치를 활용하여 독립성을 유지할 수 있다.

① 규제에 의한 안전장치

감사인들로 하여금 제대로 조심하도록 하지 못하고 있다는 비판이 있다. 이러한 비판에 대응해서 공인회계사회와 금융감독원에서는 감사인을 위한 안전장치를 마련하고 있다.

- 신입 공인회계사에게 독립성과 윤리에 대한 의무적 교육
- 기존 공인회계사에게 계속하여 의무적 교육
- 강력한 감시절차와 징계
- 회계법인에 대한 외부의 질적 통제 검토

② 고객에 의한 안전장치

고객은 다음과 같은 안전장치로 그들의 감사인의 독립성을 도울 수 있다.

- 감사법인이 제공하는 비인증서비스를 적절히 감독하고 평가할 수 있는 능력을 지닌 직원을 고용
- 정직한 재무보고를 강조하는 문화를 형성
- 재무보고 문제에 대한 솔직한 소통을 촉진하기 위한 사전대책을 강구하는 감사위원회와 같은 지배구조의 구축

③ 감사인에 의한 안전장치

회계법인도 독립성을 소멸시킬 수 있는 위협을 줄이기 위해 다양한 안전장치를 시행하고 있다. 대표적인 안전장치로는 다음과 같은 것이 있다.

- 독립성을 위협하는 재무적 지분과 관계를 식별
- 감사업무를 하는 직원을 비인증업무를 하는 직원과 분리
- 법인이나 특정한 한 공인회계사가 단일 고객에 의존하는 것을 식별

- 고위직원을 다른 고객으로 정기적으로 순환
- 고객의 부당한 압력을 분산시키는 데 도움이 되도록 내부에서 이러한 문제를 다루는 인력의 운영
- 법인의 질적 통제를 감독하는 고위직원 또는 독립적인 외부 공인회계사를 운영

4) 개념체계 관련 사항

① 제한된 정보이용자를 위한 인증보고서

재무제표감사 이외의 인증업무에서 보고서 이용자가 명시적으로 제한이 되어 있는 경우에 인증보고서 이용자는 인증대상의 평가 및 측정의 준거기준을 포함하여 회계법인의 인증업무수행절차의 성격과 범위를 정하는 데 참여하게 된다. 따라서 그들은 인증의 목적, 인증대상정보 및 인증보고서의 한계를 충분히 지득하고 있는 것으로 간주된다. 인증보고서 이용자가 이러한 한계를 충분히 알고 있고 회계법인이 모든 인증보고서 이용자와 안전장치에 관한 논의를 할 수 있는 능력을 강화하는 것은 외관상 독립성에 대한 안전장치의 유효성을 증가시킨다. 회계법인은 이러한 상황을 감안하여 독립성 훼손위협을 평가하고 필요한 안전장치를 강구하게 된다.

인증업무팀의 구성원과 그의 직계가족 또는 측근가족의 독립성을 평가할 때에는 최소한 관련 규정을 적용할 필요가 있을 것이다. 만약에 회계법인이 인증의뢰인과 직 · 간접적인 중요한 재무적 이해관계를 가지고 있는 경우라면, 이때 발생하는 이기적 위협은 매우 심각하므로 어떠한 안전장치도 동 위협을 수용가능한 수준 이하로 감소시킬 수 없게 된다. 하지만 네트워크 회계법인의 이해관계 및 유대관계에 의하여 발생하는 위협에 대해서는 관련 규정을 제한적으로 고려해도 충분할 것이다.

② 다수의 인증대상업무 책임자

재무제표감사 이외의 어떤 인증업무의 경우에는, 인증대상업무 책임자가 여러 명 있을 수 있다. 이 경우 각각의 인증대상업무 책임자와의 이해관계 및 유대관계에 의해 발생하는 독립성 훼손위협의 심각성 여부를 인증대상정보와

관련하여 판단해야 한다.[4)] 특정 인증대상업무 책임자와의 관계에서 발생한 독립성 훼손위협이 명백하게 경미하다고 판단한 경우에는 관련 규정을 모두 적용할 필요는 없다.

③ 독립성 유지기간

인증업무팀의 구성원과 회계법인은 인증업무수임기간 동안 인증의뢰인에 대한 독립성을 유지하여야 한다. 업무수임기간은 인증업무팀이 업무를 착수한 일로부터 인증보고서 발행일까지이다. 반복적인 인증업무의 수임기간 종료일은 어느 일방의 계약당사자가 전문적 관계가 종료되었음을 통고한 일자와 최종 인증업무보고서의 발행일자 중 더 나중 일자로 한다.[5)]

④ 기타 사항

일반적으로 회계법인 등 및 인증업무팀의 구성원과 인증의뢰인 간의 이해

---

4) 이때 고려하여야 할 요인은 다음과 같다.
- 인증대상업무 책임자가 책임을 지고 있는 인증대상정보(또는 인증대상)의 중요성
- 당해 인증업무와 연관된 공익성의 정도

5) 재무제표감사업무의 수임기간은 회계법인이 보고하는 재무제표의 회계기간을 포함한다. 보고대상 재무제표의 회계기간 중이나 그 이후에 업무를 수임한 회계법인은 다음의 상황이 독립성 훼손위협을 발생시키는지 여부를 판단하여야 한다.
- 감사업무 수임 이전인 재무제표의 회계기간 중 또는 재무제표의 회계기간 이후에 의뢰인과 재무적 이해관계 및 사업적 관계가 있는 경우
- 당해 의뢰인에게 이전에 서비스를 제공한 적이 있는 경우

이러한 사항은 재무제표감사 외의 인증업무에 대해서도 동일하게 고려하여야 한다.

감사대상 재무제표의 회계기간 중 또는 그 이후에 재무제표감사업무를 착수한 경우로서, 감사업무기간 동안 제공이 금지되어 있는 비인증업무를 해당 감사업무를 착수하기 이전에 제공한 경우, 이러한 비인증업무가 해당 재무제표감사업무에 대한 독립성을 위협하는지 여부를 고려하여야 한다. 해당 위협이 명백하게 경미한 경우 이외에는 해당 위협을 수용가능한 수준 이하로 감소시키는 데 필요한 안전장치를 적용하여야 한다. 이러한 안전장치를 예시하면 다음과 같다.
- 당해 의뢰인의 감사위원회 등 내부감시기구와 이미 제공된 비인증업무와 관련된 독립성 문제를 논의
- 비인증업무의 결과에 대한 책임이 당해 의뢰인에게 있음을 인정하는 확인서를 입수
- 비인증업무를 제공한 구성원을 해당 재무제표감사업무에서 제외시킴
- 다른 회계법인에게 해당 비인증업무의 결과를 검토하게 하거나, 해당 비인증업무를 재수행하도록 함으로써 타 회계법인이 해당 비인증업무에 대한 책임을 질 수 있도록 함

관계 및 유대관계를 중심으로 독립성 훼손위협과 안전장치를 논의한다. 재무제표감사의뢰인이 상장회사인 경우 회계법인 등은 당해 의뢰인의 모든 특수관계자[6]와의 이해관계 및 유대관계를 고려하여야 한다. 이상적으로는 사전에 모든 특수관계자와의 이해관계 및 유대관계를 파악하여야 한다.

상장회사 이외의 다른 모든 인증의뢰인에 대해서는 인증의뢰인의 특정 특수관계자가 당해 의뢰인에 대한 회계법인의 독립성에 영향을 미친다고 판단되는 때 그 특수관계자에 대한 독립성을 평가하고 적절한 안전장치를 적용하여야 한다.

[후속 조치]

독립성 훼손위협에 대한 평가와 후속 조치는 해당 업무의 수임 전은 물론이고 해당 업무를 수행하는 도중에도 계속해서 증거를 입수하여 뒷받침하여야 한다. 독립성 훼손위협을 평가하고 이에 대한 조치를 취하여야 하는 의무는 회계법인 등 또는 인증업무팀의 구성원이 독립성이 훼손될 수 있는 상황 및 관계를 인지하거나 또는 인지할 것이라고 합리적으로 예상이 되는 때에 발생한다.

[고의성 없는 위반]

윤리기준의 독립성 규정을 고의성이 없이 위반하는 경우가 있을 수 있다. 회계법인 내에 독립성을 증진시키기 위한 적절한 품질관리 정책과 절차를 강구하고 위배사항을 발견하는 즉시 시정해야 한다. 필요한 안전장치를 적용하고 있다면, 이러한 위배사항은 일반적으로 인증의뢰인에 대한 독립성을 손상시키지 않을 것이다.

---

6) 특수관계자라 함은 의뢰인과 다음과 같은 관계를 가지는 회사를 말한다.
① 의뢰인에 대한 직·간접적인 지배력을 가지는 회사로서, 의뢰인이 당해 회사에게 중요한 경우
② 의뢰인과 직접적인 재무적 이해관계를 가지는 회사로서, 당해 회사가 의뢰인에게 중요한 영향력을 행사할 수 있으며, 의뢰인에 대한 이해관계가 당해 회사에게 중요한 경우
③ 의뢰인이 직·간접적인 지배력을 가지는 회사
④ 의뢰인 또는 위의 ③의 회사가 중요한 영향력을 행사하는 직접적인 재무적 이해관계를 가지는 회사로서, 이러한 이해관계가 의뢰인과 위의 ③의 회사에게 중요한 경우
의뢰인과 공동의 통제하에 있는 회사(이하 자매회사)로서, 동 자매회사와 의뢰인이 이들을 지배하는 회사에게 각각 모두 중요한 경우에 한한다.

5) 독립성이 침해되었을 때 필요한 조치

만일 회계법인의 독립성이 침해되었으면, 그들은 어떤 감사계약이나 다른 인증업무도 받아들여서는 안 된다. 만일 그들이 감사계약을 수행하기 시작한 이후에 독립성의 문제를 발견하였다면, 의견보류를 발행하여 독립성이 결여되었음을 공표하여야 한다.

사례 인증업무에서 독립성을 훼손시킬 수 있는 상황이나 관계[7)]

(1) 재무적 이해관계

인증의뢰인과의 재무적 이해관계[8)]는 이기적 위협을 발생시킬 수 있다. 재무적 이해관계는 이해관계를 가진 자가 통제력을 행사할 수 있는 직접적인 재무적 이해관계와 통제력을 행사할 능력이 없는 간접적인 재무적 이해관계로 구분된다.[9)]

인증의뢰인과 다음과 같은 재무적 이해관계를 가지고 있는 경우에 발생하는 이기적 위협은 독립성에 매우 심각한 영향을 미치게 된다. 따라서 해당 위협을 수용가능한 수준 이하로 감소시키기 위해 적절한 안전장치를 적용하여야 한다.

① 모든 인증의뢰인에 대하여

가. 인증업무팀 구성원이나 그 직계가족[10)]이 직접적인 재무적 이해관계를 가지거나 또는 중요한 간접적인 재무적 이해관계를 가지는 경우

나. 인증업무팀 구성원이 자신의 측근가족[11)]이 직접적인 재무적 이해관계를 가지거나 또는 중요한 간접적인 재무적 이해관계를 가지고 있다는 사실을 알게

---

7) 또한 각각의 상황하에서 발생가능한 잠재적 위협을 제거하거나 수용가능한 수준 이하로 감소시키는 데 적절한 안전장치를 기술하고 있다(이에 대해서는 윤리기준의 원문을 참조하기 바람).

8) 재무적 이해관계(financial interest)라 함은 회사의 주식이나 다른 유가증권, 채권 및 대출이나 기타 채무증서에 대한 이해관계를 의미하며, 이러한 이해관계를 획득하기 위한 권리 및 의무와 이러한 이해관계와 직접적으로 관련이 있는 파생상품도 포함한다.

9) 직접적인 재무적 이해관계(direct financial interest)라 함은 다음과 같은 재무적 이해관계를 의미한다.
   - 개인이나 회사가 통제력을 가지고 직접적으로 소유하는 재무적 이해관계(타인에게 일임하여 관리하는 경우도 포함)
   - 개인이나 회사가 통제력을 가지고 있는 간접투자자산(펀드, 신탁, 수익증권 등)을 통해 소유하는 재무적 이해관계

   간접적인 재무적 이해관계(indirect financial interest)라 함은 개인이나 회사가 통제력을 가지고 있지 않은 간접투자자산(펀드, 신탁, 수익증권 등)을 통해 소유하는 재무적 이해관계를 말한다.

10) 직계가족(immediate family)이라 함은 배우자(사실상의 배우자 포함)와 동일 거소에서 부양하는 본인 및 배우자의 직계존비속을 말한다.

11) 측근가족(close family)이라 함은 부양가족이 아닌 본인 및 배우자의 직계존비속과 형제자매를 말한다.

된 경우

다. 회계법인이나 인증업무팀 구성원이 수탁자의 입장[12]에서 인증의뢰인과 직접적인 재무적 이해관계를 가지거나 또는 중요한 간접적인 재무적 이해관계를 가지는 경우

인증업무팀의 구성원이 아니더라도 다음의 개인과 그 직계가족 및 측근가족이 가지는 재무적 이해관계로 인하여 이기적 위협이 발생되는지 여부를 고려해야 한다.

가. 인증업무팀의 구성원이 아닌 파트너와 그 직계가족
나. 인증의뢰인에게 비인증업무를 제공하는 파트너와 관리자급 직원
다. 인증업무팀의 구성원과 친밀한 개인적 관계를 가지고 있는 개인

회계법인의 파트너 또는 그 배우자가 다음 각호의 재무적 이해관계에 있는 경우 안전장치의 유무에 상관없이 회계법인은 그 회사의 재무제표를 감사하거나 인증하는 업무를 수임할 수 없다.

가. 주식 또는 출자지분을 보유하고 있는 경우
나. 당해 파트너에게 직무를 수행하는 대가로 자기 회사의 주식 · 신주인수권부사채 · 전환사채 또는 주식매수선택권을 제공하였거나 제공하기로 한 경우

인증의뢰인과의 재무적 이해관계와 관련하여 고의성이 없는 독립성 위배가 발생할 수 있다. 이 경우 다음 내용을 모두 충족한 경우에 한하여 회계법인 등 또는 인증업무팀의 구성원의 독립성이 손상되지 않을 것이다.

가. 취득, 상속 또는 다른 방법에 의하여 인증의뢰인과의 재무적 이해관계를 가지게 되어 독립성 위배가 발생된 경우, 회계법인 내의 모든 구성원이 이 사실을 신속하게 회계법인에 보고하도록 하는 정책과 절차를 마련함
나. 회계법인 등이 해당 구성원에게 재무적 이해관계를 청산해야 한다는 점을 신

---

12) 수탁자로서 이러한 재무적 이해관계를 가질 수 있기 위해서는 다음 사항이 모두 충족되어야 한다.
   ① 인증업무팀의 구성원, 그의 직계가족 및 회계법인이 해당 신탁자산의 수혜자가 아닌 경우
   ② 인증의뢰인에 대한 지분이 전체 신탁에서 중요하지 아니한 경우
   ③ 해당 신탁이 인증의뢰인에게 심각한 영향을 행사할 수 없는 경우
   ④ 인증업무팀의 구성원이나 회계법인이 인증의뢰인과의 재무적 이해관계와 관련된 어떠한 투자의사결정에 대해서도 심각한 영향력을 가지지 아니하는 경우

속하게 통지함

다. 해당 문제를 인지한 후, 해당 구성원을 인증업무팀에서 즉시 제외시키고, 가능한 한 빠른 시일 내에 재무적 이해관계를 청산하도록 함

② 인증의뢰인이 재무제표감사의뢰인인 경우

다음 경우에는 발생하는 이기적 위협이 독립성에 매우 심각한 영향을 미치므로 이를 수용가능한 수준 이하로 감소시킬 수 있는 안전장치가 없을 것이다. 따라서 해당 재무제표감사업무를 수행하기 위한 유일한 대책은 해당 재무적 이해관계를 청산하는 것이다.

가. 회계법인 등이 감사의뢰인과 직접적인 재무적 이해관계를 가지는 경우
나. 회계법인 등이 감사의뢰인과 중요한 간접적인 재무적 이해관계를 가지는 경우
다. 회계법인 등이 감사의뢰인에 대하여 지배력을 가지고 있는 자와 중요한 재무적 이해관계를 가지는 경우
라. 감사와 관련된 업무를 수행하는 업무담당파트너[13]가 속해 있는 사무소[14]의 다른 파트너들 또는 그 직계가족이 당해 감사의뢰인과 직접적인 재무적 이해관계를 가지거나 또는 중요한 간접적인 재무적 이해관계를 가지는 경우[15]
마. 감사의뢰인에게 비인증업무를 제공하는 다른 파트너와 관리자급 직원 또는 그 직계가족이 당해 감사의뢰인과 직접적인 재무적 이해관계를 가지고 있거나 중요한 간접적인 재무적 이해관계를 가지는 경우
바. 회계법인 등 또는 인증업무팀의 구성원이 이해관계를 가지고 있는 회사에 감사의뢰인, 그 임원 또는 지배주주가 투자를 하고 있는데, 회계법인 등 또는 감사의뢰인에게 이해관계가 중요하고 감사의뢰인이 당해 회사에 심각한 영향력을 행사할 수 있는 경우

회계법인 등이 퇴직연금제도로 인해 감사의뢰인과 재무적 이해관계를 가지는 경우에는 이기적 위협이 발생할 수 있다. 따라서 이러한 위협의 심각성을 평가하여야 하며, 해당 위협이 명백하게 경미한 경우 이외에는 이러한 위협을 제거하거나 수용

---

13) 업무담당파트너(engagement partner)라 함은 해당 업무의 계약과 그 수행 및 보고서의 발행에 대하여 회계법인을 대신하여 책임을 지며, 필요한 경우에는 법규상의 적절한 권한을 인정받은 회계법인의 파트너 또는 기타 구성원을 말한다.
14) 사무소라 함은 지리적 또는 업무상으로 구분되어 있는 회계법인의 하위조직을 말한다.
15) 재무제표감사 관련 업무를 수행하는 업무담당파트너의 사무소가 반드시 업무담당파트너가 업무를 배정받은 사무소일 필요는 없다.

가능한 수준 이하로 감소시키는 데 필요한 안전장치를 강구하고 적용하여야 한다.

③ 인증의뢰인이 재무제표감사의뢰인 이외인 경우

다음 경우에는 발생하는 이기적 위협이 독립성에 매우 심각한 영향을 미치므로 이를 수용가능한 수준 이하로 감소시킬 수 있는 안전장치가 없다. 따라서 해당 재무제표감사업무를 수행하기 위한 유일한 대책은 해당 재무적 이해관계를 청산하는 것이다.

가. 회계법인이 인증의뢰인과 직접적인 재무적 이해관계를 가지는 경우
나. 회계법인이 인증의뢰인과 중요한 간접적인 재무적 이해관계를 가지는 경우
다. 회계법인이 인증의뢰인에게 지배력을 가지고 있는 자와 중요한 재무적 이해관계를 가지는 경우

(2) 대출과 보증[16)]

인증의뢰인과 다음과 같은 관계가 있는 경우에는 이기적 위협으로 인해 독립성 훼손위협이 발생할 수 있다. 따라서 적절한 안전장치를 적용하여 이러한 위협을 수용가능한 수준으로 감소시켜야 한다.

가. 은행, 증권회사 또는 기타 이와 유사한 금융기관인 인증의뢰인으로부터 대출이나 대출에 대한 보증을 받았는데 정상적인 절차와 약정기간 및 요구조건에 따라 이루어지지 않았으며,
  • 회계법인이 제공받은 금액이 중요한 경우
  • 인증업무팀의 구성원 또는 그 직계가족이 제공받은 경우
나. 회계법인이나 인증업무팀의 은행, 증권회사 또는 기타 이와 유사한 금융기관인 인증의뢰인에게 예치한 예금이나 증권계좌가 정상적인 상거래조건에 따라 이루어지지 않은 경우
다. 회계법인이나 인증업무팀의 구성원이 은행이나 기타 이와 유사한 금융기관이 아닌 인증의뢰인에게 대출이나 차입에 대한 보증을 제공하였고, 그 금액이 중요한 경우

그러나 인증의뢰인과 다음과 같은 관계를 가진 경우에는 그 회사의 재무제표를

16) 재무제표감사업무의 경우에는 회계법인, 모든 네트워크 회계법인 및 감사업무의뢰인에게 적용하여야 한다.

감사하거나 인증하는 업무를 수임할 수 없다.

가. 관련 법규에서 제외하기로 정한 채권 또는 채무[17] 이외에 채권 또는 채무관계에 있으며,
- 회계법인이 회사와 1억원 이상의 채권 또는 채무관계에 있는 경우
- 회계법인의 파트너 또는 그 배우자가 3천만원 이상의 채권 또는 채무관계에 있는 경우

나. 회계법인 또는 회계법인의 파트너가 회사에 「예금자보호법」에 따라 보호되는 금액 한도 이내의 예금 · 적금 등 이외에, 3천만원(회계법인은 1억원) 이상의 예금 등을 예치한 경우

(3) 인증의뢰인과의 친밀한 사업관계

다음 경우에는 인증의뢰인과 상업적이거나 일반적인 재무적 이해관계를 수반하여 이기적 위협과 압력위협으로 인해 독립성 훼손위협이 발생할 수 있다. 따라서 해당 위협을 수용가능한 수준 이하로 감소시키기 위해 적절한 안전장치를 적용하여야 한다.

가. 회계법인이나 인증업무팀의 구성원과 인증의뢰인이나 그 경영자 간 또는 회계법인 등과 재무제표감사의뢰인 간에 형성된 친밀한 사업관계[18]가 있는

17) 관련 법규에서 제외하기로 정한 채권 또는 채무는 다음과 같다.
① 공인회계사의 직무와 직접 관련된 채권
② 「예금자보호법」에 따라 보호되는 금액 한도 이내의 예금 · 적금 등 채권
③ 표준약관에 따라 구입하거나 정상적인 가액으로 구입한 회원권 · 시설물이용권 등 채권
④ 「근로자퇴직급여 보장법」에 따른 퇴직연금 등 채권
⑤ 「금융위원회의 설치 등에 관한 법률」에 따른 기관으로부터 받은 주택담보대출 · 예금담보대출 등 통상의 절차에 따라 담보를 제공하고 성립된 채무
⑥ 「여신전문금융업법」에 따른 신용카드의 사용에 의한 지급기일이 2월 이내인 채무 중 연체되지 아니한 채무

18) 친밀한 관계를 예시하면 다음과 같다.
- 인증의뢰인 또는 그 지배주주, 임원 또는 기타 경영의사결정을 하는 자와의 공동투자에서 중요한 재무적 이해관계를 가지는 경우
- 회계법인과 인증의뢰인의 서비스나 상품을 결합하여 일괄 판매하는 약정을 체결한 경우
- 회계법인이나 인증의뢰인이 상대방의 상품이나 서비스를 유통하거나 마케팅을 수행

경우

나. 회계법인 등 또는 인증업무팀의 구성원이나 그 직계가족이 재무제표감사의뢰인이나 그 임원이 이해관계를 가지고 있는 소수출자회사(a closely held entity)와 사업적 이해관계가 있는 경우[19]

다. 회계법인이나 인증업무팀의 구성원이 인증의뢰인으로부터 상품과 서비스를 구입하거나 네트워크 회계법인이 재무제표감사의뢰인으로부터 상품과 서비스를 구입하는데 해당 거래가 정상적인 거래과정에 따라 공정하게 이루어지지 않는 경우[20]

(4) 가족관계 및 개인적 관계

다음과 같은 가족관계 및 개인적 관계에 있는 경우, 이기적 위협, 유착위협 또는 압력위협으로 인해 독립성 훼손위협이 발생할 수 있다. 따라서 해당 위협을 수용가능한 수준 이하로 감소시키기 위한 다양한 안전장치를 적용하여야 한다.

가. 인증업무팀의 구성원이 인증의뢰인의 임직원과 가족관계 및 개인적 관계에 있는 경우

나. 인증업무팀의 구성원의 직계가족 또는 측근가족이 인증의뢰인의 임직원으로서, 인증대상에 직접적이고 심각한 영향을 미칠 수 있는 직위에 있거나 또는 이러한 직위에 있었던 경우

다. 인증업무팀의 구성원이 아닌 회계법인의 파트너 또는 직원과 가족관계 및 개인적 관계에 있는 자가 인증의뢰인의 임직원으로서, 인증대상에 직접적이고 심각한 영향을 미칠 수 있는 직위에 있는 경우

가족관계 및 개인적 관계와 관련하여 고의성이 없는 독립성 훼손위협이 발생할 수 있다. 이 경우 다음 내용을 모두 충족시킨다면 회계법인 또는 인증업무팀의 구성원의 독립성이 손상되지 않을 것이다.

하는 약정을 체결한 경우

19) 다만 다음의 내용이 모두 충족된 경우에 한하여 독립성 훼손위협이 발생하지 아니한다.
- 해당 관계가 회계법인 등 및 재무제표감사의뢰인에게 명백하게 경미한 경우
- 해당 이해관계가 투자자나 투자자집단에게 중요하지 아니한 경우
- 해당 이해관계로는 투자자나 투자자집단이 당해 소수출자회사를 통제할 수 없는 경우

20) 이러한 거래가 공정하게 이루어지더라도 거래의 성격이나 중요성에 따라 독립성 위협이 발생할 수도 있다.

• 직계가족 및 측근가족의 고용상태 또는 기타 독립성 훼손위협을 발생시키는 개인적 관계의 변화로 인하여 고의성이 없는 독립성 위배가 발생한 경우, 회계법인 내의 모든 구성원이 이 사실을 신속하게 회계법인에 보고하도록 하는 정책과 절차를 마련함
• 해당 구성원으로 하여금 개인적 관계가 있는 자의 책임하에 있는 사항들을 다루지 않도록 하기 위하여, 인증업무팀의 책임을 조정하거나, 이것이 불가능한 경우 해당 구성원을 인증업무에서 즉시 제외시킴
• 해당 구성원이 수행한 업무의 검토에 추가적인 주의를 기울임

회계법인의 파트너의 배우자가 과거 1년 이내에 회사의 임원이나 그에 준하는 직위(재무에 관한 사무의 책임 있는 담당자 포함)에 있었거나 사용인이었던 경우에는 당해 회계법인은 그 회사의 재무제표를 감사하거나 인증하는 업무를 수임할 수 없다.

(5) 인증의뢰인과의 고용관계

다음과 같이 인증의뢰인과 고용관계에 있는 경우에는 이기적 위협, 유착위협, 압력위협 또는 자기검토위협이 발생할 수 있다. 이 경우 독립성이 위협받게 될 것이다. 따라서 해당 위협을 수용가능한 수준 이하로 감소시키기 위해 적절한 안전장치를 적용하여야 한다.

가. 과거에 인증업무팀의 구성원 또는 회계법인의 파트너이었던 자가 현재에는 인증의뢰인의 임직원으로서, 인증대상정보에 직접적이고 심각한 영향을 미칠 수 있는 직위에 있는 경우
나. 현재 인증업무에 참여하고 있는 개인이 장래의 특정 시점에 인증의뢰인에게 고용되거나 고용될 것을 알고 있거나 이를 믿을 만한 근거가 있는 경우
다. 인증업무팀의 구성원이 인증업무의 보고대상기간 이전에 인증의뢰인의 임직원으로서, 인증대상정보에 직접적이고 심각한 영향을 미치는 직위에 재직하였던 경우

한편, 다음 경우에는 독립성 위협에 미치는 영향이 매우 심각하여 이러한 위협을 수용가능한 수준 이하로 감소시킬 수 있는 안전장치가 존재하지 아니한다.

가. 인증업무팀의 구성원이 인증업무의 보고대상기간 동안에 인증의뢰인의 임직

원으로서, 인증대상정보에 직접적이고 심각한 영향을 미치는 직위에 재직하였던 경우(따라서 해당 개인을 인증업무팀에 배정해서는 안 됨)

나. 회계법인의 파트너나 직원이 인증의뢰인의 임원으로 근무하는 경우(따라서 인증업무의 수행을 거절하거나 인증업무계약을 해지해야 함)

다. 회계법인 등의 파트너나 직원이 재무제표감사의뢰인의 회사사무관리업무를 수행하는 경우(따라서 그 업무와 기능을 의사록의 작성과 법적 문서의 유지와 같은 일상적이고 형식적인 행정업무로 제한해야 함)

(6) 회계법인의 고위구성원이 인증의뢰인과 장기간의 업무수임관계를 유지

회계법인의 동일한 고위구성원이 인증의뢰인과 장기간 업무수임관계를 유지하는 경우 유착위협이 발생할 수 있다.[21] 따라서 해당 위협을 수용가능한 수준 이하로 감소시키기 위한 다양한 안전장치를 적용하여야 한다.

재무제표감사의뢰인이 상장회사라면 동일한 업무담당파트너 또는 업무품질관리검토(engagement quality control review)[22]의 책임을 지는 자(이하 품질관리검토 책임자라 함)를 각 업무의 수행기간[23] 또는 각 업무의 수행기간을 합하여 7년 이하의 기간이 경과한 후에 교체하고, 그는 교체한 때부터 2년 동안 해당 감사업무에 참여해서는 안 된다.[24]

---

21) 이러한 위협의 심각성은 다음과 같은 요인들에 의하여 결정될 것이다.
- 해당 개인이 인증업무팀의 구성원으로서 업무를 수행한 기간
- 인증업무팀에서 해당 개인의 역할
- 회계법인의 조직구조
- 해당 인증업무의 성격

22) 업무품질관리검토(engagement quality control review)라 함은 보고서가 발행되기 전 업무수행팀이 보고서를 작성하기 위해 내린 유의적 판단과 도달결론을 객관적으로 평가하는 절차를 말한다.

23) 재무제표감사의뢰인이 상장회사가 된 경우의 업무수행기간은 상장회사가 되기 이전에 관련 업무를 수행한 기간을 포함해야 한다. 그러나 이 경우 잔여기간에 2년을 추가할 수 있다.

24) 다만, 외부감사법의 규정에 의거, 회계법인은 동일한 업무담당파트너로 하여금 회사의 연속하는 6개 사업연도(주권상장법인 또는 코스닥상장법인인 회사의 경우에는 4개 사업연도)에 대한 감사업무를 행하게 할 수 없다. 또한 주권상장법인 또는 코스닥상장법인에 대하여 동일한 감사보조자로 하여금 당해 회사의 연속하는 3개 사업연도에 대한 감사업무를 행하게 할 경우 그 다음 회계연도에는 그 보조자의 2/3 이상을 교체해야 한다.

(7) 인증의뢰인에게 비인증업무를 제공

회계법인은 전통적으로 회계법인의 기술과 전문성에 부합하는 다양한 비인증업무(이를 컨설팅업무라고도 함)를 인증의뢰인에게 제공하여 왔다. 인증의뢰인은 자신의 사업내용을 잘 이해하고 있는 회계법인이 그 지식과 기술을 인증업무 외의 다른 영역에서 발휘하여 생기는 효익을 높게 평가한다. 또한 비인증업무를 제공함으로써 인증업무팀은 종종 인증의뢰인의 사업 및 영업정보를 입수할 수 있게 되며, 이러한 정보는 해당 인증업무를 수행하는 데 도움이 될 수 있다.

그러나 독립성에 대한 잠재적 위협은 재무제표감사의뢰인에게 비인증업무를 제공할 때 가장 빈번하게 발생한다. 다음 활동은 일반적으로 이기적 위협이나 자기검토위협을 발생시켜 독립성에 매우 심각한 영향을 미치지만 이러한 위협을 수용가능한 수준 이하로 감소시킬 수 있는 안전장치가 존재하지 않는다. 따라서 이러한 활동을 회피하거나 해당 인증업무의 수행을 거절해야 한다.

가. 거래를 승인, 실행, 완결하는 행위 또는 인증의뢰인을 대신하여 권한을 행사하거나 이와 같은 권한을 갖는 것
나. 회계법인의 권고사항 중 특정 사항을 이행해야 한다고 결정해 주는 행위
다. 감사위원회 등 내부감시기구에 경영자의 역할로 보고하는 행위

비인증업무가 재무제표감사 외의 인증업무의 인증대상정보와 관련이 없는 경우에 발생하는 독립성 훼손위협은 일반적으로 명백하게 경미할 것이다.

다음 비인증업무는 이기적 위협 또는 자기검토위협을 발생시킬 것이다.[25]

가. 인증의뢰인의 자산을 보관하는 경우
나. 인증의뢰인의 직원의 경상적인 활동성과를 감독하는 경우
다. 거래발생을 입증할 수 있는 전자문서 또는 다른 형태의 증빙서류나 원시자료(예를 들어, 구매주문서, 급여지급을 위한 업무시간 기록카드, 판매지시서)를 작성하는 행위

이러한 위협이 명백하게 경미하지 않다면 해당 위협을 제거하거나 수용가능한 수준 이하로 감소시키는 데 적절한 안전장치를 적용할 수 있는 경우를 제외하고는 비

25) 신규사업 개척, 자본시장의 발전, 정보기술의 빠른 변화 및 이로 인한 경영과 통제의 변화로 인해, 인증의뢰인에 대한 비인증업무의 제공이 독립성 훼손위협을 발생시킬 수 있는 모든 상황과, 해당 위협을 제거하거나 수용가능한 수준 이하로 감소시킬 수 있는 서로 상이한 모든 안전장치를 빠짐없이 나열하는 것은 불가능하다.

인증업무의 수임을 거절하여야 한다.

비상장회사이었던 재무제표감사의뢰인이 상장회사가 되는 경우, 비상장회사이었던 당시에 당해 의뢰인에게 제공한 비인증업무는 다음의 경우에 한하여 회계법인의 독립성을 손상시키지 아니한다.

가. 이전에 제공한 비인증업무가 비상장회사 재무제표감사의뢰인에 대한 규정에 의거하여 허용되는 업무인 경우
나. 해당 비인증업무가 상장회사 재무제표감사의뢰인에 대한 규정에 의거하여 허용되지 않는 업무인 경우에는, 당해 의뢰인이 상장회사가 된 때로부터 합리적인 시일 내에 해당 비인증업무를 종료하는 경우
다. 이전에 제공한 비인증업무로부터 발생할 독립성 훼손위협을 제거하거나 수용가능한 수준 이하로 감소시키기 위한 적절한 안전장치를 적용하는 경우

토론문제

1. 회계사가 다음의 업무를 수행할 때 독립성을 유지해야 하는지 여부를 밝혀라.

① 감사대상이 아닌 고객에게 세무컨설팅을 제공함
② 감사대상이 아닌 고객에게 소송에 관련된 의견을 제시함
③ 정부가 운영하는 항공사에 감사의견을 제시함
④ 비상장기업의 분기보고서에 검토의견을 제시함
⑤ 내부감사인으로서 고용기업에 건의함
⑥ 고용기업의 장부에 나타나고 연말 감사대상 재무제표의 내용에 영향을 주는 회계처리를 하기 전에 계정분류에 대한 의견을 제시함
⑦ 고용기업이 설립한 연금펀드의 재무제표에 감사의견을 제시함

2. 도현 씨와 송이 씨가 결혼했다. 송이 씨는 현송회계법인의 파트너로 가나(주)를 감사하고 있는 책임자이다. 도현 씨는 가나(주) 우선주의 1%를 보유하고 있으나 그가 보유하고 있는 가나(주) 주식은 그의 순자산에 비해 아주 미미한 수준이다.

1) 현송회계법인은 가나(주)를 감사함에 있어서 독립성 규정을 충족시키고 있는가?
2) 도현 씨가 남편이 아니고 송이 씨의 남동생이라도 당신의 답은 동일한가?
3) 도현 씨가 성장하여 부유한 은행원과 결혼한 송이 씨의 아들이더라도 당신의 답은 동일한가?

3. 의성 씨는 다라(주)의 세무부서의 책임자이고, 온달회계법인은 다라(주)의 외부감사인이다. 최근에 의성 씨는 일정 대가를 지급하면 일손이 바쁜 시기에 온달회계법인의 세무업무를 도와주겠다는 제안을 하였다. 온달회계법인은 의성 씨를 임시직으로 채용하고 의성 씨가 다라(주) 재무제표 작성에 전혀 관여하지 않는다는 조건으로 세무보고업무를 일부 위탁하였다.

온달회계법인은 다라(주)의 외부감사인으로서 독립성 규정을 충족시키고 있는가?

4. 나라은행과 청아(주) 간의 소송에서 청아(주) 회계담당자가 회계사건을 인식해야 할 기간에 맞게 기록하였는지에 대한 의문이 제기되었다. 은행은 회사가 소송에서 전략적 우위를 확보하기 위해서 회계연도가 몇 개월이 지난 후에 장부에 기입하여 회계조작을 하였다고 주장하고 있다. 당신은 우연히도 나라은행과 청아(주) 모두의 감사를 책임지고 있는 파트너이다. 당신은 청아(주)가 회계연도 말 이전에 관련 회계처리를 하였는지 여부를 증언하기 위해 법정에 소환되었다. 당신의 증언이 '예'라면 청아(주)에게는 도움이 되지만 나라은행의 주장에는 해가 된다.

당신의 증언이 계속 은행의 감사인이 될 수 있는지 여부에 영향을 미치는가? 당신이 청아(주)를 계속하여 감사한다면, 그러한 증언이 독립성에 영향을 미치는가?

5. 회계법인과 고객 간 수수료에 대한 분쟁이 있은 이후에 쌍방은 이 분쟁을 대법관출신 변호사와 내밀하게 논의하기로 합의했다. 현재 이 분쟁은 해결되지 않은 상태이다. 쌍방 모두가 소송을 제기하지도 않았고, 제기하겠다고 위협하지도 않았다.
회계법인이 이 고객을 계속 감사한다면 독립성 규정을 충족시킬 수 있을까?

6. 당신이 가족의 큰 의료비로 고민하자 감사하고 있는 고객의 재무담당자가 개인적으로 1,000만원을 1년간 무이자로 빌려주겠다고 약속했다. 고객사는 이러한 거래에 대해 관여하지 않았고 알고 있지도 않았다.
당신이 해야 할 일이 있다면, 이는 무엇일까?

7. 고객사의 재무제표를 검토하던 공인회계사들 중 한 명이 갑자기 그만두자 당신은 친절하게 그 고객사의 송장작성과 배송자료 및 검수확인서를 검토하는 데 도움을 주기로 동의했다.
당신의 친절한 행동에는 어떤 문제점이 있는가?

8. 공인회계사인 유송 씨가 그가 거주하는 대전시의 관리자로 선출되었다. 관리자는 1개월에 시간제로 10시간을 일하고 그에 대한 대가를 받는다. 그는 대전시의 재무제표 작성과 공시에 전혀 관여하지 않는다. 유송 씨는 과거 10년간 대전시의 외부감사인이었다.
유송 씨가 대전시를 계속 감사한다면 독립성 규정을 충족시킬 수 있는가?

9. 은정회계법인이 대형 국제은행을 감사하고 있다. 그 은행은 은정회계법인의 시니어매니저인 평화 씨에게 집을 담보로 대출해 주겠다고 동의했다. 평화 씨는 '은행과 다른 관계는 전혀 없다'라고 말했다.
은정회계법인의 독립성이 침해되었는지 여부를 결정하기 위해서 어떤 사항을 추가로 검토할 필요가 있을까?

10. 회계전문가로서 감사인이 도덕적 유혹을 최소화하기 위해 어떻게 하여야 한다고 보는가?

11. 호철 씨가 부여시 외곽에서 자라는 동안에 가장 가까운 친구는 사촌인 동갑내기 상호 씨이었다. 그 두 소년은 같은 학교의 테니스부에서 뛰었고, 그들의 생일이 이틀밖에 차이가 나지 않아 부모님들이 생일상도 함께 차려주었다. 상호 씨는 10대가 되었을 때 가족을 따라 부여시를 떠났다. 그 뒤로는 그들은 가끔 연락은 했으나 각자 다른 환경에서 자랐다.
대학교를 졸업한 후 호철 씨는 서울에 있는 도원회계법인의 시니어매니저가 되었고, 상호 씨는 인천시에 있는 경기은행 회계부서의 부책임자가 되었다. 우연히도 호철 씨가 경기은행을 감사하는 팀으로 배정되었다(호철 씨는 자신의 어머님이 경기은행의 주식 100주를 가지고 있고 항상 그 은행의 성장에 매력을 느끼고 있던 참이라 그 감사팀에 배정된 것이 반가웠다. 어머님이 보유하고 있는 주식의 주가는 3배나 뛰었다).

거리가 가까워지자 호철 씨와 상호 씨의 친밀함이 회복되었고, 옛날과 같이 주말에 함께 테니스도 즐겼다. 호철 씨는 늘 '회계법인에서 일하는 것이 즐겁지 않다'라고 말했다.

어느 주말에 둘이 만났을 때 상호 씨는 호철 씨에게 '우리 은행의 회계부서에 좋은 자리가 났는데, 한번 응모해 보라'고 권유했다. 그러나 상호 씨는 '회사는 그 채용공고를 일반대중에게 공포했기 때문에 채용에는 영향을 미칠 수 없다'라고 분명히 말했다. 그럼에도 불구하고 호철 씨는 지원서를 냈고, 1차 면접 기회가 주어졌다.

면접일이 주중이라 호철 씨는 병가를 내고 면접에 응했다. 그는 면접이 잘 되었다고 생각했고, 2차 면접 여부는 약 2주일 내에 통보될 것이라고 들었다. 면접관인 은혜 씨는 호철 씨를 다소 비싼 식당으로 데리고 갔다. 호철 씨는 은혜 씨가 점심값을 부담할 것으로 예상은 했지만 그는 자기의 신용카드(경기은행이 발행함)를 제시하며 더치페이를 하자고 했다. 그러나 은혜 씨는 정중하게 자기가 점심값을 결제하겠다고 했다. 또한 그녀는 호철 씨에게 자기는 봉급도 많이 받고 있고, 필요하면 회사에 점심값을 청구하면 된다고 말했다. 호철 씨는 그 다음 날 기분 좋게 에너지가 충만하여 감사업무로 복귀했다.

1) 호철 씨는 경기은행의 감사에서 독립성 평가에 관련된 인물인가?
2) 호철 씨 사촌이 경기은행에 근무한다는 사실이 독립성에 영향을 미치는가?
3) 호철 씨 어머님이 경기은행 주식을 보유하고 있다는 사실이 독립성에 영향을 미치는가?
4) 호철 씨가 제시한 신용카드가 경기은행이 발행했다는 사실이 독립성에 영향을 미치는가?
5) 호철 씨가 공짜로 식사를 대접받았다는 사실이 독립성에 영향을 미치는가?
6) 호철 씨는 자기를 고용하고 있는 회계법인에 어떤 사항을 알려야 하는가?
7) 호철 씨가 응모한 경기은행의 부서가 신규사업부라면 본인의 회계법인에 알려야 할 의무에서 어떤 차이가 발생하는가?

[3-4]

공인회계사는 왜 고객의 비밀을 지켜야 하고, 이해상충을 피해야 하는가?

〈도입사례〉

대학에 재학할 때 우토 씨는 남성장난감이라고 불렸다. 왜냐하면 많은 여인들이 우토 씨와 데이트를 했지만 곧 우토 씨를 차버렸기 때문이었다. 지금 우토 씨는 제조기업의 회계부서에서 근무하고 있으며 매출채권과 매출채무에 관련된 업무를 담당하고 있다.

그는 역시 적극적으로 데이트를 하고 있는데, 현재는 일을 통해 만난 2명의 여인들과 데이트를 하고 있다. 한 명은 기업에 원재료를 납품하는 기업에 근무하고 있고, 다른 한 명은 우토 씨가 일하는 부서의 직원이다.

인사부서의 책임자가 최근에 우토 씨를 불러 그의 다중 데이트 행태를 논의하고 싶어 했다. 그 책임자가 우토 씨의 개인적인 데이트에 대해 언급하는 것이 윤리적일까?

기업의 주인인 고용인은 그의 재산에 피해를 미칠 수 있는 직원의 행동에 대해서도 질문할 윤리적 권리를 가진다. 상관이 부하와 데이트를 하게 되면, 부하가 상관을 성희롱 혐의로 고소할 가능성이 있다. 또한 다른 사람들이 그 부하가 특별한 대우를 받는다고 우려하게 되어 그 상관의 윤리성이 침해를 받게 된다.

직원이 공급자의 대리인과 데이트를 하면 이해상충이 발생한다. 예를 들면, 만일 기업에 현금이 부족하면, 회계담당자는 기업에 가장 이익이 되도록 지급순서를 정해야 한다. 그러나 직원은 데이트 상대 여인이 근무하는 기업에 특혜를 줄 수 있다.

개인생활의 보호는 매우 중요한 윤리적 가치이지만 이는 공인회계사가 지켜야 할 이해상충이 없어야 한다는 의무나 고용인이 이러한 이해상충으로 이끌 수 있는 문제에 대해 질문하는 권리보다 더 중요한 것은 아니다.

모든 사람은 비밀을 듣기를 좋아하고, 이러한 비밀을 나누고 싶어 하는 뿌리 깊은 심적 욕구를 지니고 있다. 예를 들면, 어렸을 때 당신은 감정적 유대감을 발전시키기 위해 친구나 형제와 비밀을 나눈 경험이 있었을 것이다. 그리고 당신이 성장했을 때는 죄의식을 경감하기 위해 연인에게 거짓말을 했음을 가까운 친구에게 얘기한 경험도 있을지 모른다. 또한 기차나 비행기를 탔을 때 낯선 사람이라도 말이 많은 사람을 만나면 얼마나 사람들이 비밀을 나누고 싶어 하는지를 경험하곤 한다.

'댐 안에서 물이 밀어붙이는 것과 같이 비밀은 사람 안에서 밀어붙인다. 물과 비밀, 그들은 모두 나오기를 원한다'라는 말이 있다. 이는 아마도 맞는 말일 것이다. 그러나 아무리 그런 유혹이 있더라도 고객과 비밀을 나누는 공인회계사는 이러한 욕구를 견디어 내야 한다.

여기에서는 '공인회계사는 비밀유지 강령을 지켜야 한다'라는 의미를 좀 더 깊이 검토해 보고자 한다.

(1) 고객비밀의 유지

만일 특정한 정보가 일반대중에게 알려져 있지 않고 공인회계사의 고객이 그 정보의 비밀이 유지될 것이라고 합리적으로 기대한다면, 그 정보는 그 고객의 비밀(secret)인 것이다. 대부분의 경우 정보의 공시가 고객에게 피해를 가져온다면, 그 정보는 비밀정보라고 보아야 한다.

'비밀은 비밀이 아니다. 비밀은 캐내길 기다리는 숨겨진 보물이다'라는 말이 있다. 맞는 말일지는 모르지만 비밀유지의무에 따라 공인회계사는 개인적인 이익을 위해서 고객의 정보를 캐내서는 안 된다.

〈사례〉 비밀유지의무를 위반했는가?

최근에 고객과 저녁식사 시간에 그가 외도를 즐기고 있다는 것을 알게 되었다.

그날 저녁 집에 돌아와서 당신의 아내에게 당신 고객의 비행에 역겨움을 느낀다고 말했다. 당신의 아내는 그 고객의 아내를 알고 있으나 그들은 가까운 친구는 아니다.

당신은 윤리기준의 비밀유지의무를 위반했는가?

풀이

그렇다. 당신 고객의 외도에 대한 정보는 일반대중에게 알려져 있지 않고 당신의 고객은 당신이 그 정보의 비밀을 지킬 것을 합리적으로 기대했다. 비밀유지의무는 사업에 관한 정보에 국한되지 않는다. 이에는 고객이 비밀로 지켜지리라고 합리적으로 기대하는, 그들에게 곤란하거나 피해가 되는 어떤 정보라도 포함된다.

〈사례〉 고객의 비밀정보를 이용할 수 있는가?

테마공원을 감사하는 도중에 고객이 테마공원 서북쪽에 주차장을 건설하려는 사실을 알게 되었다. 유명한 식당이 테마공원을 방문하는 고객들을 겨냥하여 그 주차장 근처에 가게를 열 것을 기대하였다. 당신은 여기에서 많은 차익을 거둘 것으로 기대하여 계획된 주차장 바로 옆의 토지를 구입하였다.

당신의 고객은 그 땅을 구매하려는 계획이 없고, 당신은 이 정보를 누구에게도 발설하지 않았다. 당신은 비밀유지의무를 위반했는가?

풀이

그렇다. 공인회계사는 개인적인 이익을 위하여 고객의 비밀정보를 이용할 수 없다. 이 경우 당신이 고객에게 직접 피해를 끼쳤는가는 상관이 없다.

1) 비밀을 지켜야 할 이유

전문가들은 필요한 정보를 충분히 가질 때 좋은 의사결정을 할 수 있다. 또한 그들은 정보제공자들에게 제공받은 비밀을 보호한다는 확신을 주어야 그들이 기꺼이 그러한 정보를 제공할 유인이 있음도 알았다. 예를 들면, 의사 앞에서 머뭇거리던 환자들도 그들의 개인정보가 보호될 것이라는 확신이 있을 때 민감한 비밀정보를 털어 놓게 된다. 이와 비슷하게 의사, 변호사, 공인회계사 등의 전문가들에게 부과된 비밀유지의무는 전문서비스의 질을 향상시키는 데 필수적인 솔직한 대화를 유도하게 된다.

그러나 비밀유지의무는 한계가 있는가? 예를 들면, 2015년 몇몇 독일 정신과 의사들은 그들의 고객이었던 Lufthansa 항공사의 일부 조종사들이 심한 우울증을 앓고 있어 비행기를 조종하기에 적합하지 않다는 것을 알았다. 그러나 독일의 개인정보보호법에 따라 그들은 경영진에게 이 사실을 알릴 수 없었다. 이러한 침묵 때문에 끔직한 일이 일어났다. 한 조종사가 그의 자살유혹에 따라 의도적으로 비행기를 알프스에 충돌시켜 150명의 승객을 죽음으로 몰고 갔다.

비밀유지의무는 자영업을 하든 회계법인에서 근무하든 또는 기업에서 근무하든지 간에 모든 공인회계사에게 적용된다. 이러한 의무는 무료로 봉사활동을 하는 동안에 정보를 알게 된 공인회계사에게도 적용된다.

2) 공개가능성 유의

공개란 정보가 공인회계사와 고객의 관계 밖에서 나누어질 때 발생한다. 동료 및 보조자들과의 내적 토론은 일반적으로 허용되지만 공인회계사는 외부사람들이 고객의 비밀정보를 엿듣거나 가로채는 것을 방지하지 않으면 안 된다. 작업장 밖에서 공인회계사는 의도하지 않은 공개의 가능성, 특히 가까운 동료나 친척 또는 직계존비속에게 누설될 가능성을 조심하여야 한다.

공인회계사 윤리기준에서도 다음과 같이 언급하고 있다.

> (140.2) 공인회계사는 친밀한 관계에서도 비밀유지 강령을 준수하여야 한다. 공인회계사는 오랜 사업상의 관계자, 직계가족 또는 측근가족과의 사이에서 우연하게 기밀을 누설할 가능성이 있다는 점을 특히 경계하여야 한다.

회계실무에서 요구되는 특화된 지식으로 인해 한 공인회계사가 동일한 산업에 있는 여러 기업들에게 전문서비스를 제공하는 것이 매우 일반적이다. 이러한 상황에서 공인회계사는 비밀정보를 고객의 경쟁자, 공급자 또는 수요자들에게 유출하지 않도록 조심하여야 한다. 그러나 고객에게 서비스를 제공할 때 공인회계사가 과거 경험에서 습득한 일반산업 지식과 기법을 이용하는 것을 금지하지는 않는다.

〈사례〉 비밀유지의무를 위반했는가?

대전사무소의 감사계약을 책임지고 있는 매니저가 서울 본사에서 고객의 내부통제 흐름도를 검토하는 임무를 맡고 있는 파트너에게 고객의 매우 예민한 비밀정보를 e-메일로 보냈다. 그 파트너는 그 e-메일을 프린트해서 검토한 다음 쓰레기통에 버렸다.

그날 저녁 청소담당 직원이 이 e-메일을 읽고, 그 내용을 자기 남편에게 전달했다. 그녀의 남편은 우연히도 고객의 주요 경쟁사에서 부장으로 일하고 있었다.

매니저와 파트너가 비밀유지의무를 위반했는가?

풀이

아니다, 그리고 그렇다. 매니저가 내부 e-메일로 파트너에게 보낸 것은 비밀유지의무를 위반하지 않았다. 왜냐하면 일반적으로 동료와 정보를 공유하는 것은 허용되기 때문이다.

그러나 파트너가 고객의 사생활을 보호하려는 적절한 조치를 취하지 않았기 때문에 비밀유지의무를 위반한 것이다.

(2) 공인회계사의 비밀유지의무

공인회계사는 고객의 비밀을 유지할 의무가 있는데, 공인회계사 윤리기준에서도 이에 대해 다음과 같이 언급하고 있다.

(140.3-6) 공인회계사는 예상되는 의뢰인이나 고용주가 제공한 정보에 대해서도 비밀을 유지하여야 하고, 회계법인이나 소속기관 내부에서도 정보에 대한 기밀을 유지할 필요성이 있는지를 고려하여야 한다. 또한 자신의 통제하에 있는 직원과 자문 등 지원을 제공하는 구성원이 공인회계사의 비밀유지의무를 반

드시 지키도록 모든 합리적인 조치를 취하여야 한다.

공인회계사는 의뢰인 또는 고용주와의 관계가 종료된 이후에도 비밀유지의 원칙을 준수하여야 할 필요성이 있다. 공인회계사가 고용관계를 변경하거나 새로운 의뢰인으로부터 업무를 수임한 경우, 공인회계사는 이전의 업무경험을 이용할 자격이 있다. 그러나 공인회계사는 직무수행과정에서 지득한 어떠한 기밀의 정보도 사용하거나 공개해서는 아니 된다.

공인회계사에게 있어서 '비밀유지의무'는 그들에게 제공된 정보는 고객의 특정한 동의가 없는 한 공표해서는 안 된다는 것이다. 예를 들면, 기업의 미래 경영계획은 개인의 이익을 위해서 절대로 사용되어서는 안 되고, 이러한 비밀을 팔거나 남에게 제공해서도 안 된다.

그러나 공인회계사의 비밀유지의무는 다른 전문가들에 비해 다소 느슨하다. 공인회계사는 자신의 업무를 공인회계사회나 감독당국이 조사할 때 이러한 특권을 주장할 수 없다. 왜냐하면 공인회계사는 고객인 기업뿐만 아니라 주주, 정부기관 또는 사회 전체에게 진실을 말할 매우 강한 윤리적 의무를 지니고 있기 때문이다. 만일 이것이 가능했더라면, 비윤리적이나 불법적인 업무의 감독이 제대로 이루어질 수 없을 것이다. 따라서 공인회계사는 이러한 조사가 있을 때 통상 비밀을 제공해야 한다.

1) 비밀유지의무의 대상과 기간

비밀유지의무의 대상이 되는 고객에는 현재고객뿐만 아니라 잠재고객 및 이전고객이 있다.

[현재고객]

현재고객이란 공인회계사가 현재 전문서비스를 제공하고 있는 사람이나 조직을 말한다. 공인회계사가 기업이나 다른 큰 조직에 서비스를 제공할 때 몇 가지 문제가 발생한다. 조직 자체가 고객이므로 공인회계사는 조직의 비밀정보를 고객의 경영진에게 공개할지 여부를 조심스럽게 결정해야만 한다.

〈사례〉 조직의 비밀정보를 CEO에게 공개해야만 하는가?

큰 자선단체의 감사위원회는 당신에게 그들의 최고경영진 가운데 한 사람이 자금을 횡령하고 있는지를 조사해 달라고 요구했다. 조사하는 동안에 CEO가 조사의 예비결과를 알려달라고 요구했다. CEO가 횡령에 관여되었다는 직접적인 증거는 발견하지 못했지만 그녀의 아들인 그 자선단체의 CFO가 비행에 연루되어 있음을 암시하는 몇몇 증거가 있었다.

당신은 잠정적 결과를 CEO에게 밝혀야 할까?

풀이

아니다. 당신이 잠정적 결과를 CEO에게 알리는 것은 조사를 성공적으로 이끌지 못하도록 방해할 것이다. 정보를 어느 누구에게 보여주기 전에 당신은 자선단체의 감사위원회나 이사회로부터 구체적인 동의를 얻어내어야 한다.

공인회계사가 고객을 대신하는 어느 누구에게서 정보를 받았다면, 그러한 의사소통은 고객 자체로부터 나온 것과 같이 취급한다. 예를 들면, 고객의 정보를 기업의 이사나 수요 종업원과 나누었다면, 이는 기업과 나눈 것으로 본다.

〈사례〉 고객의 정보라고 보아야 하는가?

검토를 수행하는 과정에서 당신은 고객에게 재무상태표에 보고되는 토지의 가치에 관한 정보를 요구했다. 고객은 평가사에게 그 토지에 관련된 최근 평가보고서를 당신에게 보내주도록 요청했다. 비록 일반적으로는 평가사가 보고서의 매 페이지마다 '비밀'이라는 스탬프를 찍었지만 이번에는 그렇게 하는 것을 잊어버렸다.

당신은 이 보고서를 비밀로 취급할 필요가 있는가?

풀이

그렇다. 평가보고서는 고객이 공인회계사에게 비밀로 간직하기를 기대하는 특별한 정보를 포함하고 있다. 평가사는 고객의 지시에 따라 행동하기 때문에 그 평가보고서는 고객이 제공한 정보라고 보아야 한다.

[잠재고객과 이전고객]

공인회계사는 잠재적인 새로운 고객과 사전에 얘기가 오갈 때 고객의 정보를 접하게 된다. 민감한 문제가 나누어질 수 있도록 공인회계사는 실제로 전문적 관계가 이루어지지는 않았지만 고객이 될 뻔한 당사자로부터 얻은 비밀은 지켜주어야 한다.

공인회계사 윤리기준에서 언급했듯이 공인회계사는 이전고객의 비밀정보를 고객관계가 종료된 이후까지도 공개해서는 안 된다. 따라서 비밀유지의무는 무한정으로 계속된다고 본다([그림 1]을 참조).

[그림 1] 비밀유지의무의 지속기간

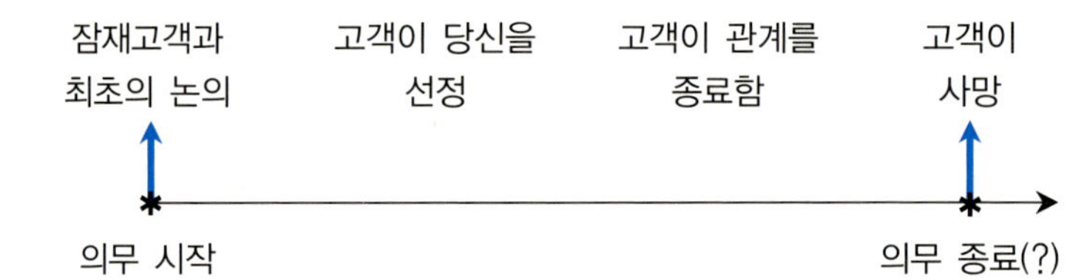

* 비밀유지의무는 고객이 특별히 공개하는 것을 동의하지 않는 한 끝없이 지속된다.

〈사례〉 비밀유지의무는 언제까지 지속되어야 하는가?

유명한 가수의 사업조언자로 있었던 동안에 공인회계사는 그 가수가 차량사고로 임신한 여인을 사망하게 했다는 사실을 알게 되었다. 그 가수는 술에 취해 있었고, 발견될 것을 겁내서 현장에서 도망쳤다. 그 가수가 최근에 사망했다.

공인회계사는 이제 친구에게 그 자동차사고를 말할 수 있는가?

풀이

아니다. 공인회계사는 고객의 비밀정보를 절대로 공개해서는 안 될 것이다. 그 가수가 더 이상 살아 있지 않을지라도 그의 불법 비행을 공개하는 것은 상당한 피해를 가져올지도 모른다. 예를 들면, 공개는 그 가수의 가족을 당황케 할 것이고, 그의 노래를 광고나 다른 상업목적으로 사용하는 것을 방해하여 그에게 재산상 피해를 끼칠 것이다.

2) 고객의 동의

만일 고객의 정보를 외부 서비스제공자들과 공유할 필요가 있다면 공인회계사는 통상 고객의 동의를 받아야 한다. 예를 들면, 만일 회계법인이 다른 나라의 저임금 전문가에게 일부 업무를 맡기길 원하면, 고객의 동의를 받아야 한다.

고객의 동의는 구체적이어야 한다. 이 동의는 구두나 문서로 할 수 있되, 동의에는 정보가 공개될 특별한 거래나 상황을 구체적으로 식별해야 한다. 일반적인, 즉 모든 상황에 적용되는 동의는 수용가능하지 않다.

〈사례〉 고객의 동의가 필요한가?

지난주에 고객사인 의심(주)가 부도덕한 세금회피전략을 쓴 이유로 그 기업과 계약관계를 청산하였다.

어제 다른 회계법인의 파트너가 당신에게 전화를 해서 의심(주)와 세금업무계약을 체결하려고 하는데 당신이 그 회사와의 계약관계를 파기한 이유를 알기 원한다고 말했다. 통화 중에 그 파트너는 당신에게 '후임 회계법인의 질문에 솔직하게 답해 주는 것이 전문가의 의무이다'라고 말하고, 그녀는 당신이 말한 것을 비밀로 하겠다는 것을 문서로 써주겠다고 약속했다.

당신은 의심(주)와 계약관계를 청산한 이유를 후임 회계법인에 공개하여야 하는가?

풀이

아니다. 전화를 한 파트너가 당신의 의무에 대해 언급한 말은 옳지 않다. 공인회계사는 종전 고객의 동의가 없으면 일반적으로 후임 회계법인이 제기한 질문에 답할 의무가 없다.

이 문제를 해결할 수 있는 실질적인 방법이 있기는 하다. 당신은 후임 회계법인에게 이 문제를 당신과 논의해도 좋다는 고객의 동의를 받아올 것을 권고하여야 한다. 만일 의심(주)가 동의하지 않는다면, 후임 회계법인은 합리적으로 의심(주)가 이전에 적절하지 못하거나 불법적인 행위를 하였음을 유추할 수 있을 것이다.

어떤 경우 공인회계사는 고객의 동의 없이 고객의 정보를 공개하지 않으면 안 된다.

첫째로 공인회계사는 유효한 법원의 소환에 응해야 한다. 만일 판사가 말하라고 하면, 당신은 말해야 한다. 또한 공인회계사는 감리에서 질문에 답하기 위해 고객의 비밀정보를 공개하여야 한다. 예를 들면, 공인회계사회가 공인회계사에 대해 접수된 불만을 조사하는 과정에서 고객에 대한 정보를 요구할지도 모른다.

더욱이 법이나 시행령 등에서 공인회계사에게 정보를 정부기관에 공개하도록 요구할 수도 있다. 예를 들면, 감사인이 상장회사의 감사과정에서 고객의 불법행위를 알게 된 경우 만일 회사가 적절한 조치를 취하지 않으면 이를 감독기관에 보고하도록 요구될 것이다. 또한 감사인은 고객의 불법적인 행위로 인하여 고객의 경영진을 믿지 못하게 된 경우에도 감독기관에 공개해야 할지도 모른다.

마지막으로 공인회계사는 고객의 재무제표가 회계기준에서 요구되는 사항을 모두 공시하고 있는지 확인하여야 한다. 예를 들면, 만일 고객이 주요 차입금을 정시에 상환하지 못한 경우 이를 공시하도록 요구하고 있다면, 고객의 반대에도 불구하고 이러한 고객의 비밀정보를 공개하도록 주장할 수가 있다.

〈사례〉 고객비밀정보의 공개의무와 고객의 동의 중 어느 것이 우선하는가?

상장회사의 재무제표에 적정의견을 준 후에 감사인은 재무제표가 중요하게 잘못되었음을 발견했다. 감사인은 고객에게 재무제표를 수정하고 그 재무제표에 의지하는 이용자에게 통보할 것을 요구했으나 고객은 이를 거절했다. 감사인이 감독기관에 알리겠다고 위협하자 고객은 그들의 재무자료는 비밀이고 어떤 감독기관에도 자료를 알리는 것에 동의하지 않겠다고 응답했다.

감사인은 고객의 정보를 감독기관에 알려야 할까?

풀이

그렇다. 감사인이 이전에 발행된 재무제표가 중요하게 잘못되었음을 발견하였고 고객이 이 재무제표에 의존하는 당사자에게 통보하는 것을 거부할 때 감사인은 이를 감독기관에 알려야 한다. 고객은 이에 동의하지 않음으로써 이러한 감사인의 의무를 방해할 수 없다.

공개가 강제적인 경우 이외에도 공인회계사는 특별한 상황에서는 고객의 동의 없이 고객의 정보를 공개할 재량권을 가진다.

① 회계실무의 매각

공인회계사가 그들의 회계실무를 매각하기 원할 때 잠재취득자는 판매자 고객의 수익성과 성장가능성을 잘 알 필요가 있다. 이는 판매자에게 딜레마를 제기하는데, 잠재취득자와 이러한 정보를 나누는 것은 아마도 고객의 비밀유지를 위태롭게 하기 때문이다.

이러한 문제에서 균형이 이루어지도록 잠재취득자가 이후에 이러한 정보의 공개를 방지할 수 있도록 판매자가 합리적인 조치를 취한다면, 고객의 동의 없이 이러한 정보를 나누는 것을 허용하고 있다. 통상 이는 관련 없는 정보를 삭제하고 잠재취득자가 비공개계약에 동의하도록 요구함으로써 달성된다. 이때 잠재취득자가 판매자의 회계실무를 검토하며 알게 된 어떤 정보도 자신의 사익을 위하여 사용할 수 없도록 강제할 필요가 있다.

② 소송관련 공시

공인회계사가 과오행위로 소송을 당했을 때 그들이 자신을 방어하기 위해 고객의 관련 정보를 제시할 수 있는 기회를 부정한다면 이는 불공평할 것이다. 따라서 법정분쟁에서 고객의 비밀정보를 공개하는 것을 허용하고 있다. 만일 그 뒤에 고객이 그들의 비밀정보가 더 넓게 대중에게 공개되는 것을 막기를 원한다면, 그들은 법원에 보호명령(protective order)을 청구할 수 있다.

특히 다음 경우에는 고객의 동의 없이 공개하는 것이 문제가 되지 않는다.

- 외부 서비스제공자들이 단순히 서류전달, 자료처리, 자료보관 등 일반관리업무를 하는 경우 : 그들이 고객의 비밀정보를 보호하겠다고 동의하고 동의 없이 공시하는 것을 방지하는 조치를 취한 경우에는 고객의 동의가 필요하지 않다고 본다.
- 고객관계 : 고객과 실질적인 의사소통은 통상 비밀이라고 본다. 그러나 공인회계사가 특정 고객에게 서비스를 제공했다는 사실 그 자체는 비밀정보

가 아니다. 왜냐하면 일반적으로 공인회계사–고객 관계의 존재가 대부분 대중에게 알려져 있으므로 이의 공개가 고객에게 피해를 끼치는 것이 아니기 때문이다. 그러나 만일 공인회계사–고객의 관계를 공개하는 것이 고객에게 피해가 된다면, 고객의 동의 없이 고객의 이름을 공개해서는 안 된다.

〈사례〉 고객의 동의 없이 고객의 이름을 공개할 수 있을까?

세무사기를 전문으로 하는 공인회계사가 전임 국무총리로부터 서비스를 의뢰받았다. 그는 전임총리의 명성으로 자기 평판이 높아지기를 원해서 전임총리가 자기의 고객임을 공개하기를 원한다.

공인회계사는 전임총리가 자기의 고객임을 공개할 수 있는가?

풀이

아니다. 비록 공인회계사는 일반적으로 자기 고객의 이름을 공개할 수 있지만, 이 경우에 공개는 일반대중에게 전임총리가 세금사기를 방어하기 위해 이 공인회계사를 선택한 것임을 암시할지도 모른다. 고객을 곤란하게 하지 않기 위해서 고객의 동의 없이 고객의 이름을 공개해서는 안 된다.

3) 다른 의무와 충돌

공인회계사에게도 비밀을 지키는 것이 다른 의무와 충돌될 때 복잡한 문제가 발생한다. 이것이 딜레마가 일어나는 이유이고, 어려운 경우에 윤리적 분석이 필요한 이유이다. 예를 들면, 공인회계사가 고객과의 대화에서 윤리적으로 문제가 되는 사실을 인지했다고 하자. 그러나 이 문제는 앞으로 당분간 기업의 재무상태에 중요한 영향을 미치지 않을 것으로 예상된다. 따라서 이 문제가 될 내용은 재무제표에 반영되지 않을 것이다. 이 경우 공인회계사는 문제가 되지 않는 한 어떤 것이든 상관없이 비밀을 지켜야 하는가? 아니면, 윤리적 의무에 따라 비밀유지의무를 위반하는 위험을 무릅쓰고 이 문제를 공개해야 하는가?

〈사례〉 의무간의 충돌이 발생한 경우에는 어떻게 해야 하는가?

공인회계사인 승전 양은 반전주의자이다. 그녀는 인간을 살상하는 무기를 생산하는 것은 절대로 안 된다고 본다. 최근에 그녀는 한 회사의 감사에 참여하게 되었는데, 그 회사가 생화학무기를 개발하는 연구를 하고 있음을 알게 되었다. 생화학무기의 실험은 금지되어 있지만 이에 대한 연구는 분명히 합법적이다.

생화학무기의 확산에 저항하기 위해 무엇인가를 해야 한다는 승전 양의 믿음은 매우 강하고 분명하다. 감사인으로서 비밀유지의무는 그녀의 반전주의 소신과 정면 배치되고 있다. 그녀는 고객사의 많은 사람들과 교제하고 있다. 특히 그녀는 여성 부사장과 친밀한 관계를 유지하고 있는데, 그 부사장은 매우 개방되어 있고 회사가 변화해야 한다고 믿고 있다.

승전 양은 어떻게 해야 하는가?

풀이

승전 양이 이 문제를 다른 사람들과 나눈다면, 비밀유지의무를 어기는 것이다. 그러나 이를 덮어둔다면, 그녀의 관점에서 볼 때 전쟁의 도화선을 돕거나 사주하는 것이 된다.

비례성의 원칙이 이곳에서도 작동한다. 공개함으로써 방지되는 문제가 매우 심각하다면, 비밀유지의무를 어기고 생화학무기 연구를 공개하는 타당한 이유를 찾을 수 있다. 윤리적 상충이 있는 상황에서 확실한 것은 없지만 비례성의 원칙은 적어도 적절한 의사결정에 이르도록 하는 내적대화를 제공한다.

모든 사람들은 다른 사람이나 조직과 다양한 이해관계를 맺고 살아간다. 그런데 그들의 이해관계가 일치하지 않는 경우가 많다. 이로 인해 많은 문제가 발생하는데, 특히 공정과 신뢰에 기반을 둔 공인회계사에게는 이러한 이해관계의 불일치는 심각한 우려사항이 된다.

(1) 이해상충의 의의

우리의 삶은 계속해서 유혹으로 가득 차 있고, '만일에 당신과 나를 선택해야만 한다면… 나는 나를 더 좋아한답니다'라는 말이 있듯이 인간의 본성상 자신의 이익을 다른 사람의 이익보다 선호하게 된다.

개인적 이익의 기회가 우리의 도덕적 의무를 망칠 때 좋은 기분을 가지게 하는 유혹과 싸워 나갈 수 있도록 우리는 단호한 성격과 자기통제가 필요하다. 이는 전문가의 개인적 목적이 다른 사람에 대한 윤리적 의무와 상충될 때 특히 그렇다.

한 사람이 자신의 사익을 위해서 다른 사람에 대한 의무를 무시하거나 저버릴 때 이해상충(conflict of interest)이 발생한다. 전문가도 자신의 사익을 위해 자신의 의무를 포기할 수도 있다. 예를 들면, 외과의사는 수술을 해서 얻는 소득이 크기 때문에 다른 형태의 치료가 가능한데도 불구하고 수술을 권유하는 동기를 가질 수도 있다. 이와 비슷하게 공인회계사는 고객이 지급하지 않은 세금과 관련하여 국세청과 조속한 타결보다는 질질 끄는 분쟁에 휘말리도록 고객에게 조언할지도 모른다.

이해상충은 또한 가정문제에서도 발생한다. 예를 들어보자. 병중에 있는 당신의 증조부가 특정 구호단체에 10억원을 기부할 것을 고려하고 있어 당신에게 그 구호단체가 믿을 만한지 알아봐 달라고 부탁하였다고 가정하자. 만일 증조부가 기부하면, 당신이 받을 미래의 유산이 상당히 감소한다. 당신은 두말없이 증조부에게 정직하게 윤리적 의무를 다하겠는가? 아니면 당신의 유산을 지키는 방향으로 왜곡하여 답하겠는가?

좀 더 넓게 보면 이해상충은 조언자가 진실하게 행동하는지, 아니면 자신의 사익에 따라 행동하는지를 선택해야만 하는 모든 상황에서 발생할 수 있다. 즉 이해상충은 전문가 생활과 일상의 삶 어디에나 존재한다.

〈사례〉 이해상충의 존재 여부(1)

대학교에서 재능이 뛰어난 축구선수가 감독에게 학교를 일찍 그만두고 프로팀에서 활약하는 것이 낫지 않겠냐는 질문을 하였다. 감독은 만일 그가 학교에서 그의 기술을 다듬으며 1년을 더 머문다면 장기적으로는 소득이 더 많을 것이라고 조언하였다.

감독은 이해상충이 있는가?

풀이

그렇다. 아마도 재능이 뛰어난 선수를 자기 팀에서 뛰도록 하는 개인적 이해가 이 선수에게 객관적인 조언을 주는 그의 윤리적 의무와 충돌한다.

이해상충은 기업에서 특히 종업원이 외부공급자들에게 회사의 자금을 사용해야만 하는 위치에 있을 때 자주 발생한다. 예를 들면, 당신이 점심회의를 위해 음식을 주문하려고 하는데, 당신의 어머님이 케이터링서비스를 운영하고 계신다고 하자. 당신은 고용인을 위해 가장 좋은 거래, 즉 바로 자신의 어머님과 협상하여 할인을 받더라도 적절한 거래를 이끌어낼 의무가 있다.

또한 직장에서의 이해상충은 종업원이 그들의 고용주와 경쟁하거나 경쟁자에게 도움을 줄 때 발생한다. 종업원은 기업의 거래 비밀, 정책과 절차가 경쟁자에게 노출되지 않도록 주의 깊게 조심해야 한다. 특히 직장에서의 이해상충은 예산편성과정에서와 같이 사실이 애매하고 개인의 판단에 따른 의사결정을 해야만 할 때 빈번히 발생한다. 예를 들면, 부서의 이익예측을 왜곡함으로써 사업부문에서 어려움을 겪고 있는 친구의 자리를 보호하도록 도울 수 있다.

이해상충의 존재여부를 평가할 때 사람들은 이해관계를 '문제의 결과에 대한 재무지분'을 지칭하는 것으로 생각하는 경향이 있다. 그러나 이해관계란 금전적 목표나 욕구를 훨씬 넘어서는 것이다. 예를 들면, 이해관계란 가족구성원이나 친구에 대한 개인적 충성일 수도 있다. 예를 들면, 대여금회수 대리기업에 고용된 종업원이 자기 회사의 조치로 직업이 없는 친구가 담보로 제공한 그의 집을 잃을 것임을 알게 되었다고 가정하자. 이 경우 이해상충이 존재하는데, 왜냐하면 기존 대여금을 회수하려는 기업의 목표는 그의 친구를 도우려는 종업원의 이해와 어긋나기 때문이다.

〈사례〉 이해상충의 존재 여부(2)

당신은 현재 교회가 운영하는 고등학교의 이사회에서 재무컨설턴트로 일하고 있다. 최근 학교의 수입이 감소하여 이사회는 당신에게 학생 숫자를 줄여야 하는지에 대한 조언을 부탁했다.

당신의 막냇동생은 이 학교에 지원하려고 하는데, 경쟁이 매우 심해 입학허가를 받기가 쉽지 않다. 그는 자기 성적이 아마도 입학허가 경계선상에 있을 것이라고 매우 걱정하고 있다.

당신이 이 고등학교에 조언을 하는 데 있어서 이해상충이 있는가?

풀이

그렇다. 당신은 당신의 막냇동생이 이 고등학교에 입학할 수 있는 확률을 높이기를 원할 것이므로 당신의 개인적 이해는 이 학교가 현재의 학생수준을 유지하도록 하는 것이다. 그러나 이러한 개인적 목표는 당신이 객관적으로 이 학교의 최적 학생 수에 대한 조언을 하는 데 방해가 될 것이다.

극장에서 버터를 친 팝콘을 먹는 것은 통상 가벼운 샐러드를 먹는 것을 이기고, 백화점에서 멋진 구두를 사는 것은 통상 은퇴를 위해 저축하는 것을 이긴다. 우리는 일반적으로 이러한 선택을 하는데, 이는 우리의 뇌가 장래의 혜택보다는 즉각적인 만족, 추상적인 것보다는 구체적인 보상, 그리고 가능한 이익보다는 확실한 이익을 선택하도록 유도하기 때문이다.

동일한 현상이 공인회계사 이해상충에서도 발생한다. 감사를 수행하는 과정에서 고객을 만족시키면 즉각적인 보상이 있다. 그러나 전문가 책임을 고수하면, 단지 식별불가능한 투자자들을 돕고 다소 애매한 개념인 보다 효율적인 증권시장을 만드는 데 공헌하는 잠재적 혜택을 창출한다.

우리는 뇌에 이연되고 불확실한 이익보다 즉각적이고 확실한 이익을 선호하도록 사전에 프로그램되어 있음을 알고도 어쩔 수 없이 이해상충에 굴복하게 된다. 이에 대해 두 가지 해결책이 제시되고 있다.

첫째로 자동반응시스템이 우리의 행위를 통제하는 방법을 인식함으로써 충동을 다스리는 것을 시작할 수 있다. 살을 찌우는 식단을 거부하거나 수업을 빼먹고 놀러가자는 친구의 초청을 거부할 때마다 그렇게 하는 것이다. 이와 같이 우리의 자아상, 명성 그리고 장기적 경력목표에 의식적으로 집중함으로써 윤리적 의무를 위반하려는 충동을 저지할 수 있을 것이다. 그렇지 않으면 의식적이고 힘이 드는 사고가 직관적으로 반응하는 감정적 본능에 대응하여 싸울 때 우리 뇌의 신경회로에 의해 설정된 대로 직관적 본능이 이긴다.

둘째로 인지과부하 기간 동안에는 결정적이고 갈등으로 가득 찬 의사결정을 피해야 한다. 인지과부하(cognitive overload)란 우리의 생각을 점유하고 있는 분석적인 정보가 너무 많음으로써 발생하는데, 계산적이고 힘이 드는 시스템2의 기능이 꽉 막혀 즉각적인 이익을 취하도록 반사작용하는 시스템1에 압도당한다. 예를 들면, 참가자들을 두 집단으로 나누어 한 집단에게는 두 자리 숫자를 외우게 하고 다른 집단에게는 일곱 자리 숫자를 외우게 한 다음에 복도를 걸어가면서 건강에 좋은 과일 또는 초콜릿 빵을 마음대로 집어가라고 말했다. 그 결과 두 자리 숫자를 기억해야 하는 집단보다 일곱 자리 숫자를 기억해야 하는 집단의 참가자들이 초콜릿 빵을 집어서 게걸스럽게 먹는 경향이 훨씬 높았다.

(2) 공인회계사의 이해상충 회피의무

1) 이해상충이 발생하는 상황

넓게 보면 공인회계사는 두 가지 상이한 이해상충과 마주칠 수 있다. 첫째,

공인회계사와 기타 조언자들이 가지게 되는 전통적인 이해상충은 전문가의 개인적 목표가 그들의 고객에 대한 의무로부터 벗어날 때 발생한다. 이를 공인회계사-고객 이해상충(accountant-client conflict)이라고 부른다.

둘째, 공인회계사가 상반된 이해관계를 가지고 있는 둘 이상의 고객에게 전문적 서비스를 제공할 때 두 번째 유형의 이해상충이 발생한다. 예를 들면, 공인회계사에게 두 고객이 있는데 그중에서 하나가 상가의 주인이고 다른 하나가 그 상가에서 사업을 하고 있다고 하자. 만일 그들이 상가임대에 관련된 협상을 하고 있다면, 공인회계사는 이러한 협상에 관여해서는 안 된다. 왜냐하면 한 편의 이익이 다른 편에게는 손해가 되기 때문이다. 이는 '두 주인을 섬기지 말라'는 격언을 생각나게 한다.

이중고객 이해상충(dual-client conflict)이라고 부르는 이러한 이해상충은 매우 다양한 상황에서 발생한다. 이는 통상 공인회계사들이 판매자와 구매자, 대여자와 차입자, 기업과 주주, 사업동업자들, 사업경쟁자들 또는 다수의 가족 구성원을 대표하는 상황에서 발생한다.

〈사례〉 이해상충의 존재 여부(3)

약혼한 한 쌍이 결혼 전에 혼전계약을 체결하기로 동의했다. 그들은 혹시 결별하게 되면 한 편이 다른 편에게 지급해야 할 적절한 이혼수당을 결정하는 문제에 대해 도움을 청해왔다. 당신은 이들 어느 누구와도 사전에 개인적이거나 전문가적 관계를 가진 적이 없었다.

당신은 이해상충이 있는가?

풀이

그렇다. 두 사람은 상반된 이해관계를 가진다. 왜냐하면 한 편이 이혼수당을 받으면 다른 편은 이를 지급해야 하기 때문이다. 따라서 이러한 상황은 이중고객상충을 일으킨다. 비록 당신이 이들 중 어느 누구를 이롭게 할 이유는 없지만 그럼에도 불구하고 이해상충은 발생한다.

2) 이해상충개념의 범위

이해상충이란 개념은 비교적 넓게 정의되고 있다. 이는 사실상 이해상충, 외관상 이해상충 그리고 아직 발생하지 않은 잠재적으로 상반되는 목적까지도 포함한다.

① 사실상 이해상충과 외관상 이해상충

공인회계사는 사실상 이해상충(actual conflict of interest)뿐만 아니라 외관상 이해상충(apparent conflict of interest)도 피해야 한다. 예를 들면, 고객이 보험의 필요성에 대한 조언을 요청했을 때 당신은 항상 당신의 친구인 보험대리인을 추천한다. 비록 당신은 당신의 친구가 유능하고 진실한 보험대리인임을 믿어 의심치 않지만 당신의 고객은 당신이 개인적 목표를 위해서 자기에게는 최선의 이익이 되지 않는 조언을 하지 않았을까 의심할 수도 있다. 이러한 외관상으로 나타나는 이해상충을 피하기 위해서 당신은 결코 고객이 당신의 진실성과 객관성을 의심할 여지가 있는 조언을 해서는 안 된다.

외관상 이해상충은 담당하는 업무에서도 나타날 수 있다. 예를 들면, 당신이 금융기관의 신용관리부에서 대출을 신청하는 고객의 신용상태를 검토하는 업무를 담당하고 있다고 하자. 만일 당신의 친구가 대출을 신청하면 당신의 친구에게 유리하게 그의 신용을 평가하려는 유혹이 있을 수도 있다.

사실상 이해상충과 외관상 이해상충이 발생하는 것을 방지하기 위해서 많은 기업은 내부규정으로 기업의 활동과 겹치는 다른 조직에 재무지분을 가지는 것을 금지하고 있다.

종업원의 이해상충은 또한 기업의 감사 및 회계 절차를 복잡하게 할 수 있다. 예를 들면, 만일 회사의 임원이 그의 고용주와 사업관계를 가지고 있는 회사에 중요한 지분을 가지고 있다면 감사인은 이들 특수관계자 간의 거래의 적정성을 평가해야만 하는 의무를 가진다.

〈사례〉 이해상충의 존재 여부(4)

작은 신생업체가 재고자산을 구매하고 온라인 소매 웹사이트를 시작하기 위해 적어도 1억원의 신규자금을 필요로 한다. 이 기업의 사업전망을 면밀히 검토한 이후에 당신은 6천만원에 상당하는 이 기업의 주식을 취득했다.

당신의 한 고객이 투자자문을 요청했을 때 당신은 이 신생업체의 주식을 살 것을 추천했고, 당신의 고객은 이 추천을 믿고 이 신생업체의 주식 8백만원어치를 취득했다.

당신이 이러한 추천을 함에 있어서 이해상충이 존재하는가?

풀이

그렇다. 물론 당신의 추천에는 사실상 이해상충은 없다고 본다. 왜냐하면 당신은 이 주식이 당신의 고객을 위한 현명하고 적절한 투자라고 진심으로 믿고 있기 때문이다. 그러나 당신의 고객은 아마도 당신이 이 신생업체를 도우려는 개인적 목표를 자신들의 이해보다 앞서 생각하고 있다고 의심할 가능성이 있다. 따라서 당신의 추천은 적어도 외관상 이해상충을 내포하고 있다.

② 현재의 이해상충과 잠재적인 미래의 이해상충

공인회계사-고객 관계는 지속되는 경우가 많기 때문에 공인회계사는 근시안적으로 그들 고객의 이해가 자신들의 이해와 일치하는지 여부만 고려해서는 안 된다. 대신에 그들은 미래에 적대적 이해관계가 발생할 가능성을 미리 심사숙고하여야 한다.

공인회계사 윤리기준에 의하면 '만일 미래에 쌍방의 이해가 갈라질 것을 합리적으로 예측가능하다면, 현재 이해상충이 존재하는 것으로 본다'라고 명시하고 있다.

③ 고객관계에서 후에 나타날 이해상충

고객과의 관계 및 이해는 시내의 잔물결과 같이 시시각각으로 바뀐다. 이러한 지속적인 변화 때문에 공인회계사는 전에는 문제가 없었던 관계였더라도 새로운 이해상충이 발생했는지 여부를 알기 위해서 고객관계를 정기적으로 재평가하여야 한다.

만일 후에 이해상충이 발견되면, 공인회계사는 이를 제거할 의무가 있다. 때로는 전문가서비스의 제공까지도 철회해야만 할 수도 있다.

〈사례〉 이해상충의 존재 여부(5)

당신의 고객은 70세인 부동산개발업자인데 당신의 세무컨설팅에 매우 고맙게 생각하고, 당신에게 자신의 건물의 공동소유주가 되어 달라고 요청했다. 이에 따라 당신은 20억원을 투자하고 건물의 지분 50%를 받았다.

당신의 고객은 소득이 많아 세율이 높으므로 당신은 그에게 소득세를 이연시킬 수 있는 장기투자를 하도록 권유해왔다. 반면, 39세로 젊은 당신은 유동성을 원하고 있으며, 소득이 적어 적용되는 세율이 상대적으로 낮아 소득세 이연에는 관심이 없다. 당신의 나이와 소득의 차이에도 불구하고 당신과 당신의 고객은 그 건물로부터 되도록 많은 소득을 올리고자 하는 공통의 목표를 가진다.

당신은 이 고객에게 계속적으로 세무컨설팅을 하는 데 있어서 이해상충이 있는가?

풀이

그렇다. 당신과 당신의 고객이 건물에서 많은 소득을 올리고자 하는 동일한 목적을 가지고 있지만 만일 두 편의 목적이 미래에는 갈라질 것이 합리적으로 예측가능하다면 이해상충은 존재하는 것이다. 현재 당신은 유동성을 확보하기 위해서 조만간 이 건물을 처분하기 원할 것인 반면, 당신의 고객은 세금을 이연하기 위해서 본 건물을 오랫동안 보유하기를 원할 것이다. 따라서 당신의 고객은 합리적으로 당신의 전문가적 조언의 객관성을 의심할 가능성이 있다.

공인회계사는 자신의 직장을 그만둔 이후에도 자신의 새 직장에서 종전 고용주의 비밀정보를 나누거나 사용해서는 안 된다. 그러나 새로운 직장으로 옮기거나 새로운 고객을 받아들인 경우에 그들의 과거 경험을 사용할 권리가 있다. 따라서 다른 직장으로 옮기면 과거의 경험을 사용하도록 허용된 선과 비밀정보를 사용해서는 안 되는 선 가운데서 적절한 위치를 유지하여야 한다. 우리의 경험은 우리가 배운 비밀이든 비밀이 아니든 간에 모든 정보의 총합이기 때문에 실무에서 이 규정을 지키는 데 있어서 도전이 되는 문제가 자주 발생한다.

〈사례〉 이해상충의 존재 여부(6)

당신은 보비(주)의 종업원들이 작업관련 상해로 소송을 제기했을 때 회사의 편에 서서 수년 동안 이 문제를 해결하는 협상을 하였다. 이러한 과정에서 당신은 과장된 상해관련 주장을 식별하고 지출을 줄이는 기법을 습득했다.

몇 개월 뒤에 당신은 보비(주)를 떠나 회계법인에서 새롭게 자리를 잡고 고용관계문제를 다루게 되었다. 바로 뒤에 잠재적인 고객이 접근하여 보비(주)에게서 받을 종업원보상에 관련된 협상을 해주기를 요청하였다.

당신은 이 잠재고객을 대표할 수 있는가?

풀이

아니다. 이 상황은 새로운 고객과 전 고용주인 보비(주)가 상반된 이해관계를 가지고 있기 때문에 이중고객상충을 나타낸다. 새로운 고객의 대리인이 되면, 당연히 종전 고용주인 보비(주)와 당신이 비밀리에 나누었던 기법과 정보를 이용하게 될 것이다.

3) 이해상충의 평가와 관리

오직 인증업무와 관련된 독립성 의무와는 달리 공인회계사의 객관성 의무는 공인회계사가 제공하는 모든 전문서비스에 적용된다. 따라서 공인회계사는 항상 그들의 고객과 관련된 이해상충을 피하도록 하지 않으면 안 된다.

〈사례〉 이해상충의 존재 여부(7)

당신은 상장된 건설회사의 회계부서에서 일하고 있다. 당신의 고용주는 모든 사업활동에서 진실한 것을 자랑스럽게 생각하고 있으며, 모든 직원이 금융감독규정과 회계기준을 준수하도록 요구하는 강력한 정책을 채택하고 있다. 직원들의 이해를 기업의 목표와 일치하도록 모든 직원들에게 스톡옵션을 부여하였다.

건설회사로서 기업은 수익인식에 진행기준을 적용하고 있다. 이 방법은 진행률, 예상원가 등에서 예상수치에 의존한다. 만일 당신이 다가오는 분기보고에서 예상원가를 의도적으로 낮추면 회사의 주가는 단기적으로 상승할 것이고 이로 인해 당신과 당신의 동료들은 스톡옵션에서 상당한 이익을 실현할 것이다.

당신은 이해상충이 있는가?

풀이

그렇다. 공인회계사는 업무를 객관적으로 수행할 의무가 있다. 당신의 고용주는 윤리적으로 회계기준을 준수하는 데 전념하고, 당신은 개인적 열망을 위해 당신의 전문가적 책임을 포기해서는 안 된다.

공인회계사가 자기 개인의 목표를 해치더라도 자신의 직업의무를 객관적으로 수행해야만 하는 의무가 있다.

비록 이해상충으로 인해 공인회계사에게 윤리적 의무가 발생하지만 많은 고객들은 그들의 공인회계사에 대한 흔들리지 않는 믿음을 가지고 사실상 또는 외관상 이해상충을 기꺼이 묵인해 준다.

이해상충을 평가하기 위해서는 먼저 이해상충의 존재여부를 확인해야 한다. 만일 이해상충의 가능성이 있다면, 이를 어떻게 공시할 것인지를 결정해야 한다. 또한 이해상충이 존재하지만 고객에 의한 면책이 가능한 경우에는 고객의 동의를 받아서 진행할 수 있을 것이다. 그러나 고객의 동의로 면책이 되지 않는다면 업무를 그만두어야 할 것이다([그림 2]를 참조). 이와 더불어 이해상충이 발생하지 않도록 상시적인 관리시스템이 요구된다.

[그림 2] 이해상충의 평가

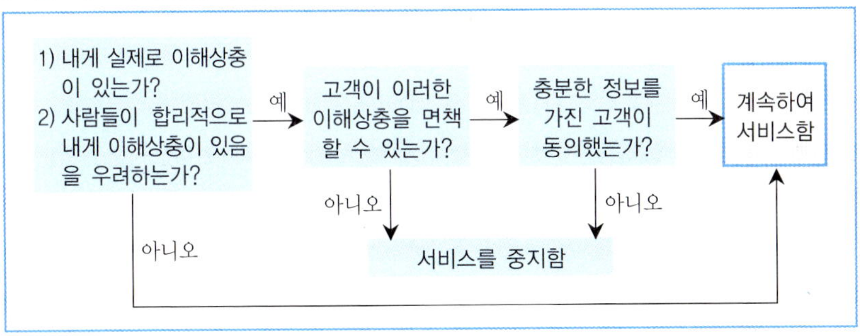

① 이해상충 존재여부의 확인

외부 검토집단이나 제3자가 아니라 공인회계사 스스로가 직접 이해상충의 존재여부를 결정한다. 공인회계사는 전문가로서 이를 결정하는 데 필요한 적절한 정보를 가지고 있으며 이해관계가 없는 외부인의 입장에 서서 자신의 불편부당함을 평가할 것이라고 기대한다.

회계법인의 한 구성원이 고객과 이해상충이 있으면, 중요한 의문이 제기된다. 그 한 공인회계사만 고객에게 서비스를 제공할 자격이 없는 것일까? 아니면, 회계법인의 모든 공인회계사가 자격이 없는 것일까?

회계법인에서 한 공인회계사가 고객과 관련하여 이해상충관계에 있을 때 회계법인 내의 다른 공인회계사는 그 회계법인이 적절한 안전장치를 설정했다면, 일반적으로 해당 고객에게 서비스를 제공할 수 있다. 통상 이는 고객의 정보가 자격 없는 구성원과 자격 있는 구성원 간에 유통되지 않도록 예방하는 장벽을 설정함으로써 달성된다.

〈사례〉 이해상충의 존재 여부(8)

당신의 고객이 쇼핑몰을 임차하려는데 당신에게 자기를 대신해서 쇼핑몰 임대사업자와 협상을 해달라고 요청했다. 협상을 진행하는 과정에서 당신의 동료가 그 임대사업자의 책임자와 조만간 혼인할 것임을 인지하게 되었다.

당신은 이 경우 고객을 대신하여 계속 협상할 수 있는가?

풀이

그럴 수도 있다. 당신의 동료는 이해상충 상태에 있다. 그러나 당신은 관련된 동료가 협상에 관련된 정보를 알지 못하도록 하는 적절한 장벽이 설치된다면 계속 협상을 할 수 있다.

② 이해상충의 공시

이해상충의 가능성이 존재할 때 공인회계사는 두 가지 형태의 공시를 사용할 수 있다. 첫째, 공인회계사는 보통 그들의 업무협약에 일반공시를 포함시킨다. 일반공시(general disclosure)에는 일반적으로 공인회계사가 경쟁자나 공급자 및 소비자가 될지도 모르는 고객을 위해 서비스를 제공할 것이라고 명시한다. 이러한 형태의 공시는 본질상 포괄적이고 어떤 예상되거나 현재 존재하는 이해상충에 대한 언급이 없이 작성된다.

둘째, 공인회계사는 이미 발생한 특정 상황에 관한 특별공시(specific disclosure)를 할 수도 있다. 이러한 형태의 공시는 고객들이 충분한 정보를 가지고 동의여부를 결정할 수 있도록 관련된 위험 및 안전장치에 대해 충분히 상세하게 명시해야 한다.

조언자가 사익이 개입되었음을 공시하면, 의사결정자는 그로 인한 잠재적인 편의를 인식하고 보다 더 정보에 입각하여 세심한 의사결정을 할 것이라고 생각하는 것이 합리적이다. 그러나 추론의 논리성에도 불구하고 이러한 상식적인 관점이 말이 안 된다는 연구도 있었다. 그 연구는 보다 완전하고 투명한 공시가 준다고 보는 효익을 반박하는 두 가지 이유를 제시했다.

첫째로 조언자가 자기의 사익에 의한 편의를 완전히 공시하면 의사결정자는 조언자의 추천을 비례적으로 할인하는 방식으로 그 정보에 반응할 것이다. 예를 들면, 사익을 가지고 있다고 보는 판매자가 자신의 제품이 최고 등급인 10점을 얻었다고 주장하면, 의심 많은 구매자는 그 제품에 10이 아니라 8이나 9의 등급을 부여함으로써 미심쩍은 높은 등급에 심적으로 대응할 것이다. 그러나 다소 이상하게도 어떤 의사결정자는 판매자의 신선한 솔직함에 매료되어 제공된 조언을 더 높게 수용하기도 한다.

〈사례〉 이해상충 공시의 효과

당신이 피부에 이상한 반점이 나타나 두 약사에게 조언을 구했다. 첫 번째 약사는 간략히 'A제품이 당신의 피부상태에 가장 적합하다고 확신합니다'라고 말했다. 반면, 두 번째 약사는 좀 더 장황하게 '저는 A제품을 팔면 마진이 크지요. 더욱이 A제품 제조사는 제가 많이 팔면 1년에 한 번씩 제주도 여행권을 무료로 제공한답니다. 그러나 이와 상관없이 저는 A제품이 당신의 피부상태에 가장 적합하다고 확신합니다'라고 말했다.

두 번째 약사의 사익에 대한 언급이 그의 진실성을 깎아내려 다른 제품을 사도록 유도할 것인가? 아니면, 장황한 설명이 그의 진실성과 제품의 친숙성에 대한 당신의 믿음을 강화시켜 그의 추천을 받아들이도록 할 것인가?

풀이

만일 당신이 두 번째 약사가 진실하다고 느낀다면, 그의 솔직한 언급은 사실상 추천된 제품의 구매에 대한 거부감을 극복하는 데 도움이 되는 판매기법으로 기능을 한다.

둘째로 자기의 잠재적인 편의를 공시한 사익을 가진 조언자는 그 후에 자주 그들의 주장에 대해 덜 매어 있다고 느낀다. 그들 주장의 거짓됨을 증폭시키는 조언자의 이러한 경향은 잘 알려져 있는 심리학적 개념인 윤리면허와 일관된다. 윤리면허(ethic licensing)는 이해상충이 있음을 정직하게 알리는 것과 같은 선행을 한 사람들이 악행을 할 자격이 있다고 느낄 때 발생한다. 간단한 예로서 일주일 내내 체육관에서 운동을 한 사람이 주말에 맛있는 대형 치즈 감자튀김을 먹을 자격이 있다고 느낀다면, 그녀는 윤리면허를 실행하고 있는 것이다.

요컨대 비록 이해상충의 공시가 조언자의 신뢰성에 대해 고도의 정밀조사를 하도록 이끌 수는 있지만 적용된 심리적 할인의 크기는 제시된 과장의 정도에 상응할 만큼 충분하지 못하다. 이 경우에 사람들은 열등하고 최적이 아닌 선택을 하게 된다.

③ 고객의 동의

공인회계사의 이해상충에 대한 정보를 받은 후 고객은 동의여부를 결정할 수 있다. 이러한 동의는 구두 또는 문서로 제공될 수 있다. 그러나 동의가 구두로 제공되었다면, 공인회계사는 고객의 동의 사실을 문서화해야 한다.

고객의 동의가 명시적으로 전달되지 않아도 된다. 만약에 주위환경으로 하여금 고객이 공인회계사의 이해상충을 인지하고 이해하였다고 이해관계가 없는 사람이 합리적으로 결론내릴 수 있게 하였다면 고객이 동의한 것으로 간주된다. 고객에 의한 이러한 형태의 수용을 묵시적 동의(implied consent)라고 한다.

예를 들면, 두 사업파트너가 그들의 공인회계사에게 한 명의 파트너가 퇴직하는데 계속하는 파트너가 퇴직하는 파트너에게 양도하는 지분의 대가로 지급해야 하는 금액을 결정해 달라고 요청했다. 한 파트너에게서 다른 파트너로 자금이 이전되므로 여기에는 분명히 상반되는 이해상충이 존재한다. 따라서 두 파트너가 동시에 그들의 공인회계사에게 요청을 한 것은 이들 파트너들이 묵시적으로 이해상충의 면책에 동의한 것으로 볼 수 있다.

고객이 동의를 거부하는 경우 공인회계사에게는 두 가지 대안이 있다. 하나는 그 고객에게 전문서비스를 제공하는 곳을 그만두는 것이고, 다른 하나는 이해상충을 일으켰던 다른 관계나 사람을 끊고 고객과의 관계를 지속하는 것이다.

일반적으로는 고객이 조언자의 이해상충을 면책하는 데 동의하는 것이 허용되지만 이러한 면책권은 절대적이지 않다. 개인은 일반대중의 이해에 부정적인 영향을 미치는 이해상충을 간과하는 동의는 할 수 없을 것이다. 예를 들면, 감사업무에서 일반투자자들은 감사인들의 객관성과 전문가적 의구심의 유지에 강력한 이해관계를 가진다. 따라서 고객은 감사인의 이해상충이 감사인의 독립성을 침해한다면, 이러한 이해상충에는 동의할 수 없을 것이다.

〈사례〉 면책동의가 있으면 이해상충이 있어도 문제가 되지 않는가?

당신의 대학동기는 자기가 2년 전에 당신에게 빌려준 돈을 갚지 않은 것에 대해 화가 나 있다. 그럼에도 불구하고 회사가 그를 CFO로 채용했을 때 그는 당신과 감사계약을 체결할 것을 제안했다. 그 회사의 감사인이 되기 전에 당신은 회사의 이사회에 자기가 CFO인 대학동기에게 차입금을 갚지 않아 신세지고 있음을 공지하고, 이로 인한 이해상충은 당신의 객관성을 침해하지 않을 것임을 약속했다. 이사회는 만장일치로 승인하고 당신에게 이해상충을 면책하는 동의서를 보내주었다.

당신은 이 회사의 감사인이 될 수 있을까?

풀이

아니다. 당신은 일반대중에게 이 회사를 철저히 감사하고 모든 외관상의 이해상충까지도 피해야만 하는 의무가 있다. 이 상황에서는 당신이 갚지 않은 채무는 일반대중으로 하여금 당신이 오랜 대학친구에게 지나치게 신세지고 있는지 여부에 대해 합리적 의심을 가지게 할 것이다. 감사는 일반대중의 이해에도 관련되어 있는데, 당신 고객의 동의는 여기에는 전혀 영향을 미치지 않는다.

④ 이해상충의 관리

많은 전문가서비스 조직들이 국제적으로 대형화되자 그들의 이해상충을 추적하고 감시하는 것이 점차 더 중요해지고 있다. 이해상충 여부를 추적하고 감시하기 위한 방법으로는 다음과 같은 것이 있다.

- 모든 고객에 대한 데이터베이스의 구축 : 데이터베이스에는 이전고객을 비롯하여 면담은 했지만 아직 고객이 아닌 기업을 포함한 모든 가까운 고객을 포함하여야 한다. 각 고객의 정보에는 주요 경쟁자, 공급자와 고객이 포함되어야 한다.
- 고객 파일에 대한 접근 및 정보에 접근할 수 있는 사람에 대한 철저한 통제
- 이해상충을 가지고 있을지도 모르는 권한 없는 당사자로부터의 전자메일을 차단하는 정보차단벽의 구축
- 종업원에게 이해상충을 피해야 할 필요성을 교육
- 종업원에게 잠재적 이해상충을 보고하도록 하는 동기를 부여하는 보상시스템의 개발
- 실재적 및 잠재적 이해상충에 대한 평가를 포함하는 새로운 고객을 수용하는 체계적인 검증시스템의 개발

고객과의 관계는 수시로 바뀐다. 따라서 이해상충을 검증하는 절차도 지속적으로 그리고 정기적으로 갱신되어야 한다.

4) 비밀유지의무와 충돌

한 고객에 대한 비밀유지라는 공인회계사의 의무가 다른 고객에 대한 충성과 충돌할 때 특별히 곤혹스런 윤리적 진퇴양난이 발생한다. 이로 인해 회계법인들은 윤리적 줄타기를 해야만 하는 경우도 있다. 비밀유지의 의무와 충성의 의무 중에서 어느 것이 우선할까? 다음 사례를 살펴보기로 하자.

〈사례〉 비밀유지의무와 충성의무의 충돌

한 대형 회계법인이 두 기업(A기업과 B기업)의 감사를 수행하고 있는데, 이 두 기업은 상호간에 거래를 하고 있다. A기업에 대한 재무제표에 적정감사의견을 발행한 후에 B기업의 감사를 수행하는 과정에서 B기업이 A기업에 자산을 판매할 때 말도 안 되게 높은 가격을 매겨 사취했음을 발견했다.

회계법인은 딜레마에 빠졌는데, B기업에 대한 비밀유지의무를 어기면서 그 사기를 A기업에게 알려주어야 할까, 아니면 침묵해야 할까?

회계법인은 이 윤리적 진퇴양난을 어떻게 풀어야 할까?

풀이

어떤 사람들은 회계법인이 이해상충을 발견한 후에는 B기업에 감사를 그만두도록 제안했고, 다른 사람들은 적어도 각 기업의 감사에 다른 공인회계사를 배치하고 서로 간에 정보를 교환하는 것을 금지해야 한다고 주장했다.

(3) 이해상충 관련 개업공인회계사 윤리기준

이해상충을 유발할 수 있는 상황은 윤리강령 준수에 대한 위협(공정, 비밀유지 등)을 야기할 수 있다. 따라서 윤리기준은 공인회계사가 이러한 상황을 파악하기 위한 합리적인 조치를 취하도록 요구하고 있다.

공인회계사는 이해상충으로 인하여 발생하는 윤리강령 준수에 대한 위협의 심각성을 평가하여야 한다. 이러한 평가에는 공인회계사가 신규업무를 수임하거나 기존업무를 계속 유지할 것인지를 결정하기 전에 의뢰인 및 제3자와 맺은 사업적 이해관계 및 유대관계로 인하여 윤리강령이 훼손될 위협이 발생하는지 여부에 대한 고려가 포함된다.

해당 위협이 명백하게 경미한 경우 외에는 위협을 제거하거나 수용가능한 수준 이하로 감소시키는 데 필요한 안전장치를 강구하고 이를 적용해야 한다. 이해상충과 관련된 안전장치는 위협 발생 상황에 따라 달라지며, 통상 다음 내용을 포함해야 한다.

가. 회계법인은 이해상충이 있을 수 있는 사업적 이해관계나 영업활동 중

의뢰인과 이해상충이 될 수 있는 사항이 생긴 경우, 이를 의뢰인에게 통보하고 이러한 상황에 대하여 의뢰인의 동의를 얻어야 한다.

나. 공인회계사는 어떤 사항에 관하여 이해관계가 서로 상충하고 있는 둘 이상의 당사자들을 위하여 직무를 수행하는 경우, 이를 관련된 모든 이해관계자에게 통보하여야 하며 이러한 입장에 대한 동의를 얻어야 한다.

다. 공인회계사는 신규수임업무(예를 들면, 특정지역이나 특정직무와 관련됨)를 제공함에 있어서 어느 한 의뢰인을 위해서만 배타적으로 활동하지 않는다는 점을 의뢰인에게 통보하여야 하며 이러한 입장에 대한 동의를 얻어야 한다.

이해상충과 관련하여 다음과 같은 추가적인 안전장치를 강구하는 것을 고려해야 한다.

- 업무수행팀의 분리 운영
- 정보에 대한 접근금지(예를 들어, 업무수행팀의 엄격한 물리적 격리, 자료 보관의 기밀과 보안유지)
- 업무수행팀 구성원에게 기밀유지와 보안문제에 대한 명확한 지침 제공
- 회계법인의 파트너와 직원에게 기밀유지약정서에 대한 서명 요구
- 안전장치의 적용상황에 대하여, 해당 의뢰인에 대한 업무에 참여하지 아니하는 상급자가 정기적으로 검토 실시

이해상충으로 인하여 윤리강령에 대하여 위협이 발생하고 안전장치에 의해서도 해당 위협이 제거되거나 수용가능한 수준 이하로 감소되지 않을 경우, 공인회계사는 해당 업무를 수임하지 말거나 이해상충이 있는 모든 업무로부터 사임해야 한다.

공인회계사가 이해가 상충되는 사항과 관련하여 타인(기존의뢰인일 수도 있고 아닐 수도 있음)을 위한 업무수행에 동의해 줄 것을 의뢰인에게 요청하였으나 이를 의뢰인이 거절한 경우, 공인회계사는 이해가 상충되는 사항과 관련된 양당사자들 중 하나에 대한 업무수행을 포기해야 한다.

토론문제

1. 유명 연예인 A씨가 생전에 자녀들을 때린다는 소문이 있었다. 최근에 한 방송국 대담에서 A씨의 공인회계사가 다음과 같이 말했다.

   'A씨 생전에는 입을 다물고 있었지만 지금은 그가 유명을 달리했으므로 밝힌다. 그가 자기 자녀들을 때렸던 두 가지 상황을 나에게 털어놓은 적이 있었다.'

   공인회계사는 비밀유지의무를 위반했는가?

2. 회계사가 소규모 케이블TV 회사를 자기 회계법인의 고객으로 유치하길 원하고 있다. 그들과 논의 중에 그 공인회계사는 자기 회계법인이 A사(상장된 유명한 케이블TV 회사)를 감사하고 있기 때문에 이 산업의 특성을 잘 파악하고 있다고 언급했다.

   공인회계사는 비밀유지의무를 위반했는가?

3. 최근에 불량제품판매로 인하여 초대형 구매회사가 거래를 중단함으로써 당신 회계법인의 고객사는 큰 손실을 입었다. 이 손실로 인하여 회사의 지속가능 여부가 불투명하게 되었다.

   고객사는 자기 제품과 재무적 어려움에 대해 다른 구매회사들이 알기를 원하지 않는다. 그러나 회계기준에 따르면 고객의 지속가능성이 불투명하면 이를 공시해야 한다.

   당신의 고객사는 만일 당신이 감사 중에 획득한 회사의 유동성에 관한 비밀정보를 근거로 기업의 지속가능성에 대한 의견을 제시한다면 책임을 묻겠다고 위협하고 있다.

   고객사의 이러한 재무상황을 공시하는 것이 당신의 비밀유지의무를 위반하는 것인가?

4. 공인회계사인 당신이 매우 중요하고 급박한 협상에서 고객사를 대변하고 있다. 당신은 고객사 사장이 거래상대방인 송나은 사장과의 회의에 참석할 것으로 예상하였다. 그러나 고객사 사장이 갑자기 심히 아파서 회의 직전에 만남을 취소했다. 당신은 회의가 취소된 것을 보고 거래상대방 송나은 사장이 고객사가 이 거래에 관심이 없는 것으로 볼지 모른다고 생각했다. 따라서 이 거래에 고객사가 지대한 관심이 있음을 확인시켜 주기 위해서 송나은 사장에게 솔직하게 고객사 사장이 심히 아파서 심하게 구토하였으며 침대에서 나오기도 힘들었기 때문에 회의에 참석하지 못했다고 양해를 구했다.

   당신은 비밀유지의무를 위반했는가?

5. 당신이 감사하고 있는 고객사를 상대로 사고로 부상을 입은 근무자들이 소송을 제기했다. 이러한 소송과 관련된 건강진단서를 검토하는 과정에서 당신은 소송당사자들 가운데 한 명이 생명을 위협하는 병을 지니고 있음을 발견했다. 이 병은 수술을 하면 고칠 수 있지만 당사자는 자신의 병과 이를 수술로 고칠 수 있다는 사실을 알지 못하고 있다.

당신이 인지한 정보를 본인에게 알려주려고 승인을 요청했지만 고객사는 이를 거부했다. 고객사는 당신에게 '솔직하게 말해서 만일 그가 곧 죽는다면 우리에게는 소송에서 져서 그에게 지급할 금액을 절약하는 행운이 찾아오게 된다'라고 말했다.

당신은 인지한 정보를 본인에게 알려주어야만 하는가?

6. 공인회계사인 은임 씨가 보석회사를 감사하는 과정에서 보석산업에 매료되었다. 수년 뒤에 그녀는 회계법인을 사직하고 독립된 보석회사를 설립하였고, 그녀의 이전 고객은 주요 경쟁업체들 중 하나가 되었다.

은임 씨가 공인회계사 윤리기준을 위반했는가?

7. 당신은 매우 성공적인 수입대행업체의 감사인이다. 이 회사의 주요 자산은 고객관련 영업권이다. 공동사업주인 3명이 은퇴, 질병, 사망 등으로 회사의 지분을 처분할 때 나머지 사업주들이 이를 인수하는 지분매매계약을 체결하고자 한다. 공동사업주 중에서 1명은 60세이고, 나머지 2명은 약 40세이다. 모든 사업주들은 당신이 그만두는 사업주가 존속하는 사업주들로부터 공정한 지분대가를 받을 수 있는 공식을 만들어 주기를 원한다. 이 공식은 모든 사업주들에게 동일하게 적용된다. 현재는 어느 사업주도 그만둘 계획을 가지고 있지 않다.

1) 당신은 이해상충 상태에 있는가?
2) 이해상충 상태에 있다면 이를 수정할 방안이 있는가?
3) 공식을 만드는 업무를 계속 수행하려면 공동지분자들에게 공시할 의무가 있는가?

8. 개정된 은행관리규정에 대응하기 위해 당신이 속한 회계법인의 컨설팅부문이 은행으로부터 그들이 고객들에게 과대 청구한 신용카드수수료 금액을 산정해 달라는 요청을 받았다. 고객들은 회계법인이 산정한 금액을 돌려받거나 아니면 은행을 상대로 중재에 대한 쟁의청구를 제기할 수 있다. 신임파트너인 당신이 이 업무를 담당하게 되었는데, 관련 은행고객은 약 4만 명이었다. 청구자들의 목록을 검증하는 과정에서 당신은 은행고객 중의 한 명이 대학시절 룸메이트임을 발견했다. 당신은 아직도 그와 친하게 지내고 있다.

당신의 회계법인은 당신의 룸메이트에게 지급할 환불금액을 산정함에 있어서 이해상충이 있는가?

9. 갑동과 을동은 조만간 '온라인 직업 찾기' 서비스를 제공하는 파트너십을 출범시키고자 한다. 갑동은 을동에 비해 파트너십에 매우 적은 물적자산을 제공하지만 그의

명성이나 인맥은 사업성공의 주요 요소이다. 갑동과 을동은 당신에게 새로운 파트너십에서 각자의 지분율을 결정해 달라고 요청했다. 을동은 당신이 갑동과 오랜 사적 및 전문가적 관계를 맺고 있음을 알고 있었지만 이러한 이해상충을 수용한다고 동의했다.

갑동과 친해서 당신은 그가 심장에 심각한 문제가 있어 새 파트너십에서 적극적으로 활약하지 못할 가능성이 있음을 알게 되었다. 당신이 갑동에게 그의 건강상태를 을동에게 알리도록 권고했으나 갑동은 자기의 잠재적 신체적 한계를 노출하기를 원하지 않는다. 갑동은 당신에게 수년 전 자기의 건강상태에 대해 비밀을 지키겠다고 약속한 것을 상기시켰다.

당신은 전문가로서 갑동과 을동이 맡긴 업무를 수행할 수 있겠는가?

10. 연만 씨는 다양한 회계서비스를 제고하는 회계법인에서 근무하고 있는데, 고객이 장부정리를 요청해왔다. 전화통화에서 그 고객은 자기들의 사업은 번창하고 있으나 자금이 넉넉하지 않다고 말했다. 당신은 고객이 당신 법인의 상대적으로 높은 수수료를 부담하기를 원하지 않는다는 것을 알아차렸다. 따라서 당신은 그 고객에게 당신 집에서 퇴근 후 그 업무를 당신 법인이 요구하는 금액의 75%에 해줄 의향이 있다고 말했다. 고객은 이에 동의했다.

1) 그러한 제안이 이해상충을 야기하는가?
2) 만약 당신이 그 고객의 사업이 번창했을 때 당신이 속한 회계법인의 고객으로 유치하기 위해서 그러한 제안을 했더라도 여전히 이해상충이 있다고 보는가?

[3-5]
회계법인은 어떤 윤리적 책임을 지는가?

(1) 기업의 사회적 책임
- 1) 분배의 정의
- 2) 기업의 권리와 의무
- 3) 기업의 지속가능성
- 4) 사회책임회계

(2) 회계법인
- 1) 회계법인의 사업
- 2) 회계법인의 윤리적 책임
- 3) 윤리규범의 설정
- 4) 회계법인이 갖추어야 하는 안전장치

(3) 감사의견에 내재된 문제
- 1) 감사의견의 한계 (합리적 확신, 중요성, 공정하게 표시)
- 2) 기대차이
- 3) 감사인의 행동편의 (자기고양적 편향, 확증편향, 협력편향, 만족시키려는 욕구, 할인, 도덕적 유혹)
- 4) 오류와 사기 그리고 감사인의 역할

(4) 위험에 빠진 공인회계사

[보론] PwC's Code of Conduct: Living our Purpose and Values

〈도입사례〉

회계법인 Arthur Andersen의 윤리부서 파트너였던 Barbara Toffler는 자신의 저서인 재무회계에서 Arthur Andersen 흥망성쇠를 연대순으로 기록했다. 그녀는 회계법인 문화의 변화가 Arthur Andersen 몰락의 원인이 되었다고 기술했다. 그녀는 종업원들을 '고객을 행복하게 하라'는 주문에 따라 살아가는 인간모습의 로봇(androids)이라고 명명했다.

Toffler는 또한 내부적으로 감사인과 컨설턴트 간에 분쟁이 있었다고 지적했다. 이는 특히 Arthur Andersen 컨설팅부서가 국제적 Arthur Andersen LLP로부터 분리된 후에 그러한 현상이 두드러졌다. Arthur Andersen이 컨설팅서비스를 재건하기 시작하자 분리된 기업의 컨설팅과 Arthur Andersen 내부의 컨설팅에서 일하는 직원들 간에 갈등이 고조되었다. 그녀는 그러한 환경이 업무의 질보다는 이익을 높이려고 머리를 짜내는 문화를 촉진시키는 원동력이라고 주장했다.

(1) 기업의 사회적 책임

1) 분배의 정의

당신이 기근이 든 작은 마을의 주민들에게 상하기 쉬운 식품 한 트럭을 분배할 책임을 지고 있다고 가정하자. 모든 주민에게 식품을 동일하게 분배하겠는가? 아니면, 식품을 개인의 나이, 몸무게, 건강상태, 성별, 사회적 지위 등의 다른 측정치에 근거해서 분배하겠는가?

분배가 어떻게 하면 정의롭게 이루어질 수 있는지에 대한 대표적인 이론으로 두 가지가 있다. 하나는 오래전에 Aristoteles가 제시한 분배정의론이고, 다른 하나는 20세기 철학자인 John Rawls가 제시한 사회정의론이다.

① Aristoteles의 분배정의론

Aristoteles의 분배정의의 핵심은 '동일한 것은 동일하게 대우해야 한다'이다. 이 개념은 매우 간단하며, 널리 수용되고 있다.

개념이 간단함에도 불구하고 이를 실제 상황에 적용하는 것은 쉽지 않다. 예를 들면, 한 기업에 두 부문이 있는데 각각의 자산수익률은 12%라고 가정하자. 한 부문은 자산을 위험한 사업에 투자하여 달성하였고, 다른 부문은 위험이 낮은 사업에만 투자하고 있다. 두 부문장에게 동일한 연말보너스를 지급하면 동등하게 대우하는 것일까? 아니면, 두 번째 부문장이 위험을 낮추는 방법으로 기업에 공헌하였으므로 더 우수하다고 보아야 하는가?

Aristoteles의 분배정의론은 다른 말로 '다른 것은 다르게 대우해야 한다'라는 것으로, 다른 정도에 비례하여 대우가 달라야 한다는 것이다. 간단히 말해서 한 종업원의 생산성이 다른 종업원보다 20% 높으면, 그 종업원에게 20% 많게 지급하여야 한다.

〈사례〉 Aristoteles의 분배정의론을 적용

한 상장기업의 두 이사가 65세가 되어 은퇴하게 되었다. 한 이사는 남성이고 다른 이사는 여성이다. 그들은 모두 회사에 40년을 근무했고, 근무기간 동안에 비슷한 급료를 받아왔다.

평균기대수명은 여성이 85세인 반면, 남성이 79세이다. 즉, 남성이사의 잔여 기대수명은 14년으로 여성이사보다 6년이 짧다. 기업의 CFO인 당신이 연금총액의 현재가치를 계산해 보니 두 이사가 생전에 총액으로 동일한 연금을 수령하기 위해서는 남성이사에게 매년 지급하는 연금액이 여성이사의 연금액보다 30%가 많아야 한다.

Aristotles의 분배정의론에 따를 때 당신은 어떠한 제안을 하겠는가?

풀이

합리적인 사람들도 동일한 대우가 무엇인지에 대해서는 의견이 일치하지 않는다. 한 가지 관점은 동일한 대우란 각 이사가 생전에 받는 연금총액을 동일하게 해야 한다고 본다. 따라서 남성이사는 여성이사보다 잔여 기대수명이 짧으므로 남성이사에게는 여성이사의 경우보다 매년 지급하는 연금액이 높아야 한다.

다른 관점에 따르면, 매년 동일한 연금을 지급해야 한다고 본다. 즉 동일하게 대우하기 위해서 회사가 성별에 따른 기대수명의 차이를 고려해서는 안 된다는 것이다.

② Rawls의 사회정의론[1)]

당신과 몇 명의 이방인들이 카드게임을 하고 있다고 가정하자. 단, 보통의 카드게임과 약간 다른 규칙이 있는데, 이는 카드가 배분되기 전에 게임규칙을 정하되 모든 참가자들이 그들의 카드를 받은 후에 게임규칙을 다시 정한다는 것이다. 예를 들면, 배부된 카드를 검토한 이후 한 참가자는 가장 포인트가 높은 카드로 Ace와 Spade를 제안하고, 다른 참가자는 다른 점수시스템을 제안할 수 있다. 합의에 실패하면, 카드가 배분되기 전에 정한 게임규칙을 따르는 것이다.

John Rawls는 위에 언급한 가상의 카드게임으로부터 교훈을 얻어 사회정의론을 제시했다. 이 이론에서 분배정의는 다음의 두 가지 핵심적인 관측에 근거를 두고 있다.

첫째, Rawls는 우리 모두는 다양한 장점과 단점을 가지고 태어났음을 인지

1) 참조: Rawls(1971)

했다. 일부 사람은 비범한 재능과 능력을 가지고 태어났으며, 또한 우리 모두는 성별, 인종, 가족의 사회적 지위 등에서도 다르다. 카드게임에서와 같이 우리 모두는 상이한 카드를 가지고 게임을 한다.

둘째, Rawls는 타고날 때 우리에게 주어진 특성은 언제나 우리의 태도와 정의의 개념에 영향을 미치고 있음을 인지했다. 예를 들면, 신체적 한계를 가지고 태어난 사람들은 신체장애를 반영한 사회적 정책을 선호할 것이다. 소득이 높은 사람들은 낮은 세금과 작은 정부를 선호하는 반면, 소득이 적은 사람들은 정부의 간섭으로 높은 부의 재분배를 선호할 것이다.

Rawls는 정의로운 사회를 위해서는 이후에 자신의 의지와 관계없는 자질로 인해 왜곡되지 않는 사회적 원칙을 설정해야 한다고 판단했다. 보다 정확히 말하면, 우리 생애의 미래 상태를 알기 전에 구속력이 있는 계약을 만들어 사회적 자원을 분배하여야 한다. Rawls는 이러한 협정을 '가상의 사회적 계약'이라고 불렀다. 또한 그는 궁극적인 결과나 성취가 무엇인지를 인지하기 전에 무엇이 공정한지를 결정해야 한다는 개념인 '무지의 가면(veil of ignorance)'이라는 용어를 만들어냈다.

두 가지 대안을 살펴보자.

〈대안 1〉 당신이 인구의 반은 매우 가난하고 다른 반은 매우 부유한 사회에서 살 수 있다. 가난한 사람들은 식량, 주거 및 보건에서 매일 어려움을 겪으며 살아간다. 반면, 부유한 사람들은 요트, 별장 및 멋진 보석으로 치장하면서 호화스런 삶을 살아간다.

〈대안 2〉 당신은 모든 시민이 중산층의 생활을 즐기는 사회에서 살기를 선택할 수 있다. 아무도 부유하지 않고, 아무도 가난하지 않다.

Rawls는 궁극적으로 부유한 집단에 속할 것인지 가난한 집단에 속할 것인지 예측할 수 없는 '무지의 가면' 아래에서 선택하여야 한다면, 거의 대부분의 사람들은 모두가 동일하게 중산층의 삶을 즐기는 사회, 즉 〈대안 2〉를 선호할 것이라고 주장한다.

〈사례〉 Rawls의 사회정의론을 적용

많은 국가들이 법으로 최저임금을 정해놓고 있다. Rawls의 사회정의론에 따를 때 최저임금의 수준은 얼마가 되어야 하겠는가?

풀이

Rawls의 사회정의론은 도전적으로 우리가 최저임금을 받는 종업원인지 아닌지에 대해 사전에 알지 못한다고 가정하고 최저임금의 수준이 얼마가 되어야 하는지를 생각하도록 한다.

Rawls의 핵심 결론은 타고난 특성과 궁극적인 운명을 알지 못한 상태에서 사회적 정책을 결정한다면 일반적으로 사회적 자원을 동등하게 배분하는 경향이 있다는 것이다. 따라서 일반적으로 최저임금은 가장 불행한 사람들이 가장 운이 좋은 사람들과 거의 비슷한 생활수준의 유지를 보장하도록 현재수준보다 훨씬 높게 설정될 것이다.

그러나 Rawls는 실용주의자로 만일 모든 시민이 완전히 동일한 결과를 보상받는다면 아무도 열심히 일하려는 동기를 갖지 못할 것을 인지했다. 따라서 Rawls는 동일한 분배를 이상적인 목표로 정하지만, 이를 수정하여 소위 '차등의 원칙(difference principle)'을 제시했다. 이 원칙에 따르면 어떤 사람에게 더 많은 보상을 제공하는 것도 이로 인한 차이가 가난한 사람들의 부를 증가시킬 수 있다면 수용가능하다.

〈사례〉 Rawls의 '차등의 원칙'이 적용되는 경우

갑을(주)는 어느 종업원이든 급료를 가장 적게 받는 종업원보다 7배 이상을 받을 수 없다는 보상정책을 가지고 있었다. 그러나 이렇게 상대적으로 낮은 보상을 지급하고는 능력 있는 경영자를 초빙할 수가 없다는 것을 인지하고 보상정책을 완화하였다.

이러한 보상정책의 완화가 Rawls의 사회정의론과 일관성이 있는가?

풀이

그렇다. 스스로 책정한 최대 급료차이를 완화하여 갑을(주)는 능력 있는 경영자를 초빙하여 이익을 증가시킬 수 있다. 이러한 새로운 정책이 기회, 직업 안정, 그리고 낮은 급료를 받는 종업원의 소득을 확대할 수 있기 때문에 Rawls의 차등의 원칙을 충족시킨다.

2) 기업의 권리와 의무

기업은 다양한 권리, 즉 계약체결, 자산보호 등의 권리를 가진다. 또한 기업은 헌법에 규정된 권리까지도 가지는데, 예를 들면 정치가에게 기부를 하는 권리 또는 표현의 자유를 누리는 권리를 가진다.

이와 동시에 기업은 의무도 지는데, 이러한 의무의 범위와 깊이에 대해서는 아직 논란의 대상이 되고 있다. 단순히 법을 준수하고 투자자의 부를 극대화하면 기업이 의무를 충족했다고 보는가? 아니면, 사회에 대해 좀 더 넓은 윤리적 의무를 지는가? 이에 관련된 이론인 주주이론과 이해관계자이론을 살펴보기로 한다.

① 주주이론

주주이론(shareholder theory)에 따르면 기업의 유일한 의무는 주주의 부를 극대화시키는 것이다. 투자자들은 그들이 투자한 자금을 관리하여 가능한 한 최대의 수익을 얻기 위해 기업의 경영진을 고용한다. 만일 기업의 경영진이 투자자의 목적에 맞지 않는 방법으로 투자자금을 사용하면, 투자자들은 경영진에게 책임을 묻게 될 것이다. 다른 지시사항이 없다면, 경영진은 그들을 고용한 투자자에게 최대한 이익이 되도록 기업을 운영할 법적 및 윤리적 의무를 갖는다.

경제학자인 Milton Friedman은 이 관점을 다음과 같이 요약했다.

기업의 경영자는 소유주의 고용인이다. 그는 직접적인 책임을 지는데, 이는 사업을 소유주가 원하는 바에 따라 운영해야 한다는 것이다. 이는 일반적으로 법적 · 윤리적 관습에 내재된 사회의 기본원칙을 지키면서 최대한 많은 돈을 버는 것이다.

② 이해관계자이론

이해관계자이론(stakeholder theory)은 기업이 영향을 미치고 있는 다양한 구성원들에 대해 폭넓은 의무를 지고 있다고 주장한다. 이해관계자들은 기업의 존속과 성공에 필수적인 모든 집단(종업원, 고객, 공급자, 정부 등)을 포함한다.

이해관계자이론의 지지자들은 기업은 그들이 사업을 영위하고 있는 공동체에 대해 윤리적 의무를 지고 있다고 주장한다. 이러한 관점은 다양한 철학자의 지지를 받고 있다. 예를 들면, 공리론자들은 윤리적 의사결정은 사회의 일부 구성원이 아니라 모든 구성원들의 총복지를 극대화하여야 한다고 믿는다. 이와 유사하게 의무론자들은 모든 사람의 품위를 존중해야 할 의무에 대해 말하고, 성공적인 기업들이 가난한 이해관계자들에게 부조금을 나누어 줄 것을 요구한다.

이해관계자이론의 지지자들은 산업재해, 기름유출 등과 같은 사건을 지적하면서 기업이 높은 수익을 내기 위해 사회의 안전을 희생하고 있다고 주장한다.

〈사례〉 이해관계자이론을 적용

대형 백화점이 종업원이 특정 휴일에 일하면 그날은 평소의 2배에 해당하는 시급을 지급하기로 결정했다. 그 백화점은 '특히 명절에 기계의 필요 때문에 열심히 일하는 헌신적인 종업원이 당연히 이러한 높은 시급을 받을 자격이 있다'라고 언급했다. 반면, 이로 인한 경비를 통제하기 위해서 그 백화점은 이러한 휴일에 일하는 종업원의 수를 줄이기로 했다.

이러한 백화점의 의사결정이 이해관계자들을 돕는가?

풀이

이러한 의사결정이 모든 이해관계자들을 돕는 것인지 아니면 해치는 것인지 아는 것은 쉽지 않다. 다행히 명절에 작업에 투입되는 종업원은 더 많은 시급을 받을 수 있을 것이다. 그러나 명절에 작업에 투입되는 종업원의 수가 감소하여 일할 수 없는 종업원의 수입은 감소할 것이다.

또한 작업에 투입된 종업원의 수가 감소하면, 부당한 서비스를 받은 고객은 화가 나서 제품의 구매를 줄이게 될 것이다. 백화점 판매가 감소하면, 백화점에 물품을 공급하는 기업들의 이익이 줄어들고, 정부가 공공서비스에 투입할 세금도 감소할 것이다.

이해관계자이론을 폄하하는 사람들은 기업은 직업을 창출하고, 기술을 발전시키고, 고객이 만족할 만한 제품과 서비스를 제공하고, 또한 공공의 목적에 사용될 세금까지 내고 있어 이미 넓은 의미에서 사회적 부를 증가시키는 데 공헌하고 있다고 주장한다.

더욱이 기업은 그들의 의사결정이 모든 것을 감안할 때 다양한 이해관계자들을 돕는 것인지 해치는 것인지를 확신할 만한 능력을 갖추고 있지 못하다고 주장한다. 예를 들면, 원자력발전소를 세우면 소비자들의 전기료 부담이 줄어들고 경비를 절감하여 에너지 독립성을 달성하는 데 도움이 된다. 그러나 안전성의 문제가 있고 폐기물의 처리에 문제가 있다고 본다. 그렇다면, 원자력발전소를 세우는 것이 사회에 도움이 될까? 아니면, 해가 될까?

3) 기업의 지속가능성

수십 년 전 Oskar Schindler는 기회주의자였지만 후에는 전형적으로 기업의 사회적 책임(Corporate Social Responsibility, CSR)의 원칙을 보여주는 표상이 되었다. 아카데미상을 받았던 영화 'Schindler's List'의 Schindler는 냉철한 독일의 사업가로서 나치의 권력에 편승해서 폴란드의 수용소에 들어간 값싼 재소자를 이용하는 공장을 운영하였다. 그러나 죽음의 캠프에서 비참한 현상을 본 이후에 사업의 초점을 돈을 버는 것에서 인간에게 봉사하는 것으로 바꾸었다.

전쟁이 지속되자 Schindler는 많은 금액의 뇌물을 나치당원에게 지급하고 표면적으로 사업을 운영하는 데 필요하다고 더 많은 재소자를 지원해 주길 요청했다. 그러나 그의 진정한 동기는 재소자들의 생명을 구하는 것이었다. 연합군이 Hitler를 제압하기까지 Schindler는 천 명 이상의 생명을 구하는 데 개인재산을 사용했다. Schindler의 희생은 멋진 양심의 발로이며, 현대 역사에서 기업의 사회적 책임의 위대한 사례가 되었다.

기업의 사회적 책임은 이해관계자이론의 연장선상에 놓여 있다. 이는 기업이 선을 행해야 한다는 것이다. 회계법인이나 법률사무소와 같은 많은 전문서비스를 제공하는 기업은 종업원들에게 무보수로 공익을 위한 일을 하는 데 시간을 할애하도록 권장하고 때로는 요구하기까지 한다. 이러한 행동은 '공익을 위함

(pro bono)'이라고 한다.

선을 행한다는 개념을 정확히 묘사하는 것은 불가능해서 CSR의 경계가 명확하지 않다. 먼저 국제표준협회에 따르면 CSR은 '기업이 명백하게 윤리적 행위를 통해서 그들의 의사결정과 행동이 사회나 환경에 미치는 영향에 대한 책임'으로 정의된다. 그러나 대부분 이러한 견해를 받아들이지 않는데, 왜냐하면 모든 시민은 최소한 윤리적 · 법적인 표준을 따라야 하므로 단순히 이러한 표준을 준수하는 것만으로는 사회적 책임을 다했다고 볼 수 없기 때문이다.

학자들은 일반적으로 CSR을 '기업의 이익이나 법에서 요구하는 것 이상으로 사회적 선행을 하는 일련의 활동'으로 좁게 정의하고 있다. 이에 따르면, 안전한 작업장을 제공하는 것은 분명히 사회적 선행을 하는 것이지만 그 목적이 종업원에게 지출하는 비용을 줄여 이익을 증가시키는 것이라면 CSR활동이 아니라고 본다. 왜냐하면 기업의 사적 이익이나 법의 준수 이상으로 사회적 선행을 하는 것이 아니기 때문이다.[2]

〈사례〉 모범적인 CSR

몇몇의 의사들이 일시적으로 그들 병원을 닫고, 엄청난 지진으로 황폐해진 조그만 섬의 가난한 주민을 돕고 있다. 일시적으로 병원을 닫음으로 인해서 의사들은 소득을 잃고 그들의 현재 환자들로부터 신뢰도 잃게 되었다. 이러한 의사들이 CSR 행위를 하고 있는가?

풀이

그렇다. 이들 의사들은 재무적 이득을 얻거나 법적 의무를 충족시키기 위해 이러한 행동을 하는 것이 아니다. 실제로 그들은 소득을 잃었으며, 현재의 환자들에게 고통을 주고 있다. 그러나 그들의 행위는 사적 이익이나 법의 준수를 뛰어넘어 사회에 공헌하고 있기 때문에 CSR의 전형적인 모범이 된다.

2) 호주 금융감독원의 CSR 정의에 따를 때 기업은 그들의 법적 책임 위에 사회적 · 환경적 요소를 그들의 영업과 이해관계자들과의 관계에 자의적으로 반영시켜야만 한다. 예를 들어, 장난감 제조회사가 어린이들의 두뇌발달을 촉진하는 교육용 장난감을 개발한다면 그들의 유일한 동기가 더 많은 돈을 버는 것일지라도 CSR을 실행하고 있는 것이다.

4) 사회책임회계

노벨상 수상자인 Joseph Stiglitz는 다음과 같이 언급했다.

> 오직 총국내생산량(Gross Domestic Product, GDP)으로만 국가의 부를 측정하는 것은 자동차의 계기판에 오직 한 가지 측정기만 있는 것과 같다. … GDP는 지속가능성에 대한 것은 아무것도 말해 주지 않는다. … 환경파괴와 자원고갈을 고려한 소위 녹색 GDP라고 부르는 것에 초점을 맞출 필요가 있다.

국제보고단체(Global Reporting Initiative, GRI)는 회계감독기구를 포함한 다양한 기관들이 참여하여 만든 조직으로서 기업의 사회적 책임을 평가하고 보고하는 개념체계를 개발해왔다. GRI는 기업을 평가할 때 다음 사항을 참고하도록 제시했다.

- **환경지속성**: 재생에너지 이용, 물과 공기 오염감소, 위험한 폐기물의 안전한 처리, 재활용, 자원보호
- **인간권리 존중**: 인간의 작업조건, 다양한 문화
- **종업원 보호**: 작업장의 안전, 직업안정, 발전할 기회 부여
- **공동체에 관여**: 예술이나 교육을 통해서 공동체에 기여
- **윤리적 영업방식**: 부당하고 반경쟁적인 영업을 허용하지 않음

① 사회책임회계의 중요성과 도전

기업평판의 중요성은 결코 과소평가해서는 안 된다. 특정 기업의 제품을 구매하려는 고객의 의지는 그들이 그 기업에 대해 어떻게 생각하느냐에 따라 결정되는 경우가 많다. 그런데 기업의 평판은 CSR의 주요 구성요소인 환경지속성, 인간권리 존중, 종업원 보호 등에 달려 있다.

그러나 CSR을 지지하는 사람들도 CSR활동에 대한 보고에 한계가 있음을 인지하고 있다. 첫째로, 좋은 뜻을 가진 행동이 실제로 항상 사회적 선행을 촉진하는지 여부는 분명하지는 않다. 예를 들면, 기업이 많은 오염을 배출하는 석탄발전소를 닫았으나 이로 인해 근처 지역에 엄청난 실직과 도산을 초래했다면 그 기업은 사회적 선행을 했다고 볼 수 있을까? 또는 2014년에 가장 큰 영화관

체인업체에서 '면담(The Interview)'이란 코미디 영화의 상영을 포기한 적이 있었다. 그 이유는 그 영화에서 풍자되어 화가 난 북한의 담당자가 그 영화를 상영하면 그 영화관을 테러하겠다고 위협했기 때문이었다. 이들 영화관이 고객을 보호함으로써 사회적 선행을 수행했는가? 아니면, 그들이 이러한 위협을 이겨내고 이 영화를 상영함으로써 표현의 자유를 지켰더라면, 사회적 선행을 촉진시킬 수 있었을까?

둘째로, 공익에 도움이 되는 모든 활동을 CSR활동이라고 보지는 않는다는 것이다. 예를 들면, 법제화된 안전 및 고용에 관련된 규정을 따르는 것과 같은 법의 준수는 CSR활동이 아니다. 더욱이 기업이 자신의 사리사욕을 충족시키기 위해 수행한 활동은 CSR활동이 아니라고 본다. 예를 들면, 비용절감을 위한 재활용포장재의 사용 또는 고객의 관심을 끌기 위한 천연원료의 사용 등도 CSR활동이 아니다.

유감스럽게도 진정한 CSR활동과 단순한 매명행위를 구분하는 것은 어렵다. 따라서 CSR활동을 평가할 때 그러한 활동이 진실로 공익의 동기를 가졌는지 아니면 단순히 기업 자신의 이익추구이지만 대중을 현혹시키는 것인지를 식별하는 것이 중요하다.

〈사례〉 CSR활동을 위한 지출

대형 정유기업이 소유하는 탱커트럭이 사고로 소량의 위험물질을 초등학교 근처에 쏟아 부었다. 그 기업은 지역 정부기관에 오염물질 제거비용으로 3억원을 지급했다. 또한 근처의 초등학교 학생들이 영향을 받았는지 여부를 확인하는 데 검사기관에 7천만원을 지급했다.

이 기업은 CSR활동에 얼마를 지출했는가?

풀이

없다. 오염물질 제거비용은 법에서 요구되는 지출일 것이다. 더욱이 그 기업은 아마도 상당한 비용이 발생할 소송에 휘말릴 가능성이 있다. 따라서 그 기업이 초등학교 학생들의 안전을 확인하기 위해 지출한 비용은 자신의 사적 이익을 지키기 위한 것이라고 보기 때문에 CSR활동이 아니다.

② CSR이 재무적 결과에 미치는 영향

CSR 지출이 기업에 좋은 영향을 주게 될까? 연구자들이 이에 대한 해답을 얻기 위해서 도전하였지만 그들이 부닥친 문제는 진짜 CSR활동과 대중관계를 개선하려는 기업의 사적 이익을 위한 활동을 구분하기 어렵다는 것이었다.

그럼에도 불구하고 CSR 지출이 큰 기업은 평균 이상의 수익성을 보이고 그 주식도 상대적으로 높게 평가되고 있음을 발견했다. 그러나 높은 성취가 CSR 지출 때문인지 아니면 높은 성취로 인해 기업이 CSR 지출을 많이 하도록 이끌었는지 분명하지 않다. 좀 더 연구가 필요한 분야이다.

일반적으로 CSR활동에 많은 지출을 하는 기업들은 자금이 풍부하면서 번성해 나가고 기업의 이미지에 신경을 쓰는 경향이 있다. 대표적으로는 LG전자, 아모레화장품, 현대자동차 등과 같이 소비재를 판매하는 기업들이다.

③ 회계기준으로 인한 CSR활동의 저해

기업이 자선운동에 기부금을 냈을 때 이러한 지출은 기업의 장기적 명성에 도움을 주는 경우가 많다. 그러나 회계에서는 자선기부금을 전액 당기비용으로 처리한다. 그 결과 자선단체를 지원하길 원하는 기업이라도 그러한 지출이 적어도 단기적으로는 기업의 보고이익을 감소시키기 때문에 지원을 망설일 수 있다.

이와 비슷하게 종업원을 훈련시키는 지출도 비록 이로 인해 종업원의 만족도가 개선되고 미래의 생산성이 높아지더라도 현행 회계기준에서는 전액 비용으로 처리해야 한다. 또한 제품의 안정성을 증가시키거나 제조기술의 혁신을 가져오는 연구에 대한 지출도 연구비라는 항목으로 비용으로 처리함으로써 기업의 단기 보고이익을 해친다.

이러한 회계의 왜곡된 영향 때문에 기업의 평판을 개선하는 지출을 CSR투자권이라는 자산항목으로 보아야 한다고 주장하기도 한다.

〈사례〉 연구비 지출액의 회계처리 문제

많은 지출로 심도 깊은 연구를 한 결과로 석산(주)는 석탄을 태울 때 발생하는 환경오염물질을 성공적으로 감소시킬 수 있었다. 즉, 이러한 석산(주)의 노력은 깨끗한 환경의 조성에 공헌하였다. 또한 이로 인해 석탄을 사용가능한 에너지 원천으로 만들어 석탄매장량의 가치를 증가시켰다.

석산(주)가 이러한 연구에 지출한 금액을 어떻게 회계처리해야 하는가?

풀이

비록 석산(주)의 연구가 깨끗한 환경을 만드는 데 공헌하였고 석탄매장량의 가치를 증가시켰지만 현행 회계기준에서는 이러한 지출은 전액 비용으로 처리하여야 한다.

많은 사람들은 연구가 석산(주)의 지속적인 생존을 가능케 하였지만 이로 인한 지출이 오히려 기업의 단기 보고이익을 해치는 현행 회계기준을 바꾸어야 한다고 주장한다.

④ CSR의 전망

CSR에 관한 치열한 논쟁은 조만간에 끝나지 않을 것 같다. 어떤 사람들은 이익극대화를 충실히 지지하여 '어떤 사업이든 이익을 창출하지 않는다면, 이를 수행할 필요가 없다'고 주장한다. 반면, 어떤 사람들은 이익추구와 단기적 주가 상승에만 끊임없이 추구하는 기업을 맹렬히 비난한다. 주주들은 다양한 목적을 가지고 있으므로 기업이 이익에만 초점을 맞추는 것은 자신의 주주들을 해치는 것일 수 있다. 그들은 '단지 주주가치 극대화라는 구시대의 신조는 다른 사람들의 희생 아래 가장 근시안적이고, 기회주의적으로 일부 주주들의 이익을 보호하는 것이다'라고 비판한다.

한편, 기업의 지속가능성에 관련하여 부상하고 있는 새로운 화두는 환경, 사회 및 지배구조(environmental, social, governance, 즉 ESG)이다. 이에 따르면 기업가치는 전통적인 재무사항뿐만 아니라 비재무사항(환경, 사회, 지배구조 등)에 의해 결정되기 때문에 재무보고서와 별도로 이를 공시해야 한다고 주장한다. 많은 국제기구에서 ESG의 중요성을 인식하고 이에 대한 정보를 공개하도록 권고하고 있으며, 국제회계기준위원회에서도 이에 대한 측정 및 보고 기준을 제정하는 데 노력을 기울이고 있다.

우리나라에서는 2010년에 한국지배구조연구원이 ESG모범기준을 제정한

바 있고, 이에 근거하여 한국거래소에서는 기업공시제도 개선안을 발표하여 2025년부터 자산 2조원 이상의 상장사(2030년부터는 모든 유가증권시장에 상장한 기업들)가 ESG의 상황을 보고하는 지속가능경영보고서(sustainability report)를 보고하도록 의무화하였다.[3)]

(2) 회계법인

1) 회계법인의 사업

'사업에는 윤리가 없다'라는 옛 속담이 있다. 이는 일반적으로 사업에 종사한 적이 없는 반기업적인 사람들이 종종 사업을 비판하기 위해서 하는 말이다. 회계스캔들은 관련된 사람들의 통제되지 않은 욕망에서 발생하지만, 윤리는 사업을 순조롭게 운영해 나가는 데 필수적이다.

'사업에는 윤리가 없다'라는 말은 더 이상 적합하지 않다. 오히려 현대사회에서는 '좋은 윤리가 좋은 사업을 이끈다'라는 말이 더 적합하다. 간혹 좋은 윤리가 좋은 사업을 낳지 않는 행태가 나타나기도 하는데, 이는 오늘날 회계산업을 괴롭히고 있는 전문가정신과 이익추구 간의 딜레마를 이해하는 데 도움이 된다. 이러한 행태는 사업의 유일한 목적이 이익 또는 주주의 부를 극대화하는 것이라는 잘못되었지만 널리 수용되고 있는 사고를 근간으로 하고 있다.

회계법인이 사업이라면 이익극대화라는 신조 아래로 들어갈 수 있다. 즉 이익창출이 그들의 주요 기능인 재무제표의 진실성과 정확성을 인증하는 기능보다 더 중요하게 된다. 회계법인의 기능이 감사와 인증에서 컨설팅으로 옮겨갈수록 공익을 위한 전문가로서의 기능이 보고이익이나 주주의 가치를 극대화하는 것으로 바뀌게 된다. 그렇다면, 이것이 올바른 방향일까? 그리고 이러한 변화를 수용할 수 있을까?

어떻게 윤리적으로 행동하도록 할까? 윤리적 행동 그 자체가 최종결과이어야 하지만 사업을 할 때는 옳은 것을 행하는 적절한 이유가 있기 마련이다. 따

---

3) 국제지속가능성기준위원회(International Sustainability Standards Board, ISSB)가 ESG 공시기준서를 제정해나가고 있다.

라서 현대의 사고는 윤리적 관심에서 사업의 목적과 동기를 융합하려고 노력해 왔다. 여기에서 '좋은 윤리가 좋은 사업을 이끈다'라는 격언이 도출되었다. 비윤리적 사업의 행태를 자세히 살펴보면, 그들의 행동으로 단기적으로는 이익을 얻게 된다. 그러나 장기적으로는 볼 때 이로 인해 서비스의 질을 포기하는데, 이는 결코 사업에 도움이 되지 않는다.

'좋은 윤리가 좋은 사업을 이끈다'라는 격언이 회계법인들에게 어떻게 적용되는지 살펴보자. 무엇보다도 좋은 윤리는 회계법인의 명성에 영향을 미치고 신뢰를 쌓게 한다. 단기적 이익을 위해 절차를 무시하는 것은 분명히 회계법인에 대한 믿음을 약화시킨다. 특히 믿음을 얻지 못하는 회계법인은 쓸모가 없다. 왜냐하면 사람들은 회계법인에 의지하여 관심 있는 기업의 재무상태에 대한 정확한 그림을 보고 싶어 하기 때문이다.

회계법인이 윤리적이면, 수익뿐만 아니라 종업원에게도 긍정적인 영향을 미친다. 회계법인이 탐욕을 부리면, 이를 알게 된 종업원들의 도덕심과 회계법인에 대한 충성심이 약화된다. 회계법인이 이익을 앞세워 고객을 제대로 대우하지 않는다면, 종업원들도 회계법인이 자신들을 어떻게 대우할지를 알게 된다.

회계법인이 윤리적이면, 경영자에게도 미묘한 혜택이 돌아간다. 혜택이란 경영자는 인도적으로 보일 수 있게 행동할 수 있다. 즉 그들은 성공을 위해서 냉혈한 인간처럼 행동할 필요가 없다. 사실상 오늘날에는 비윤리적인 행위를 정당화하기 위해 '그것이 바로 사업이야'라고 말하는 것은 더 이상 허용되지 않는다.

요약하면, 회계법인이 윤리적 행위를 하도록 하는 근거는 다음에서 찾을 수 있다.

- 회계법인에게는 장기적 이익
- 제공하는 서비스에 직접 관련된 각 공인회계사에게는 진실성과 만족감
- 모든 종업원과 고객에게는 신뢰와 만족감

회계법인은 윤리적으로 행동해야 하는데, 이는 회계법인에 좋은 결과를 가져오는 경우가 많기 때문이다. 이익추구만을 위한 서비스제공은 위험하고, 이제

는 회계법인에도 윤리적 행위가 중요한 시기가 다가오고 있다.

그러나 여전히 윤리와 이익이 항상 함께하는 것은 아니다. 때로는 경영자는 옳은 것과 이익추구 사이에서 선택을 해야 할 것이다. 그러나 대체적으로 윤리적이지 않은 것보다는 윤리적인 것이 더 현명한 선택일 것이다. 윤리적 선택이 이익을 내지 못하는 경우에도 그렇게 하는 것이 바람직한데, 이는 경영자에게는 이익창출 이상의 책임이 있기 때문이다.

2) 회계법인의 윤리적 책임

과거 수십 년 동안 우리는 세인의 이목을 끄는 많은 회계사기를 목격했다. 이로 인해 일반 주주들은 엄청난 손해를 입었으며 공인회계사들에 대한 대중의 신뢰도 흔들리게 되었다. 그간의 감독기관 감독시스템이 적절히 작동했는가에 대한 의문도 제기되었다. 특히 이러한 회계사기의 문제는 공인회계사들이 기업을 감사하는 과정에서 밝혀내지 못했다는 것이다. 이에 대비하고자 20세기 초 미국에서는 회계법인을 규제하는 Sarbanes-Oxley Act(SOX)가 제정되었고, 우리나라에서도 다양한 회계개혁이 실행되었다. 특히 우리나라는 2018년에 감사인지정제를 포함하여 회계감독 및 회계감사제도를 전면적으로 개혁하는 조치를 단행하기도 하였다.

중요한 질문은 '회계사기가 발생하는 원인이 무엇인가?'와 '회계사들이 아직도 이러한 상태에 있는가?'이다. 회계가 나아가고 있는 방향에 대한 중요한 비판은 공인회계사들이 전문가로서의 역할을 포기하고 이익동기로 움직이고 있다는 것이다. 즉 공인회계사들이 고객과 대중을 위하는 명예로운 전문가가 아니라 이익을 추구하는 기업과 같이 움직이고 있다는 것이다. 상업화가 의사, 변호사, 교사 등 다른 전문가의 행위에 영향을 미치는 것과 같이 공인회계사들의 전문가책임을 훼방하고 그들의 행동을 망가뜨렸다. 오늘날 전문가정신의 요구와 사업으로서의 요구 간의 긴장관계가 회계산업에서 자기정체성의 위기를 낳게 되었다.

기업, 특히 회계법인의 윤리적 책임은 무엇일까? 기업은 그들의 소유주와 경영자를 통해 개인적 또는 집단적으로 관계를 맺는다. 이러한 관계는 기업과 이해관계자들 간에 윤리적 의무의 기초가 된다. 회계법인이든 아니든 간에 기업은 이익을 내지 않고는 존재할 수가 없다. 그러나 이익창출에는 한계가 있고, 특히 회계법인은 이익 이상의 다른 책임을 지고 있다.

회계법인은 그들의 고객과 공공의 이익을 위해 존재하는 서비스산업이다. 따라서 회계법인의 이익이라는 미명 아래 그들의 고객이나 대중의 이익을 해친다면, 이는 그들의 존재가치를 부정하는 것이다. 회계법인은 사회가 부여하는 특별한 기능이 있다. 이들의 주요 기능은 기업의 재무상태와 재무성과에 대한 정보를 제공하는 것이다. 또한 그 정보의 정확성을 인증하는 것이다. 따라서 이러한 기능을 하지 못하는 회계법인은 존재가치가 없다.

3) 윤리규범의 설정

조직 내에서 윤리문화를 형성하고 조직원들이 윤리적으로 행동하도록 이끌기 위해서는 본 교재의 제4편에서 언급하듯이 해당 기업에 적절한 윤리규범의 설정이 요구된다. 이는 기업이 추구하고자 하는 목적과 가치를 천명하고 이에 적합힌 윤리규징을 실정하는 것이다. 여기에서는 세계 4대 회계법인 중의 하나인 PwC의 Code of Conduct(본 [3-5]의 뒤에 첨부됨)를 살펴보기로 한다.

먼저 PwC는 문화에 기초한 그들의 목적과 가치를 다음과 같이 제시하고 있다.

> PwC의 문화는 내부의 기본적인 체계와 외부의 기대와 요구에 의해 번영합니다. 이는 다음의 상황에 대한 행동을 지도하고 신뢰를 구축하는 데 도움이 됩니다.
>
> • 업무를 수행하는 방법
> • 서로
> • 공동체 내
> • 정보를 활용하는 방법

특히 여기에서 주목할 점은 회계법인의 특성에 맞추어 PwC는 다양한 분야에서 신뢰를 구축하는 것을 강조하고 있다는 것이다. 또한 삼일회계법인은 PwC의 윤리규범을 기초로 하여 윤리복무규범을 제정하였는데, 그 핵심이 다음 10가지로 집약(E10이라고 부름)된다고 제시하고 있다.

[삼일회계법인의 윤리복무규범의 핵심내용(E10)]

E1 : 전문가로서의 독립성과 객관성을 견지하고, 업무수행 시 법규와 사규를 숙지하고 준수한다.

E2 : 전문가로서 업무상 지득한 정보에 대한 비밀유지의무를 준수하고, 어느 누구에게도 내부자 정보를 발설하지 않으며, 사적으로 이용하지 않는다.

E3 : 항상 삼일을 대표하는 자세로 고객을 대하며, 전문가로서의 품위를 유지하고, 정치적 중립을 표방하는 삼일의 입장을 훼손하거나 훼손할 위험이 있는 일체의 행위를 하지 않는다.

E4 : 업무와 관련하여 공정경쟁을 추구하고, 경쟁사의 기밀정보나 타인의 지적재산을 부적절한 방법으로 획득하거나 사용 또는 유포하지 않는다.

E5 : 금품 등을 제공하거나 수취하는 것을 금지한다. 다만 사교, 의례 또는 부조의 목적인 경우에는 규정금액 이내에서 제공하거나 수취할 수 있다.

E6 : 신문, 방송 등 대중매체와 접촉 시 특정 회사 및 업무에 대한 언급을 삼가며, M&C 담당 파트너와 사전 협의한다.

E7 : 지적재산, 업무상 기밀, 보유자료 등을 포함한 삼일의 모든 유 · 무형 자산을 유출해서는 안 되며, 이를 보호하고 관리해야 할 의무가 있다.

E8 : 동료를 배려하고, 상호 존경과 신뢰를 받을 수 있는 언행을 통해 건강한 근무환경을 유지한다.

E9 : 업무와 관련하여 수사 또는 감독기관으로부터 조사를 받거나 받을 예정인 경우, 소송이 발생하거나 그 가능성이 있는 경우 그리고 소송을 제기하고자 하는 경우에는 OGC에 보고하고 지휘받는다.

E10 : 윤리이슈나 법규와 관련하여 의사결정을 해야 할 경우 윤리사무국의 조언을 받으며, 윤리복무규범을 위반했거나 위반의 소지가 있는 경우 윤리사무국에 즉시 신고한다.

4) 회계법인이 갖추어야 하는 안전장치

회계법인의 소속 공인회계사들은 업무를 수행하는 과정에서 여러 가지 위협에 직면하게 된다. 회계법인은 소속 공인회계사들이 이러한 위협에 적절히 대처할 수 있도록 업무환경을 조성해야 한다. 업무환경은 안전장치를 갖추어서 조성되는데, 이는 회계법인 전체에 대한 안전장치와 개별업무에 대한 안전장치로 구분될 수 있다. 이러한 안전장치는 적용되는 상황에 따라 다양할 것이다. 회계법인은 최소한 다음과 같은 안전장치(공인회계사 윤리기준을 참조)를 갖출 필요가 있다.

[회계법인 전체에 대한 안전장치]

- 윤리강령 준수의 중요성을 강조하는 회계법인의 경영방침
- 인증업무의 공익성을 강조하고 인증업무가 공익을 위해 수행될 것이라는 기대를 회계법인 전체에 확립시키는 경영진의 의지
- 인증업무에 대한 품질관리의 실시와 이에 대한 모니터링을 위한 정책과 절차
- 윤리강령의 준수를 저해할 위협을 파악하고 동 위협의 심각성을 평가한 후, 동 위협이 명백하게 경미한 경우 외에는 동 위협을 제거하거나 수용가능한 수준 이하로 감소시키기 위한 안전장치 강구와 그 적용에 관한 문서화된 정책
- 인증업무에 대한 독립성 훼손위협을 파악하고, 동 위협의 심각성을 평가한 후, 동 위협이 명백하게 경미한 경우 외에는 동 위협을 제거하거나 수용가능한 수준 이하로 감소시키기 위한 안전장치의 강구와 그 적용에 관한 문서화된 독립성 정책(참조 : [3-3]의 독립성 위협을 상쇄하는 안전장치)
- 윤리강령의 준수를 요구하는 문서화된 내부 정책과 절차
- 회계법인 또는 업무수행팀의 구성원과 의뢰인 간에 이해관계 및 유대관계가 있는지를 파악하기 위한 정책과 절차
- 단일 의뢰인에게서 발생한 수입금액을 모니터링하고 필요한 경우 그 의존도를 관리하기 위한 정책과 절차

- 인증의뢰인에게 제공하는 비인증업무에 대하여, 관련 인증업무팀과 완전히 독립적인 파트너와 업무수행팀의 배정
- 업무수행팀의 구성원이 아닌 제3자가 업무의 결과에 부적절하게 영향력을 행사하는 것을 방지하기 위한 정책과 절차
- 회계법인의 모든 파트너와 전문직 스태프에 대하여 회계법인의 정책과 절차 및 그 변경내용을 적시에 전달하고, 이러한 정책과 절차에 대한 적절한 교육훈련의 실시
- 회계법인 품질관리제도의 운영에 대한 감독책임자를 최고경영진 중에서 선임
- 회계법인의 파트너와 전문직 스태프로 하여금 인증의뢰인 및 그 특수관계자에 대하여 독립성을 유지하도록 권고
- 제반 정책과 절차의 준수를 촉구하기 위한 징계제도
- 회계법인의 구성원들에게 자신이 관련된 윤리강령의 준수에 관한 문제를 고위경영진에게 통보하도록 권장하고, 그러한 권한을 부여하는 정책과 절차의 공표

[개별업무에 대한 안전장치]

- 수행된 업무를 재검토하거나 필요한 조언을 제공하는 역할을 수행할 공인회계사를 추가로 투입
- 독립된 이사들로 구성된 위원회, KICPA 또는 다른 공인회계사와 같은 독립적인 제3자에 대한 자문 요청
- 의뢰인의 내부감시기구와 윤리적 문제에 대해 논의
- 의뢰인에게 제공한 업무의 성격과 청구한 보수금액을 의뢰인의 내부감시기구에 통보
- 다른 회계법인으로 하여금 감사업무의 일부를 수행하도록 하거나 다시 수행하도록 의뢰
- 인증업무팀의 상급자 교체

(3) 감사의견에 내재된 문제

공인회계사들의 가장 중요한 업무는 기업의 재무제표에 대해 감사의견을 표명하는 것이다. 이러한 감사의견표명은 감사대상기업의 재무제표가 중요성의 관점에서 회계기준에 따라 공정하게 표시되었는지(오류나 사기로 인해 잘못된 표시가 없는지)에 대해 합리적 확신을 주기 위해서이다.[4)]

1) 감사의견의 한계

공인회계사들이 제시하는 감사의견이 가질 수밖에 없는 본질적인 한계에 대해서 살펴보기로 하자.

① 합리적 확신

합리적이란 말은 법에서 법적 문제의 결정에서 표준적인 행동을 정의하는데 자주 사용된다. 감사인은 의무태만이나 고객에 대한 책임을 회피하기 위해서 합리적 수준의 주의를 하여야 한다. 감사인의 독립성을 예로 들면, 합리적 기준은 통상적으로 감사와 관련되지 않은 사람이 감사인의 행동을 지켜보았을 때 감사인이 외관상 독립성을 유지했다고 결론내릴 수 있는지 여부를 판단하는 데 사용된다.

합리적 확신(reasonable assurance)이란 말은 재무제표가 중대하게 허위로

---

4) 회계감사기준(전문)에서는 감사의 고유한계에 대해 다음과 같이 언급하고 있다.

감사의견은 합리적인 확신에 기초하고 있으므로 해당 감사기준에 따라 감사가 적절하게 계획되고 수행되었다 하더라도 감사의 고유한계로 인해 재무제표의 중요한 왜곡표시가 발견되지 않을 불가피한 위험이 존재한다.

감사의 고유한계는 경영진의 주관적인 판단과 불확실성이 수반되는 재무보고의 성격, 감사절차의 성격상 감사인의 감사증거 입수능력의 한계(제공된 정보의 완전성을 확신하기 어렵고, 문서의 진위 전문가로 훈련받지 않으며, 공적 수사에 필요한 법적 권한을 부여받지 못하는 등의 실무적 · 법률적 한계)가 존재한다는 점, 재무보고의 적시성 및 효익과 비용 간의 균형을 고려할 때 감사인이 존재하는 모든 정보를 다루거나 오류가 포함되지 않았음이 입증될 때까지 추적하는 것은 실행가능하지 않다는 점에서 기인한다. 또한, 특수관계자 거래는 경영진이 제공한 정보가 모든 특수관계 및 특수관계자 거래를 포괄하는지를 확신하기 어렵고 경영자에 의한 공모, 은폐, 조작의 위험이 더 크다는 점에서 감사증거의 신뢰성과 설득력에 영향을 미칠 수 있다.

표시되지 않았음을 절대적으로 보증하는 것이 아니다. 감사인은 기업의 모든 거래를 검사하지 않는다. 검사를 위한 거래의 선택은 중요성과 위험평가에 근거하여 결정된다. 그렇지만 표준적인 표본추출기법에 따라 오직 일부분의 거래만이 선택된다.

감사인이 합리적 확신이란 말을 사용할 때는 충분히 만족할 만한 증거자료를 수집하는 등 감사의무를 수행함에 있어서 감사기준을 따랐음을 의미한다. 감사인은 이용가능한 증거가 의견을 정당화하기에 충분한지 여부를 결정하기 위해서 전문가적 판단을 사용하여야 한다. 이러한 의사결정에서 감사기준을 따르지 않았다면, 의무태만의 혐의를 벗어나지 못한다. 만일 감사인이 의도적으로 고객에게 부정적인 영향을 줄 수 있는 적절한 감사절차 또는 증거를 무시했으면, 법률적으로는 사기를 범했다고 본다.

② 중요성

중요성(materiality)은 국제회계기준위원회의 실무서 제2호인 '중요성에 대한 판단'에서 다음과 같이 정의되고 있다.

> 정보가 누락되거나 잘못 기재된 경우 특정 보고기업의 재무정보를 제공하는 일반목적재무보고서에 근거하여 이루어지는 주요 이용자의 의사결정에 영향을 줄 수 있다면 그 정보는 중요한 것이다. 즉, 중요성은 개별 기업의 재무보고서 관점에서 해당 정보와 관련된 항목의 성격이나 규모 또는 이 둘 모두에 근거하여 해당 기업에 특유한 측면의 목적적합성을 의미한다.

감사의 관점에서 중요성은 재무제표에 있는 정보에 관련된 이용자의 필요와 허위표시가 이용자의 의사결정에 미칠 수 있는 잠재적인 영향에 대한 감사인의 판단을 반영한다. 감사기준서에는 중요성을 다음과 같이 설명하고 있다.

> 감사인은 감사를 계획하고 수행할 때, 그리고 식별된 왜곡표시가 감사에 미치는 영향과 미수정 왜곡표시가 재무제표에 미치는 영향을 평가할 때 중요성의 개념을 적용한다. 일반적으로, 누락 등 왜곡표시가 재무제표를 근거로 하는 이용자의 경제적 의사결정에 개별적으로 또는 집합적으로 영향을 미칠 것이 합리적으로

예상되면 그 왜곡표시는 중요하다고 간주된다. 중요성에 대한 판단은 주변상황에 비추어 내려지는 것이며, 재무제표이용자의 재무정보 수요에 대한 감사인의 인식, 그리고 왜곡표시의 크기와 성격, 또는 두 가지 모두로부터 영향을 받는다. 감사의견은 재무제표 전체를 대상으로 하는 것이므로, 감사인은 재무제표 전체에 대하여 중요하지 않은 왜곡표시의 발견에 대해서는 책임지지 않는다.

기업이나 감사인들이 중요성을 결정하기 위해서 어림잡아서 단순히 양적 임계값에만 의존해서는 안 된다. 예를 들면, 감사인이 문제가 되는 항목에 5% 중요성기준을 사용하고 있다면, 관련된 숫자의 중요성을 판단하기 위해서 이를 당기순이익과 비교하게 된다. 한 기업의 한 가지 재고자산의 원가가 5억원이라고 하자. 감사인은 그 재고자산의 시가는 4.8억원으로 원가보다 2천만원(원가의 4%)이 적다고 믿고 있다. 5% 중요성기준을 적용하면 그 항목은 중요하지 않으므로 평가손실을 반영하지 않는다. 그러나 당기순이익이 단지 2억원이라고 하면 어떨까? 평가손실 금액은 당기순이익의 10%가 되어 중요하게 된다.

중요성에 대한 이러한 접근법은 의도하지 하지 않은 결과를 낳는데, 5% 중요성기준을 적용해야 함을 알고 있는 회계담당자가 이익을 증가시키기 위해 5%보다 적은 금액의 비용을 줄이거나 수익을 증가시켜 감사인의 눈을 피해나갈 수 있다는 것이다. 중요성기준 때문에 그것이 잘못은 아니지만 감사인이 이를 간과해서는 안 된다.

중요성의 판단은 합리적인 주주가 주어진 사실들에 근거하여 도출할 수 있는 추론과 이러한 추론의 심각성에 대한 섬세한 평가를 필요로 한다. 따라서 합리적인 투자자가 보았을 때 특정 사실과 관련하여 이용가능한 정보에서 얻는 추론을 중대하게 변경할 정도라고 볼 가능성이 매우 높다면, 그 사실은 중요한 것이다.

감사기준서는 공인회계사의 중요성 평가를 회계사기로 인한 중요한 왜곡표시의 위험을 식별하는 데 필요한 정보를 습득하는 데 연계시키고 있다. 즉 감사인이 책임을 다하기 위해 감사를 계획하고 수행함에 있어서 재무제표에 중요한 왜곡표시가 없는지에 대한 합리적 확신을 얻기 위한 지침을 제시하고 있다.

③ 공정하게 표시

재무제표이용자들은 공정하게 표시라는 의미를 이해하지 않고서는 재무제표의 신뢰성을 평가할 수가 없다. 공정하게 표시(present fairly)라는 표현은 회계기준과 연계되어 있다. 왜냐하면 회계기준에 따라 공정하게 표시되었다고 언급하기 때문이다. 재무제표의 전반적인 표현의 공정성에 관련된 독립적인 감사인의 판단은 회계기준의 틀 안에서 적용되어야 한다.

공정한 표시에 대한 감사인의 평가는 다음에 달려 있다.

- 선택되어 적용한 회계기준이 일반적으로 인정되고 있는지
- 상황에 비추어 볼 때 회계기준이 적절한지
- 재무제표가 이를 사용하고, 이해하고, 해석하는 데 영향을 미칠 수 있는 문제에 대해 충분한 정보를 전달하고 있는지
- 재무제표에 표시된 정보가 너무 상세하거나 너무 축약되지 않고 합리적인 방법으로 분류되고 요약되어 있는지
- 재무제표가 중요성에 일관되고 경제적 실질을 반영하는 방법으로 근저의 거래와 사건을 반영하고 있는지

〈사례〉 자산과 부채를 공정하게 표시하기 위한 리스회계처리

리스는 자산을 일정 기간 빌려서 사용하는 것인데, 빌리는 사람(리스이용자)이 해당 자산의 법적 소유주(리스제공자)에게 정기적으로 사용대가를 지급하는 계약이다. 회계기준(한국채택국제회계기준 제1116호)에 따르면 리스이용자는 다음 조건이 충족될 때 해당 자산에 대한 사용권자산의 취득원가를 자산으로 인식하고, 관련 리스부채(리스기간에 걸쳐 지급하는 대가의 현재가치로 측정)를 인식하여야 한다.

- 자산이 식별가능 : 다른 자산으로부터 분리가능하고 계약상 또는 법적 권리의무에 의해 판단할 수 있어야 한다. 또한 식별된 자산이 리스제공자에 의해 다른 자산으로 대체될 수 없어야 한다.
- 리스이용자가 해당 자산을 통제할 수 있어서 자산의 사용으로 생기는 경제적 효익의 대부분을 가져야 한다.

• 리스이용자는 해당 자산을 사용하는 방법 및 목적을 지시할 권리를 가지고 있어야 한다.

비록 리스자산의 소유권은 리스제공자가 가지고 있지만 실제로는 해당 리스 자산을 실제로 리스이용자에게 할부로 판매한 것과 같이 회계처리를 하는 것이다. 이는 법적 형식보다는 경제적 실질을 중요시하여 기업의 재무상태를 공정하게 표시하고자 의도하는 회계기준의 대표적인 사례이다.

위의 조건들을 충족시키지 못하면 해당 자산을 임대한 것으로 보아 자산이 사용될 매 기간 지급하는 금액을 비용으로 처리한다. 이렇게 되면 소위 부외금융이 발생한다. 문제는 이 경우 재무제표이용자가 기업이 미래에 지급할 의무가 있는 금액을 알 수 없게 된다는 것이다.

2) 기대차이

독립된 감사인의 책임은 경영자가 작성한 재무제표를 감사하고 보고하는 것이다. 독립된 감사의 효과가 부족하다는 인식은 재무보고시스템의 완전성에 대한 대중의 신뢰를 침해한다. 재무보고에 대한 우려는 새로운 것이 아니다. 이러한 우려를 반영하여 KICPA는 기대차이를 줄이려고 끊임없이 노력해왔다. 여기에서 기대차이(expectation gap)란 대중이나 재무제표이용자들이 공인회계사의 책임이라고 인식하는 것과 공인회계사나 감사인이 그들의 책임이라고 인식하는 것 간의 차이이다.

특히 공인회계사들은 효과적인 통제환경을 조성하기 위해 최고경영진의 윤리에 대한 공인회계사의 평가를 내부통제제도의 핵심부분으로 하여 기대차이를 줄이려고 시도했다. 기대차이를 줄이려는 또 다른 시도는 불법행위로 인하여 재무제표가 왜곡표시되는 것을 방지하는 것이었다.

기대차이는 기업의 회계사기가 노출됨에 따라 더욱 확대되는 현상을 보였다. 한 기업에서 사기가 발생하면 대중들은 해당 기업뿐만 아니라 기업들의 전반적인 지배구조에 문제가 있는 것으로 인식하기 때문이다. 이에 따라 공인회계사들은 기업의 회계사기에 적절히 대응함으로써 기대차이를 줄이려고 노력했다.

3) 감사인의 행동편의

감사인이 개입된 회계사기는 공인회계사들에게는 지워지지 않는 오점을 남기고 투자자의 신뢰에 영향을 미친다. 그럼에도 불구하고, 감사인이 의도적으로 그들의 전문가적 의무를 위반하였다고 밝혀진 경우는 극히 드물다. 물론 이는 감사과정에서 결함이 드물다거나 별거 아니라거나 또는 제도적으로 감당할 만하다는 것을 의미하지는 않는다. 대신 감사인의 결함은 대부분 의도적인 속임수에 의한 것이라기보다는 부주의나 고객에 대한 무의식적 편애 때문이라는 것이다.

사회심리학자에 따르면 감사인들을 무의식적으로 고객의 영향에 굴복하게 하는 몇 가지 요소가 있다.

① 자기고양적 편향

감사인의 생계가 고객관계의 유지에 의존하기 때문에 어떤 감사인은 부지불식간에 애매한 경우에 정보를 왜곡하여 고객에게 유리하게 해석해 주려고 한다. '잘 지내려면 같이 가라'라는 말이 있다. 고객의 관점을 지지하기 위해 자료를 선택적으로 지각함으로써 나타나는 오차를 자기고양적 편향(self-serving bias)이라고 한다.

② 확증편향

사람들은 자주 사전에 형성된 믿음을 확증하는 정보를 찾으려고 하고 이러한 관점을 약화시키는 정보를 무시한다. 예를 들면, 애인과 멋진 데이트를 한 후 우리는 자주 파트너가 정직하고, 친절하며, 책임감 있음을 확증하는 증거를 찾으려고 하는 한편, 그들이 거짓말하고, 폭력적인 사람임을 나타내는 많은 단서를 무시한다. 확증편향(confirmation bias) 또는 맹목적(motivated blindness)이라고 불리는 이러한 현상은 로맨틱 관계뿐만 아니라 감사관계도 망친다.

③ 협력편향

대부분의 사람들과 마찬가지로 공인회계사도 대립보다는 협력을 선호한다. 즉 협력편향(cooperation preference)이 있다. 따라서 감사팀 구성원들은 본능적으로 긴장되고 불협화음을 내는 고객관계보다는 협조적인 고객관계를 가지려고 노력한다. 그러나 감사인은 파수꾼으로서 전문가적 의구심을 발휘하여 진실을 밝히기 위한 질문 또는 때때로 껄끄러운 질문을 하지 않으면 안 된다.

④ 만족시키려는 욕구

우리는 모두 다른 사람들의 얼굴에서 충격이나 불만족보다는 만족한 웃음이 나타나도록 하는 것을 좋아한다. 그러나 때로는 고객이 회계기준을 위반했을 때 공인회계사는 고객을 만족시키려는 욕구(desire to please)를 버티어내고 고객의 목표에 위배되는 메시지를 세련되게 전달하지 않으면 안 된다.

⑤ 할인

우리는 본질적으로 소위 할인(discounting)이라고 알려진 심리적 현재가치 계산을 사용하여 의사결정을 한다. 윤리적 문제를 해결하는 데 있어서 의사결정자는 수년 후 미래에 발생할 가능성이 있는 불확실한 사건에는 비중을 적게 두지만 당장 닥친 사건의 영향에는 비중을 크게 둔다. 이는 감사인으로 하여금 고객이 매우 억울해하는 앞에 닥친 불편함이나 손실을 피하는 데 더 많은 노력을 기울이도록 이끈다. 이에 따라 이는 감사인으로 하여금 아마도 고객의 애매한 입장을 방치하는 데서 오는 소송이라든지 평판손실을 이러한 피해가 시간상으로 멀고 일어날 가능성도 불확실하다는 이유로 무시하는 경향이 있다.

⑥ 도덕적 유혹

도덕적 유혹(moral seduction)이란 정기적으로 소통하는 다른 사람들의 관점을 무의식적으로 채택하게 되는 점진적인 과정을 말한다. 도덕적 유혹은 공인회계사가 처음에는 고객의 사소한 윤리적 위반을 받아주었는데, 이로 인해 이후에 시간이 흐르면서 점차 증가하는 고객의 부적절한 행동을 저지하지 못하게 되어 발생한다. 예를 들면, 감사인이 사소한 수익적 지출을 비용으로 처리하는 대신 자본화하는 고객의 회계처리를 수용하다 보면 이후에 더 크고 더 애매한 고객의 결정까지도 묵인하게 된다.

사람들은 자주 선택적으로 그들의 또래집단 또는 고용인이 선호하는 사실에 초점을 맞추고 이에 반대되는 정보를 무시한다. 이에 따라 회계법인은 소속 공인회계사에게 고객을 만족시키려는 경향을 상쇄시킬 수 있는 상계장려책을 제시해야 한다. 또한 감사인 자신도 정기적으로 무의식적인 편견을 가지고 있지 않은지를 점검하여야 한다.

4) 오류와 사기 그리고 감사인의 역할

오류와 사기는 어떻게 구분될까? 오류(error)는 회계기준의 적용에서 단순한 과실, 정보누락 또는 계산상의 실수로 인하여 발생한다. 사기(fraud)는 투자자나 채권자 등 다른 사람들을 속이기 위해서 의도적인 의사결정을 할 때 존재한다. 사기는 형태와 규모에서는 매우 다양하지만 한 가지 공통점은 근저에 의도가 개입되어 있다는 것이다. 대표적인 사기로는 ① 재무제표 왜곡표시와 ② 자산유용이 있다.

사기를 방어하는 제1선은 효과적 내부통제와 독립적 내부감사기능이다. 내부감사인은 감사위원회와 직접적이고 무제한적 소통이 가능해야 한다. 내부감사인은 사기의 존재에 관련된 문제를 CEO나 CFO와 토론해서는 안 된다. 왜냐하면 그들이 사기에 관련되어 있을 수도 있기 때문이다.

〈사례〉 내부감사의 좋은 사례

내부감사부서에 근무하는 정도 씨는 5천만원에 해당하는 컴퓨터비용에 대한 증빙서류를 발견할 수 없었다. 그가 내부감사책임자인 한은임 씨에게 보고하자 그녀는 계속 조사하라고 지시했다. 일련의 모호한 단서에서 정도 씨와 한은임 씨는 회사가 장부를 조작하고 있음을 의심하게 되었다. 한은임 씨는 그들의 예감이 옳은지 밝히기 위해 특별감사팀을 구성했다. 그 팀은 잘못된 비용처리와 폰지책략([2-2]를 참조)으로 4.1억원이 왜곡표시되어 있음을 발견했다.

한은임 씨는 CFO인 문재 씨에게 해명을 요구했으나 만족할 만한 답을 얻지 못했다. 그녀는 감사위원회에 이 사실을 보고했고, 감사위원회는 이 문제에 대한 답을 들으려 문재 씨와 면담했으나 역시 만족할 만한 답을 얻지 못했다. 문재 씨는 결국 해고되었다.

감사인의 기업에 관한 사기위험의 평가는 감사계약을 체결하기 전에 잠재적 고객을 검토하는 것에서부터 시작한다. 이때 중요한 절차는 전임감사인과 더 이상 감사서비스를 제공하지 않는 이유를 알아보는 것이다. 특히 전임감사인과 회계기준의 적용에서 이견이 있었는지 그리고 이를 어떻게 처리했는지에 대한 정보는 필수적이다. 또한 최고경영층이나 중요한 위치에 있는 임직원의 성실성에 대한 평가도 매우 중요하다.

사기위험을 평가하기 위해서 감사인은 건전한 의구심을 가지고 접근해야 한다. 이는 의구심을 가지고 정보를 수집하고, 질문을 하고, 또한 기업문화를 검토해야 함을 의미한다. 물론 평가할 때 감사인이 경영자에게 '당신은 사기꾼이요. 제가 틀렸다는 것을 증명해 보시오'와 같은 태도로 접근해서는 안 된다. 그러나 냉정하게 질문할 수도 있으며, 관련된 정보를 철저히 검사해야 한다. 또한 기업문화가 윤리적 의사결정을 돕는지를 결정하기 위해서 캐물을 수도 있음을 말과 행동으로 경영자에게 보여주어야 한다.

감사인은 사기위험을 식별하기 위하여 사기삼각형(유인과 압력, 기회, 태도와 사후합리화)과 관련시켜 위험신호가 있는지를 검토하여야 한다. 위험신호가 발견되면 이를 추적하기 위해서 냉정하게 질문하고, 위험신호를 지지하거나 반박하는 데 필요한 정보를 수집해야 한다. 못 본 척해 달라는 고객의 압력에 굴복하지 않아야 한다.

(4) 위험에 빠진 공인회계사

많은 회계스캔들에서 보듯이 이제는 회계법인들이 이익을 목표로 운영되고 있지 않다는 생각을 할 수 없게 되었다. 이러한 이익극대화의 목표는 공인회계사들을 위험 속에 빠뜨리고 있다. 이미 오래전부터 공인회계사들에 대한 비판이 제기되었는데, 이는 공인회계사들이 하고 있는 것과 해야 하는 것 사이에는 간격이 있다는 것이다.

만일 이익극대화가 회계법인의 목표라면, 그들의 감사와 인증 기능은 쓸모가 없어진다. 공인회계사의 핵심역할인 감사와 인증 기능이 소용없어지면, 회계법인은 일반 기업과 같이 이익추구만을 위해 컨설팅이나 세금관련 업무를 할 수 있을 것이다. 그러나 현행의 경제시스템이 지속되기 위해서는 진실하고 정확하게 감사받은 보고서가 필요하기 때문에 이러한 기능을 할 수 있는 다른 대안이 제시될 것이다. 이러한 대안이 어떤 형식을 갖건 간에 그 근본은 전문가정신을 지켜야 한다는 것이다. 즉 그들은 자신의 사익을 고려하기 전에 고객과 특별히 공익을 앞세우지 않으면 안 된다는 것이다.

전문가로서의 책임에 앞서 공인회계사와 회계법인으로 하여금 이익극대화를 추구하도록 밀어내는 매우 강력한 요인들이 있다. 첫째로 회계기준의 부적합성이다. 지금까지 오랫동안 상당한 역할을 해왔던 회계기준이지만 새로운 경제에서도 제대로 역할을 할 수 있을까? 현재의 회계기준은 주로 유형자산을 가진 사업에 적합한 것이다. 그러나 새로운 경제모형에서 인적자산, 정보, 그리고 선도적 지위 등의 무형자산이 가치를 결정하는 사업이 부각하자 현재 회계기준으로는 다룰 수 없는 현상이 발생하기 시작했다.

둘째로 이익관리(earning management)라는 것인데, 이는 극히 외교적인 용어로서 필요하다면 이익에 손댈 수 있다고 생각하는 것이다. 회계기준을 충족하면서도 원하는 수치를 만들어낼 가능성이 존재한다. 예를 들면, 기업은 매년도의 이익을 평준화시키기 위해서 또는 시장의 기대에 맞추기 위해서 이익이 머무르는 풀(pool)을 만들어 놓고 필요한 경우에 이를 끄집어내서 사용한다. 또한 적당한 시점에 큰 금액을 손실로 처리하는 빅배스(big bath)를 이용하여 실제 결과를 이해하기 어렵게 만들기도 한다. 이러한 창조적 회계처리(creative accounting)로 인하여 주가는 과대평가되고, 기업의 경영자는 엄청난 이득을 챙기고, 전문투자자는 그들이 원하는 것을 얻어내고 있다.

셋째로 회계법인의 변화된 지배구조로 인해 초래된 이해상충으로 인하여 그들이 독립성을 유지할 수 있는가에 대한 의문이 제기되고 있다. 전통적인 단순한 파트너 모형이 다른 사업구조로 재편되고 있다. 그들이 컨설팅 사업을 유지하거나 별도로 떼어내더라도 파트너들은 그 별도 회사와 일정한 관계를 유지하고 있다. 이러한 미묘한 지배구조로 인하여 독립성이 침해될 우려가 제기되고 있다. 또한 기업의 규모가 회계법인에 비해 엄청나게 큰 것도 회계법인들이 이러한 기업들을 감사할 충분한 능력을 갖추었는가에 대한 우려와 더불어 그들이 감사과정에서 독립성을 유지할 수 있는지에 대한 우려도 제기되고 있다.

요약하면, 공인회계사와 회계법인들은 그 구조와 운영에서 엄청난 변화에 직면하고 있다. 현재의 상태와 나아가야 할 상태 간에 차이가 점차 확대되고 있다. 그러나 공인회계사들이 그러한 차이를 계속 주시하고 있다는 사실은 우리로 하여금 미래에 대한 희망을 갖게 한다. 이러한 문제에 대한 분투는 회계가 윤리적이어야 할 필요성을 확인시켜 주고 있다. 그러나 이를 달성할 방법을 도출하는 것이 쉽지만은 않다.

이러한 우려는 때로는 회계법인의 미증유하고 수용불가능한 행위에 의해 고조되었다. 그러나 대형 회계스캔들로 인하여 규제기관의 규제방식에 변화를 가져왔으며, 공정가치평가는 재검토되고, 회계기준의 변화에도 많은 관심이 집중되고 있다. 따라서 공인회계사는 위기 속에서도 밝은 희망을 보게 되고, 엄청난 변화의 와중에도 심각한 위기가 아니길 기대한다.

보론 PwC's Code of Conduct: Living our Purpose and Values

삼일회계법인의 윤리에 관한 규정은 PwC가 제시하고 있는 PwC's Code of Conduct, PwC 제3자 윤리복무규정, 삼일윤리복무규정 등으로 구성되어 있습니다.
여기에서는 PwC's Code of Conduct의 일부분을 소개(이는 삼일회계법인이 번역하여 홈페이지에 게시한 내용을 편집)하고자 합니다. 나머지 부분은 삼일회계법인 홈페이지를 참조하기 바랍니다.
이는 다음과 같은 내용을 담고 있습니다.
Message from our Global Chair
Message from our Global Chief Ethics and Compliance Officer
Living our Purpose and Values
The Code in context
Speak up
Build trust in how we do business
Build trust with each other
Build trust in our communities
Build trust in how we use information
RADAR: A framework for deciding the right thing to do
The Code of Conduct and the PwC network of firms

Message from our Global Chair

혼란스러운 세상에서 PwC는 세상의 중요한 문제를 해결하기 위해 예상치 못한 방식으로 함께 모이는 커뮤니티로서 우리 모두가 직면한 문제에 지속적으로 적응하고 있습니다. 우리는 신뢰를 구축하고 지속적인 결과를 제공하는 조직이 미래의 성공적인 조직이 될 것이라는 우리의 믿음을 제시하는 글로벌 전략인 The New Equation의 틀 내에서 이를 수행합니다. 그리고 이 모든 것을 추진하는 것은 PwC 네트워크의 기반인 PwC의 목적과 가치에 대한 집단적, 개인적 헌신입니다.

150개 이상의 국가에서 300,000명이 넘는 직원이 일하고 있으며, 우리 각자는 모든 이해관계자에게 실질적인 변화를 가져오는 데 역할을 맡고 있습니다. 이해관계자들의 기대가 그 어느 때보다 빠르게 진화하고 있는 지금, 모든 상호작용에서 PwC 목적을 이해하고 실천하는 것은 우리의 책임입니다.

고객업무로부터 개인 간의 상호작용, 환경 관련 업무, 사회적 영향, 그리고 그 사이의 모든 것에 이르기까지 우리의 높은 윤리적 행동기준과 고객, 지역사회 및 사람들이 우리에게 부여하는 신뢰는 우리가 하는 모든 일의 기본이 될 것입니다.

우리가 해외에서 업무를 수행할지라도 Code는 적용가능한 전문가적 기준 및 법과 규칙, 사내지침과 가치의 틀 안에서 업무를 수행할 것을 강조합니다. 이는 우리의 업무수행방법을 정의하는 가치 및 행동을 대략적으로 설명합니다. 이를 통해 우리는 편협하지 않고 반응적이며 최선을 다할 책임을 갖게 됩니다.

우리가 PwC로서 성취하는 것은 개개인이 하는 모든 일, 모든 행동의 중심에 우리의 목적 및 가치를 어떻게 두는지에 전반적으로 달려 있습니다. 그러므로 신뢰를 쌓고 중요한 문제는 함께 해결하도록 합시다. 항상 협력하고 호기심과 혁신성을 가지고 성실하게 행동하며 조심성을 가지도록 합시다.

Message from our Global Chief Ethics and Compliance Officer

윤리적 문화는 우리 조직에 매우 중요하며 우리의 강령은 우리를 안내할 프레임워크를 제공합니다. 우리의 문화는 단순한 mission statement로 정의되지 않습니다. 그것은 우리가 매일 내리는 모든 행동과 모든 선택의 총합입니다. 이는 우리가 서로와 고객을 대하는 방식, 고객을 받아들이는 방식, 고객에게 조언을 제공하는 방식, 외부 이해관계자와 소통하는 방식입니다. PwC 네트워크에 대한 우리의 비전은 세계에서 가장 신뢰할 수 있고 관련성이 높은 전문서비스 기업이 되는 것입니다—조직이 신뢰를 구축하고 지속적인 결과를 제공할 수 있도록 최고의 인재를 유치할 수 있는. 우리는 직원들이 윤리적으로 행동하고 우리의 강령이 모든 것에 기본이 될 때에만 그러한 신뢰를 구축할 수 있습니다.

우리의 강령은 우리의 행동을 안내하는 데 도움이 되는 많은 도구 중 하나입니다. 귀하가 직면할 수 있는 모든 상황을 다룰 수는 없고 다루지도 않습니다. 오히려 일상적인 행동과 윤리적 의사결정에 우리의 가치를 포함시키려고 노력합니다.

우리 모두는 윤리강령을 유지하는 데 중요한 역할을 합니다. 우리 강령에 부합하지 않는 상황이 발생하면 우리는 이를 신고합니다. 그리고 우리는 그렇게 하는 데 필요한 용기를 소중히 여깁니다. 문제나 우려사항이 제기되면 적절하고 시의적절하며 객관적인 조사를 수행하기 위해 최선을 다합니다. 그리고 'Speak Up' 문화의 중요한 부분은 보복으로부터 직원을 보호하려는 우리의 약속입니다. 우리는 보복이 존재하는 경우 누구도 편안하게 우려사항을 제기할 수 없기 때문에 전체 윤리시스템과 신고시스템이 위험에 처할 수 있음을 이해합니다. 따라서 직원들이 안전하다고 느끼고 필요할 때 자유롭게 발언할 수 있도록 신뢰를 구축하는 것이 중요합니다.

Global Chief Ethics and Compliance Officer로서 저는 PwC 파트너와 직원, 그리고 The New Equation의 전략을 지원하기 위해 왔습니다. 신뢰를 바탕으로 브랜드를 구축하려면 조직 내에서 확고한 윤리적 기반이 필요합니다. 우리의 강력한 윤리 문화와 강령이 바로 그 기반입니다. 이를 유지하고 육성하기 위해 여러분 모두와 협력하기를 기대합니다.

Living our Purpose and Values

PwC의 문화는 내부의 기본적인 체계와 외부의 기대와 요구에 의해 번영합니다. 이는 다음의 상황에 대한 행동을 지도하고 신뢰를 구축하는 데 도움이 됩니다.

- 업무를 수행하는 방법
- 서로
- 공동체 내
- 정보를 활용하는 방법

사회에 대한 신뢰를 구축하고 중요한 문제를 해결하기 위해 고객 및 동료와 협력할 때 우리는…

Act with Integrity

- 특히 어렵다고 느낄 때 옳은 일을 주장하십시오.
- 최고 품질의 결과를 기대하고 제공합니다.
- 우리의 개인적인 평판이 위험에 처해 있는 것처럼 결정하고 행동하십시오.

Make a difference

- 우리가 살고 있는 세상의 미래에 대해 정보를 얻고 질문을 하십시오.
- 우리의 행동을 통해 동료, 고객 및 사회에 영향을 미치십시오.
- 우리가 운영하는 끊임없이 변화하는 환경에 민첩하게 대응하십시오.

Care

- 모든 개인과 그들에게 중요한 것이 무엇인지 이해하려고 노력하십시오.
- 각 사람이 기여하는 가치를 인식하십시오.
- 다른 사람들이 최선을 다하는 방식으로 성장하고 일할 수 있도록 지원하십시오.

Work together

- 경계를 넘어 관계, 아이디어, 지식을 공유하고 협업합니다.
- 다양한 관점, 사람, 아이디어를 찾고 통합하십시오.
- 자신 및 타인을 개선하기 위해 피드백을 주고 요청하십시오.

Reimagine the possible

- 현재 상황에 도전하고 새로운 것을 시도해 보십시오.
- 혁신하고, 테스트하고, 실패로부터 배우십시오.
- 모든 아이디어의 가능성에 대해 열린 마음을 가지십시오.

The Code in Context

우리의 강령은 '어떻게 행동하는 것이 옳은 일인가?'라는 질문에 답해야 하는 모든 상황에 대해 구체적인 지침을 제공하기 위한 것이 아닙니다. 대신, 어려운 질문에 대해 생각하는 데 도움이 되고, 협의를 촉진하며, 우려사항이 있는 경우 이를 알리도록 격려하는 원칙, 지침입니다.

핵심 요소는 우리가 해당 법률과 규정을 준수한다는 것입니다. 내부적 법과 규칙의 범위가 Code보다 더 제한적이라면, 내부적 법 또는 규칙이 적용됩니다. 네트워크와 내부적 정책 및 추가 지침은 Code와 PwC Network Risk Management Policies에 포함된 원칙을 보완하고 있습니다.

Code는 우리 모두에게 적용됩니다. Code에서 의미하는 '우리가', '우리의' 또는 '우리를'은 PwC의 모든 사람들, 개별 파트너 · Principals 및 Staff뿐만 아니라 PwC 네트워크를 함께 형성하는 각 기업을 말합니다.

PwC에는 계약상대방, 벤더사, JBR을 포함한 모든 제3자에게 적용되는 '제3자 윤리복무규범'이 있습니다.

Speak up

신고하는 것은 우리 윤리문화의 기초입니다. 뭔가 옳지 않은 것 같을 때 이를 말하는 것은 우리의 진실성과 옳은 일을 행할 용기가 있음을 보여줍니다.

진실성을 갖는다는 것은 도덕적, 윤리적 원칙을 일관되게 준수하는 것을 의미합니다. 이는 신뢰할 수 있고 정직하며 공정하다는 것을 의미합니다. 아무도 지켜보지 않더라도 옳은 일을 하는 것입니다.

존중받는 근무환경을 만들면 우리 직원들은 목소리를 낼 수 있을 만큼 용감해질 수 있습니다. 신고하는 것은 위법행위를 예방하는 데 도움이 됩니다. 솔직하게 말하는 것은 우리가 서로와 우리의 사업에 관심을 갖고 있다는 것을 보여줍니다.

우리는 직급이나 역할에 관계없이, 옳지 않은 행동을 마주하거나 그러한 상황에 직면했을 때, 알릴 권리가 있습니다. 우리는 문제시되는 사항에 대해 보고하고 의견을 개진할 책임이 있으며, 공정, 정직하고, 정중하게 해야 합니다.

1) Speak up

'PwC Ethics Helpline'은 임직원, 고객, 제3자가 보복에 대한 두려움 없이 편안하고 안전하게 질문이나 우려사항을 이야기할 수 있도록 하는 Speak up 문화를 지원합니다. 보안채널을 제공하며, 허용되는 경우 익명신고도 가능합니다.

'PwC Ethics Helpline' 이외에도 PwC에는 Business Conduct Leaders, managers, supervisors, HC, RM, OGC 등 다양한 신고채널이 있습니다. 우리는 직원들이 신고하기 가장 편안한 채널을 선택하기를 원합니다.

요점은 진실성과 배려라는 우리의 가치에 충실하기 위해, 목소리를 내는 것이 안전할 뿐만 아니라 옳은 일이라는 것입니다.

2) Listen up. Follow up

신고는 필수적인 첫 번째 단계입니다. 모든 우려사항은 적절한 기밀로 처리됩니다.

우리는 적절하고, 시의적절하며, 객관적인 조사를 수행하기 위해 최선을 다하고 있습니다.

감독 역할을 맡은 우리는 우리의 이목을 끄는 것들에 대해 관심을 가질 책임을 가지고 있습니다.

강령이나 정책, 절차를 위반하는 사람은 누구나 책임을 지게 됩니다. 위반사항을 지시하거나 승인한 사람, 또는 위반 사실을 알고도 즉시 적절한 조치를 취하지 않은 사람은 책임을 지게 됩니다.

우리 모두는 조사과정에서 협력하고 질문에 진실하고 정확하며 완전하고 정직하게 답변할 책임이 있습니다. 협조하지 않을 경우 징계조치를 받을 수 있습니다.

3) We do not tolerate retaliation at PwC

PwC는 보복을 용납하지 않습니다.

PwC는 우리를 보복으로부터 보호할 것입니다. 보복은 실제 이슈나 의심이 가는 이슈를 성실하게 보고한 것에 대해, 직접적이거나 미묘하게 보복하는 어떠한 형태도 해당될 수 있습니다. 우리는 성실하게 보고한 자 및 조사에 임한 자에 대한 보복을 금지합니다. 보복성 조치를 취한 PwC의 어떠한 전문가(파트너, staff)도 이에 대한 책임을 질 것입니다. 보복은 중대한 위법행위이며 용납되지 않을 것입니다.

What if?

동료들과 함께 점심식사를 하고 있었는데, 그중 한 명이 다른 동료에 대해 제가 불쾌하다고 생각하는 발언을 했습니다. 이 상황을 어떻게 처리합니까?

A. 그렇게 하는 것이 괜찮다고 느껴진다면 동료와 함께 전문적으로 상황을 해결하십시오. 상황을 직접 해결하는 것이 불편하거나 추가지침이 필요한 경우 'Ethics Helpline' 또는 PwC의 기타 보고채널을 통해 우려사항을 보고해야 합니다.

What if?

동료의 부적절한 행위를 선의로 신고했고, 문제를 해결하기 위한 적절한 조치가 취해졌습니다. 그러나 이제는 나에 대한 동료의 행동이 변했다는 것을 알게 되었고 때로는 업무에 필요한 주요 정보를 숨기거나 내가 다른 사람의 사업에 관여하고 있다는 비아냥거리는 말을 하기도 합니다. 어떻게 해야 하나요?

A. 보복행위를 당할 수도 있습니다. 혐의가 입증되지 않은 경우에도 보복은 용납되지 않습니다. 'Ethics Helpline'이나 PwC의 기타 보고채널을 통해 우려사항을 보고해야 합니다.

(A) Build trust in how we do business

우리 업무의 품질과 영향은 PwC 전문가이자 기업 네트워크로서 우리가 누구인지에 매우 중요합니다. 우리의 지속적인 성과는 우리가 고객, 우리 서로, 그리고 지역사회와 신뢰를 형성하고 구축하는 방법의 일부입니다.

PwC의 모든 전문가는 IESBA(International Ethics Standards Board for Accountants)에서 제정한 표준을 포함하여 적용가능한 전문표준을 따릅니다. 우리

의 윤리적 행동과 IESBA 윤리강령 준수는 공익과 사회 전반에 직접적인 혜택을 줍니다.

〈Five fundamental principles of ethics〉

우리의 강령과 윤리적 틀은 integrity, objectivity, professional competence and due care, confidentiality and professional behaviour라는 핵심 원칙을 기반으로 합니다.

1. Integrity
2. Objectivity
3. Professional competence and due care
4. Confidentiality
5. Professional behaviour

What if?

저는 회계사나 감사인이 아니며 감사본부에서 근무하지도 않습니다. IESBA 윤리복무규범이 저에게도 적용되나요?

A. 네, PwC에서 근무하는 모든 사람은 IESBA 윤리복무규범을 준수해야 합니다. 이는 업무 종류와 상관없이 모든 사람에게 적용됩니다.

우리는 우리가 서비스를 제공할 수 있는 능력이 있는 고객, 그리고 우리의 서비스를 제대로 평가하고, 합법성과 성실성의 올바른 기준에 부합하는 고객만을 대상으로 서비스를 제공합니다. 우리는 우리가 전문적으로 전달할 수 있는 서비스만을 제공하며, 업무에 대한 필수적 능력과 혁신성을 위해 협력합니다. 약속한 바에 따라 이를 수행합니다.

우리의 명성은 신뢰성, 성실성 및 지속가능한 고품질의 가치를 성취함으로써 정의됩니다. 지속적인 성공은 고품질의 혁신적인 업무를 수행하는 동안, 전문가기준을 유지하고 적용가능한 법과 규칙을 지키며 윤리적 의무를 수행하는 것을 의미합니다.

우리는 교육, 평가, 시험을 독립적으로 완료하는 것을 포함하여 우리가 하는 모든 일에서 정직하게 행동합니다.

우리는 편견, 이해충돌 또는 타인에 대한 과도한 영향력 없이 업무에 대해 결정합니다. 실질적인 또는 잠재적인 이해충돌을 파악하고 해결하는 과정 및 절차를 준수해야 합니다.

우리는 외관상 독립성을 포함한 독립성이 객관성의 중심임을 인지하고 있습니다. 감사고객의 독립성에 위협이 될 수 있는 상황은 미리 피하고 개선할 것입니다. 우리는 적용대상인 독립성 규칙, 기준 및 정책을 준수하도록 주의를 기울입니다.

우리가 계속할 경우 우리의 전문성, 성실성 또는 독립성을 포함한 객관성이 문제가 될 수 있다면 우리는 계약과 고객으로부터 기꺼이 물러날 것입니다.

What if?

저는 다른 고객을 위한 잠재적인 계약을 체결하는 것이 자신의 이익에 반한다고 믿는 고객과 함께 일하고 있습니다. 이것이 이해상충으로 간주됩니까?

A. 이 상황은 '민감한 상황'이며 conflict of interest 상황으로 발전할 수 있습니다. 민감한 상황은 결코 무시되어서는 안 되며, 우리 각자는 이를 적절하게 협의하고 해결해야 할 책임이 있습니다. 민감한 상황이 발견되면 즉시 고객관계를 담당하는 파트너에게 문제를 제기해야 합니다. 민감한 상황은 이해상충은 아니지만, 고객의 이해상충으로 인해 잠재적으로 고객 손실이나 PwC 브랜드 또는 평판 손상을 초래할 수 있는 심각한 상업적 또는 고객관계 문제가 발생할 위험이 있는 상황입니다.

이해충돌은 다양한 형태가 있습니다. 다음의 상황이 발생한다면 협의하십시오.

- 고객에게 최선을 다하는 데 있어 우리의 객관성에 영향을 주거나 주었다고 인지할 만한 PwC 및 개인적인 이해관계가 있는 경우
- PwC와 고객이 같은 문제에 서로 대립되는 경우
- 고객의 이해관계와 대립되는 다른 고객을 위해 업무수행을 요청받은 경우

이러한 상황은 반드시 업무를 수행할 수 없다는 것을 의미하지 않지만, 잠재적인 이해충돌 또는 고객과의 민감한 관계를 어떻게 관리할지 생각할 필요가 있습니다.

자신의 역할과 상황을 객관적으로 평가하는 것이 중요합니다. 잠재적인 갈등이나 민감한 상황에 처한 경우 Local OGC 및/또는 RM에게 문의하십시오.

What if?

저는 PwC에 처음 입사했습니다. 저는 우리가 준수해야 할 독립성 요구사항이 있다는 것을 알고 있습니다. 특정 회사에 투자할 수 있는지 확인하는 방법을 알려 주시겠어요?

A. 투자에 관한 규칙은 복잡하므로 항상 확인하는 것이 좋습니다. 이는 회사에서 귀하의 직위와 역할에 따라 달라집니다. 추가지침은 Local 독립성 팀에 조언을 구하고, Local 독립성 정책을 비롯한 내부자료, 인트라넷 또는 sharepoint 등에 게시된 추가자료 등을 확인하세요.

What if?

저는 규제기관에서 근무한 후 최근 PwC에 입사했습니다. 함께 일하는 새로운 파트너와 공유하고 싶은 유용한 정보가 있지만 그것이 최선의 아이디어인지는 확실하지 않습니다. 어떻게 해야 하나요?

A. PwC에서는 공무원을 고용하고 협력할 때 또는 PwC 전문가가 정부에 입사할 때 자체 네트워크 원칙을 포함하여 모든 해당 규칙과 규정을 준수하도록 주의를 기울입니다. 이는 충돌이나 심지어 충돌이 나타나는 것을 방지하는 데 도움이 됩니다.

일반적으로 정부기관에서 PwC에 합류하면 일정 기간 동안 특정 제한사항이 적용되는 'cooling off period'가 있습니다. 이 경우 'cooling off period' 동안 수행할 수 있는 문제에 대한 제한 외에도 모든 기밀유지규칙을 준수하는 것이 중요합니다.

추가정보는 'Approach to government roles and assignments'를 참고하세요.

교육 및 평가를 완료하는 데 성실하게 행동한다는 것은 이러한 교육을 승인되지 않거나 부적절한 지원 없이 독립적으로 수강하는 것을 의미합니다. 우리는 다음을 포함하되 이에 국한되지 않는 어떤 형태의 부정행위도 용납하지 않습니다.

- 답안 개발, 사용 또는 공유
- 다른 사람에게 귀하를 대신하여 교육 또는 평가를 받도록 요청하는 것
- 다른 사람을 대신하여 교육 또는 평가를 받는 것

• 교육 또는 평가와 관련하여 부적절한 방식으로 기술을 사용하는 것
• 표절

부정행위는 PwC의 목적 및 가치에 부합하지 않습니다. 어떤 형태로든 부정행위에 연루된 사람은 누구나 책임을 지게 될 것입니다. 어떤 형태로든 부정행위를 인지하게 되면 이를 직속 관리자, 코치 또는 'PwC Ethics Helpline'에 보고해야 합니다.

What if?

특정 마감일까지 완료해야 하는 시험이나 평가가 있는데 제대로 공부하거나 제시간에 완료할 시간이 충분하지 않은 경우 어떻게 해야 합니까?

A. 교육이나 평가를 완료하는 능력에 대해 시간적 압박이나 기타 우려사항이 있는 경우 관리자나 코치에게 문의하여 요구사항을 적절하게 완료하는 데 필요한 것이 무엇인지 논의해야 합니다. 절대로 속여서는 안 됩니다. 절대로 답변을 공유하거나 다른 사람의 답변을 받아서는 안 됩니다.

질문이 있거나 부정행위를 인지한 경우 관리자, 윤리팀 구성원 또는 'PwC Ethics Helpline'에 문의하여 안내를 받으십시오. 우리 모두는 옳은 일을 해야 할 책임이 있고, 옳지 않다고 생각되는 것을 보거나 들은 경우 이를 알려야 할 책임이 있습니다.

고객, 공급자와 다른 관계자들과의 계약을 법적으로 정당하고 안전하게 체결합니다.

우리는 계약적 의무를 수행하고 약정된 기간과 조건을 준수합니다. 제공한 서비스에 대한 보수의 근거를 투명하게 공시합니다.

우리는 시간과 비용을 정확히 보고합니다.

공정하게 경쟁합니다. 우리는 공식적으로든 비공식적으로든 불법적으로 경쟁을 제한하고 가격을 설정하거나 고객, 시장, 다른 구성원들 및 서비스를 나눠 갖기 위해 경쟁자와 계약을 체결하지 않습니다.

경쟁자의 기밀정보를 존중합니다. 우리는 공개적으로 활용할 수 있을 때, 또는 법적 및 계약적 의무를 위반하지 않을 때에만 정보를 수집합니다.

What if?

저의 상사는 은연중에 제가 timesheet에 입력한 시간을 줄이라고 하세요. 저는 예정된 시간보다 업무시간이 많이 걸렸지만 가능한 한 효율적으로 일했다고 생각합니다. 어떻게 해야 할까요?

A. 발생한 시간을 정확하게 입력해야 합니다. 시간을 줄이거나 늘리지 않고, 할당된 시간 내에 업무를 완료하기 위해 업무의 질을 떨어뜨리지 말아야 합니다. 상사와 이 문제에 대해 바로 논의하십시오. 상사가 당신의 문제를 무시한다면, 'PwC Ethics Helpline' 또는 PwC의 기타 보고채널을 통해 우려사항을 보고할 수도 있습니다.

What if?

저는 기술적인 회계이슈를 논의하고자 파트너 및 여러 경쟁자들과의 회의에 참석하였습니다. 모두 모인 후에, (경쟁사의) 동료는 그와 그의 팀이 적용을 하고 있는 새로운 가격구조가 흥미롭다고 얘기하였습니다. 그는 모든 기업이 동일한 구조를 적용할 것인지 궁금해하였고 우리 팀의 가격구조에 대해 공유한다면 위와 같은 새로운 가격구조에 대해 공유함으로써 '경쟁적인' 이익을 함께 향유하자고 제안하였습니다. 어떻게 해야 할까요?

A. 그 제안을 받고 싶지 않음을 명확히 하고 해당 정보를 공유하지 말아야 합니다. 해당 문제에 대해 OGC에 바로 보고하십시오. 그러한 방식의 가격정보 교환은 금지되어 있습니다. 또한 'PwC Ethics Helpline'이나 PwC 기타 보고채널을 통해 우려사항을 보고할 수도 있습니다.

뇌물 수수, 부정한 업무에 절대 관련되지 않습니다. 이는 동료, 고객 및 함께 일을 하는 타인에 대한 신뢰를 유지하는 데 필수적입니다. 우리는 직접적으로든 제3자를 통해서든 급행료 등의 뇌물을 요구하거나 받지 않고, 주기로 약속하거나 주지도 않습니다.

고객 및 우리와 함께 업무를 수행하는 타인의 신원을 인지하고 자금 세탁 방지에 대한 적용가능한 기준을 준수합니다. 범죄행위가 의심된다면, 적절한 조치를 취해야 합니다. 적용가능한 경제적 제재를 위반하는 활동을 하지 않아야 하고 고객이 적용가능한 제재를 위반하는 것을 돕는 서비스를 제공하여서는 안 됩니다.

What if?

저희 문화에서는, 고객으로부터 휴일 기념 선물을 주고받는 것이 일반적입니다. 하지만 Code는 그러한 선물을 받는 상황을 부적절하다고 합니다. 어떻게 해야 할까요?

A. 다수의 요인에 따라 다릅니다. 지역적 관습 · 법 · 규칙과 PwC의 정책, 그리고 고객의 정책에 따라 다릅니다. 우리는 정부를 포함한 공공부문의 고객, 다국적 고객, 국제 고객을 대할 때 특히 주의해야 합니다. 특정 제한 상황에 대한 Firm의 추가 지침과 정책을 확인하거나, RM 또는 OGC와 같은 적합한 담당자와 협의해야 합니다.

뇌물은 현금을 주고받는 것뿐만이 아닙니다. 뇌물은 가치 있는 것이기만 하면 무방하며 다음과 같은 수많은 형태일 수도 있습니다.

- 실제로 서비스를 제공하지 않은 사람에게 지급하는 자문료와 수수료
- 여행, 접대, 행사, 고용기회 및 선물과 같은 비현금항목 등의 현물지급
- 정상적인 고용절차를 따르지 않은 정부관리자의 가족구성원 고용
- 후원 · 기부금

'급행료'는 허가, 라이선스, 비자, 메일 및 지원프로그램을 확보하는 절차 등과 같이 이행할 의무가 있는 일상적인 업무를 수행하기 위해 정부관리자에게 (현금 또는 현물로) 소규모로 제공된 금액입니다. 급행료는 (개인이 아닌) 기관에 지급되었고, 요청시 영수증이 발행될 수 있는 합법적 관리비용 및 합법적 지급금액은 포함하지 않습니다.

우리는 책임 있는 납세자입니다. 우리는 국내외의 모든 관련 세금신고서를 정확하고 선의로 적시에 관리합니다.

우리는 책임 있는 세무 자문가입니다. 비즈니스 세계의 글로벌 특성과 국내법의 복잡성 및 경쟁 우선순위를 고려할 때 어느 선을 그어야 하는지가 항상 명확하지는 않습니다. PwC 네트워크의 회원사는 고객, 기타 이해관계자, 각 파트너 및 직원을 지원하기 위해 Global Tax Code of Conduct를 채택하고 적용했습니다.

(B) Build Trust with each other

우리의 강점과 가치는 사고의 다양성과 경험에 있습니다. 인식의 다양성은 혁신에 있어 결정적입니다. 우리는 서로에 대해 경청하고, 협력하고 대화하며 이슈에 대해 정중히 토론함으로써 성공합니다. 우리의 아이디어와 총체적인 지식을 공유하는 것은 혁신 및 궁극적으로 우리의 성공을 위한 기초가 됩니다.

(C) Build Trust in our communities

우리의 사회적 책임의식 전략은 전문서비스 기업 네트워크로서의 우리의 강점과 기회에 맞게 만들어져 있습니다. 또한 영향력 있고, 주목할 만한 결과를 도출하고, 장기적인 비즈니스 및 사회적 가치를 창출하는 데 있어 진정한 차이를 만드는 우리의 기술이 적용가능하도록 설계되었습니다.

(D) Build Trust in how we use information

기밀정보를 구두, 문서, 이메일 또는 다른 형태로 입수하였는지에 상관없이, 그러한 기밀정보를 보호하는 것은 고객, 서로 간, 우리와 함께하는 사람들의 신뢰를 유지하는 데 중요합니다. 아이디어와 정보가 보다 자유롭게 공유되기 때문에 이러한 신뢰는 협력과 혁신에 기여합니다.

(주) (B)~(D)의 상세한 내용은 삼일회계법인 홈페이지를 참조

RADAR: A framework for deciding the right thing to do

RADAR 의사결정의 틀은 윤리적 딜레마를 생각하고 이에 대한 분석능력을 키워 좋은 결정을 내릴 수 있도록 합니다. 어떤 행동을 결정할 때, 각 단계와 질문을 통해 어떻게 접근해야 하는지 알 수 있을 것입니다. 특정 순서에 따를 필요는 없으며, 다음의 그림도 의사결정 지도를 나타내는 것이 아닙니다. 오히려, 이는 몇 분에서 며칠 동안 일어날 수 있는 일에 대해 생각하도록 틀을 만드는 것을 도울 것입니다. 또한 그 순간에 무엇을 할지 결정할 때 어떤 것도 개인적인 판단이나 가치의 적용을 대체할 수 없다는 것을 기억하십시오.
(주) 다음 그림 참조

RADAR: A framework for deciding the right thing to do

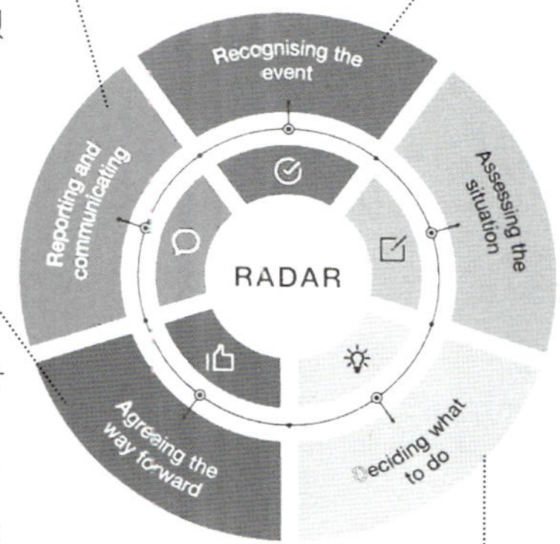

❶ Recognising the event

- 그 상황이 PwC의 목적과 가치에 부합하였습니까?
- 당신이 생각하기에, PwC의 목적 또는 가치에 반하여, 옳지 않은 행동을 하도록 요구받고 있습니까?
- 당신은 다른 사람(예를 들어, 동료, 고객, 공급자 및 다른 관계자)의 비윤리적이거나 불법적인 행동을 알고 있습니까?
- 당신은 결정을 내리려 하지만, 윤리적인 측면에 대해서 확신하지 못하고 있습니까?
- 언론에 보도된다면 어떻게 할 것입니까?

❷ Assessing the situation

누가 영향을 받습니까?

- 당신
- 동료 · 팀
- PwC-회사 및 네트워크
- 고객
- 다른 제3자

지침이 되는 변수는 무엇입니까?

- 그것이 옳다고 여겨집니까?
- 법-그것은 합법적입니까?
- 규칙 · 공인회계사 윤리기준
- PwC 기준 및 정책
- 고객의 반응
- 더 다양한 제3자의 반응
- PwC의 목적과 가치
- PwC의 CoC

❸ Deciding what to to

- 어떤 방법을 선택할 수 있습니까?
- 각 선택의 결과는 어떨 것 같습니까?
- 윤리적인 충돌을 피할 수 있는 대안이 있습니까?
- 적절하게 논의하십시오.
- 무엇을 할 것인지 결정하십시오.

❹ Agreeing the way forward

- 당신이 내린 결정을 검증하십시오 - 그것이 옳다고 여겨집니까? 마음에 불편함이나 거리낌이 없겠습니까?
- 당신이 했거나 하지 않은 일을 다른 사람들이 알았을 때, 당신은 당황할 것입니까?
- 합리적인 사람이라면 어떻게 할지 생각해 보십시오.
- 필요하다면, 다시 논의하십시오.
- 당신이 항상 옳다고 믿고 내린 결정에 확신이 있다면, 행동하십시오.

❺ Reporting and communicating

- 필요하다면, 당신의 문제를 적합한 담당자(예를 들어, PwC ethics Helpline, 이용가능한 다른 채널)에 보고하십시오.
- 적합한 경우, 이해관계자들에게 결정 내용과 그 근거에 대해 알리십시오.
- 이것을 통해 무엇을 배웠는지, 변화시켜야 할 것이 있는지 상기하십시오.

토론문제

1. 최근 연구에 따르면 최근에 취업한 여성들의 급료가 최근에 동일한 업종에 취업한 남성들의 급료에 비해 13%가 적음이 밝혀졌다.
   1) 이는 Aristoteles의 분배정의론에 부합하는가?
   2) 이러한 급료의 차이가 존재하는 이유는 무엇인가?
   3) 당신이 제시한 이유가 정당하다고 믿는가?

2. 광산의 사장에게 지급하는 급료는 광부들에게 지급하는 급료의 10배가 된다. 사장은 멋진 산천이 보이는 집무실에서 근무하며, 때때로 일등석 비행기로 해외출장을 다닌다. 반면, 광부들은 엄청나게 힘든 작업을 위험을 무릅쓰고 열악한 환경에서 수행하고 있다.
   1) Rawls의 사회정의론 관점에서 볼 때 이러한 급료체계가 공정한가? 당신은 왜 그렇다고 보는가?
   2) 이 회사는 회계부서의 직원들에게 광부들보다 평균적으로 30%가 적은 급료를 지급하고 있다. 대부분의 회계부서의 직원은 대학교를 졸업했고, 광부들은 그렇지 않았다. Rawls의 사회정의론 관점에서 볼 때 이러한 급료체계가 공정한가?

3. 많은 호텔들이 그들의 객실에 다음과 같은 포스터를 게시하고 있다.
   '환경보호에 부응하기 위해서 우리 호텔은 침대보와 수건을 매일 세탁하지는 않습니다. 그러나 그렇게 하시길 원하신다면, 세탁물품을 복도에 내놓아 주십시오. 환경보호에 동참해 주심에 감사드립니다.'
   이는 기업의 사회적 책임의 수행이란 측면에서 추천할 만한 행동인가?

4. 기업이 사회적 책임을 수행할 때 그들은 다양한 이해관계자들에게서 기업에 대한 좋은 감정, 즉 영업권이 생성되기를 기대한다.
   1) 이에 관련된 지출을 어떻게 회계처리하고 있는가?
   2) 회계기준이 그러한 지출을 자본화하도록 허용한다면, 사회적 책임을 수행하는 행위가 증가할까?

5. 차량제조회사의 내부감사로 일하면서 회사가 현재의 엔진보다 1리터당 3km를 더 갈 수 있는 엔진을 생산할 수 있다는 사실을 알게 되었다. 그러나 이러한 엔진을 생산하기 위해서는 차량 한 대당 3백만원이 더 소요된다. 운전자들은 5년간 평균 150,000km를 운전한다고 가정하자. 그리고 휘발유 가격이 리터당 1,500원이고, 현재는 리터당 12km를 갈 수 있다. 회사는 더 효율적인 엔진을 생산하는 것이 윤리

적인지를 고심하고 있다.

1) 이는 윤리적인 문제인가? 아니면, 단순히 원가회계문제인가?
2) 주주이론의 입장에서 이 문제를 분석하면 어떤 결론에 이르는가?
3) 이해관계자이론의 입장에서 이 문제를 분석하면 어떤 결론에 이르는가?
4) 회사가 더 효율적인 엔진을 생산하기로 결정했다면, 당신이 생각하기에 이는 사회적 책임을 위한 결정이라고 보는가?
5) 회사가 위와 같이 결정한 것이 단순히 더 많은 자동차를 판매해서 이익을 증가시키려는 것이라면, 당신의 답은 달라졌을 것이라고 보는가?

6. '기업은 사회적 책임을 다하여야 한다'라는 주장이 있다. '사회적 책임을 다한다'라는 것이 무엇을 의미하는가? 사회적 책임을 다하고 있는지 보고함에 있어서 발생하는 어려움은 무엇인가?

7. '사업에는 윤리가 없다'와 '좋은 윤리가 좋은 사업을 이끈다'라는 말 중에 어느 것이 타당하다고 보는가? 또한, 그 이유는 무엇이라고 보는가? 좋은 윤리가 좋은 사업을 이끈다고 주장하는 근거는 무엇인가?

8. 회계법인은 감사업무를 사업으로 보아야 하는가? 한 회계법인에서 감사업무와 컨설팅업무를 하는 것에 대한 비판의 근거를 제시하라.

9. 전문가로서의 책임에 앞서 회계법인이 이익극대화를 추구하도록 하는 요인은 무엇인가?

10. 감사보고서의 한계에 대해서 당신의 말로 간략히 설명하라.

11. 중요성 개념은 윤리적 행동과 양립할 수 있다고 보는가? 그 이유는 무엇인가?

12. 기대차이가 아직도 존재한다고 보는가? 그렇다면, 기대차이가 발생하는 이유는 무엇인가? 그렇지 않다면, 당신의 의견을 지지하는 근거는 무엇인가?

13. 당신은 다음과 같은 주장에 동의하는가?

① 상장기업이 그들의 현행 감사인과의 계약을 철회하기 전에 철회하는 이유를 감독기관에 제출하고 승인을 얻도록 하여야 한다.
② 기업은 정당한 이유 없이 감사계약 후 처음 3년 동안은 계약을 철회할 수 없도록 해야 한다.
③ 감사품질을 적절히 유지하기 위해서는 감사인도 정기적으로 교체할 필요가 있다.

14. 점검단이 음식점의 안전성을 검사한 후 음식점에 문자등급을 부여한다. 음식점은 받은 문자등급을 문 앞에 게시해야 한다. 그러나 회계법인은 감독기관의 검사결과를 그들의 홈페이지에 게시하지 않고 있다. 나는 회계법인도 감독기관이 부여한 등급을 홈페이지에 게시하여야 한다고 본다. 음식점의 등급이 낮으면 고객들이 그 음

식점에 가기를 주저하는 것과 같이 단순한 투자자인 나도 감사인의 등급을 어찌 알고 싶지 않을까?

1) 감독기관은 각 회계법인들에게 등급(점수 또는 문자)을 부여하고 이를 게시하여 투자자들이 특정 회계법인 감사의 질을 인지하도록 하여야 하는가?
2) 감독기관은 얼마나 자주 회계법인을 검사해야 하는가?

15. 공인회계사가 고객의 재무제표를 감사하는 과정에서 고객에 대한 어떠한 편애가 나타날 수 있는가? 이러한 편애가 발생하는 이유는 무엇인가?

제 4 편 윤리를 정착시키기 위한 제도

윤리를 기업 및 회계법인 내에 정착시키기 위해서는 대리인문제로 발생할 수밖에 없는 사안을 해결하는 효과적인 지배구조를 정착시켜야 한다.

[4-1]에서는 먼저 효과적인 지배구조 정착의 핵심요소인 최고경영자의 역할을 살펴보고, 지배구조의 실천방안으로서 내부통제제도와 기업윤리강령의 설정 및 운영을 살펴본다.

[4-2]에서는 지배구조의 다른 핵심요소인 내부고발제도의 의의 및 운영방안에 대해 상세히 검토하고자 한다.

기업에 윤리가 정착될 때 기업은 지속가능성이 높아지며 사회에 지대한 공헌을 하는 조직으로서 평가를 받게 될 것이다. 나아가서는 기업들이 국민경제를 이끌어 나가는 중추적인 역할을 수행할 것으로 기대한다. 이로써 기업은 모든 국민의 사랑을 받는 조직으로서 굳건히 나아갈 것이다.

[4-1]

효과적인 지배구조와 윤리강령이 조직에 윤리를 정착시키는 데 필요한가?

(1) 효과적인 지배구조

(2) 내부통제제도의 운영

1) 의의 및 목적

2) 구성요소(통제환경, 위험평가, 통제활동, 정보 및 의사소통, 모니터링 활동)

3) 구성요소별 원칙

4) 한계점

(3) 윤리강령의 수립 및 운영

1) 기업의 가치

2) 윤리강령의 구성 및 내용

3) 윤리강령의 운영

[보론 1] 지배구조 모범규준

[보론 2] 내부통제의 구성요소, 원칙 및 원칙 달성을 위한 중점 고려사항

〈도입사례〉

(1) 부정부패와 전쟁하는 경영자

대형은행의 은행장이 인사청탁과 전쟁을 선포했다. 그는 직원조회에서 '아직도 인사청탁이 통한다고 생각하는 직원들이 있다. 앞으로 인사청탁과 싸워나가겠다'라고 천명했다. 그는 '사회 고위층으로부터 한 지점장을 뉴욕지점으로 발령해 달라는 청탁을 받았으나 거절했다. 앞으로 그 지점장이 뉴욕지점장 후보로 올라오면 그 자리에서 지워버리겠다'라고 공언했다. 또한 '인사청탁은 성과평가이다'라고 말하며 '인사청탁을 하는 사람은 명단을 공개해 불이익을 주겠다'라고 경고했다.

(2) 문제를 은폐하는 경영자

한 공기업에 소위 관피아 또는 정피아라고 하는 관행에 따라 특정인이 이사장으로 임명되었다. 그 공기업은 PP사에 의뢰해 100억원에 달하는 정보시스템을 재구축했다. 감사실이 새로 구축된 내부통제수준을 평가하기 위해서 외부전문가에게 진단을 의뢰했다. 진단결과 내부통제에 심각한 취약점이 발견되었다. PP사는 이러한 내부통제의 취약점을 인식하지 못하고 있었다. 감사실장은 내부통제에 심각한 취약점이 발견되었다는 것을 이사장에게 보고했다. 그러나 이사장은 예고도 없이 즉시 감사실장을 퇴진시키고 감사실의 부장도 특별 승진시켜 다른 부서로 배치하였다.

내부통제가 효과적이기 위해서는 최고경영자가 내부통제에 대해 충분한 지식을 가져야 하고, 내부통제의 중요성에 대해 강한 의지를 조직의 모든 구성원에게 쉽게 인식할 수 있는 방법으로 적극 표현해야 한다. 그러나 많은 경영자들이 자신의 재임기간 중 조직의 문제를 최대한으로 덮고, 모든 것이 큰 문제가 없이 잘 되어나가는 것처럼 포장하고 현상을 유지하는 데 초점을 맞추기를 원한다.

(1) 효과적인 지배구조

어느 조직이든 윤리를 정착시키기 위해서는 효과적인 지배구조를 구축할 필요가 있다. 효과적인 지배구조의 필요성은 기업의 경우 소유와 경영의 분리에서 출발한다. 전통적으로 경영자들은 기업의 주주에게 충성을 바쳐야 한다고 보았다. 기업의 지배구조에서 가장 중심이 되는 문제는 대리인인 경영자의 이해가 주인(주주나 이해관계자들)의 이해와 일치하지 않는다는 것이다. 대리인은 기본적으로 자기의 사적 이익을 주인의 이익보다 우선한다. 이는 이기주의로 설명될 수 있는데, 이로 인해 이해상충, 즉 대리인문제가 발생한다는 것이다.

문제는 주인들이 대리인의 행위를 확인하기가 어렵다는 것이다. 왜냐하면 대리인과 주인 간에는 정보불균형이 존재하기 때문이다. 정보불균형은 대리인(내부자)이 기업과 기업의 상태에 대해서 주인(외부인)보다 더 많이 알고 있기 때문에 발생한다.

기업지배구조는 일반적으로 대리인이 하나 또는 그 이상의 주인(주주, 채권자, 공급자, 고객, 종업원 그리고 기업을 운영하는 데 관련된 사람들)의 이익을 위하여 기업을 운영하도록 보장하는 구조를 포함한다. 그 구조에는 이사회, 감사위원회, 보상정책, 내부통제 등과 같은 내적인 것과 주주 및 채권자에 의한 감시, 외부감사인, 증권감독원과 같은 규제기관, 상법 등과 같은 외적인 것이 포함된다.

일련의 연구에서 투자자들은 강력하고 효과적인 지배구조 정책을 가지고 있는 기업에게 더 많이 지급할 의도를 가지고 있음을 밝히고 있다. 즉 좋은 지배구조는 주가에 긍정적인 영향을 미친다는 것이다.

우리나라에서는 한국기업지배구조원[1]이 일찍이 1999년 9월에 기업지배구조 모범규준(지배구조 모범규준으로 명칭을 변경)을 제정(최근에는 2021년 8월에 3차 개정안 발표)하여 발표하였다.[2] 여기에서는 다음과 같이 모범규준의 제정목적

---

1) 한국기업지배구조원은 2022년에 한국ESG기준원으로 명칭을 변경하고 환경(environment), 사회(social) 및 지배구조(governance) 모범규준을 제정해 나가고 있다.

2) 3차 개정안의 특징은 다음과 같다.
  ① 리더십의 역할과 책임을 보다 강조하고 있다. 특히 이사회 중심으로 지속가능성을 추구할 것을 제안하고, 이사회가 보다 적극적인 역할과 책임을 수행할 것을 요구한다.

및 내용과 구성을 제시하고 있다.

[모범규준의 제정목적]

본 모범규준은 미래지향적인 관점에서 우리 기업의 투명성과 효율성을 제고함으로써 기업가치를 극대화함을 목적으로 한다.

기업이 주주 등 이해관계자로부터 신뢰를 받기 위해서는 투명하고 책임 있는 경영을 하여야 한다. 이러한 기업의 투명성과 책임경영의 기반 아래 창조적이고 진취적인 기업가 정신이 발휘될 수 있는 경영체제가 확립되어야 한다.

기업에는 다양한 이해집단이 존재한다. 다양한 이해관계자의 이해조정은 비용부담을 줄이고 기업의 경쟁력을 강화시킬 수 있도록 합리적이고 공정하게 이루어져야 한다. 또한 기업의 장기적인 발전을 위해 기업과 그 구성원은 투철한 윤리의식을 가지고 사회적 책임을 다하여야 한다.

[모범규준의 내용과 구성]

한국기업지배구조원은 우리 기업이 처한 경영환경의 특수성을 고려하면서도 국제적인 기업지배구조 관행에 부합하는 원칙과 기준을 모범규준에 담고자 노력하였다. 또한 현행 법령상의 요구를 존중하면서도 미래지향적인 관점에서 바람직한 기업지배구조의 방향을 제시하였다.

이를 위해 본 모범규준은 전문, 이사회 리더십, 주주권 보호, 감사, 주주 및 이해관계자와의 소통 등 네 부문의 본문으로 구성되어 있다.

2019년부터 자산 2조원 이상인 상장기업은 한국거래소에 기업지배구조보고서를 제출했다. 대상기업이 확대되어 2026년에는 전 상장기업에 적용될 예정이다.[3]

기업의 지배구조를 떠받치는 네 가지 기둥(원칙)은 의무, 책임감, 공정성과 투명성이다. 지배구조가 효과적이기 위해서는 이러한 원칙들이 기업문화의 일부가 되어야 한다. 그들은 윤리적이고 정직한 행위, 관련된 법률과 규정의 준

---

② 기업집단 소속 이사회의 역할과 책임을 강조하였다. 이사회가 해당 기업뿐 아니라 모든 주주의 이익을 적절히 보호할 수 있는 의사결정과 감독 기능을 수행할 것을 권고한다.

③ 경영 승계에 대한 규정을 마련하여, 예측가능성과 투명성을 높일 수 있도록 하고 있다.

3) 우리나라가 채택하고 있는 국제회계기준을 제정하고 있는 국제재무보고재단(IFRS Foundation)에서는 ISSB(International Sustainability Standard Board)를 산하기관으로 설립하고 재무보고와 연관시켜 기업의 지속가능성에 위험이 되는 사항의 관리를 위해 필요하다고 보는 지속가능성공시기준을 마련하고 있다.

수, 기업의 자원과 위험의 효과적인 관리 그리고 임직원들의 책임감을 촉진하는 방식의 사업과 경영을 강조하여야 한다.

윤리적이길 원하는 기업에서 핵심적인 문제는 그들의 지배구조에 윤리를 장착하는 것이다. 경영자는 기업의 모든 구성원들이 윤리적 행동을 촉진하는 방식으로 기업을 운영하고 의사결정을 내려야 한다. 조직, 전문가 그리고 개인적 가치가 의사결정의 기초를 제공하므로 기업은 적절한 공유가치를 창출(이에 대해서는 본 [4-1] (3)의 윤리강령의 수립 및 운영에서 상세히 언급하고 있음)한다. 또한 관련된 모든 임직원들이 이를 이해하고 지키려는 환경이나 문화를 창출해야 한다. 모든 구성원들이 조직에 적합하다고 여겨지는 윤리원칙이나 가치를 준수하도록 유도하기 위해서는 경영자의 의지는 굳건해야 하고, 또한 이러한 의지가 지배구조를 통해 분명하게 나타나도록 해야 한다.

이사회와 최고경영진의 역할은 적절한 윤리적 분위기를 설정하고 이를 기업전체에 자리 잡도록 하는 것이다. 최고경영층의 관심과 태도를 상층부의 분위기(tone at the top)라고 말한다. '최고경영층의 윤리가 나쁘면 아래 종업원들의 윤리도 나빠진다'라는 말을 명심할 필요가 있다.

당신이 한 기업의 회계부서에서 방금 일을 시작했는데, 출근 첫날 인사부서에서 입사관련 서류의 정리를 마친 다음에 대표이사를 대면하게 되었는데, 대표이사가 회의실로 들어서면서 환영인사를 한 다음 기업의 윤리강령을 나누어 주면서 이를 읽어보도록 언급했다고 가정해 보자. 이는 윤리강령에 대해서 큰 관심을 불러일으키지 않는다. 이와는 달리 대표이사가 모두에게 환영인사를 한 다음 윤리강령을 높이 들고 다음과 같이 말한다고 생각해 보라.

> 이것이 우리의 윤리강령입니다. 이는 우리가 어떻게 행동해야 할지를 알려줍니다. 이는 단순히 한 장의 서류에 불과하지 않습니다. 실제로 다음 주일 당신들은 일을 할 때 이러한 규정들이 무엇을 의미하는지 배우기 위해서 이틀에 걸쳐 윤리훈련 프로그램에 참여할 것입니다. 어떤 행위가 윤리강령에 어긋난다고 생각하시면 언제라도 질문을 해주세요. 회사에는 임직원들이 윤리책임자와 익명으로 어떤 문제든 논의할 수 있는 직통전화가 비치되어 있습니다. 만일 문제가 있다면 저에게로 직접 오세요. 저는 기꺼이 이 문제를 같이 논의할 것입니다.

이 경우 종업원들은 기업의 윤리적 가치와 일체감을 느낄 가능성이 높다. 이러한 기업에서 일하게 된 것이 자랑스럽지 않은가?

윤리를 지배구조에 정착시키기 위해 필요한 것은 ① 효과적인 내부통제제도(본 [4-1]의 (2)에서 설명함), ② 윤리강령의 수립 및 운영(본 [4-1]의 (3)에서 설명함), ③ 내부고발제도([4-2]에서 상세히 언급) 등이 있다.

(2) 내부통제제도의 운영

우리나라의 내부회계관리제도 운영위원회에서는 내부통제를 체계적으로 접근하고 있는 미국의 COSO(Committee of Sponsoring Organizations)가 제시한 내부통제개념체계(이는 보고, 법규준수 및 기업운영의 세 부분으로 구성됨)를 참조하여 가장 핵심이 되는 회계보고 부분에 관련된 내부회계관리제도 모범기준을 제정하였다.

1) 의의 및 목적

내부통제제도(internal control system)는 다음의 세 가지 목적달성에 대한 합리적 확신을 제공하기 위하여 조직의 이사회, 경영진 및 여타 구성원에 의해 지속적으로 실행되는 일련의 과정이다.

- **기업운영의 효율성 및 효과성 확보**(operation, 운영목적) : 회사가 업무를 수행함에 있어 자원을 효과적이고 효율적으로 사용하고 있다.
- **보고 정보의 신뢰성 확보**(reporting, 보고목적) : 회사는 내부 및 외부 보고를 위해 정확하고 신뢰할 수 있는 재무정보와 비재무정보의 작성 및 보고체계를 유지하고 있다.
- **관련 법규 및 정책의 준수**(compliance, 법규준수목적) : 회사의 모든 활동은 관련 법규, 감독규정, 내부정책 및 절차를 준수하고 있다.

2) 구성요소

이러한 목적을 달성하기 위해서 다음과 같은 다섯 가지 내부통제제도의 구성요소를 제시하고 있다([그림 1] 참조). 이는 기본적으로 위험기준접근법(risk-based approach)으로서 기업의 각 분야에서 발생할 수 있는 위험을 식별하고 이를 통제해 나가는 방법을 찾아내는 것이다.

[그림 1] COSO의 내부통제제도의 구성요소

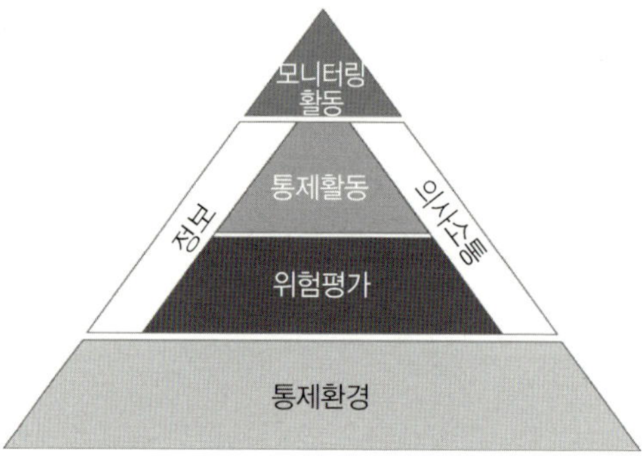

① **통제환경**(control environment)

기업의 고위경영진들은 구성원들의 통제의식에 긍정적으로 영향을 미치도록 적절한 분위기(통제환경)를 설정해야 한다. 통제환경은 내부통제의 모든 다른 구성요소의 기반이 된다.

통제환경은 윤리적 가치에 대한 태도를 기반으로 하여 이사회, 감사 및 감사위원회를 포함한 내부통제제도 관련 조직의 책임을 명확히 하고 해당 업무를 수행할 수 있는 체계의 구성, 교육을 포함한 인력 운용 및 성과평가와의 연계가 이뤄질 수 있는 체계를 포함한다.

통제환경이 건강한지 여부는 최고경영자가 내부통제의 중요성과 방법을 어느 정도 이해하고, 평소 임직원들에게 내부통제의 중요성을 어떻게 표현하는가에 달려 있다. 사내외의 활동에서 최고경영자는 내부통제의 중요성을 강조하는 모습, 즉 자신의 색깔을 나타내야 한다.

② 위험평가(risk assessment)

내부통제제도의 목적 달성을 저해하는 위험을 식별하고 평가 및 분석을 해야 한다. 기업은 그들의 행위와 연계된 목적을 설정하는 것이 중요하다. 왜냐하면 이러한 목적을 달성하는 데 관련된 위험을 파악하고, 파악된 위험의 중요도(심각성) 정도를 분석하고 이를 관리할 수 있는 방법을 개발할 수 있기 때문이다.

이 절차에는 부정위험을 평가하고, 회사의 중요한 변화사항을 고려하여 기존에 평가한 위험을 지속적으로 유지 · 관리하는 것을 포함한다.

위험은 조직의 목표와 밀접한 관계를 가진다. 따라서 위험을 평가하기 위해서는 조직의 계층별 그리고 기능별로 달성하고자 하는 목표를 식별해야 한다. 그리고 그 목표의 달성과정에서 발생가능한 위험을 평가해야 한다. 위험에 대한 평가는 그 위험을 관리할 수 있는 방법을 도출하는 데 도움이 될 수 있어야 한다.

③ 통제활동(control activities)

조직의 구성원이 그들의 일상적인 활동을 수행함에 있어서 이사회와 경영진이 제시한 경영방침이나 지침에 따라 업무를 수행할 수 있도록 마련된 정책 및 절차가 준수될 수 있는 통제활동이 선택되고 구축될 수 있는 체계를 포함한다.

통제활동에는 경영진의 업무성과 검토, 정보기술 일반통제, 승인, 물리적 통제 등 다양한 방법이 포함된다.

내부통제제도를 이상적으로 운영하기 위해서는 위험평가에서 도출된 위험을 충분히 제어할 수 있는 통제활동을 할 수 있어야 한다. 이를 위해서는 업무절차를 충분히 이해해야 하고, 통제활동을 언제 그리고 어떻게 준비해야 하는지 알고 있어야 한다.

④ 정보 및 의사소통(information and communication)

통제활동이 효과적으로 수행되도록 돕는 것이 바로 정보와 의사소통이다. 기업은 구성원들이 영업활동을 관리하고 통제하는 데 필요한 정보를 취득하고 교환할 수 있도록 적절한 시스템을 구축하여야 한다. 이를 통해 구성원들이 신뢰성 있는 정보를 활용해서 내부통제제도의 책임을 수행할 수 있게 된다.

나아가서 다른 네 가지 통제 구성요소에 대한 대 · 내외 의사소통이 원활하게 이뤄질 수 있도록 체계를 구축하여야 한다. 이는 [그림 1]에서 정보와 의사소통이 피라미드에서 다른 요소들과 긴밀한 관계를 갖고 있음을 보여주고 있다. 정보나 의사소통은 통제환경과 모니터링 활동을 포함하여 다른 모든 요소에 영향을 미치고 있으며, 이 요소가 효과적이지 않으면 다른 요소들도 역시 효과적이 될 수 없음을 의미한다.

⑤ **모니터링 활동**(monitoring activities)

내부통제제도의 설계와 운영의 효과성을 평가하고 유지하기 위해 이를 지속적으로 평가해야 한다. 이는 모니터링, 독립적 평가 또는 두 가지를 결합하여 평가를 수행하고, 발견된 미비점을 적시에 개선할 수 있는 체계를 구축해야 한다. 이로써 경영진은 통제가 의도한 대로 효과적으로 운영되고 있는지와 상황변화에 따라 적합하게 수행되고 있는지 여부를 확인할 수 있다.

기존의 많은 문헌에서 내부통제제도의 목적과 구성요소를 [그림 2]와 같이 표현해왔다. 이는 통제가 기업전체의 수준에서뿐만 아니라 특정 부문이나 지역 또는 제품별로도 영향을 미칠 수 있음을 나타낸다. 비록 앞의 [그림 1]과 같이

[그림 2] 내부통제제도의 목적과 구성요소

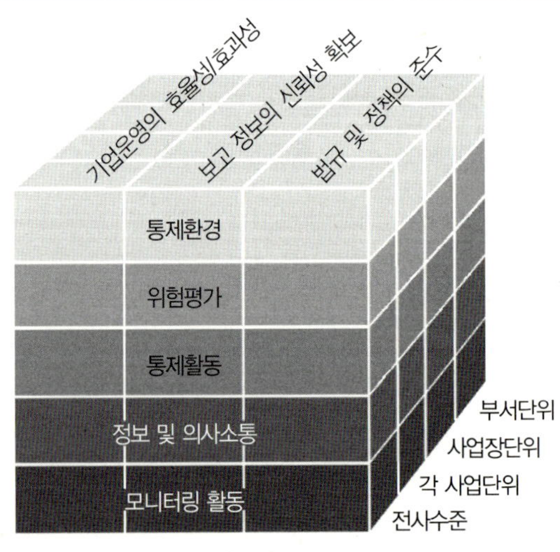

강력한 위계관계를 보여주지는 않지만 통제환경을 맨 위에 배치하여 이의 중요성을 강조하고 있다.

3) 구성요소별 원칙

내부통제제도는 〈표 1〉에서 나타나듯이 다섯 가지의 구성요소와 각 구성요소별로 달성되어야 할 총 17가지의 원칙들로 이루어진다.

여기에서는 기업의 윤리문제와 관련된 (원칙 1)(통제환경 요소)과 사기위험에 관련된 (원칙 8)(위험평가 요소)을 보다 상세히 알아보고자 한다.

〈표 1〉 내부통제제도의 구성요소와 원칙

구성요소	원 칙
통제환경	(원칙 1) 도덕성과 윤리적 가치에 대한 책임을 강조 (원칙 2) 경영진으로부터 독립적인 이사회의 내부회계관리제도 감독 책임 (원칙 3) 조직구조, 보고체계 및 적절한 권한 및 책임의 정립 (원칙 4) 내부회계관리제도 목적에 부합하는 적격성 있는 인력의 선발 및 육성 (원칙 5) 내부회계관리제도 목적을 달성하기 위해 필요한 책임의 부여
위험평가	(원칙 6) 내부회계관리제도 목적을 명확하게 설정 (원칙 7) 위험을 식별하고, 위험을 분석 (원칙 8) 잠재적 부정가능성의 고려 (원칙 9) 내부회계관리제도에 중요한 영향을 미치는 변화의 식별 · 분석
통제활동	(원칙 10) 위험을 수용가능한 수준으로 줄일 수 있는 통제활동의 선택과 구축 (원칙 11) 정보기술 일반통제의 선정과 구축 (원칙 12) 기대사항을 정한 정책과 그 정책을 절차를 통해 실행
정보 및 의사소통	(원칙 13) 관련 있는 양질의 정보를 취득 또는 생산하고 사용 (원칙 14) 내부회계관리제도의 목적과 책임 등 정보에 대해 내부 의사소통 (원칙 15) 내부회계관리제도 운영에 영향을 미치는 사항을 외부 관계자와 의사소통
모니터링 활동	(원칙 16) 상시적인 모니터링과 독립적인 평가 수행 (원칙 17) 내부회계관리제도의 미비점 평가와 필요한 개선활동을 적시에 수행

[도덕성과 윤리적 가치에 대한 책임을 강조(원칙 1)]

통제환경에서 (원칙 1)은 효과적인 내부통제에 대한 경영진과 이사회의 의지 그리고 이를 구현해 나가는 데 필수적인 윤리강령의 수립 및 운영에 대해 언급하고 있다.

① 경영진과 이사회의 의지

기업의 최고위층(경영진과 이사회)은 기업을 둘러싼 다양한 이해관계자의 기대와 기업이 운영되는 시장의 사회적, 윤리적, 법적 기준을 반영한 의지를 표현할 필요가 있다. 최고위층의 의지는 기업의 헌장, 윤리강령, 정책 및 절차, 경영방식, 경영진의 의사결정, 윤리강령 위반사항에 대한 조치 그리고 비공식적인 의사소통과 행동방식 등 다양한 형태로 표현될 수 있다. 이러한 최고위층의 의지는 단순히 법과 규정을 준수하는 것이 아닌 기업가치에 부합하는 정당한 행위를 수행하는 것을 명확하게 제시하여, 임직원에게 무엇을 우선해야 하는지 이해하게 하고 이를 행동에 옮기게 한다.

최고위층의 의지는 기업전체의 조직에 공유되고 적용되어야 한다. 기업의 운영방식, 경영진과 이사회의 개인적인 행위, 위험에 대한 태도, 보수적이거나 공격적인 성향, 규정에 기반을 둔 운영방식 등은 최고위층의 의지에 영향을 미치고 기업전체에 메시지를 전달하게 된다. 차별, 부당한 성과평가 및 보상 등은 기업문화에 영향을 미치고 적절하지 못한 행동을 유발시킬 수 있다. 반대로 경영진과 이사회 등의 윤리적이고 책임 있는 일련의 행동과 부적절한 행위에 대한 엄격한 대처는 기업이 가치와 윤리를 추구한다는 강력한 메시지가 된다.

최고위층의 의지는 내부통제제도가 효과적으로 작동하기 위한 기반이 되며, 기업 내의 전체 조직원들이 기업가치, 임직원 및 협력업체 등에게 기대되는 행동에 대한 공통의 이해를 수립하는 데 도움을 준다. 내부통제를 강조하는 조직문화를 만들기 위한 최고위층의 의지가 없다면 인지된 위험이 저평가되거나, 위험에 대한 대응절차가 부적절하거나, 통제활동이 잘못 설계 또는 운영되거나, 정보에 대한 의사소통이 약화되거나, 모니터링 활동이 수행되지 않을 수 있다. 따라서 최고위층의 의지를 어떻게 설정하느냐에 따라 효과적인 내부통제제도를 지원하는 요인이 되거나, 이를 가로막는 장벽이 될 수도 있다.

② 윤리강령 수립 및 운영

이에 대해서는 (3)에서 설명할 것임

[사기(부정)위험 평가(원칙 8)]

위험평가에서 (원칙 8)은 사기(부정)가 나타날 수 있는 다양한 사기유형을 고려하는 것과 사기삼각형을 형성하는 유인과 압력, 기회, 태도와 사후합리화를 평가할 필요성을 제시하고 있다.

① 다양한 사기유형 고려

사기위험 평가에는 왜곡된 재무보고와 자산보호 및 부패 등에 관련한 위험에 대한 경영진의 평가가 포함된다. 사기위험 평가는 "위험 식별 및 분석" 과정의 일부로서 수행되고, 위험 대응방안 및 관련된 통제활동을 선택하고 구축하는 것 역시 동일한 방식이 적용된다. 또한, 위험평가 절차와 같이 사기위험 평가 과정과 결과를 이사회 혹은 감사(위원회)가 검토하고 확인하는 것이 필요하다.

- 보고사기 : 정보가 의도적으로 왜곡표시되거나 누락되는 경우
- 자산보호 : 권한 없이 자산을 획득하고 사용하거나 처분하는 등의 행위를 사전에 예방하거나 적시에 적발
- 부패 : 뇌물수수, 과도한 접대 등을 포함한 비윤리적인 행위 등

기업은 위험평가 과정에서 예를 들면, 재무보고에 관련된 다음과 같은 다양한 사기위험을 고려하여 그 대응방안을 수립한다.

- 경영진이 기업의 회계원칙 및 처리 방법 선택시 편향되게 개입할 위험
- 외부 재무보고시에 수반되는 추정과 판단의 정도
- 동종 산업에서 일반적으로 발생하는 사기의 유형
- 사업을 운영하는 지역에서 발생하는 사기의 유형
- 부정행위를 유발할 수 있는 동기 부여
- 회계정보를 위조, 변조 및 훼손할 수 있는 기술이나 경영진의 능력
- 부외부채가 존재하거나 자산손상에 대한 보고가 완전하거나 정확하지 않

을 위험

• 경영진에 의해 중대하게 영향을 받을 수 있는 비경상적이거나 복잡한 거래
• 내부통제를 우회하거나 경영진의 통제 무시에 취약할 수 있는 부분의 위험

② 사기의 삼각형을 평가

〈유인과 압력의 평가〉

일반적으로 사기에는 동기(유인과 압력)와 실행할 수 있는 기회 그리고 태도 및 사후합리화가 연관되어 있다. 사기위험을 평가할 때 기업은 동기(유인과 압력)로 작용할 요소와 사기위험으로 인한 잠재적 영향을 고려한다. 이러한 유인과 압력은 통제환경과 밀접하게 관련되어 있다.

〈기회를 평가〉

사기를 평가할 때에는 사기를 저지를 수 있는 실행기회를 고려하여야 한다. 일반적으로 사기는 적발되지 않을 것이라는 믿음하에 수행된다. 실행기회는 취약한 통제활동과 모니터링, 경영진의 허술한 감시 및 경영진의 통제 무시 등에 기인한다. 예를 들면 왜곡된 재무보고 및 자산의 유용가능성은 다음의 경우에 증가한다.

• 복잡하거나 불안정한 조직구조
• 담당임직원(회계, 운영, 위험관리, 내부감사, IT직원)의 빈번한 교체
• 효과적이지 못한 통제활동의 설계나 운영
• 효과적이지 못한 정보시스템

〈태도와 합리화에 대한 평가〉

사기위험을 평가할 때에는 실행기회뿐만 아니라 태도 및 사후합리화 행위를 함께 고려하여야 한다. 부적절한 행위를 정당화하려는 사후합리화 행위에는 다음과 같은 예를 고려할 수 있다.

• 회사 자산의 사용을 '차용'이라 여기고, 해당 자산을 '상환'하려는 의도
• 직무 불만족 사항(급여, 업무환경 및 대우 등)에 기인한 피해의식
• 사회 통념 및 신의에 반하는 행동으로 비롯될 영향에 대한 무지 및 무관심

4) 한계점

효과적인 내부통제제도는 경영진이 업무성과를 측정하고, 경영의사결정을 수행하며, 업무프로세스를 평가하고, 위험을 관리하는 데 기여함으로써 기업의 목표를 효율적으로 달성하고 위험을 회피 또는 관리할 수 있도록 한다. 그리고 직원의 위법 및 부당행위(횡령, 배임 등) 또는 내부정책 및 절차의 고의적인 위반행위뿐만 아니라 개인적인 부주의, 태만, 판단상의 착오 또는 불분명한 지시에 의해 야기된 문제점들을 신속하게 포착함으로써 기업이 시의적절한 대응조치를 취할 수 있게 해 준다. 또한, 효과적인 내부통제제도는 정보의 신뢰성을 향상시킨다.

그러나 아무리 잘 설계된 내부통제제도라고 할지라도 제도를 운영하는 과정에서 발생하는 집행위험은 피할 수 없다. 즉, 최상의 자질과 경험을 지닌 사람도 부주의, 피로, 판단 착오 등에 노출될 수 있으며, 내부통제제도도 이러한 사람들에 의해 운영되므로 모든 위험을 완벽하게 통제할 수는 없다. 즉 내부통제 목적을 달성함에 있어 하나의 구성요소 또는 복수의 구성요소 및 원칙들에 결함이 존재할 수 있다. 중요한 미비점은 내부통제 목적 달성을 중대하게 저해하는 하나의 통제 미비점 또는 여러 통제 미비점들의 결합을 말한다.

효과적인 내부통제제도는 경영진과 이사회에 기업의 목적 달성에 관한 합리적 확신을 제공한다. 절대적 확신이 아닌 '합리적 확신'이라는 개념은 모든 내부통제제도에 한계가 존재하고, 정확하게 예측할 수 없는 불확실성과 위험이 존재한다는 것을 인정하는 것이다. 이러한 한계로 인해 경영진과 이사회는 기업의 목적 달성에 대한 절대적인 확신을 갖지 못하게 된다.

(3) 윤리강령의 수립 및 운영

윤리강령은 기업이 목적을 달성하는 과정에서 옳고 그른 것에 대한 판단기준, 위험의 존재 여부에 대한 판단기준, 그리고 법률 또는 규제사항 등 기업에 요구되는 다양한 기대사항을 반영하는 방식에 대한 판단기준을 제시하고 행동강령을 포함한다. 이는 기업의 의사결정 및 활동에 영향을 미친다.

기업은 어려운 의사결정에 직면하였을 때 지속적으로 윤리강령을 준수함으로써 윤리적 가치를 고수함을 증명할 수 있다. 윤리적 가치는 기업의 의사소통과 교육프로그램의 핵심적인 메시지일 것이다.

기업이 윤리강령을 수립하고 운영하게 되면 다음과 같은 이점이 있다.

① 종업원들 입장에서는 그들이 의사결정하고 행동에 옮기는 과정에서 해야 할 일과 해서는 안 되는 일을 구분할 수 있는 기준을 제공한다. 특히 상관이나 주위로부터 부당한 압력을 받을 때 이에 대항할 수 있는 근거가 된다.

② 기업의 입장에서는 경영전략을 수립하고 종업원을 교육시킬 때 어떠한 윤리문제를 고려해야 하는지 그리고 어느 수준까지 윤리문제를 반영해야 하는지에 대한 기준이 된다.

외부서비스제공자 또는 협력업체의 부적절한 행위는 경영진에게 궁극적인 책임이 있다. 또한 고객, 이해관계자 및 기업의 명성에 피해를 발생시키고 많은 비용이 유발되는 대책을 마련할 필요가 발생한다. 따라서 경영진은 외부서비스제공자 또는 협력업체에게 위임된 업무에 대해서도 기업의 윤리강령을 준수할 수 있도록 의사소통 및 감독할 책임이 있다.

1) 기업의 가치

가치(value)란 태도나 행위를 이끌거나 그렇게 하도록 동기를 부여하는 기본적이며 근본이 되는 믿음이다. 윤리는 기업의 정책과 사업을 수행하는 과정에서 불거지는 사업상의 문제를 풀어나갈 때 의사결정자의 행위를 통해 나타난다. 따라서 행위를 선행하는 것이 가치이고 이와 같이 가치는 윤리적 의사결정의 기초가 된다.

점차적으로 세계 곳곳에서 기업들은 공식적으로 기업가치를 채택해왔으며 기업의 고위경영자들은 이제 일상적으로 윤리적 행위, 정직성, 성실성 그리고 사회적 고려 등을 그들 기업의 최우선 과제로 인식하고 있다. 예를 들면, LG전자는 다음과 같이 '1등 LG'를 비전으로 삼고 정도경영을 추구하는 것을 그들의 가치로 정의하고 있다.

> 규모나 수익성이 최고라고 해서 일등기업이 되는 것이 아닙니다. 건강하고 투명한 정도경영을 바탕으로 글로벌 경쟁력을 확보하여 시장을 선도하는 기업이야말로 진정한 일등기업입니다.
>
> LG전자는 일등기업을 추구합니다. 이것은 고객, 임직원, 주주 등 이해관계자에 대한 우리의 소중한 약속이기도 합니다. LG전자는 앞으로도 정도를 실천함으로써 경쟁사가 두려워하면서도 배우고 싶어 하고 고객이 신뢰하며 세계의 인재들이 선망하는 일등기업이 되도록 노력할 것입니다.

여기에서 정도경영은 구체적으로 '이는 고객을 위한 가치창조(고객에게 정직, 더 나은 가치를 제공하기 위해 꾸준한 이노베이션으로 실력 배양)와 인간존중의 경영(공정한 기회 제공, 능력 업적에 따라 공정하게 대우)을 경영이념으로 공유하고 경영헌장의 정신에 따라 자율과 책임에 기초한 자율경영을 도모한다'라고 정의하고 있다.

한편, KB금융그룹은 '고객에게 최상의 금융서비스를 제공하고, 주주의 권익을 우선하며, 임직원의 성장과 삶의 질을 도모한다. 아울러 건전하고 공정한 기업문화의 창달과 사회공헌 활동을 통하여 국가와 사회의 발전에 기여한다'를 그들이 추구하는 가치로 내세우고 있다.

많은 기업들이 지속적으로 성장하기 위해서 강력한 경쟁력을 가져야 한다고 믿고 있다. 그러나 강력한 경쟁력의 원천 중의 하나가 윤리적 건강함에서 나온다는 것을 인식하지 못하는 기업도 있다. 윤리적으로 건강한 기업이란 사회에 도움이 되는 가치를 창출하고, 환경 친화적이고, 인간의 존엄성을 존중하는 기업을 말한다. 앞의 LG전자나 KB금융의 경우에서 보듯이 다행히 많은 기업에서 이러한 항목들을 그들의 가치로 내세우고 있다.

2) 윤리강령의 구성 및 내용

기업의 윤리강령(code of conduct)은 종업원에 대한 기업의 기대를 기술한 성명이다. 예를 들어 LG전자의 윤리강령(이를 윤리규범이라고 부름)은 다음과 같이 시작한다.

> 자유롭고 공정한 경쟁을 지향하는 자유시장경제 질서를 존중하고 상호 신뢰와 협력을 토대로 모든 이해관계자와 공동의 이익을 추구함으로써 세계적인 초우량 기업으로 영속 발전한다. 우리는 모든 임직원이 지켜야 할 올바른 행동과 가치판단의 기준으로서 윤리규범을 제정하고 그 실천을 다짐한다.

또한 구체적인 윤리규범으로 여섯 가지(① 고객에 대한 책임과 의무, ② 공정한 경쟁, ③ 공정한 거래, ④ 임직원의 기본윤리, ⑤ 임직원에 대한 책임, ⑥ 국가와 사회에 대한 책임)를 제시하고 있으며 이러한 각각의 규범에 대해서 구체적인 내용이 제시되어 있다. 예를 들면, 임직원의 기본윤리(위의 ④)는 다음과 같다.

> 임직원은 정직과 공정의 신념으로 LG인으로서의 올바른 가치관을 확립하고, 끊임없는 자기계발과 공정한 직무수행을 통해 주어진 사명을 완수한다.
>
> 01_기본윤리
>
> ① 임직원은 LG인으로서의 긍지와 자부심을 가지며, 항상 정직하고 공정한 자세를 견지한다.
> ② 높은 윤리적 가치관을 가지고 개인의 품위와 LG의 명예를 유지할 수 있도록 항상 노력한다.
>
> 02_사명의 완수
>
> ① 임직원은 회사의 비전과 방침에 따라 각자의 사명을 성실히 수행한다.
> ② 주어진 직무는 최선을 다해 정당한 방법으로 수행하며 제반 관련법규를 준수한다.
> ③ 회사의 재산을 잘 유지 관리하고, 업무상 취득한 회사의 비밀을 보호한다.
> ④ 동료 및 관계부서 간에 적극적인 협조와 원활한 의사소통으로 업무의 효율을 높인다.
>
> 03_자기계발
>
> 바람직한 인재상을 스스로 정립하고, 끊임없는 자기계발을 통해 인재상에 부합되도록 꾸준히 노력한다.

기업에 따라서는 신조나 구체적인 행동강령을 제시하기도 한다. 신조(credo)는 임직원들이 기업의 가치를 내재화하도록 권장하는 염원을 담은 성명서이다(〈표 2〉 Johnson and Johnson의 Credo를 참조).

〈표 2〉 Johnson and Johnson의 Credo

Our Credo

We believe our first responsibility is to the patients, doctors and nurses, to mothers and fathers and all others who use our products and services. In meeting their needs everything we do must be of high quality. We must constantly strive to provide value, reduce our costs and maintain reasonable prices. Customers' orders must be serviced promptly and accurately. Our business partners must have an opportunity to make a fair profit.

We are responsible to our employees who work with us throughout the world. We must provide an inclusive work environment where each person must be considered as an individual. -중략-

We are responsible to the communities in which we live and work and to the world community as well. -중략-

Our final responsibility is to our stockholders. -중략-

Johnson and Johnson의 신조는 반드시 지켜야 할 명백한 윤리적 분위기를 분명하게 설정하고 있다. 또한 자기들의 제품을 사용하고 이의 안전성을 신뢰하는 사람들에 대해서 주요 책임을 지고 있음을 강조하고 있으며, 주주에 대한 공정한 이익을 윤리적 가치에 따라 기업을 운영하는 것과 연관시키고 있다.

상장법인의 경우 회계사기로부터 대중을 보호하기 위해서 기업의 CEO에게 추가로 그들이 알고 있는 한 재무제표에 중대한 왜곡이 없음을 보증하는 것을 요구한다. 이와 같은 조치는 기존의 대형 회계사기에서 밝혀졌듯이 거의 대부분의 경우 CEO나 CFO가 기업의 재무제표가 중대하게 왜곡되어 있음을 사전에 인지하고 있었기 때문이었다.

윤리강령만으로는 임직원들이 윤리적으로 행동하고 의사결정하도록 이끌기에는 충분하지 않다. 따라서 기업은 임직원들의 행동 및 의사결정에 실질적인 도움이 되도록 구체적인 행동강령을 제시하여야 한다. 예를 들면, LG전자 행동강령은 임직원들이 지켜야 할 구체적인 내용을 거의 100여 쪽에 걸쳐 제시하고 있는데, 이는 〈표 3〉과 같이 구성되어 있다.

〈표 3〉 LG전자 행동강령의 구성

[LG전자 행동강령]

- LG Way : 이해관계자를 위한 가치창조, 비전(일등 LG)과 경영이념(정도경영)
- CEO Message
- 행동강령의 취지, 적용대상, 임직원의 의무, 위반에 따른 사항, 기타
- 구체적인 행동지침
  ① 고객에 대한 정직과 성실 : 신뢰할 수 있는 마케팅, 제품 안전, 제품규격, 고객의 개인정보 보호
  ② 바람직한 근무환경 : 공평한 인사관리, 상호존중의 조직문화, 건강하고 안전한 근무환경
  ③ 공정경쟁 : 경쟁정보의 수집, 제3자 정보의 올바른 사용, 공정거래, 경쟁사와의 관계, 협력업체와의 관계, 올바른 커뮤니케이션, 타인 지적재산권의 존중, 뇌물수수 금지
  ④ 지역사회에 대한 책임 : 환경보호, 국제거래질서의 존중
  ⑤ 주주가치 제고 : 정보보안과 기밀 유지, 회사 지적재산의 보호, 정보통신수단 이용시 유의사항, 기록 관리 및 보존, 내부자 정보, 공시

(주) 각 항목별로 구체적인 내용(바람직한 대처방식 포함)이 첨부되어 있음.

특히 이러한 윤리강령에는 이 강령을 철저히 원칙에 따라 집행할 것이라는 최고경영자의 강력한 의지를 천명할 필요가 있다. 예를 들어 LG전자 행동강령에 포함된 CEO Message를 살펴보자. CEO의 윤리경영에 대한 의지가 분명하게 나타나고 있다고 보는가?

우리 LG전자는 최근 수년간 괄목할 발전을 이루었습니다. 고객에게 차별화된 제품과 서비스를 제공하고, 임직원을 위해 조직문화를 한층 개선하였으며, 주주 등 이해관계자에게는 더 나은 가치를 제공하였습니다.

이러한 성과를 거둘 수 있었던 것은 고객을 위한 가치 창조 그리고 인간존중의 경영이라는 우리의 경영이념을 성실하게 실천했기 때문입니다. 앞으로의 성장도 경영이념의 실천 여부에 달려 있습니다.

'LG전자 행동강령'은 이 경영이념을 근간으로 하고 있습니다. 그러므로 행동강령은 여러분이 업무를 수행하는 과정에서 스스로 판단하기 어려운 일이 생길 경우 회사의 경영이념에 따라 현명한 판단을 내릴 수 있도록 여러분에게 바람직한 행동지침을 제시해 줄 것입니다.

임직원 여러분은 이 행동강령을 반드시 준수하여 주시기 바랍니다. 단기적인 성과에 집착한 나머지 행동강령에 어긋나는 행동을 한다면 그것은 경영이념의 구현을 가로막는 것은 물론 우리의 삶터인 LG전자의 장기적인 성장에도 도움이 되지 않는 장애가 될 것입니다.

그러므로 모두가 이 행동강령을 숙지하여 각자의 조직생활과 업무에 적절히 적용될 수 있도록 해주시기 바랍니다. 그리고 만에 하나라도 "매출목표 달성에 꼭 필요했다"거나 "상사가 시켜서 어쩔 수 없었다"는 등의 이유로 행동강령을 위반하거나 위반하는 행위를 정당화하는 일이 생기지 않기를 바랍니다. 특히 조직책임자들은 직원들이 어떤 우려사항을 표명할 때 불이익을 가하기보다는 직원들의 이야기를 경청하고 필요한 조치를 신속하고 세심하게 처리하는 리더십을 발휘해 주시기 바랍니다.

이 행동강령은 고객, 임직원, 주주 등 모든 이해관계자에 대한 우리의 약속이자 경영이념을 구현하는 실천지침이며, 나아가 일등 LG를 실현하는 기반입니다. 모든 업무현장에서 성실하게 실천될 수 있도록 여러분의 적극적인 협조를 당부드립니다.

추가적으로 LG전자 행동강령에는 다음과 같은 내용이 포함되어 있다.

행동강령 미준수 행위는 그 어떠한 경우에도 정당화될 수 없습니다.

아래와 같은 변명은 결코 용납되지 않습니다.

- "잘못된 일인 줄 알았지만 상사가 시켜서 어쩔 수 없이 했습니다."
- "고객을 위해서 그랬습니다."
- "회사의 사업목표를 달성하기 위해 어쩔 수 없었습니다."

윤리강령의 수립과 동시에 모든 임직원에게서 윤리강령을 지키겠다는 서약서를 받는 것도 중요하다. 그리고 윤리강령을 적용함에 있어서 의문이 있거나 판단하기 어려운 경우에 어떻게 대처해야 하는지를 구체적으로 알려주어야 한다. 예를 들면, LG전자 행동강령에는 이에 대해 다음과 같이 언급하고 있다.

> 행동강령과 그 적용에 관한 의문사항이 있을 경우
>
> 먼저 여러분의 조직책임자와 상의하십시오. 업무에 관한 여러분의 의문을 해결해 줄 수 있는 최적임자는 바로 여러분의 조직책임자입니다. 만일 조직책임자와 상의하기 곤란한 여건이라면 이 행동강령의 영역별 해당 기능부서나 법무부서 담당자와 상의하십시오.

3) 윤리강령의 운영(준수 여부 평가 및 위반사항 처리)

윤리강령은 기업 내부 및 외부 서비스제공자의 도덕성 및 윤리적 가치의 준수 여부를 평가하는 판단기준이 되며, 기업의 정책 및 절차 또는 다양한 계약문서를 통하여 공유된다.

윤리강령을 적절히 수립하는 것만으로는 기업이 윤리적으로 건전한 기업이 되는 것이 아니다. 윤리실천을 도울 수 있는 프로그램이 장착되어야 한다. 실제로 임직원들이 윤리강령을 그들의 행동과 의사결정에 적용하는 데 도움이 되는 구체적인 윤리행동강령이 있고 윤리경영 실천프로그램이 있는 기업의 윤리수준이 높다는 연구결과가 보고되고 있다.

윤리경영 실천프로그램은 크게 다음과 같이 네 가지를 필요로 한다.

- 최고경영자의 신념
- 윤리경영의 평가와 감사
- 윤리훈련 프로그램의 운영
- 윤리경영담당조직

위의 모든 것이 제대로 갖추어질 때 윤리강령이 기업에 정착되고 나아가 윤리경영이 기업의 문화가 될 것이다.

① 최고경영자의 신념

윤리경영의 필요성에 대한 경영자의 신념이 중요한데, 윤리수준이 높으면 이는 기업에 대한 대내외 이미지를 향상시켜 장기적으로 기업에 도움이 된다는 믿음이다. 기업윤리는 기업경쟁력의 원천이며 기업이 지속성을 높이는 강력한 무기가 된다. 따라서 최고경영자는 지속적으로 윤리경영에 대한 관심을 가지고 이에 대한 적극적인 지원과 관심을 아끼지 않아야 한다.

기업의 경영계획 속에 윤리가 포함되고, 임직원의 업적평가에도 윤리가 반영되도록 해야 한다. 업적평가를 할 때 단지 달성한 성과만 보지 않고 그 성과를 달성한 방법까지도 검토해야 한다. 사내외에서 임직원들이 봉사활동을 하도록 장려하는 것도 윤리경영을 정착시키는 좋은 수단이 된다. 봉사활동을 통해서 임직원들의 마음이 순화되고 가치관이 변함으로써 윤리경영을 기업문화로 만드는 데 도움이 된다. 궁극적으로 모든 임직원들이 스스로가 윤리적으로 건전한 기업의 일원임을 자랑스럽게 여길 때 윤리가 기업문화로 정착되어 갈 것이다.

최고경영자가 의심이 될 만한 문제를 수용한다면, 임직원들은 윤리적으로 행동하는 이점을 찾기 어려울 것이다. 기반이 튼튼한 윤리문화의 정착과 윤리리더로서 경영자의 역할이 효율적인 윤리강령을 위한 기반이 된다.

② 윤리경영의 평가와 감사

실무적으로 윤리강령이 준수되고 있는지 확인하기 위하여 임직원들의 행동, 의사결정 및 태도를 평가해야 한다. 윤리강령을 평가할 때 다음과 같은 사항을 고려하여야 한다.

- 외부서비스제공자를 포함한 전체조직의 행동규범준수 여부를 확인할 수 있는 지표의 정의
- 지속적이며, 주기적인 평가 절차의 수립
- 인사부서나 내부고발제도 등을 포함한 발견된 문제점에 대한 보고체계
- 성과평가, 보상 및 승진에 대한 결정시 고려
- 독립된 임직원에 의한 평가방식
- 발견된 문제점에 대한 개선체계 수립

기업이 용인할 수 있는 윤리강령 위반사항의 수준 및 범위가 정의되고 구성원들에게 공유되어야 한다. 위반사항이 기업에 미치는 영향의 정도에 따라 기업

이 취해야 하는 조치사항은 다양할 수 있으나, 조치사항의 적용에 있어서는 일관성이 요구된다. 윤리강령의 준수 여부는 경영진의 상시적 감독 또는 독립적 검토를 통하여 평가될 수 있다. 구성원들은 공식적인 또는 비공식적인 다양한 의사소통 방식을 통하여 부적절한 사항을 확인하고 보고할 수 있어야 한다. 예를 들면, LG전자 행동강령에는 이에 대해 다음과 같이 언급하고 있다.

> 회사 또는 임직원이 행동강령을 위반하고 있다고 생각될 경우 이렇게 하십시오.
>
> - 먼저 해당 사안에 대해 조직책임자와 상의하십시오.
> - 그래도 해결이 되지 않을 경우 여러분의 근무지를 담당하는 Compliance Manager에게 상황을 보고하십시오.
>
> 보복이 우려되면 즉시 보고하십시오.
>
> LG전자는 행동강령 미준수 행위를 보고한 임직원에 대한 보복을 엄격히 금지하며, 보복행위를 저지른 임직원을 사규에 따라 징계조치할 것입니다.
>
> 보복은 해당 임직원에게 인사상의 불이익을 주는 행위에서부터 일반적인 괴롭힘(harassment)까지 여러 형태가 있습니다. 여러분과 여러분 주변에서 행동강령 미준수 행위를 보고한 결과로 보복의 대상이 되었다고 의심이 될 만한 정황이 있다면 즉시 인사부서에 보고해 주시기 바랍니다.

윤리강령의 위반사항은 적시에 그리고 일관된 방식으로 식별되고 개선되어야 한다. 경영진은 위반사항에 대한 평가를 수행하고, 위반사항의 심각성에 따라 경고, 정직 또는 퇴사 등의 적절한 조치를 취해야 한다. 또한 해당 조치에 대해 적절한 방법을 선택하여 임직원과 공유하도록 한다.

윤리문제에 대한 효율적인 감사를 위해서는 내부에서 비윤리적인 문제를 제보하는 제도를 운영하여야 한다. 이에 대해서는 다음 [4-2]에서 보다 상세히 언급하겠지만 기업은 내부제보(고발)를 권장하는 분위기를 조성하고 또한 내부고발자를 적극적으로 보호하는 장치를 마련할 필요가 있다.

③ 윤리훈련 프로그램의 운영

윤리강령은 매 문장마다 오랜 토의를 거쳐 완성된 것인데, 임직원들이 단순히 한번 일별하고 거기에 스며들어가 있는 모든 의미를 이해할 수 없다. 따라서 윤리훈련 프로그램이 필수적이다. 윤리훈련은 윤리강령이 무엇을 뜻하는지 그리고 이를 발생하는 문제나 의사결정에 어떻게 적용하는지를 이해하도록 돕는다.

이러한 훈련프로그램은 윤리문제의 인지, 최고경영자가 원하는 방식으로 윤리강령을 해석, 윤리강령에 나타나지 않은 의사결정을 가능케 하는 윤리분석 방법, 토론을 위한 실제적인 사례, 윤리문제 논의와 내부고발의 정당성 등에 초점을 맞추어야 한다. 또한 강의보다는 담당하는 업무와 관련된 실제사례를 가지고 토론식으로 운영하여야 한다. 예를 들면, 회계부서에서는 분식회계, 내부통제, 집단소송, 원칙중심회계 등을 중심으로 토론이 이루어지도록 하여야 한다.

④ 윤리경영담당조직

윤리경영 실천프로그램을 도입하고 운영해 나가기 위해서는 이를 담당하는 조직이 있어야 한다. 윤리경영의 기본방침을 정하는 윤리위원회, 기업의 윤리프로그램을 운영하는 윤리담당임원과 산하조직이 있어야 한다. 윤리담당임원과 산하조직은 기업의 윤리에 관련된 정보를 수집하고, 윤리상태를 평가하고 이에 대한 감사를 수행하며 임직원들에 대한 윤리교육을 책임지게 된다.

그러나 기업의 상황에 따라서는 별도의 윤리담당임원이나 산하조직을 두지 않고 회사 내의 기존조직, 예를 들면 준법감시부서에서 담당하도록 할 수 있다. 그러나 중요한 것은 이 조직이 독립적인 위치에서 객관적으로 윤리 관련 업무를 수행할 수 있도록 권한과 책임을 부여하는 것이다.

요약하면, 윤리강령이 추상적인 구호에 그치지 않고 실제로 경영진이나 사원들의 의사결정이나 행동에 영향을 미치기 위해서는 실천시스템이 필요하다. 첫째로 일상적으로 윤리강령의 실천여부를 평가하고 감독(compliance check)하는 조직을 운영하는 것이다. 둘째로 기업윤리에 대한 반복적인 교육을 실행함으로써 임직원간의 공감대가 형성(consensus by ethic education)되도록 하는 것이다. 이 두 가지에 윤리강령(code of ethics)을 합쳐 윤리경영 3C 실천시스템이라고 부른다.

보론 1 지배구조 모범규준(2021년 8월, 3차 개정)

(모범규준에는 각 항목에 대해 상세한 설명이 제시되어 있음)

(1) 이사회 리더십

1) 이사회의 역할과 책임

1.1 이사회는 중장기적인 기업가치 향상을 목표로 주주가치를 창출하고 지속가능한 성장에 기여하여야 한다.

1.2 이사회와 경영진은 지속가능한 성장과 중장기적인 기업가치 향상을 촉진하고 수익성 · 자본 효율성 등의 개선을 도모하기 위해 기업의 목표 및 경영전략을 수립하고, 지속가능성을 추구하는 기업문화 조성을 위해 리더십을 발휘하여야 한다.

1.3 이사회는 기업경영에 관한 포괄적인 권한을 가지며, 기업의 경영의사결정 기능과 경영감독 기능을 수행하여야 한다.

1.4 이사회는 지배주주 등 다른 주주의 부당한 내부거래 및 자기거래로부터 일반주주의 이익을 보호하여야 한다.

1.5 이사회는 체계적인 리스크 관리를 위하여 내부통제 및 리스크관리체계를 마련하여 운영할 것을 권고한다.

1.6 이사회는 최고경영자 승계에 관한 정책을 마련하여 운영할 것을 권고한다. 특히 비상시 최고경영자 승계와 관련한 내용을 반드시 포함하여야 한다.

1.7 이사회는 최고경영자 후보를 추천하기 위한 임원추천위원회 또는 최고경영자후보추천위원회를 설치할 수 있다.

1.8 기업집단에 속한 기업의 이사회는 계열회사와의 거래 등 기업집단과 관련된 의사결정이 해당 기업 및 해당 기업의 모든 주주의 이익을 부당하게 침해하지 않도록 하여야 한다.

1.9 이사회는 기업의 경영권 방어행위가 일부 주주 또는 경영진의 경영권을 유지하기 위하여 기업과 주주의 이익을 희생시키는 방법으로 행해지지 않도록 감시 · 감독하여야 한다.

1.10 이사회는 주요 경영진에 대한 보수정책 및 관행을 기업의 지속가능성과 일치하도록 설계하여야 한다. 또한 그 주요 사항과 주요 경영진의 보수는 공시되어야 한다.

1.11 이사회는 경영진 및 이사의 경영활동 내용을 공정하게 평가하기 위한 기준과 절차를 수립하여야 한다. 또한 평가결과는 투명하게 공시하고 보수에 적정하게 반영하여야 한다.

2) 이사의 역할과 책임

2.1 이사는 선량한 관리자의 주의의무를 다하여 직무를 수행하여야 한다. 이사는 충분한 정보를 바탕으로 충분한 시간 및 노력을 투입하여 합리적 의사결정을 하여야 한다.

2.2 이사는 직무수행과 관련하여 알게 된 기업의 비밀을 외부에 누설하거나, 자기 또는 제3자의 이익을 위하여 이용해서는 안 된다.

2.3 이사는 자기 또는 제3자의 이익을 위하여 그 권한을 행사하여서는 안 되고, 항상 기업과 주주에게 최선의 이익이 되는 결과를 추구하여야 한다.

2.4 이사가 법령이나 정관을 위반하거나 그 임무를 소홀히 한 때에는 기업에 대하여 손해배상책임을 진다. 이사에게 고의 또는 과실이 있는 때에는 제3자에 대하여도 손해배상책임을 진다.

2.5 기업은 이사에 대한 책임추궁의 실효성을 확보하고, 유능한 자를 이사로 영입하기 위하여, 기업의 비용으로 이사를 위한 손해배상책임보험에 가입할 수 있다.

3) 이사회의 구성

3.1 이사회는 효과적이고 신중한 토의 및 의사결정이 가능한 규모이어야 하며, 이사회 내에 설치된 위원회가 활성화될 수 있는 충분한 수의 이사로 구성되어야 한다.

3.2 이사회에는 경영진과 지배주주로부터 독립적으로 기능을 수행할 수 있는 사외이사를 두어야 하며, 그 수는 이사회가 실질적으로 독립성을 유지할 수 있는 규모이어야 한다. 특히 대규모 상장법인의 경우에는 전체 이사의 과반수(최소 3인 이상)를 사외이사로 구성하여야 한다.

3.3 기업가치의 훼손 또는 주주 권익의 침해에 책임이 있는 자를 등기이사로 선임하지 않을 것을 권고한다.

3.4 이사회는 기업경영에 실질적인 기여를 할 수 있도록 전문성을 지닌 유능한 자로 구성되어야 하고, 선임된 이사의 임기는 존중되어야 한다.

3.5 다양한 배경을 지닌 이사들로 이사회를 구성할 것을 권고한다.

4) 사외이사

4.1 사외이사는 해당 기업과 중대한 관계가 없어야 하며, 경영진과 지배주주로부터 독립적인 의사결정을 할 수 있는 자이어야 한다.

4.2 기업은 사외이사 후보가 해당 기업과 중대한 관계가 없음을 확인하고 공시하여야 한다. 사외이사는 취임승낙시 해당 기업과 중대한 관계가 없다는 확인서를 기업에 제출하여야 한다.

4.3 사외이사는 충실한 직무수행을 위하여 과도한 겸직을 하여서는 안 된다.

4.4 사외이사는 직무수행을 위하여 충분한 시간을 투입하여야 하며, 이사회가 개최될 때에는 사전에 관련 자료를 검토한 후 참석하여야 한다.

5) 이사회의 운영

5.1 이사회를 대표하는 이사회 의장은 경영진을 대표하는 대표이사와 분리하여 선임하거나 그렇지 않을 경우에는 사외이사를 대표하는 선임사외이사를 선임할 것을 권고한다.

5.2 이사회 의장은 적극적인 토론문화를 장려하고 이사회를 건설적으로 이끌어야 하며, 사외이사가 정확하고 시의적절한 정보를 토대로 의사결정에 참여할 수 있도록 지원하여야 한다.

5.3 원활한 이사회 운영을 위하여 이사회의 권한과 책임, 운영절차 등을 구체적으로 규정한 이사회운영규정을 마련하여야 한다.

5.4 이사회는 원칙적으로 정기적으로 개최되어야 하며, 연간 이사회 활동 계획을 수립하여 정기적으로 개최하도록 권고한다.

5.5 이사회 및 위원회는 매 회의마다 회의록을 상세하게 작성하고 회의내용을 녹취하여 이를 유지 · 보존하여야 한다. 특히 중요한 토의내용과 결의사항은 이사별로 기록하여야 한다.

5.6 필요시 원격통신수단을 활용하여 이사회 구성원이 이사회 회의에 최대한 참여할 수 있도록 하여야 한다.

5.7 기업은 사외이사의 직무수행에 필요한 정보를 충분히 제공하여야 하며, 사외이사는 직무수행에 필요한 정보를 신속하게 제공하도록 요청할 수 있다.

5.8 사외이사는 필요한 경우 적절한 절차에 의하여 임직원이나 외부 전문가 등의 지원을 받을 수 있으며, 기업은 이에 소요되는 비용을 지원하여야 한다.

5.9 사외이사의 경영 감독 · 지원 기능을 제고하기 위하여 사외이사만이 참여하는 회의를 이사회와는 별도로 개최할 것을 권고한다.

5.10 사외이사는 효율적인 직무수행을 위하여 주기적으로 사내외 교육에 임하여야 한다. 특히 신규 선임이사는 직무 및 지배구조 관련 교육에 참가할 것을 권고한다.

5.11 이사회 및 이사회 내 위원회, 개별 이사의 활동내용은 공정하게 평가되어야 하고, 개별 이사의 평가결과는 보수 및 재선임 결정 등에 반영되어야 한다.

5.12 이사회는 대표이사, 대표집행임원 또는 이사회 내 위원회에 권한을 위임할 수 있다. 다만 법령 · 정관이나 이사회운영규정에서 정하는 주요한 사항은 제외한다.

6) 이사회 내 위원회

6.1 이사회 내부에 특정 기능과 역할을 수행하는 적정 수의 인원으로 구성된 위원회를 설치할 것을 권고한다. 특히 대규모 상장법인의 경우에는 감사위원회, 사외이사후보추천위원회, 보상위원회의 설치를 권고한다. 또한 계열사간 거래가 많은 기업의 경우 내부거래위원회를 설치하는 것이 바람직하다.

6.2 이사회 내 위원회는 과반수를 사외이사로 구성하여야 한다. 단 감사위원회, 보상위원회, 내부거래위원회, 사외이사후보추천위원회는 전원 사외이사로 구성할 것을 권고한다.

6.3 모든 위원회의 조직, 운영 및 권한에 대하여는 명문으로 규정하여야 하며, 위원회는 결의한 사항을 이사회에 보고하여야 한다.

(2) 주주권 보호

1) 주주의 권리

1.1 기업은 주주의 기본적인 권리를 보장하여야 한다.

1.2 기업의 존립 및 주주권에 중대한 변화를 가져오는 사항은 주주총회에서 주주의 권리를 최대한 보장하는 방향으로 결정되어야 한다.

1.3 기업은 1주 1의결권을 보장하여야 한다. 다만 특정 주주에 대한 의결권 제한은 법률이 정하는 바에 따라 제한적으로 이루어져야 한다.

1.4 이사회는 합병, 영업의 양수도 등 중요한 구조변경에 반대하는 주주가 법령이 정하는 바에 따라 그 지분의 실질가치를 반영하는 공정한 가액에 의한 주식매수청구권을 행사할 수 있도록 하여야 한다.

1.5 기업은 주주 전체의 이익을 보호하기 위해 소수주주권 행사를 보장하여야 한다. 반면, 기업의 경영에 영향력을 행사하는 지배주주는 기업과 모든 주주의 이익에 반하는 행동으로 다른 일반 주주의 권리를 침해한 경우에 그에 상응하는 책임을 져야 한다.

2) 주주총회

2.1 이사회는 다양한 주제의 의제 또는 의안이 주주총회에 상정될 수 있는 환경을 조성하기 위해 노력하여야 한다.

2.2 주주총회에서 임원을 선임하거나 정관을 변경할 때에는 의안을 분리하여 상정하여야 한다.

2.3 기업은 주주에게 주주총회의 일시, 장소 및 의안에 관한 충분한 정보를 충분한 기간 전에 제공하여야 한다. 주주총회의 일시와 장소는 주주가 최대한 참가할 수 있도록 결정하여야 한다.

2.4 기업은 주주가 이사 및 감사후보에 대한 충분한 정보와 판단시간을 가지고 의결권을 행사할 수 있도록 하여야 한다.

2.5 기업은 주주가 자신의 의결권을 최대한 용이하게 행사할 수 있도록 하고, 주주가 이사회에 주주총회의 의안을 제안할 수 있는 환경을 조성하여야 한다.

2.6 이사회는 이사의 선임에 있어서 지배주주가 아닌 주주의 의견도 반영될 수 있도록 해야 하며, 이를 위하여 집중투표제를 채택하도록 권고한다.

2.7 감사위원의 독립성 제고를 위해 감사위원이 되는 이사의 선임안건은 다른 이사 선임안건과 분리하여 상정하는 것이 바람직하다.

2.8 주주총회의 결의는 투명하고 공정하게 이루어져야 하며, 이사회는 주주가 주주총회에서 의안에 대하여 질의하고 설명을 요구할 때 성실히 답변하여야 한다.

(3) 감사

1) 내부감사

1.1 대규모 상장법인은 내부감사기구로 이사회 내에 감사위원회를 설치할 것

을 권고한다.

1.2 감사 및 감사위원은 해당 기업과 중대한 관계가 없어야 하며, 경영진과 지배주주로부터 독립적인 의사결정을 할 수 있는 자이어야 한다.

1.3 감사위원회는 독립성과 전문성을 유지하기 위하여 전원 사외이사로 구성하고 위원 중 최소 2인은 감사업무에 관한 전문적 식견을 가진 자이어야 한다.

1.4 감사위원회 또는 감사는 감사업무를 충실히 수행하여야 한다.

1.5 이사회는 감사위원회 또는 감사의 목표, 조직, 권한과 책임 그리고 업무 등에 관한 규정을 명문화하여야 한다. 또한 감사위원회 또는 감사는 동 규정의 타당성을 매년 평가하고 그 내용을 공시하여야 한다.

1.6 감사위원회는 연간 감사위원회 활동 계획을 수립하여 정기적으로 개최하여야 하며, 필요한 경우 경영진, 재무담당임원, 내부감사부서의 장, 외부감사인 등이 참석하도록 할 수 있다.

1.7 감사위원회는 매 회의마다 회의록을 작성하여야 하며, 회의록에는 주요 토의사항과 결의내용을 상세하고 명확하게 기재하여야 한다. 감사위원회 또는 감사는 감사내용을 구체적으로 기록한 감사록을 작성하여야 한다.

1.8 감사위원회 위원 또는 감사는 감사업무에 필요한 정보에 자유롭게 접근할 수 있어야 하고, 필요한 경우 외부전문가의 자문을 받을 수 있어야 한다.

1.9 감사위원회 또는 감사는 자신의 독립성에 대한 평가내용과 주요 활동내용을 주주총회에 보고하여야 하며, 대표이사는 사업보고서를 통해 이를 공시하여야 한다.

1.10 감사위원회 위원의 독립성과 업무충실성을 확보하기 위해, 감사 업무의 양과 책임의 수준을 고려한 적절한 수준의 보상이 지급되어야 하며 그 외 다른 명목의 보상은 받지 않아야 한다.

1.11 기업은 모든 형태의 부패를 근절하기 위해 윤리규정을 제정하고 준수하며 이를 공개하여야 한다.

2) 외부감사

2.1 기업은 외부감사인이 해당 기업과 그 경영진, 지배주주, 연결모자회사 등으로부터 법적, 실질적 독립성을 유지하도록 하여야 한다.

2.2 기업은 감사보고서에 관한 주주의 질문이 있는 경우에 용이한 설명이 가능하도록 외부감사인을 주주총회에 참석시켜야 한다.

2.3 감사위원회 또는 감사는 외부감사인이 주요 사항을 보고하도록 하고 외부 감사인과 주기적으로 소통해야 한다(※ 구체적인 내용은 감사위원회(감사) 모범규준을 참고 바랍니다).

(4) 주주 및 이해관계자와의 소통

1) 주주 및 이해관계자와의 직접 소통

1.1 이사회와 경영진은 기업의 지속가능한 성장에 이바지하기 위해 주주 및 이해관계자와의 건설적인 대화에 관심을 기울여야 한다. 이를 위해 이사회 의장 또는 소통 담당 사외이사가 직접 소통하는 것이 바람직하다.

1.2 이사회는 주주총회에서 상당한 수준의 반대가 있었던 안건에 대해 사후 검토하여야 한다. 필요한 경우 반대 주주와 소통의 기회를 가져야 하며, 검토 결과 및 조치 계획은 공개되는 것이 바람직하다.

2) 정보 공개

2.1 기업은 주주에게 필요한 기업의 정보를 적시에, 충분히, 공평하게 제공하여야 하며, 공시 의무가 없는 정보를 공개할 경우에도 모든 주주에게 공평하게 제공하여야 한다.

2.2 기업은 이해관계자에게 법령이 허용하는 범위 내에서 이해관계자의 권리 보호에 필요한 정보를 제공하여야 하며, 이해관계자는 관련 정보에 접근할 수 있어야 한다.

2.3 기업은 법령에 의해 요구되는 공시사항 외에도 주주 및 이해관계자의 의사결정에 중대한 영향을 미치거나 미칠 수 있는 사항은 공시하여야 한다.

2.4 기업의 대표이사와 재무담당책임자(Chief Financial Officer)는 재무보고의 정확성과 완전성을 인증하여야 한다.

2.5 기업은 정보 공개 내용을 이해하기 쉽게 작성하고, 이해관계자가 이용하기 용이하도록 노력하여야 한다.

2.6 외국인이 상당한 주식을 보유하고 있는 기업은 감사보고서 및 중요한 수시공시 사항을 한글 및 영문으로 작성하여 공시하는 것이 바람직하다.

2.7 기업은 공시책임자를 지정하여야 하며, 기업의 중요한 정보가 공시책임자에게 신속하게 전달될 수 있도록 내부 정보전달체계를 갖추어야 한다.

보론 2 내부통제의 구성요소, 원칙 및 원칙 달성을 위한 중점 고려사항

(1) 통제환경

(원칙 1) 도덕성과 윤리적 가치에 대한 책임

회사는 도덕성과 윤리적 가치에 대한 책임을 강조한다.

[원칙 달성을 위한 중점 고려사항]

- 경영진과 이사회의 의지 : 경영진과 이사회는 내부회계관리제도가 효과적으로 기능할 수 있도록 지침, 조치, 행동을 통해 도덕성과 윤리적 가치의 중요성을 강조한다.
- 윤리강령 수립 : 윤리강령은 도덕성과 윤리적 가치에 관한 이사회와 고위경영진의 기대사항을 반영하고 있으며, 모든 임직원, 외부서비스제공자 및 협력업체가 이를 숙지하고 있다.
- 윤리강령 준수 평가 : 윤리강령의 준수에 대한 개인과 팀의 성과를 평가하는 프로세스가 수립되어 있다.
- 윤리강령 위반사항의 적시 처리 : 위반사항은 적시에 일관된 방식으로 식별되고 개선된다.

(원칙 2) 내부회계관리제도 감독 책임

이사회는 경영진으로부터 독립성을 유지하며 내부회계관리제도의 설계 및 운영을 감독한다.

[원칙 달성을 위한 중점 고려사항]

- 이사회의 감독 책임 정립 : 이사회는 수립된 요구사항 및 기대사항과 관련된 감독 책임을 인지하고 수용한다. 단, 이사회는 외감법 등 법률에서 정하는 사항과 내부회계관리제도, 내부감사 및 부정방지 프로그램 등의 감독 책임을 감사(위원회)에 위임할 수 있다.
- 이사회의 전문성 확보 : 이사회는 이사회 구성원에게 필요한 기술과 전문지식을 정의하고, 유지하며, 주기적으로 평가한다. 이를 통해 이사회 구성원들이 고위경영진에게 면밀한 질문을 하고 상응하는 조치를 취할 수 있게 한다.
- 이사회의 독립적 운영 : 이사회는 경영진의 의사결정을 평가하고 감독함에 있어 경영진으로부터 독립적이며 객관성을 갖춘 충분한 인력을 보유한다.
- 내부회계관리제도 감독 수행 : 이사회는 경영진의 내부회계관리제도 설계,

구축 및 운영에 대한 감독 책임을 가진다.

(원칙 3) 조직구조, 권한 및 책임 정립

경영진은 내부회계관리제도의 목적을 달성하기 위해 이사회의 감독을 포함한 조직구조, 보고체계 및 적절한 권한과 책임을 정립한다.

[원칙 달성을 위한 중점 고려사항]

- **조직구조 고려 :** 경영진과 이사회는 회사의 목적 달성을 지원하기 위해 다양한 조직구조(운영단위, 법적 실체, 지역적 분포, 외부서비스제공자 포함)를 고려한다.
- **보고체계 수립 :** 각각의 조직이 권한과 책임을 이행하고 정보교류가 가능한 보고체계를 설계하고 평가한다.
- **권한과 책임의 정의, 부여 및 제한 :** 경영진과 이사회는 권한을 위임하고 책임을 정의하며 적절한 프로세스와 기술을 활용하여 조직의 다양한 수준의 필요성에 따라 책임을 부여하고 업무를 분장한다.
  - 이사회 : 중요한 의사결정 권한 보유 및 경영진이 부여한 권한과 책임의 적정성 검토
  - 고위경영진 : 임직원이 내부회계관리제도와 관련된 책임을 이해하고 이행할 수 있도록 방향성 제시, 지침 및 통제 수립
  - 경영진 : 고위경영진의 지침과 통제가 회사 및 하위 조직 내에서 실행될 수 있도록 실무지침을 제시하고 지원
  - 직원 : 윤리강령, 위험 요소, 조직 각 계층의 통제활동, 정보 및 의사소통 흐름, 모니터링 활동에 대한 이해
  - 외부서비스제공자 : 모든 외부직원의 권한 및 책임범위에 대해 경영진이 정한 사항 준수

(원칙 4) 적격성 유지

회사는 내부회계관리제도 목적에 부합하는 적격성 있는 인력을 선발, 육성하고 관리한다.

[원칙 달성을 위한 중점 고려사항]

- **정책 및 실무절차 수립 :** 정책 및 실무절차는 내부회계관리제도 목적 달성 지원을 위해 필요한 적격성의 기대사항을 반영한다.
- **적격성 평가 및 보완 :** 경영진과 이사회는 정책 및 실무절차에 의거하여 조직 구성원 및 외부서비스제공자들의 적격성을 평가하고, 평가 결과 파악된 미비

사항을 보완하기 위해 필요한 조치를 취한다.

- 인력 선발, 육성 및 유지 : 내부회계관리제도 목적 달성을 지원하기 위해, 충분하고 적격성 있는 인력 및 외부서비스제공자를 선발, 육성하고 유지하는 데 필요한 교육과 훈련을 제공한다.
- 승계계획 및 준비 : 고위경영진과 이사회는 내부회계관리제도상 중요한 책임에 관한 승계계획을 수립한다.

(원칙 5) 내부회계관리제도 책임 부여

회사는 조직 구성원들에게 내부회계관리제도의 목적을 달성하기 위해 필요한 책임을 부여한다.

[원칙 달성을 위한 중점 고려사항]

- 조직구조, 권한 및 책임을 통한 내부회계관리제도 책임 부여 : 경영진과 이사회는 조직 전체 구성원들과 내부회계관리제도 수행에 관한 책임에 대해 의사소통을 하고, 그들에게 책임을 부여하며 필요한 경우 개선활동을 이행하도록 하는 체계를 수립한다.
- 성과평가 및 보상정책 수립 : 경영진과 이사회는 장단기 목적 달성의 균형을 고려하고, 조직 전체 구성원의 내부회계관리제도 책임 이행에 적합한 성과평가와 보상정책을 수립한다.
- 성과평가 및 보상정책과의 연계 : 경영진과 이사회는 내부회계관리제도 목적 달성을 위해 내부회계관리제도 책임 이행과 그에 따른 성과평가 및 보상을 연계한다.
- 과도한 압박 고려 : 경영진과 이사회는 조직 구성원들에게 책임을 부여하고 성과평가지표를 수립하고 평가할 때 관련된 압박이 존재하는지를 평가하고 조정한다.
- 개인의 성과평가, 보상 또는 징계조치 : 경영진과 이사회는 내부회계관리제도 책임 이행(윤리강령의 준수 및 적격성의 기대 수준 충족 포함)에 대한 성과를 평가하고, 그 결과에 따라 보상하거나 필요시 징계조치를 취한다.

(2) 위험평가

(원칙 6) 구체적인 목적 수립

회사는 관련된 위험을 식별하고 평가할 수 있도록 내부회계관리제도의 목적을 명확하게 설정한다.

[원칙 달성을 위한 중점 고려사항]

• 적합한 회계기준의 준수 : 신뢰할 수 있는 외부 재무제표를 작성할 때, 경영진은 회사에 적용되는 회계기준을 고려한다. 또한 경영진은 회사의 상황과 목적에 적합한 회계원칙을 채택하고 일관성 있게 적용한다.
• 회사 활동의 실질 반영 : 외부 재무보고는 재무정보의 질적 특성과 경영자 주장을 뒷받침할 수 있는 기초 거래와 사건을 반영한다.
• 중요성 고려 : 경영진은 재무제표 표시에 있어 중요성을 고려한다.

(원칙 7) 위험 식별 및 분석

회사는 목적 달성에 영향을 미치는 위험을 전사적으로 식별하고, 위험 관리방안을 수립하기 위해 위험을 분석한다.

[원칙 달성을 위한 중점 고려사항]

• 회사 내 다양한 조직 수준 고려 : 회사는 회사, 종속회사, 부문, 운영 팀 및 기능 단위 등 회사 전체 조직 단위에서 목적 달성과 관련된 위험을 식별하고 평가한다.
• 외부 재무보고에 영향을 미치는 내부 및 외부 요인 분석 : 내부 및 외부 요인과 그 요인들이 외부에 공시되는 재무제표의 신뢰성을 확보하는 목적을 달성하는 데 미치는 영향을 고려한다.
• 적절한 수준의 경영진 참여 : 적절한 수준의 경영진이 참여하는 효과적인 위험평가체계를 구축한다.
• 식별된 위험의 중요성 평가 : 회사는 해당 위험의 잠재적인 중요성을 평가하는 절차를 포함한 프로세스를 통해 식별된 위험을 분석한다.
• 위험 대응방안 결정 : 위험평가 결과 식별된 재무제표 왜곡표시 위험에 대하여는 적절한 위험 대응방안을 결정하여 시행한다.

(원칙 8) 부정위험 평가

내부회계관리제도 목적 달성에 대한 위험 평가시 잠재적인 부정가능성을 고려한다.

[원칙 달성을 위한 중점 고려사항]

• 다양한 부정의 유형 고려 : 부정위험 평가시 다양한 방식의 부정과 비리행위로부터 비롯되는 부정한 재무보고, 자산의 잠재적 손실, 부패 등을 고려한다.

- 유인과 압력의 평가 : 부정위험 평가시 유인(incentive)과 압력(pressure)으로 인한 부정의 발생가능성을 고려한다.
- 기회 평가 : 부정위험 평가시 취약한 통제활동 등으로 인해 승인되지 않은 자산의 취득 · 사용 · 처분, 재무보고기록의 변경, 기타 부적절한 행위 등 부정을 저지를 수 있는 기회가 발생할 수 있는 가능성을 고려한다.
- 태도와 합리화에 대한 평가 : 부정위험 평가시 임직원이 어떻게 부적절한 행위에 연관되는지와 어떻게 부적절한 행위를 정당화하는지를 고려한다.

(원칙 9) 중요한 변화의 식별과 분석

회사는 내부회계관리제도에 중요한 영향을 미치는 변화를 식별 · 분석하여 내부회계관리제도를 유지 · 관리한다.

[원칙 달성을 위한 중점 고려사항]

- 외부 환경 변화의 평가 : 위험을 식별하는 과정에서 사업과 관련된 규제의 변화, 경제적인 변화, 물리적 환경의 변화 등이 내부회계관리제도에 미치는 영향을 고려한다.
- 사업모델 변화의 평가 : 새로운 사업영역이나 기존 사업구성의 급격한 변화, 기업인수나 사업양수도, 급격한 성장, 해외 의존도의 변화, 새로운 기술 등이 내부회계관리제도에 미치는 영향을 고려한다.
- 리더십 변화의 평가 : 회사는 경영진의 변경과 이에 따른 경영진의 태도 및 철학의 변화가 내부회계관리제도에 미치는 영향을 고려한다.

(3) 통제활동

(원칙 10) 통제활동의 선택과 구축

회사는 내부회계관리제도의 목적 달성을 저해하는 위험을 수용가능한 수준으로 줄일 수 있는 통제활동을 선택하고 구축한다.

[원칙 달성을 위한 중점 고려사항]

- 위험평가와의 통합 : 위험평가 결과 확인된 위험을 관리하고 줄일 수 있는 통제활동을 마련한다.
- 회사의 고유한 요인 고려 : 통제활동 선택 및 구축시, 회사의 고유한 특성뿐만 아니라 사업 환경, 복잡성, 성격 및 범위 등의 영향을 고려한다.
- 관련 있는 업무프로세스 결정 : 통제활동이 필요한 관련 있는 업무프로세스를 결정한다.

• 통제유형의 조합 : 위험을 완화시키기 위해 다양한 속성을 결합한 균형 잡힌 통제활동을 고려한다(수동통제와 자동통제, 예방통제와 적발통제 등).
• 다양한 수준의 통제활동 적용 고려 : 회사 내 다양한 수준의 통제활동을 고려한다.
• 업무분장 고려 : 양립할 수 없는 직무를 분리하되, 업무분장 적용이 가능하지 않을 경우 대체적인 통제활동을 선택하고 구축한다.

(원칙 11) 정보기술 일반통제의 선정과 구축

회사는 내부회계관리제도 목적 달성을 지원하는 정보기술 일반통제를 선정하고 구축한다.

[원칙 달성을 위한 중점 고려사항]

• 업무프로세스에서 사용되는 정보기술과 정보기술 일반통제 간 의존도 결정 : 업무프로세스 및 자동통제와 정보기술 일반통제 간의 의존성과 연관성을 이해하고 결정한다.
• 정보기술 인프라 통제활동 수립 : 정보처리의 완전성, 정확성 및 이용가능성을 확보하기 위한 정보기술 인프라에 대한 통제활동을 선택하고 구축한다.
• 보안관리 프로세스에 대한 통제활동 수립 : 업무 책임에 상응하는 정보기술 접근권한을 허가된 담당자로 제한하고, 외부의 위협으로부터 회사의 자산을 보호하기 위한 보안 관련 통제활동을 선택하고 구축한다.
• 정보기술의 취득, 개발 및 유지보수 프로세스에 대한 통제 수립 : 내부회계관리제도 목적 달성을 위하여 정보기술 및 인프라의 취득, 개발, 유지보수 활동에 대한 통제활동을 선정하고 구축한다.

(원칙 12) 정책과 절차를 통한 실행

회사는 기대사항을 정한 정책과 그 정책을 실행하기 위한 절차를 통하여 통제활동을 적용한다.

[원칙 달성을 위한 중점 고려사항]

• 경영진의 지침 전달을 지원하기 위한 정책 및 절차 수립 : 기대사항을 정한 정책과 이를 실행가능한 구체적 절차로 제시하여 업무프로세스 및 구성원의 일상적인 활동에 통제활동이 내재화되도록 한다.
• 정책과 절차의 적용을 위한 책임 확립과 담당자의 지정 : 관련 위험이 존재하는 사업단위 또는 부서의 경영진(또는 지정된 인원)과 함께 통제활동에 대한

책임을 확립하고 담당자를 지정한다.

- 통제활동의 적시 수행 : 통제활동별로 지정된 담당자가 정책과 절차에 정해진 대로 통제활동을 적시에 수행한다.
- 개선조치 이행 : 통제활동 수행 결과 식별된 문제점에 대하여 책임 있는 담당자가 조사하고 조치를 취한다.
- 적격성 있는 담당자의 수행 : 충분한 권한을 가진 적격성 있는 담당자가 지속적인 관심과 주의를 기울여 통제활동을 수행한다.
- 정책, 절차 및 통제활동의 주기적인 재평가 : 정책, 절차 및 통제활동이 지속적으로 적정한지 판단하기 위하여 주기적으로 검토하고, 필요시 정책, 절차 및 통제활동을 개정 또는 개선한다.

(4) 정보 및 의사소통

(원칙 13) 관련 있는 정보의 사용

회사는 내부회계관리제도의 운영을 지원하기 위하여 관련 있는 양질의 정보를 취득 또는 생산하고 사용한다.

[원칙 달성을 위한 중점 고려사항]

- 정보 요구사항의 식별 : 회사의 내부회계관리제도 목적 달성과 내부회계관리제도 구성요소들의 기능을 지원하기 위해 필요하고 요구되는 정보를 식별하는 절차가 수립되어 있다.
- 내부 및 외부의 데이터 원천 포착 : 정보시스템은 내부 및 외부의 데이터 원천을 포착한다.
- 관련 있는 데이터를 의미 있는 정보로 변환 : 정보시스템은 관련 있는 데이터를 처리하여 의미 있는 정보로 변환한다.
- 정보 처리 과정에서 품질의 유지 · 관리 : 정보시스템은 시의적절하고, 최신의, 정확하고, 완전하고, 접근가능하고, 보호되고, 검증가능한 정보를 생산하고 유지하며 동 정보가 내부회계관리제도 구성요소 지원에 적절한 정보인지 검토한다.
- 비용과 효익 고려 : 의사소통 대상이 되는 정보의 성격, 양, 상세한 정도는 회사의 내부회계관리제도 목적에 부합하고, 목적 달성을 지원한다.

(원칙 14) 내부 의사소통

회사는 내부회계관리제도의 운영을 지원하기 위하여 필요한 내부회계관리제도에 대한 목적과 책임 등의 정보에 대해 내부적으로 의사소통한다.

[원칙 달성을 위한 중점 고려사항]

- **내부회계관리제도 정보에 대한 의사소통**: 모든 직원이 내부회계관리제도 책임을 이해하고 이행하기 위해 필요한 정보를 교환하는 프로세스가 존재한다.
- **경영진과 이사회 간의 의사소통**: 경영진과 이사회는 회사의 내부회계관리제도 목적과 관련한 각자의 역할 수행을 위해 요구되는 정보를 얻을 수 있도록 양자간에 의사소통한다.
- **별도의 의사소통 라인 제공**: 통상적인 의사소통 채널이 비효과적인 경우를 대비하여 익명 또는 비밀이 보장된 의사소통이 가능하도록 내부고발제도 같은 별도의 의사소통 채널이 갖추어져 있다.
- **적절한 의사소통 방법 선택**: 시기, 대상자 및 정보의 성격을 고려하여 의사소통의 방법을 선택한다.

(원칙 15) 외부 의사소통

회사는 내부회계관리제도의 운영에 영향을 미치는 사항에 대해 외부 관계자와 의사소통한다.

[원칙 달성을 위한 중점 고려사항]

- **외부 관계자와의 의사소통**: 주주, 협력업체, 소유주, 규제기관, 고객, 재무분석가 등 외부 관계자와 관련 있는 정보를 적시에 의사소통할 수 있는 프로세스가 구축되어 있다.
- **외부로부터의 의사소통**: 고객, 소비자, 공급자, 외부감사인, 규제기관, 재무분석가 등 외부 관계자의 의견을 수렴하여 경영진과 이사회에 관련 있는 정보를 제공할 수 있는 개방된 의사소통 채널을 마련한다.
- **이사회와의 의사소통**: 외부 관계자가 수행한 평가로부터 도출된 관련 있는 정보는 이사회와 의사소통된다.
- **별도의 의사소통 라인 제공**: 통상적인 의사소통 채널이 작동하지 않거나 비효과적인 경우를 대비하여 익명 또는 비밀이 보장된 의사소통이 가능하도록 내부고발제도와 같은 별도의 의사소통 채널이 갖추어져 있다.
- **적절한 의사소통 방법 선택**: 의사소통의 시기, 대상, 성격뿐만 아니라 법률, 규제, 주주 및 이해관계자의 요구사항 및 기대를 고려하여 의사소통 방법을 선택한다.

(5) 모니터링 활동

(원칙 16) 상시적인 모니터링과 독립적인 평가 수행

회사는 상시적인 모니터링과 독립적인 평가 방안을 수립하여 내부회계관리제도 설계 및 운영의 적정성을 평가한다.

[원칙 달성을 위한 중점 고려사항]

- 상시적인 모니터링과 독립적인 평가의 결합 고려 : 경영진은 상시적인 모니터링과 독립적인 평가의 균형을 고려한다.
- 변화의 정도 고려 : 경영진은 상시적인 모니터링과 독립적인 평가를 선택하고 구축할 때, 업무와 업무프로세스의 변화의 정도를 고려한다.
- 출발점(Baseline)의 설정 : 내부회계관리제도의 설계와 현재 상태는 상시적인 모니터링과 독립적인 평가를 위한 출발점을 수립하는 데 활용된다.
- 충분한 지식을 갖춘 인력 활용 : 상시적인 모니터링과 독립적인 평가를 수행하는 평가자들은 평가 대상에 대한 충분한 지식을 보유하고 있다.
- 업무프로세스와의 통합 : 상시적인 모니터링은 업무프로세스에 내재되고 변화하는 상황에 따라 조정된다.
- 범위와 빈도 조정 : 위험의 중요성에 따라 독립적인 평가의 범위와 빈도를 달리한다.
- 객관적인 평가 : 객관적인 피드백을 제공하기 위해 주기적으로 독립적인 평가가 수행된다.

(원칙 17) 미비점 평가와 개선활동

회사는 내부회계관리제도의 미비점을 평가하고 필요한 개선활동을 적시에 수행한다.

[원칙 달성을 위한 중점 고려사항]

- 결과 평가 : 경영진과 이사회는 상시적인 모니터링과 독립적인 평가 결과에 대해 적절히 평가한다.
- 미비점 의사소통 : 내부회계관리제도의 미비점은 개선활동을 수행할 책임이 있는 담당자와 책임자(일반적으로 차상위자, 필요시 고위경영진과 이사회 포함), 이사회와 적절하게 의사소통된다.
- 개선활동에 대한 모니터링 활동 : 통제 미비점들이 적시에 개선되는지 확인한다.

토론문제

1. 기업지배구조, 내부통제, 윤리강령, 그리고 기업윤리 간의 관계를 설명하라.
2. 우리나라 10대 기업 중 하나를 선택하여 그 기업 이사회의 구성 및 활동에 대한 다음 22개 항목(이사회의 질을 평가하는 지표로 1993년 Harvard Business Review에 제시됨)을 평가하라.
   ① 내부이사보다 외부이사가 3명 이상 많은가?
   ② 내부이사는 CEO, COO 및 CFO로 한정되어 있는가?
   ③ 이사들은 정기적으로 내부이사가 아닌 고위관리자들과 대화를 나누고 있는가?
   ④ 이사회는 규모는 적정(8명에서 15명)한가?
   ⑤ 경영자가 아니라 감사위원회가 당해 기업을 감사할 회계법인을 선정하고 있는가?
   ⑥ 감사위원회는 정기적으로 높은 위험에 노출되어 있는 부분을 검토하고 있는가?
   ⑦ 보상관련 컨설턴트가 기업의 인사부서가 아니라 보상위원회에 보고하고 있는가?
   ⑧ 보상위원회가 CEO의 보상방식을 비록 관련 산업의 표준과 다를지라도 장기적인 업적에 근거해 결정할 용기를 보여주고 있는가?
   ⑨ 두 계층의 이사회가 출현하지 않도록 경영위원회가 충분히 조심하고 있는가?
   ⑩ 외부이사들은 매년 고위경영자들의 승계계획을 검토하고 있는가?
   ⑪ 외부이사들이 매년 CEO의 강점, 약점, 목적, 개인의 계획과 성과를 공식적으로 평가하고 있는가?
   ⑫ 최고경영자가 아니라 이사선임위원회가 신임 이사를 직접 찾고, 선출을 위해 대상자들을 초빙하고 있는가?
   ⑬ 외부이사들이 CEO가 설정한 회의안건을 변경할 방법이 있는가?
   ⑭ 회사는 이사들에게 사전에 회의안건에 관련 정보와 주요 안건에 대한 분석을 보내서 이사들이 회의를 준비하도록 돕고 있는가?
   ⑮ 이사회에서 경영자의 긴 이야기보다는 이사들간에 깊은 토론을 위해 충분한 시간이 주어지고 있는가?
   ⑯ 경영진을 배제하고 외부이사들만이 정기적으로 만나고 있는가?
   ⑰ 이사회가 장기기업전략 수립의 시작단계부터 적극적으로 개입하고 있는가?
   ⑱ 실제로 재임중인 CEO가 아닌 이사회가 새 CEO를 선정하고 있는가?
   ⑲ 적어도 이사들 보상의 일정부분이 기업의 실적과 연계되어 있는가?
   ⑳ 개별 이사들의 업적이 정기적으로 검토되고 있는가?
   ㉑ 더 이상 자신의 힘을 발휘하지 않는 이사는 이사를 그만두도록 권고하고 있는가?

㉒ 회사는 이사들간의 신뢰를 구축하기 위해 적절한 방안을 채택하고 있는가?

3. 기업지배구조를 떠받치는 기둥(원칙)은 의무, 책임감, 공정성과 투명성이다. 이러한 원칙 각각이 윤리적 기업지배구조를 만드는 데 어떻게 도움이 되는지 논의하라.

4. 기업지배구조에서 최고경영층(CEO)의 역할을 강조하는 'tone at the top'의 중요성을 강조한다. 'Tone at the top'의 의미를 설명하고, 경영자가 기업 내에 윤리문화를 정착시키기 위해 수행해야 할 사안이 무엇인지 제시하라.

5. 기업문화가 경영자의 태도와 행동에 가장 중요한 요소이지만 기업은 이에 대해 별로 관심을 갖지 않는다고 한다. 기업은 문화를 통제할 수 있다고 보는가? 그 이유는 무엇인가?

6. 회계사기로 기소되면 직장을 잃게 되고 가족을 부양하는 것도 힘들어진다. 임직원들이 자기의 의사결정을 할 때 이러한 요인들을 어느 정도까지 고려해야 할까? 답에 대한 근거를 제시하라.

7. 효과적인 내부통제가 어떻게 기업으로 하여금 운영의 효율성을 증가시키고, 재무제표를 포함하여 보고되는 정보의 신뢰성을 보장하고, 관련 법규나 정책을 준수하도록 돕는가?

8. 사기위험의 평가란 무엇을 뜻하는가? 위험평가의 결과가 최고경영층이 윤리에 대한 관심을 갖도록 하는 기업의 능력과 어떻게 관련될까?

9. 회계사기가 발생할 수 있도록 하는 세 가지 요소는 무엇인가? 이러한 요소를 통제하여 임직원들의 판단에 영향을 미치지 못하게 할 수 있는 효과적인 통제시스템을 도입한다면, 기업의 재무제표에 중요한 왜곡이 제거될 수 있다고 보는가?

10. 기업실무에 참여하지 않는 독립된 이사가 이사회의 의장을 맡도록 하는 기업이 증가하고 있다. 이러한 정책이 가업의 지배구조를 개선하는 데 도움이 될까? 그 이유는 무엇인가?

11. 기업이 윤리강령을 수립하고 운영하면 왜 기업에 도움이 되는가?

12. 윤리강령에는 어떤 내용이 포함되어야 하는가? 또한, 윤리강령이 본래의 목적을 달성하기 위해서 어떤 방식으로 설정되고 운영되어야 하는지 설명하라.

[4-2]

내부고발이 윤리를 정착시키는 데 필요한가?

〈도입사례〉

대기업의 회계부서에서 일하고 있는 공인회계사 주인성 씨는 지난밤에 정말 놀랄 만한 일을 목격했다. 회사의 CFO가 얼굴을 마스크로 가리고 회의실의 멋진 가죽의자를 그가 몰고 온 차량에 옮겨 싣고 있었던 것이다. 그는 주인성 씨가 그의 행동을 지켜보고 있는 것을 인지하지 못하는 것 같았다. 주인성 씨는 이를 믿지 못했으나 CFO는 의자를 훔치고 있었던 것이었다.

주인성 씨가 이 사실을 그의 상관에게 말하자 그녀는 '그래요. 좀 이상하죠. 그러나 그는 회사에서 비싼 물건을 훔치고, 뻔뻔하게 이 물건을 집에서 잘 보이는 곳에 내걸지요. 작년 회사휴일에 CFO의 집에서 파티가 열렸을 때 나는 그의 거실에 회사의 의자, 램프와 그림이 있는 것을 보고 놀랐어요'라고 말했다.

주인성 씨는 이를 고발해야 할까?

회사의 회계부서에서 근무하는 주인성 씨에게는 회사의 비행을 고발할 의무는 없다. 즉 주인성 씨는 회계전문가로서 진실하게 행동하기만 하면 되지, 그가 내부고발인이 되어야 할 의무는 없다는 것이다.

(1) 내부고발의 의의

1) 내부고발의 의미

개인이나 조직의 비행을 폭로하기 위해서 이러한 비행을 다룰 권한 있는 자에게 고발할 수 있다. 어떤 고발은 위험한 폐기물을 공공장소에 버린다든지, 금융감독원에 거짓 재무제표를 제출한다든지와 같이 분명히 불법행위와 관련이 있다. 이 경우 고발인은 이의 부당함을 경찰이나 감독당국에 알리면 될 것이다. 그러나 그들의 대응이 별로 효과적이지 못할 것이라고 염려한다면, 고발인은 대안으로 관련된 단서를 신문이나 방송 등 언론매체에 제공할 수도 있다.

행동이 불법은 아니지만 합리적인 사람들의 감성에 분노를 일으키는 경우가 있다. 이러한 상황에서는 고발인은 대중의 공분이나 소비자들의 압력을 불러일으키려고 통상 언론매체를 이용한다. 예를 들면, 고발인이 유명한 의류업체가 그들이 판매하는 의류를 외국에서 수입하고 있는데, 외국 제조업체가 종업원들을 학대하고 있다는 사실을 인지했다고 하자. 이와 같은 경우 시민중심의 홍보활동을 도입함으로써 고발인과 그의 지지자들은 기업들이 인간다운 작업환경을 조성하는 내규를 채택하고 이를 실행에 옮기도록 이끌어 낼 수 있다.

어떤 조직이나 단체에 몸담고 있거나 몸담았던 사람이 내부에서 저지르는 부조리를 눈치 채고, 이를 고치려고 사회에 고발하는 것을 내부고발이라고 한다. 이는 다른 말로 호루라기 불기(whistle-blowing)라고도 한다.[1]

오늘날에는 Enron, 대우중공업 등과 같은 회계사기뿐만 아니라 Nixon 대통령을 사임으로 이끈 워터게이트 사건, 대한민국의 미투 사건 등과 같은 많은 사회적 부조리가 주로 내부고발로 드러나고 있다. 이는 조직 내부에 있는 사람이 그 조직 안에서 은밀히 벌어지고 있는 상황을 알아차리기가 비교적 쉽기 때문이다. 따라서 기업의 비행을 방지하고 윤리제도를 확립하기 위해서는 내부고발제도를 활성화할 필요가 있다.

---

1) 1972년 미국 Nixon 대통령을 사임으로 몰고 온 익명의 제보자를 Deep Throat라는 암호명으로 불렀다. 이후에는 Deep Throat가 내부고발인을 의미하는 고유명사로 사용되고 있다(본 [4-2]의 뒤에 첨부된 내용 참조).

2) 내부고발의 방법

내부고발의 방법은 정보가 고발인이 속한 조직의 내부 아니면 외부에 고발되는가에 따라 분류될 수 있다.

① 조직의 내부에 고발

조직의 내부에 고발하는 것을 권장하기 위하여 최근에는 많은 기업들이 제보 핫라인과 같은 다양한 보고체계를 갖추었다. 그러한 핫라인은 제보자의 신원보호를 강화하기 위해서 때로는 지정된 감사책임자 혹은 법률사무소 같은 독립된 외부사람이 추적하도록 하고 있다.[2)]

고발인은 자연적으로 익명으로 남기를 선호하는 반면, 감독자들은 고발인과 함께 조사할 기회가 주어지지 않는다면 통상 조직의 변화를 끌어내려는 노력이 좌절되는 경우가 많다고 호소한다.

종업원 고발인의 익명성을 보호하는 엄격한 규정과는 달리 고객과 같이 종업원이 아닌 고발인들의 신원을 보호하는 제도는 아직 도입되지 않았다.

〈사례〉 종업원이 아닌 고발인

내형병원의 한 종업원이 최근에 병원자재의 공급자에게 계속 그 회사의 제품을 구매한다는 조건으로 리베이트를 요구했다. 그 공급자는 이 제안에 분노하여 이를 구체적으로 설명한 보고서를 병원의 윤리담당임원에게 보냈다. 공급자는 명백하게 자기의 신원을 공개하지 말 것을 요구했다.

만일 병원이 공급자의 신원을 공개한다면 법률을 위반하는 것인가?

풀이

아니다. 법률은 단지 내부고발인의 신원을 보호하도록 요구하고 있다.

---

2) 사베인스-옥슬리법(Sarbanes-Oxley Act)에 따르면 모든 상장기업은 의무적으로 기업의 회계, 내부통제와 감사실무에 관련된 고발이 가능하도록 고발 핫라인을 설치하여야 한다. 감사위원회는 고발을 감독하며, 종업원들뿐만 아니라 공급자나 고객과 같은 외부의 고발도 수용하고 조사하여야 한다.

감사위원회에게는 익명 제보자의 신원을 보호할 적절한 조치를 취하고, 이러한 고발제도를 관리하고 운영하는 권한을 부여하고 있다. 또한 제보자의 익명성을 보호하기 위하여 이메일의 출처를 엄격히 통제하는 등 다양한 조치가 취해지고 있다.

비행을 발견했을 때 종업원이 반드시 보고해야 하는지에 대해서는 논란의 여지가 있다. 회사에 따라서는 보고의무를 부과하기도 하지만 일반적으로 회계부서와 같은 일부 한정된 종업원에게만 적용된다.

〈사례〉 조직의 내부에 고발

대형은행의 회계부서에서 일하고 있는데, 지난주 내내 당신의 동료가 점심시간에 3시간이나 자리를 비웠음을 목격했다. 오늘 그는 그가 감당하기 어렵다고 생각되는 멋있는 외제자동차를 몰고 회사에 출근하였다.

당신은 당신 동료의 행위를 내부감사부서에 보고할 의무가 있는가?

풀이

아니다. 병원에 간다든지 당신이 알지 못하는 다양한 사정으로 당신의 동료가 긴 점심시간을 가졌을 수 있다.

또한 월급이 충분하지 못함에도 불구하고 감당하기 어렵게 보이는 자동차를 보유할 수 있는 다양한 이유가 있을 수 있다. 예를 들면, 아내의 수입이 많다든지 많은 재산을 물려받았을 수도 있다.

회사는 정책을 분명히 하여 종업원들이 동료의 사생활을 감시해야만 하는 것으로 느끼지 않도록 하는 환경을 조성해야 한다.

② 조직의 외부에 고발

통계적으로 볼 때 대부분의 고발인은 처음에는 조직 내에서 내부적으로 불만을 터트린다. 당연히 대부분의 사람들은 관료주의의 미로를 거치는 것보다 그들의 염려를 동료들에게 표현하는 것이 더 편리하다고 본다. 그러나 그들의 염려를 외부에 알리는 세 가지 이유가 있다. 그들이 보기에 첫째는 내부보고가 쓸모가 없었고, 둘째는 그들이 종전에 제기했던 염려에 대한 그들 조직의 반응에 실망했고, 마지막으로 금융감독원과 같은 규제기관의 도움을 받기를 원하기 때문이다.

이러한 고발을 하는 데 성공하기 위해서는 잠재적 고발인은 먼저 적절한 규제기관이나 미디어를 식별해야 하고, 그 안에서도 고발인의 주장을 담당하는 사람을 찾아야 한다. 그리고 고발인은 자신의 주장을 뒷받침하는 객관적 증거를 모아야 한다. 외부인들은 좀 더 확실한 증거를 요구하는 경향이 있다. 한정된 예산과 인원 때문에 규제기관이나 미디어는 충분히 문서화된 증거가 준비되어 있는 문제 또는 공적 의미가 있는 문제에 초점을 맞추어 자원을 배분하는 경향이 있다. '고발하는 것은 진실을 말하는 것이 아니고, 진실을 증명하는 것이다'라는 말이 있다. 불행하게도 많은 고발인들이 그들이 갖추어야 할 예방책, 즉 그들이 제시할 증거의 양에 대해 그리고 사건이 진행 중일 때에는 누구도 내 편이 되지 않는다는 것에 대해 너무 순진하게 대응하는 경향이 있다.

〈사례〉 조직의 외부에 고발

당신이 주유소에 고용되어 회계장부를 정리하고 있는데 9/10 리터를 주유할 때마다 1리터의 값을 계산하는 것을 발견했다. 이 사실을 주인에게 얘기했으나 그는 이러한 사기행위를 수정하는 것을 거부했다.

당신은 고발을 하고 싶은데, 그의 주장을 기꺼이 검토하고자 하는 적절한 규제기관을 찾지 못했다. 당신은 어떤 절차를 밟아야 할까?

풀이

외부에 고발하기 위해서는 상당한 노력과 인내심을 요구한다. 먼저 이러한 종류의 주장을 평가할 책임이 있는 적절한 규제기관을 식별해야 한다. 그리고 그 규제기관에서 소비자나 고발인의 주장을 취급하는 적절한 사람도 식별해야 한다. 틀림없이 그는 문서화된 증거를 요구할 것이므로 당신은 당신의 주장을 입증하도록 준비해야 한다.

요약하면, 고발인이 되는 데서 오는 여러 가지 어려운 장애물을 극복해야 한다.

③ 온라인 고발

오늘날에는 인터넷의 발달로 새로운 형태의 고발이 나타나게 되었는데, 이는 바로 온라인 고발(online whistle-blowing)이다. 예를 들면, 한 고발인이 그가 근무하는 식당이 청결하지 못한 상황을 온라인에 게시했다. 그렇게 함으로써 고발인은 지역의 식당검사관들이 수행하는 것보다 훨씬 빠른 시일 안에 그의 고용인으로 하여금 식품안전실무를 변경하도록 할 수 있었다.

3) 종업원의 고발이유

사람들은 다양한 이유로 고발을 행동에 옮긴다. 어떤 사람은 재산상 이득을 얻으려고, 다른 사람은 상관의 모욕적인 행위에 보복하려는 심리적인 동기에서 적절하지 않은 행위를 공개한다. 또한 어떤 고발인은 자신의 명성을 지키기 위해서 또는 다른 사람을 위한 이타적인 염려에서 행동한다. 고발인이 분명히 대중에 대한 염려에서 행동한다면, 그를 이타적이고 친사회적인 고발인이라고 한다.

틀림없이 가장 유명한 회계고발인인 Sherron Watkins의 경우를 살펴보자. Enron의 해체를 가져왔던 그녀는 Enron의 부정을 상관에게 밝힌 후에 회사의 외부감사인에게 그리고 마지막으로는 세상에 알렸다. 그녀는 다양한 동기로 이와 같은 행동을 하였다. 그래서 어떤 사람들은 그녀를 영웅적인 진실의 전달자라고 하는 반면, 다른 사람들은 그녀를 불충한 배신자라고 부른다.

Watkins는 훈련된 회계전문가로서 기업개발팀의 부사장으로 근무하는 동안에 예언적으로 회사의 최고경영자에게 'Enron은 회계스캔들의 파도에 휩쓸려 파멸할 것 같아 매우 걱정이다'라고 편지를 쓴 적이 있다. 다른 종업원들과 마찬가지로 그녀는 각광받기를 원하는 것은 아니었다. 대신 많은 사람들은 그녀가 주로 그녀의 동료들 그리고 그들이 열심히 일구어낸 회사를 걱정해서 행동하였다고 말한다.

많은 칭찬을 받았지만 Watkins는 또한 틀림없이 그녀의 직업과 생활방식을 지키려는 이기적인 동기도 있었다. 그녀는 'Enron에서 나의 8년 경력은 내 이력서에 아무런 가치가 없다. 왜냐하면 과거의 성공은 아무것도 아니고 단지 정교한 회계장난질이기 때문이다'라고 쓴 적이 있었다. 그녀가 Enron의 더러운 비밀을 규제기관에 밝히지 않았기 때문에 '그녀는 호각을 가지고 있었으나 불지 않았다'라고 폄하하기도 한다.

어떻게 보든 간에 Watkins와 같은 21세기의 고발인들의 용감한 행동은 회사들이 내부통제와 회계공시에서 발전을 이룩해 나가는 데 큰 공헌을 했다. Watkins는 Enron의 다른 사람들이 틀림없이 사실을 알았음에도 불구하고 눈을 감고 있던 시점에 단호하게 행동할 수 있었던 불굴의 용기를 지니고 있었다.

고발인으로 나서게 만드는 여러 가지 동기를 살펴보기로 하자.

① 보복

당신이 이성에게서 거절당하거나 회사에서 부당한 대우를 받은 경우 이를 보복하겠다는 충동이 일어난 경험이 있을 것이다. 태초부터 인간은 본능적으로 보복하려는 동기를 가지고 있다고 본다. 현대에도 뇌과학자들이 밝히기를 설탕을 섭취했을 때와 동일한 뇌의 즐거움이 응징을 궁리할 때 나타나고 있음을 밝히고 있다. 그래서 응징을 '달콤한 보복'이라고 말하고 있다.

옛날에는 자치의 정의가 사회질서를 유지하는 유일한 방법이었다. 그러나 현대에는 우리는 육체적인 대립이나 폭력이 없이도 사회적 제도에 의거해 개인적인 부당함을 보복할 수 있다. 많은 종업원들이 이미 알고 있듯이 이제는 고발제도가 분노에 대한 비폭력적인 카타르시스를 제공한다.

비록 보복을 기대하거나 계획을 세우는 것이 즐거움을 줄지는 몰라도 보복을 실제행동으로 옮기는 것은 일반적으로 매우 불안하고 만족감도 주지 못한다. 따라서 많은 사람들이 심적 상태가 평안해질 때까지 일시적인 충동에 따라 행동하지는 않는다. 또한 많은 사람들이 즉각적인 응징을 선호하지만 종종 '보복은 차갑게 먹을 때 가장 좋은 음식이다'라고들 말한다.

또한 보복을 행동으로 옮기면 장기적으로 볼 때 때로는 부정적인 결과를 초래한다. 부당함을 보상받으려 할 때 사람들은 종종 그들이 받은 만큼 돌려주려고 한다. 구약성경에 나타난 '눈에는 눈, 이에는 이'라는 말이 보복을 권장하는 것으로 잘못 인식되어 왔다. 실제로는 이는 단순히 보복은 항상 이전의 부당함을 최대로 하되 완화되는 것이 좋다는 오랜 보복법의 교리를 반복하는 것일 뿐이다. 유사한 경고가 있는데, '형벌은 범죄에 적합해야 한다'라는 말이 옛날 바빌론의 함무라비 법전에도 나타나 있다.

그러나 사람들은 보복이 적합한지를 평가할 때 상이한 윤리적 계산을 한다. 그 결과로 피해에 비례하는 보복을 한다고 했지만 최초의 가해자는 보복 정도가 지나치게 가혹하다고 느낄 수도 있다. 이는 보복의 악순환을 초래해 쌍방의 분노를 확대시킨다. 따라서 고발인은 부당함을 보복하기 전에 충동에 따른 단기적 보복은 달콤할 수 있으나 장기적으로는 씁쓸한 뒷맛을 남길 수도 있다는 것을 명심해야 한다.

추가적으로 고발인은 오직 사실에 근거해서 청원하도록 조심할 필요가 있다. 만일 고발인의 청원이 과장되었거나 사실이 아니라면 명예훼손죄로 고발당할 수 있다.

② 명성의 유지

컴퓨터공학을 전공하는 모든 학생이 로봇과 같은 성격을 가지지 않는다는 것을 알고 있다. 그럼에도 불구하고 특화된 자료를 쉽게 이용할 수 없다면, 한 집단의 사람들은 그들이 근무했던 회사에 근거해 판단하는 것이 일반적이다.

사업장에서 종업원들도 역시 그들의 명성이 그들과 같이 있는 집단의 몇몇 부정행위자의 비행으로 오염될 수 있음을 걱정한다. 적지 않은 사람들이 실제로 연좌제를 피하기 위해서 조직의 비행을 보고한다. 이들은 후에 다른 사람들의 비행으로 비난받을 것을 미연에 방지하기 위해서 방어적인 행동을 취한다고 말한다.

③ 이타심

고발인들은 때로는 그들의 행동이 동료들의 반감을 사고, 그들의 경력관리에 불리한 영향을 주고, 심지어는 그들의 생계가 위협받음을 잘 알고 있지만 다른 사람들을 위해서 행동을 취하기도 한다. 때로는 엄청난 희생을 수반함에도 불구하고 그리고 자기에게 닥쳐올 큰 위험에도 불구하고 기꺼이 다른 사람들의 이익을 위해서 고발하는지가 궁금하기는 하다. 한 고발인이 다음과 같이 언급하고 있다.

> 우리는 밀고자가 아닙니다. 우리는 단지 큰 그림을 보고 있습니다. 우리는 세상의 모든 잘못을 고치려고 하지는 않습니다. … 모든 고발인들은 몇몇 사람에게 좋은 것을 많은 사람들에게 좋은 것과 비교합니다. 나는 모든 사람들의 모든 작은 실수까지 고자질하러 돌아다니지 않습니다. 나도 역시 완전하지 않습니다. 내 생애에서 많은 것을 했고, 거짓말로 속이기도, 훔치기도, 심지어 법을 어기기도 했습니다. 그러나 내가 하는 것을 거부한다면, 이는 내 자신의 개인적 이익을 위해 사회전체를 해치는 것입니다.

Martin Luther King Jr.은 통렬하게도 이와 비슷한 말을 했다. '문제가 있는 것에 대해 침묵할 때 우리의 생명은 끝나기 시작한다.'

④ 재무적 이득

처음에는 대부분의 외부고발인들은 잘못된 행위를 고치려는 동기에서 시작한다. 재무적 이득을 보기 위해 행동하지 않는다. 즉 시작할 때는 대부분의 외부고발은 통상 재무적 이익을 가장 중요하지 않은 동기로 꼽는다. 그러나 시간이 지나면서 일부 외부에 고발한 사람들은 대가를 받을 수 있다는 가능성이 그들의 머뭇거림에서 벗어나도록 하는 데 도움이 된다.

우리나라에서도 법률에 외부고발인에게 일정 대가를 지급하는 법이 존재하고 또한 그 금액도 상당히 늘어나고 있다. 우리나라의 주식회사 등의 외부감사에 관한 법률(외감법)과 그 시행령을 살펴보면 다음과 같다.

〈주식회사 등의 외부감사에 관한 법률〉(제28조)
회사 및 감사인의 부정행위는 다음과 같다.

① 내부회계관리제도에 위배된 회계정보 작성 및 위조 · 변조 · 훼손 또는 파기
② 회사가 회계처리기준을 위반하여 재무제표를 작성한 행위
③ 감사인(소속 공인회계사 포함)이 감사대상회사의 재무제표를 대리작성하거나 회사가 감사인에게 대리작성을 요구한 행위
④ 감사인이 회계감사기준에 따라 감사를 실시하지 아니하거나 거짓으로 감사보고서를 작성한 행위
⑤ 기타 회계정보를 거짓으로 작성하거나 사실을 감춘 행위

증권선물위원회는 신고가 회사의 회계정보와 관련하여 해당 사항을 적발하거나 그에 따른 조치를 하는 데 도움이 되었다고 인정하면 신고자에게 포상금을 지급할 수 있다.

〈시행령〉(제33조)
증권선물위원회는 신고행위를 위반행위로 의결한 날부터 4개월 이내(특별한 사정이 있는 경우를 제외)에 10억원의 범위에서 신고된 위반행위의 중요도와 위반행위의 적발 또는 그에 따른 조치 등에 대한 기여도 등을 고려하여 포상금의 지급여부 및 지급액 등을 심의 · 의결하여야 한다. 이 경우 금융위원회는 그 심의 · 의결일부터 1개월 이내에 포상금을 지급한다. 포상금 지급기준 등 포상금 지급에 필요한 사항은 금융위원회가 정한다.

(2) 내부고발인의 역경과 보호

1) 고발의 불리한 면

많은 회사에는 부정행위를 보고할 가능성이 있는 내부고발인을 의심하고 식별하는 표준각본이 있다. '고발인 혐의를 매우 심각히 다룰 것처럼 가장하라. 고발인을 해고하라.' 불행하게도 매우 많은 근시안적 기업들이 고발인을 특별히 다루고 있다.

사회발전을 위해 행동하는 고발인은 비난이 아니라 칭찬을 받을 자격이 있다. 그러나 현실에서는 불행하게도 고발인은 자주 그들의 행위로 인해 엄청난 대가를 지급해야 한다. 많은 고발인들이 고발 후에 근무처에서 무시되고 별다르게 취급되었다. 그리고 고발인들은 승진과 임금인상이 거부되었고, 심지어 재산상 피해를 입기도 했다.

고발인이 되는 결과가 심각한 경우도 있다. 예를 들면, 담배회사의 한 임원은 용감하게 대형 방송사의 면담에서 그의 회사가 흡연의 위험을 숨겼고 또한 흡연에 더 중독되도록 의도적으로 재료를 변경했음을 밝혔다. 전폭적인 지지를 얻는 대신 그는 죽인다는 위협을 받았고, 심지어는 그의 편지함에서 날카로운 칼이 발견되어 놀란 그의 아내와 아이들은 잠시 대피해야만 했다. 또한 기업의 거짓투자를 금융당국에 고발했던 한 직원은 가족의 안전을 걱정해야만 하는 악몽 같은 시간을 보냈어야 했다.

정보제공자가 큰 보복을 피한다 해도 그들은 자주 교묘한 방법으로 피해를 입고 있다. 좋은 프로젝트가 다른 사람에게 배정되고, 임금인상은 사막의 뜨거운 태양 아래 고드름같이 사라질지도 모른다. 동료들은 가족모임에서 지독한 향을 풍기는 아저씨를 피하듯 고발인을 피할지도 모른다. 일부 고발인들이 겪는 역경에도 불구하고 어떤 사람들은 그와 같은 행동을 하는 것을 꺼리지 않는다. 그들은 다음과 같이 자신의 철학을 표현할 수 있을 것이다.

고발하는 것은 어느 날 혼수상태로부터 깨어나서 가장 아름다운 노래를 듣는 것과 같다. 당신이 춤을 추고 싶은데 당신 주위에 있는 사람들은 아직도 잠을 자고 있어 파트너를 구할 수 없다. 그들은 노래를 듣지 않는다. 당신은 다른 사람들이 전에 걸은 적이 없는 길을 걷고 있음을 알고 있다. 당신의 유일한 무기는 당신 자신의 인내, 창조력, 그리고 정신력이다.

고발인이 되는 것은 내 삶에 의미를 부여했다. … 내가 나의 삶 여정에서 입증한 부패와 사악한 것에도 불구하고 나는 계속해서 춤을 출 것이다.

〈사례〉 방관자 효과

도서관에서 공부하고 있는 도중 갑자기 숨을 쉬기 어려워 도움을 요청했다. 당신은 거기에 구조자가 될 수 있는 사람이 1명 또는 5명 있는 것 중 어느 것을 선호하는가?

다양한 연구에서 위급상황에 도움을 받을 확률은 주위에 있는 사람의 수가 증가할수록 감소한다고 보고하고 있다. 심리학자들은 이를 방관자 효과(bystander effect)라고 부른다. 보다 큰 집단에서는 책임감의 분산이 발생해서 행동에 옮기지 않게 유도하기 때문이라고 말한다. 또한 구조할 수 있는 사람도 지난 후에 지나치게 행동했다고 동료들이 조롱할 위험을 회피하기 위해 애매한 상황에서는 행동에 옮기는 것을 꺼린다.

이와 동일한 현상이 시정조치를 필요로 하는 역기능적 또는 해로운 행위로 인하여 급히 동료들에게 도움을 요청하는 기업에서도 나타난다. 그러나 이를 목격한 개인은 혼자든 아니면 여럿 중의 한 명이든지 언제나 앞으로 나와 문제를 제기하여야 한다.

2) 기업의 보복방법

일부 기업은 다음과 같은 방법으로 법을 피해가면서 고발인을 보복하기도 한다.

① 핑계보복

만일 고용인이 거짓 이유를 들어 고발인을 해고한다면, 이는 법을 어기는 것이다. 예를 들면, 고용인이 한 달에 세 번이나 지각했기 때문에 정당하게 고발인을 해고했다고 주장한다고 가정해 보자. 만일 이 고발인이 그와 비슷하게 시간을 지키지 못했던 다른 종업원은 해고되지 않았다는 것을 보여줄 수 있다면, 그는 보복의 희생자로서 입은 손해를 복구할 자격을 갖추게 된다.

② 기타 이유로 보복

만일 고발인이 썩 좋지 않은 업무성과를 보이고 있다면, 고용인의 보복행위가 고발인의 성과 때문인지 아니면 고발 때문인지 구분하기 어려울 것이다. 다행히도 법에서는 일반적으로 고발인의 성과가 뛰어나지 않을지라도 종업원에게 유리한 판단을 하고 있다. 예를 들면, 고발인은 단지 고발행위가 고용인의 행위를 촉발시킨 여러 원인 중의 하나임을 증명하기만 하면 된다. 한편, 고용인은 고발행위가 없었더라도 종업원에 대해 동일한 조치를 취했을 것임을 증명해야만 하는 어려운 임무를 지게 된다.

③ 부적절한 비폭로서약을 이용

종업원은 회사의 비행을 공개적으로 폭로해야 하지만 회사의 규칙과 계약에 따라 회사의 비밀정보를 노출하는 것이 금지되어 있을 때 딜레마에 빠지게 된다. 예를 들면, 기업의 윤리규정에 '종업원은 회사의 비공개정보를 은밀하고 안전하게 지켜야 한다'라는 조항이 있기도 하다.

종업원이 공개하는 것을 꺼리지 않도록 보장하기 위해서 고발인이 회사의 부정을 감독당국의 담당자에게 직접 제기하는 것을 금지하는 어떤 행위도 불법이라고 본다. 따라서 이를 어기게 되면 고용인은 형사처벌을 받게 된다.

〈사례〉 비폭로규정

회사의 규정에 따르면 모든 매니저는 회계부정을 발견하면 이를 상관이나 CFO에게 보고해야 한다. 회사 외부에 공표하는 것은 오직 회사가 50일 이내에 보고된 부정에 대해 조치를 취하지 않는 경우에만 허용된다.

회계부서 매니저인 당신은 회사가 연말에 비용처리를 늦춤으로써 이익을 상향조정하고 있음을 알게 되었다. 당신이 이 정보를 감독기관에 알린다면, 당신은 해고될 위험에 처하게 되는가?

풀이

아니다. 고용인은 근로계약이나 비밀유지규정에 근거하여 종업원이 회계위반 사례를 감독당국에 공지하는 것을 금지할 수 없다.

고용인의 보복과는 반대로 오히려 종업원이 자신의 능력부족으로 해고될 위험에 처했을 때 해고되는 것을 막으려고 고발청원을 하려는 유혹에 빠질 수도 있다. 이와 같이 기발하고 비윤리적으로 고발제도를 이용하려는 것을 방지하기 위해서 법에서는 고발인이 고용인이 비행을 하고 있다는 심리적인 믿음이 있는 경우에만 정보제공자를 보호한다. 따라서 만일 종업원이 경솔한 고발을 한 경우에는 정당한 고발인에게 허용된 보호를 받지 못하게 된다.

3) 내부고발인의 보호

내부고발을 촉진시키기 위해서 고발인들이 당할 수 있는 보복으로부터 보호하기 위해서 법적으로 다양한 제도가 준비되어 있고, 경제적으로 당할 수 있는 불이익을 보상하기 위해 고발에 대한 보상금을 인상하기도 하였다.

① 법적인 보호제도

놀랄 것도 없이 고발을 꺼리는 가장 큰 문제점은 고발로 인한 처벌의 두려움이다. 사업장의 비리를 목격한 대부분의 사람들은 그 상황을 고치기를 원하지만 그들의 생계를 걱정한다.

이러한 걱정을 완화하기 위해 오래전부터 사적 또는 공적 영역에서 일하는 종업원들이 대중의 안전을 해치는 문제에 대해 자유롭게 말할 수 있도록 그들을 보호하는 법이 제정되어 왔다. 특히 최근 다양한 회계스캔들과 금융위기를 겪으면서 강력한 법이 제정되어 회계사기나 다른 증권거래법 위반에 관련된 정보를 제공하는 사람들의 보호를 강화하고 있다.

고발인 보호법은 고발인의 염려가 정당하다는 믿음이 진정성이 있고 합리적인 근거가 있는 한, 고발이 잘못되었더라도 고발인을 보호하고 있다. 그렇지 않고 만일 고용자가 잘못 고발한 종업원을 처벌한다면, 의욕상실효과(chilling effect)로 종업원들은 고발하지 않게 될 것이다.

고발인 보호를 위한 우리나라의 상황을 보고하고 있는 한 기사를 살펴보자.

우리나라에서는 기업 내 내부고발이 사회영역보다 활발하지 않다. 글로벌 회계 컨설팅 법인 EY가 지난해 5월에 발표한 '2017 아시아태평양 부정부패 설문조사'에 따르면, 2016년 11월부터 2017년 2월까지 한국, 중국, 일본, 호주, 말레이시아, 필리핀 등 아시아태평양 지역 14개국에서 근무하는 기업의 임직원 1,700여명을 대상으로 실시한 설문에서 한국응답자의 61%가 '내부고발 핫라인'을 사용하지 않겠다'고 답했다. 이는 아태지역 평균인 37%를 크게 웃돌고 일본(42%), 중국(40%) 등보다도 월등히 높은 수준이다.

내부고발 핫라인을 신뢰하지 않는 이유는 자신의 제보 사실이 비밀로 유지된다는 확신이 없고, 내부고발인을 보호하기 위한 법적 장치가 불충분하다는 생각이 48%나 됐다.

우리나라의 외감법에서는 고발인을 다음과 같이 보호하고 있다.

〈주식회사 등의 외부감사에 관한 법률〉(제28조 부정행위 신고자의 보호)

① 신고자를 감면할 수 있다.*

② 신고 또는 고지를 받은 자는 신고자 등의 신분 등에 관한 비밀을 유지하여야 한다.

③ 해당 회사(해당 회사의 임직원을 포함)는 그 신고 또는 고지와 관련하여 직접 또는 간접적인 방법으로 신고자 등에게 불이익한 대우를 해서는 아니 된다.

④ 불이익한 대우로 신고자 등에게 손해를 발생하게 한 회사와 해당 회사의 임직원은 연대하여 신고자 등에게 손해를 배상할 책임이 있다.

* 시행령 제32조(신고자 등에 대한 조치의 감면) : 신고자 등이 신고하거나 고지한 위반행위의 주도적 역할을 하지 아니하였고, 다른 관련자들에게 이를 강요한 사실이 없고 조사에 적극적으로 협조하면 감면할 수 있도록 하였다.

위에서 보듯이 만일 고용인이 고발한 종업원에게 보복하면, 이에 합당한 처벌을 받게 된다. 많은 기업들은 그들의 윤리강령에 보복을 금지하는 정책을 채택하고 있다.

② 내부고발에 대한 보상의 확대

우리나라가 2018년에 실시한 획기적인 회계개혁의 일환으로 회계부정의 신고제도가 대폭 강화되었고, 이에 근거하여 보상금도 건당 최대 10억원까지로 상향조정되었다. 이에 관련된 기사를 살펴보자.

금융위원회 공정시장과와 금융감독원 회계조사국은 공동으로 2020년 2월 8일 회계부정 적발에 크게 기여하고 있는 회계부정신고 포상금 제도를 적극 활용하기 바라는 보도를 내었다. 회계분식은 수많은 투자자, 채권자 등에 피해를 끼칠 뿐만 아니라 국가신뢰도를 저하시킬 수도 있는 점을 감안하여 회계투명성을 높이고자 포상금 제도를 도입했다고 한다.

2020년 중 금융감독원에 접수된 회계부정행위 신고는 모두 72건(2019년 : 64건)으로 전년 대비 12.5% 증가하였고 이 중 17건은 익명신고로 회계부정 익명신고제도 도입(2020년 3월)이 회계부정신고 활성화에 일정 부분 기여한 것으로 판단되었다고 분석했다.

금융위원회는 회사의 회계부정행위를 신고한 제보자에 대하여 2020년도 중 총 4억 840만원(12명, 1인당 평균 3,403만원)의 포상금을 지급하였고, 이는 전년 내비 2억 8,900만원 증가(242%↑)했다.

회계부정행위 신고와 관련하여 상장회사는 금융감독원, 비상장회사는 한국공인회계사회에서 제보를 접수하고 있다.

(출처 : 회계부정 내부고발의 선과 악, 작성자 스카이어)

일반 경제학자들은 서비스의 가격이 상승하면, 공급은 증가하고 소비는 감소한다고 말한다. 즉 보상이 증가하면 행동을 원하는 방향으로 이끌어 낼 수 있다고 본다. 그러나 이타주의는 표준 경제학이 아니다. 사례를 들어보자.

〈사례〉 이타주의 경제학

(1) 혈액을 필요로 하는 의료기관에서 기증자들에게 현금을 지급하기로 하자 기증자의 수가 증가하지 않고 감소했다. 분명히 많은 사람들은 선을 행하는 것에서 즐거움을 느끼기 때문에 기꺼이 선행을 할 용의가 있다. 그러나 본질적으로 이타심에서 나온 행동을 단순한 금전적 거래로 바꾸는 것은 많은

기증자들을 그만두게 만든다.
(2) 위의 (1)과 유사한 예상 밖의 효과가 유아원에서도 발견되었다. 유아원의 부모들에게 아이들을 정해진 시간에 데려갈 것을 요구했을 때에는 거의 모든 부모들이 자기 아이들을 정해진 시간에 데려갔다. 그러나 그 유아원이 아이를 늦게 데려가는 경우에 벌금을 매기기 시작하자 많은 부모들은 늦지 않는 것이 윤리적 의무라기보다는 서비스에 대한 대가로 생각하게 되었다. 이에 따라 더 많은 부모들이 늦게 나타났다.
(3) 동일한 현상이 회계실무에서도 관찰되었다. 예를 들면, 한창 바쁜 시기에 회계부서의 한 동료가 아파서 갑자기 자리를 비우게 되자 다른 사람에게 추가근무를 하면 약간의 수당을 추가로 지급하겠다고 제안했다. 그러자 제안을 받은 공인회계사는 그 대가로 인해 모욕을 당했다고 느꼈다. 그들이 회사를 위해서 일하는 동기는 조직문화와 전문가정신에서 나온 것이지 조그마한 대가를 받기 위한 것이 아니라는 것이다. 돈이 말할 때도 있지만, 때로는 이타심의 동기가 더욱 크게 말한다.

(3) 내부고발제도의 운용

1) 내부고발제도의 활용과 권장

내부고발은 성공하지 못할 가능성도 있고 또한 고발인으로서는 불이익을 당할 위험도 있다. 따라서 내부고발인은 고발을 매우 신중히 접근할 필요가 있다. 다음과 같은 점검사항은 고발인이 고발할지 여부를 결정하는 데 도움이 될 것이다([그림 1]을 참조).

- 조직 내에서 비행을 식별했는가?
- 주장을 증명할 적절한 증거를 가지고 있는가? 그렇지 않다면, 다른 누군가가 이러한 증거의 수집에 협력하고 공동고발인으로 행동할 수 있을까?
- 고발이 비행을 바로잡는 데 도움이 될 것 같은가?
- 이러한 비행을 바로잡는 것이 행동할 만큼 충분히 중요한가?
- 행동에 대한 보상으로 어떤 재무적 대가나 다른 혜택을 받을 수 있는가?
- 회사나 동료들이 보복할 위험은 무엇인가? 법으로 보호받을 수 있을까?

• 보복위험이 수용할 수 없을 정도로 크다면, 내가 행동에 옮기지 않을 때 다른 사람이 행동할 것 같은가?
• 보복행위가 성공할 가능성을 최소화하기 위해 내가 무엇을 할 수 있을까? 이를 내부에 고발해야 할까? 아니면, 외부에 고발해야 할까?

[그림 1] 고발해야 할까?

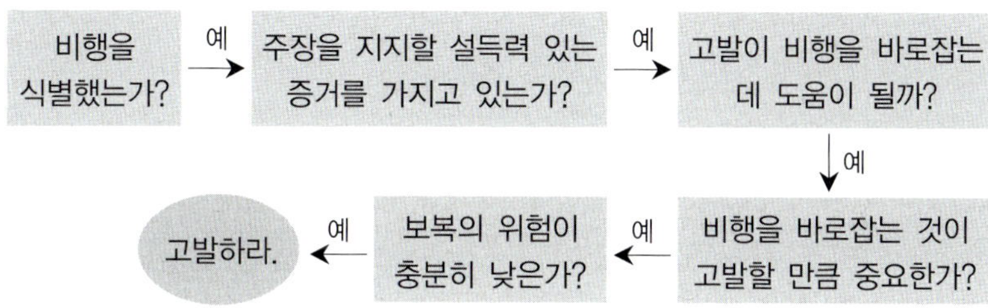

* 추가로 고발에 대한 대가를 충분히 받을 수 있는지도 고려할 수 있겠다.

한편, 내부고발제도는 기업 내에서 비행(회계사기 포함)을 방지하고 혹시 비행이 있는 경우에는 이를 밝혀내는 데 큰 도움이 되므로 내부고발을 촉진하는 것이 바람직하다. 전문가들은 다음 제안을 실행하면 종업원들이 내부고발에 적극 참여하도록 권장하는 데 도움이 될 것이라고 말한다.

① 종업원이 거리낌 없이 말하는 것을 권장하는 문화를 정착시켜라. 예를 들면, CEO가 정기적으로 종업원에게 편지를 쓰고 윤리적 행위의 중요성을 일깨우도록 해야 한다.
② 모든 종업원의 제안, 불만 및 비행보고서에 시기적절하게 응답하라.
③ 업적평가에 윤리적 가치를 반영하라. 윤리적으로 행동하다 보면 경영자들이 때로는 단기이익을 창출할 수 있는 기회를 포기해야만 하는 경우도 생긴다. 이때 윤리적 행위를 보상하면, 종업원이 회사의 영업권과 장기적 수익성을 강화하는 행동을 하게 될 것이다.

④ 종업원의 제안과 고발에 대해 감사한다는 것을 확인시켜라. 종업원이 제안하고 비리를 밝히는 것은 비난이 아니라 칭찬을 받아야 함을 확인시켜야 한다.

⑤ 종업원에게 고발이 친구나 동료들에게 신의 없는 행동을 하는 것이 아님을 주지시켜라. 종업원은 고발이 회사를 배반하거나 동료의 생활에 피해를 줄 것을 걱정하기 때문이다.

⑥ 많은 경우에 고발인은 개인과 그들이 사랑하는 조직의 희생으로 공정과 정의와 같은 다소간 형체 없는 사회적 가치를 지키려는 동기에서 행동한다. 이는 특히 회계전문가의 경우에 그렇다. 회계전문가가 창출하는 사회적 가치는 금융시장이 효율적으로 기능하도록 정확한 정보를 제공하는 것이다. 따라서 공익을 위해 행동하는 것은 배반이 아니라 용감한 행동임을 지속적으로 상기시켜야 한다.

2) 추가 고려사항

① 고발의 사회문화적 측면

사회문화적 요인은 고발인의 행위에 상당한 영향을 미치는 것으로 나타났다. 사회문화에 따라 부정행위를 나쁘게 보는 정도와 고발인에 대한 인식도 다르다고 본다.

이러한 차이는 사회의 개인주의 정도에 따라 달라진다고 해석한다. 개인주의가 강한 나라는 학생들로 하여금 보다 좋은 성적과 경력을 위해 서로 간 경쟁을 하도록 부추긴다. 반면, 어떤 나라는 좀 더 집단문화의 성향이 있다. 또한 어떤 나라는 역사적으로 학생들이 경찰과 사법체계에 상당히 반감을 가지고 있다. 따라서 이러한 문화의 학생들이 고발인을 경멸하고 있음은 이해할 만하다.

우리나라도 전통적으로 혈연과 학연을 매우 중요시하기 때문에 집단문화의 경향이 강했었다. 이에 따라 회계분야에서도 투명성이 매우 낮은 수준으로 평가받고 있음에도 불구하고 내부고발이 활성화되고 있지 못하는 현실이다. 그러나 근래에 들어서 우리나라, 특히 젊은 세대들 사이에서 개인주의가 점차 확대되고 공정에 대한 관심이 증가하면서 내부고발도 좀 더 활발히 이루어질 가능성이 높아졌다. 즉 변절자, 배반자 등의 비난을 받더라도 옳은 것을 지키겠다는 경향이 강해지고 있다.

② 고발의 생물학적 측면

어떤 종의 생물은 생물학적으로 다른 편의 선을 위해 스스로 위험에 처하는 것을 마다하지 않도록 프로그램되어 있다. 그러한 생물의 구성원들은 본능적으로 고발인이 될 수 있다. 예를 들면, 긴꼬리원숭이는 포식자가 접근하면 자신은 포식자에게 노출되어 위험에 처할 줄을 알고 있음에도 불구하고 소리를 크게 질러 동료들에게 경고한다. 이러한 긴꼬리원숭이는 전통적인 이타적 고발인, 즉 타인의 선을 위하여 자신의 안녕을 희생시키는 동물이다.

아마도 좀 더 중요한 것은 '인간은 태생부터 이타적으로 행동하도록 미리 예정된 것인가? 아니면, 부모의 교육과 사회적 규범을 통해 육성되는 것인가?'라는 질문이다. 한 연구에서 잘 모르는 어른이 필기구를 땅에 떨어뜨리고 이를 주울 수 없는 환경을 조성한 다음, 18개월이 된 어린아이가 어떻게 행동하는지 관찰했다. 비록 아이에게 어떤 대가를 지급하지 않았음에도 불구하고 그 아이는 본능적으로 도움이 필요한 어른을 도우려고 즉시 반응했다. 이에 근거하여 연구자는 이타주의가 사회화과정에서 강화되긴 하지만 인간의 이타심은 본능적인 현상이라고 결론지었다.

인간 이타심의 생물학적 뿌리는 뇌과학자들에 의해 실험실에서도 확인되었다. 그들은 다른 사람들의 이익을 위해서 자기를 희생할 때 뇌의 즐거움을 나타내는 부분이 반응하고 있음을 밝히고 있다. 따라서 앞으로 당신이 기부금을 낼 때 또는 노쇠한 분을 위해 문을 열어 줄 때 다른 사람들이 당신의 너그러움에 감동한다고 말하겠지만, 실제로는 이 행위는 당신에게 큰 즐거움을 줄 것이다.

(4) 외부감사인의 고발

1) 고객의 부정행위를 고발

감사인은 서비스를 제공하는 과정에서 때때로 그들의 고객이 비윤리적 또는 불법적인 행위를 하고 있는 증거를 발견할 수 있다. 이럴 경우 감사인은 다른 사람에게 고객의 부정행위를 보고할 권리 또는 의무를 가지게 되는가? 아니면, 침묵해야 하는가?

재무제표감사는 기본적으로 중요성의 관점에서 재무제표가 공정하게 작성되었는지에 대해 감사인의 의견을 표명하는 것이다. 이때 재무제표의 왜곡표시가 오류로 인하여 발생한 것이든 아니면 부정으로 인해 발생한 것이든 구분하지 않는다. 문제는 재무제표의 중요한 왜곡표시가 부정으로 인한 것이라면 적발하기가 어렵다는 것이다. 따라서 감사인은 전문가적 의구심의 자세로 부정으로 인한 왜곡표시의 가능성을 신중히 점검하게 된다.

부정의 의혹을 발견하면, 경영진이나 기업지배기구에 이를 통보하여야 할 것이다. 그러나 규제기관에 이를 통보할 것인가는 감사인의 비밀유지의무와 상충되기 때문에 신중을 기하여야 한다.

이에 대한 국제적인 관점도 다양하다. 실제로 어느 경우에 회계전문가가 불법행위를 밝히는 데서 오는 효용이 고객의 비밀유지를 의무를 지키는 효용을 능가할지에 대한 논란이 있어왔다. 비밀유지의 약속은 신성하다는 의견이 있는 반면, 회계전문가는 의심되는 부정을 보고해야 하지만 의무는 아니라는 의견에서 의심되는 부정은 반드시 보고해야 한다는 의견까지 다양하다. 더욱이 의무적으로 보고해야 한다는 의견 중에서도 모든 행위를 공시해야 하는지 아니면 특정한 종류의 불법행위만을 알려야 하는지에 대해서도 다양한 의견이 있다.

예를 들면, 어떤 나라에서는 사기죄가 존재하거나 회사의 임직원이 범했다고 믿을 만한 이유가 있다면 감사인은 이를 정부기관에 보고하도록 요구하고 있다. 그러나 어떤 사람들은 사기뿐만 아니라 모든 불법행위를 포함해야 한다고 주장한다. 이러한 주장을 하는 사람들은 많은 나라에서 정신과의사와 환자 간의 논의는 반드시 비밀로 유지되어야 한다고 강력히 규제하지만 환자가 매우 위험하다면 정신과의사는 이를 경찰과 범행대상에게 통보할 의무를 부여하고 있음을 지적한다. 이와 비슷하게 운전하기에 안전하지 못할 환자가 있으면 담당의사는 이를 환자에게 알려주어야 할 의무가 있을 뿐만 아니라 이러한 위험을 교통당국에 통보하지 않았을 경우 그 환자로 인해 발생한 피해를 책임지도록 하고 있다.

각 국가의 법 그리고 국제적인 회계전문가의 의견 간에도 상당한 차이가 존재하기 때문에 이러한 차이를 메울 수 있는 어떤 통일된 합의점이 도출될 것 같지는 않다.

우리나라의 경우 공인회계사 윤리기준에 따르면, 법규에서 정보공개가 허용되거나 고객의 동의를 얻은 경우를 제외하고도 정보공개에 대해서 전문가적 권리와 의무가 있는 경우로 매우 한정적으로 다음과 같은 상황을 들고 있다.

① 한국공인회계사회 또는 감독기관의 품질관리 감리의무를 준수하거나 질의 또는 조사에 응하기 위한 경우

② 소송에서 공인회계사의 직업상의 이해관계를 보호하기 위한 경우 등

또한 정보의 공개여부를 결정할 때 정보공개가 제3자를 포함한 모든 이해관계자의 이익에 나쁜 영향을 미치게 되는지 여부, 모든 관련정보가 실제적으로 알려져 있고 입증될 수 있는지 여부 등을 고려하도록 요구하고 있다.

한편, 외감법에서는 다음과 같이 규정하고 있다.

- 감사인은 그 직무상 알게 된 비밀을 누설하거나 부당한 목적을 위하여 이용해서는 아니 된다(제20조).
- 감사인 직무를 수행할 때 이사의 직무수행에 관하여 부정행위 또는 법령이나 정관에 위반되는 중대한 사실을 발견하면 감사 또는 감사위원회에 통보하고 주주총회에 보고하여야 한다. 또한 감사인은 회사가 회계처리 등에 관하여 회계처리기준을 위반한 사실을 발견하면 감사 또는 감사위원회에 통보하여야 한다. 감사 또는 감사위원회는 제3항에 따른 조사결과 및 회사의 시정조치 결과 등을 즉시 증권선물위원회와 감사인에게 제출하여야 한다. … 감사인은 이사의 직무수행에 관하여 부정행위 또는 법령에 위반되는 중대한 사실을 발견하거나 감사 또는 감사위원회로부터 이러한 사실을 통보받은 경우에는 증권선물위원회에 보고하여야 한다(제22조).

2) 소속된 회계법인의 부정행위를 고발

비록 감사인은 고객의 부정행위를 누설할 수 없는 것이 일반적이지만 자신이 속한 회계법인의 부정행위를 감독기관에 고발하는 경우에는 적절한 보상을 받게 된다. 이러한 부정행위에는 내부거래, 독립성 결여, 그리고 다른 회계감사기준의 위배 등과 같은 사안을 포함한다. 감독당국은 감사인들에게 자신이 소속된 회계법인의 부정행위를 고발하도록 하는 것이 필수적이라고 보는데, 증권시장에서 공인회계사들의 수문장 역할은 매우 중요하기 때문이다.

종합사례 내부고발의 종합적 검토

〈사례〉 내부고발 종합사례

천부(주)는 30대 상장기업에 속하는 기업으로 동관을 제조하고 있다. 제조공장은 시내 중심부에 있고, 부산물을 도시 하수시스템에 배출하고 있다. 시당국에서는 천부(주)에 일정량의 부산물을 배출하도록 허용해 주고 있는데, 40년 전에 설립된 천부(주)의 공장에서는 실제로 허용된 배출량의 두 배가량을 매일 하수시스템에 배출하고 있다. 배출하는 부산물은 물속 생물에는 유독성이 있지만 사람에게는 거의 문제가 되지 않는다.

이 부장은 공인회계사로 이 제조공장에서 원가계산을 담당하고 있다. 업무를 수행하는 과정에서 그는 회사가 시당국의 규제를 위반하고 있으며, 실제로 환경오염문제가 있음을 인지하게 되었다. 그는 공장장과 면담을 하고 그가 가진 우려를 전달했다. 공장장은 그에게 세 가지를 말해주었다 : ① 공장은 조만간 다른 기업에 매각할 예정임, ② 천부(주)는 시의 외곽에 환경오염이 없는 새로운 공장을 설립할 예정임, 그리고 ③ 시당국의 검사관은 현재의 오염상태를 인지하고 있지 않음. 또한 공장장은 '별거 아니야. 어떤 사람도 해를 입지 않지. 풍파를 일으키지 마. 우리는 2년 이내에 이 도시에서 떠날 거야'라고 말했다.

이 부장은 회사, 주주 그리고 대중에 대한 그의 책임을 통감하고 있다. 또한 그는 '누구도 내부고발인을 좋아하지 않는다'는 현재의 상황을 주시하고 있다. 더욱이 만일 그가 내부고발을 실천에 옮긴다면, 가족들이 입을 피해도 염려가 된다. 또한 다른 공인회계사들에 대한 책임도 생각해 볼 문제다.

공장장과 면담을 하고 며칠이 지난 후 이 부장은 회사가 새로운 대외협력팀을 신설하고 '환경을 최우선으로 하는 기업'이란 이미지를 선전하기 시작했음을 알게 되었다. 이로써 그는 더욱 화가 났다.

〈검토〉

간단한 형태의 고발은 대부분 윤리적으로 정당하다. 만일 도둑이 연세가 많은 노인의 핸드백을 훔칠 때 근처에 있는 경찰관에게 알리려고 소리를 질렀다면(whistle blowing, 호각을 불음), 모두가 이러한 유형의 고발은 윤리적으로 정당하다고 여길 것이다. 사실 이러한 형태의 고발은 칭찬받아 마땅한 것이고, 그에 대해 보상금을 지급할 만하다.

취약한 사람들의 욕구에 부응하지 않는 행위는 윤리적으로 문제가 있다고 본다. 여인이 성희롱을 당하고 있을 때 주위에 10여 명의 사람들이 있었지만 아무런 조치를 취하지 않았다고 하자. 일반적으로 태만의 법칙(law of negligence)이 이를 설명하는데, 다른 사람들을 돕는 의무는 그 사람들과의 관계에 달려 있다는 것이다. 부모님은 그들의 아이들을 내버려둘 수 없다. 교통사고로 다친 사람을 내버려두고 술 마시러 갈 수는 없다. 당신은 법적으로나 윤리적으로나 약속과 계약을 지킬 의무가 있다.

그러나 이방인 또는 알지 못하는 사람들에게는 우리는 어떤 종류의 의무를 지는가? 공인회계사는 전문가라는 지위 때문에 특별한 의무를 지는가? 인격이 없는 기업이나 국가단체에도 충성해야 하는가? 여인이 희롱당하고 있을 때 우리가 할 수 있는 일은 분명하고 당연한 것처럼 보인다. 우리가 호각을 불지 않으면 성희롱자는 여인을 괴롭히고 빠져나갈 뿐만 아니라 앞으로 다른 여인들을 괴롭힐 것이다. 그러나 사업의 세계에서는 선택은 즉각적이지 않고 이를 합리화하는 것이 쉽지 않다.

위의 사례에서 이 부장에게는 어렵지만 다양한 선택지가 주어진다. 어떤 선택은 매우 분명하다. 그는 이무런 말도 하지 않고 아무런 행동을 취하지 않는 것이다. 그는 주어진 환경오염 정보를 깔아뭉개고 앉아서 시당국이 이를 적발하기를 바랄 수 있다. 또는 언론사에 전화를 걸고 미디어를 통해서 회사가 상당한 오염물질을 방출하고 있고 그가 회사 내부에서 이를 바꾸려고 노력했지만 성공하지 못했기 때문에 이렇게 할 수밖에 없음을 알릴 수도 있다.

이러한 양극단 사이에는 다양한 선택이 있을 수 있다. 예를 들면, 공장장과 다시 만나서 또는 회사의 사장에게 만일 배출시스템을 바꾸지 않으면 이를 대중에게 알리겠다고 말할 수 있다. 그러나 본질적으로 이 부장의 윤리적 선택은 매우 단순하다. 즉 고발할 것인가? 아니면, 고발하지 않을 것인가? 그 자신이 환경오염을 끝내는 시도를 하는 행동을 할 것인가? 아니면, 그러한 시도를 그만둘 것인가?

선택은 바로 개인적인 결정으로 귀착된다. 만일 이 부장이 폭로한다면, 그의 배우자와 아이들은 상당한 고통에 직면할지도 모른다. 아마도 이 회사를 떠나야 할 것 같고, 새로운 직장을 구하기도 어려워질 것이다. 동료들이나 상사와 관계가 깨지는 것도 감당하기 쉽지 않다. 누가 미디어에 하루 이상 노출되는 것을 원하겠는가? 이 부장은 평범한 공인회계사이지 영웅이 아니다. 그러나 그는 윤리의식과 사회적 책임을 가진 사람이다. 그에게는 환경오염을 지켜보는 것은 성희롱을 지켜보는 것과 다름이 없다. 이는 실제적인 것이다.

두 가지 기본적인 전제—고발할 것인가? 아니면, 고발하지 않을 것인가?—양쪽 모두 윤리적 정당성을 가진다. 즉 이 사례에는 고려할 만한 윤리적 딜레마가 있음을 제시하고 있다. 그러나 관점에 따라 정당성의 정도는 다를 것이고, 이 사례를 전혀 예상치 못한 방법으로 조명할 수 있을 것이다.

이 사례를 보다 철저히 이해하기 위해서 다음과 같은 방법을 사용해 보자. 첫 단계로 이 사례에 관련된 모든 사실을 상세히 살펴보는 것이다. 이는 앞에서 충분히 다루었다. 두 번째 단계로 이 사례에 관련된 다양한 집단들의 관점을 세심히 살펴보고, 법적 관점과 윤리적 관점을 구분해 보자. 분명히 천부(주)의 모든 담당자들은 지금까지 오직 한 가지, 즉 현상의 유지와 새로운 공장의 설립을 기다리는 목표를 가지고 있다. 이 부장의 관점은 상당히 복잡한데, 이는 옳은 일을 하려는 강한 열망과 자신 및 가족의 안정에 대한 우려가 얽혀 있기 때문이다. 법적으로는 이 부장이 이를 밝히지 않는다 해도 책임을 지지 않을 것이다. 그러나 윤리적으로는 물론 전혀 다른 이야기이다.

세 번째 단계로 이 사례에 내재된 중요한 가치의 충돌을 살펴보자. 첫째, 이 부장은 회사의 정책과 뜻이 맞지 않는다. 둘째, 이 부장은 내적 싸움을 하고 있는데, 이는 고발할 것인가 아니면, 가족을 보호할 것인가의 사이에서 갈등하고 있다. 셋째, 회사의 가치(이익극대화, 회사에 대한 좋은 이미지, 공장을 비싼 값에 팔아 주주를 만족시킴)와 공적가치(환경오염 최소화) 사이에 갈등이 있다. 넷째, 현재와 미래의 이해관계가 충돌한다. 만일 이 부장이 아무 행동도 취하지 않는다면, 현재의 상태는 영원은 아니지만 상당기간 지속될 것이다. 그럼에도 불구하고 이 부장은 결정하지 않으려는 결정 자체가 윤리적 의미를 지닌 윤리적 결정임을 인식해야 한다.

윤리이론에 근거해서 윤리적으로 정당성이 있는 행위를 찾아보자. 이는 네 번째 단계로 우리의 윤리시스템을 살펴보는 데 도움이 될 것이다.

1) 공리론의 입장

행복과 불행, 즐거움과 고통, 또는 선과 악의 사이에 균형을 취할 수 있는 요리책 접근법은 없다. 그러나 잠재적 결과를 평가하여야 할 때 우리는 공리론의 명분을 이용할 수밖에 없다. 이때 우리가 고려해야 할 요인들에는 다음과 같은 것이 있다.

- 이 부장의 개인적 상황, 그 가족의 경제적 상태와 그들의 미래, 성공적인 고발에서 도출될 수 있는 만족감, 고발에 실패했을 때의 부담감
- 천부(주)가 배출시스템을 수리하는 데 드는 추가적인 원가, 그리고 추가원가가

주주, 종업원 그리고 소비자에게 미치는 영향, 회사의 이미지 실추, 진실이 밝혀졌을 때 상위 경영진들이 치러야 할 대가, 환경에 미치는 오염의 정도, 새 공장이 더 좋을 것이라는 사실, 구 공장을 성공적으로 매각함으로써 얻는 이익

- 환경안전, 법규준수, 천부(주)와 다른 기업들에게 미래에 발생할 수 있는 억제 수단으로서 책임을 물음

공리론에서는 미래 행위를 예측해야 한다. 이는 쉽지 않은 작업이지만 회계전문가들은 비교적 이에 익숙한 편이다. 한번 해보자. 만일 이 부장이 직접 언론에 실명으로 폭로한다고 하자. 아마도 그로 인해 그는 처음에는 상당히 언론에서 호의적인 관심을 받게 될 것이다. 천부(주)는 많은 비난을 받을 것이고, 이에 대한 조사가 시작되고 오염행위가 밝혀져 그 문제를 개선할 것을 약속할 것이다. 이 부장은 한직으로 물러나든지 아마도 해고당하게 될 것이다. 그의 가족은 낮은 생활수준과 고발 후에 일반적으로 발생하는 현상인 지역사회에서 신뢰의 실추로 고통받게 될 것이다. 회사는 공장을 시의 외곽으로 이전하고 계속 성장해 나갈 것이다. 물론 이러한 시나리오에는 다른 요소도 추가될 수 있을 것이다.

고려중인 다른 대안에 대해서도 유사한 예측을 할 수 있을 것이다. 재무상태표의 한 쪽에 좋은 결과를, 다른 한 쪽에 나쁜 결과를 표시하면 각 대안에 대해서 윤리자산(좋은 결과)이 윤리부채(나쁜 결과)를 얼마나 초과하는지 볼 수 있다. 어떤 경우에는 부채가 자산을 초과할 수도 있다.

특정 대안은 자연히 다양한 요인에 대해 부여하는 윤리적 가중치에 의해 영향을 받는다. 천부(주)가 시스템 개선행위에서 오는 어려움보다 이 부장 가족의 어려움에 더 높은 가중치를 부여해야 할까? 물속의 작은 생물을 구하는 것이 천부(주)가 부산물을 낮은 원가에 효율적으로 처리하는 것보다 큰가? 이와 유사한 다양한 분석을 검토할 수 있겠다.

특정 행위로 인해 발생할 수 있는 결과들에 대해 윤리적 가중치를 부여하고 이를 합산하는 것이 공리론의 윤리계산법이라고 알려져 있다. 이는 좋은 결과와 나쁜 결과를 균형 잡히게 하고 좋은 결과를 최대화하는 적절한 결정에 도달할 수 있게 한다.

2) 의무론의 입장

의무론에서는 윤리적 명분을 찾을 때 원칙이 결과보다 더 중요하다고 주장한다. 윤리적 논란에 대한 의무론적 접근법은 권리와 의무는 어떤 행위의 결과 때문이 아니라 그 자체로 가치가 있다고 본다는 것이다. 가치는 인용된 원칙으로부터 도출된

다. 가치를 가진 원칙의 원천은 종교나 공동체의 전통에서 찾을 수 있을 것이다.

의무론에서 상당한 지지를 받고 있는 세 원칙인 무해성의 원칙, 신의성실 그리고 공정을 본 사례에 적용해 보자.

무해성의 원칙(non-maleficence, 해를 끼치지 않는 원칙)은 이 부장의 주요 동기이다. 그는 해를 방지하길 원하고 회사가 이미 위험한 방법으로 행동하고 있다고 확신하고 있다. 문제의 긍정적인 측면은 이 부장이 그의 직업에 큰 손해를 끼칠지라도 선을 행하지 않으면 안 된다고 말한다는 것이다. 이는 옳다. 악을 억제하는 것은 윤리적이고 환경오염은 좋다고 말할 수 없다. 회사는 이 부장에게 '풍파를 일으키지 마라(입 닥치라)'라고 명함으로써 이를 암묵적으로 인정했다.

신의성실(fidelity, 약속을 지키는 원칙)도 이 사례에서 중요한 역할을 하는데, 이는 '진실을 말해야 함'이라는 진실성의 의무에서 나오기 때문이다. 이 부장은 특정한 방법, 즉 호각을 부는 방법으로 진실을 말하는 윤리적 의무를 지니는 것 같다. 그는 이것이 옳은 일이라고 거의 확신하고 있다. 그러나 만일 그가 조용히 있다면, 이는 거짓말을 하는 것을 의미하는가? 아무것도 말하지 않는다면, 이는 속이는 것인가? 진실을 말하는 다른 방법이 없는가? 부정적인 결과에 관계없이 언론에 공개하는 것이 진실성을 가장 강력하게 추진하는 것일까?

공정(justice, 각 사람들이 자신의 몫을 받는 원칙)은 사람들이 정당한 대가를 받아야 한다고 요구한다. 기회의 평등, 차별철폐조치 등은 철학자들이나 정책입안자들 사이에서 오랫동안 논쟁의 대상이 되었다. 공정은 분명히 사회적으로 바람직하지만 권리의 충돌을 가져온다. 직업에 대한 나의 열망은 다른 사람들의 직업을 침해한다. 공정에 대한 의문은 윤리적 긴장감을 낳는다. 공정에 따르면 이 부장은 환경오염을 발설해도 절대로 해를 입어서는 안 된다. 그는 혐의가 없고 양심적으로 행동했다. 그러나 그는 회사의 권위에 반역자가 된다. 그는 '입 닥치라'라는 명령을 받았으나 이를 거부한 것이다. 그는 이에 대해 제재를 받아야 하는가? 공정에 따를 때 천부(주)는 시당국의 규정을 위반함으로써 이익을 얻어서는 안 된다. 회사가 오염시켜 놓고 이를 덮고 무난히 넘어갈 수 있다고 믿는 것은 우리의 공정에 대한 감정에 상처가 된다.

이 부장으로 하여금 의사결정(고발)을 고민하게 만드는 것은 회사, 특히 회사의 구성원들에 대한 충성이다. 그는 이들과 상당기간 동안 관계를 가져왔다. 이 의무는 고발인들이 고발을 그만두도록 하거나, 고발행위가 옳음에도 불구하고 사회가 고발인을 학대하는 원인이 되기도 한다.

따라서 우리에게 오염을 고발할 것인지 문제가 남겨져 있다. 의무론은 이 문제에 대해 확실한 답을 주지 않는다. 그러나 이는 대안들의 윤리적 이유를 좀 더 분명히 생각하도록 한다. 궁극적으로 윤리적 의사결정은 주어진 상황에서 윤리적 의무의 가중치에 근거하여 수행되어야 한다.

3) 결론적 관점

고발은 항상 윤리적이고 심리적인 고통을 수반할 것이다. 누군가는 필연적으로 화가 날 것이고, 다른 누군가는 환호할 것이다. 그러나 공리론과 의무론의 차이를 볼 때 덕의 한 측면만 보아서는 안 된다는 것이다. 상식은 행동을 이끄는 나쁜 길이 아니다.

만약 우리 모두가 항상 원칙에 따라 행동한다면, 사소한 법의 위반까지도 끝까지 뒤를 쫓기 때문에 생산성은 서서히 감소할 것이다. 회사에 책임을 묻기 위해서 고발보다 더 좋은 방법은 없을까? 천부(주)가 부산물을 깨끗하게 처리하도록 세금과 같은 다른 유인을 제시할 수 있을까? 이것이 의미하는 바는 이 부장과 같은 사람은 원칙적으로 조용히 있는 것이 낫다고 말하는 것일까? 아니면, 천부(주)와 같은 기업을 징계해야 한다고 말하는 것일까? 비록 윤리적 계산은 매우 어려운 일이지만 지금 이 순간뿐만 아니라 다른 유사한 경우에 대한 선례를 남기기 위해서도 필요하다.

천부(주)의 딜레마에 대한 원칙적 접근은 고발하는 쪽으로 기운다. 만일 이 부장이 보복으로부터 보호될 수 있다면, 그는 양심상 환경오염에 이르도록 한 실태에 대한 정보를 공개하지 않으면 안 된다. 그러나 만일 이 부장이 고통을 받는다면 어떠할까? 공리론자의 우려는 필연적으로 원칙적인 접근에 의문을 제기할 것이다. 그러나 결과에 대해 걱정하는 것이 인간의 본성이다. 어떤 행위를 결정할 때 자연히 예상되는 결과를 바라보게 된다.

이는 고발해야 할지 또는 조용히 있을지에 대한 합리적인 근거를 제시하지 못함을 의미하는가? 상대주의에서 답을 찾을 수 있어 보인다. 만일 이 부장이 입을 다물고 조용히 있다면, 그는 몇 가지 윤리원칙을 위반하는 것이다. 그는 아마도 개인의 이해관계나 회사에 대한 부동의 충성심에서 또는 이미 다른 사람들에게 해를 끼친 사람에게 도움을 주기 위해 그렇게 행동했다고 말할 수 있다. 공리론을 따르면, 기업들이 법을 어기더라도 보호받을 수 있게 된다. 생각해 보면, 윤리적 의사결정이 딜레마에 빠졌을 때 이를 해결하는 과정에서 공리론과 의무론이 병행하고 있음을 발견하곤 한다.

고발을 개념화하는 방법은 우리 자신, 전문가와 사회에 많은 시사점을 제시한다. 무엇보다도 회계전문가는 진실을 말하는 사람이다. 그들의 성실성은 독립성과 진실성에 대한 사회의 믿음에 달려 있다. 기업을 위해 일하는 회계전문가는 때로는 분열된 충성심(기업, 전문가, 그리고 사회 각각에 대한 충성심)으로 고민하게 된다. 만일 우리가 고발인을 지지한다면, 이는 공적 가치가 기업의 필요를 능가한다고 믿는 것이다. 만일 우리가 이 부장과 같은 원칙에 입각한 고발인을 정책적으로 지지한다면, 이는 엄청난 관료체계에서 힘이 없는 사람들에 대한 우려를 표시하는 것이다. 이는 관료권력을 억제할 것이다. 이는 또한 매우 중요한 윤리적 문제이다.

Deep Throat의 의미

'Deep Throat'는 '익명의 제보자'를 뜻한다. 1972~1973년에 걸쳐 Richard M. Nixon(1913~1994) 대통령의 몰락을 가져온 워터게이트 사건을 보도한 『워싱턴포스트』의 Bob Woodward와 Carl Bernstein 기자가 취재원을 끝내 밝히지 않은 채 버티면서 자신들에게 정보를 준 익명의 제보자를 가리켜 'Deep Throat'라는 별명을 붙인 데서 비롯된 말이다.

좀 더 정확히 말하자면, 당시 『워싱턴포스트』 편집국장이었던 Howard Simons (1929~1989)가 붙인 말인데, Woodward와 Bernstein이 1974년에 출간한 베스트셀러 『All the President's Men』을 통해 처음 소개되었다.

원래 Deep Throat는 성인영화 전문 제작자인 Gerard Damiano(1928~2008)가 만들어 1972년에 개봉한 포르노 영화 제목이다. 그러나 이 영화보다는 워터게이트 사건이 더 유명해진 탓에 'Deep Throat'는 이후 '은밀한 제보자' 또는 '심층취재원'을 가리키는 보통명사가 되었다.

'Deep Throat'의 정체를 놓고 그간 수많은 추측들이 난무했는데, 수많은 사람이 'Deep Throat'가 누구라고 주장하는 기사와 책을 발표함으로써 이것 자체가 하나의 신드롬이 되었다. 33년 만인 2005년 5월에서야 월간지 『Vanit Fair』의 보도를 통해 모든 진실이 밝혀졌다. 'Deep Throat'는 당시 연방수사국(FBI) 2인자였던 William Mark Felt(1913~2008)였다. 이제 91세가 된 그가 왜 스스로 자신의 정체를 드러내게 된 것인지, 당시 정보를 제공한 진정한 동기는 무엇이었는지, FBI와 백악관의 힘겨루기 때문에 누설한 것이라면 워터게이트 사건을 재평가해야 하는 건 아닌지 등에 대한 논란이 분분한 가운데 미국 사회에는 한동안 '워터게이트 복고 열풍'이 불었다.

당시 Felt는 치매 상태였다. 그의 가족이 공개를 한 것인데, 이 문제를 놓고 사건 보도 당시 Felt를 접촉했던 Woodward는 고민했다. 영원히 익명으로 처리하겠다고 했던 취재원과의 약속 때문이었다. 결국 고민 끝에 Felt가 맞다고 사실확인을 해주지만, 이 일화의 정치학은 언론의 생명이 신뢰라는 걸 말해준다. 자기 조직의 내부고발을 하고 싶어도 익명 보장이 안 될까봐 기자에게 정보를 주지 못하는 사람이 많다. 익명으로 해주기로 했으면 기자가 그것 때문에 교도소에 가는 한이 있더라도 그 약속은 지켜야 한다. Woodward는 33년간 그 약속을 지킴으로써 언론의 신뢰도를 높이는 데에는 기여했지만, 워터게이트 취재는 미국 언론계에 익명 취재원을 범람하게 하는 부작용을 초래하고 말았다.

(네이버 지식백과)

[기사 1] 900억대 벌금, 현대차는 오히려 운이 좋았다

❑ 미국이 내부고발자를 보호하는 이유

"미 도로교통안전청은 오늘 역사상 처음으로 내부고발자 상을 수여합니다. 현대자동차와 기아자동차 관련 정보를 제공한 내부고발자에게 2,400만 달러 이상을 주기로 했습니다. 이 상은 법률 위반에 따른 벌금 8,100만 달러의 현금 중 허용되는 최대 비율이며 자체 권한하에 수여한 첫 번째 상입니다."

11월 9일, 미국 도로교통안전청(NHTSA)은 내부고발자에 대한 수상 소식을 알렸다. 2015년 미 의회에서 통과된 '미국 자동차 안전 내부고발자 법'에 따른 첫 번째 사례였다. 금액은 2,430만 달러, 우리 돈 283억원으로 전 세계 자동차 부분 내부고발 사건 중 사상 최대 규모다. 상금의 주인공은 전직 현대자동차 베테랑 엔지니어 김광호 부장. 미국에서 판매되는 160만 대의 현대-기아자동차 엔진 안전문제에 관한 정보를 제공한 주인공이다.

NHTSA 부행정관의 말대로 그는 '숨겨져 있던 심각한 안전문제'에 대한 정보 제공에 중요한 역할을 했다. 20년 이상 현대차 엔지니어로 일했던 그는 조직 내에서 문제를 해결하려다 실패하고 2016년, 한국 정부와 미국 NHTSA에 직접 결함을 고발한다.

– 중략 –

NHTSA는 그의 자료를 토대로 세다2 GDi 엔진에 대한 조사에 들어갔다. 그 결과 2011~2014 현대 소나타, 2013~2014 싼타페 스포츠, 2011~2014 기아 옵티마, 2012~2014 쏘렌토, 2011~2013 스포티지 등 160만 대 차량이 리콜 조치됐다. 더불어 미 교통당국은 현대와 기아차에 8,100만 달러(947억원)의 벌금을 부과했고 안전성능 측정 강화와 품질 데이터 분석 시스템 개발을 위해 총 5,600만 달러 투자를 약속받았다. 불이행 시 미 당국은 7,300만 달러의 벌금을 부과할 예정이다.

"결함 있는 자동차 소유주들을 보호하기 위한 행동에 대해 정당한 보상을 받아 기쁩니다. 미국의 법체계가 이를 가능하게 하는 프로그램을 마련해 준 것에 대해서도 감사합니다."

"현대와 업계 전반에 걸쳐 내 보고가 진정한 안전 개선으로 이어지길 바랍니다."

미 언론은 운전자들의 안전을 위해 힘겨운 결정을 한 내부고발자 김광호 씨의 입장을 담담히 전한다. 이에 대한 NHTSA의 소신은 미국인들의 감사 표시로 읽기 충분하다.

"내부고발자는 차량 안전과 위법의 중요한 정보원입니다."

"내부고발자가 제공한 정보는 공공의 안전에 매우 중요합니다. 우리는 이들에게 보상하기 위해 최선을 다하고 있습니다."

미 정부로부터 947억원짜리 티켓을 받은 현대와 기아차는 안전에 대한 대대적인 조치를 단행중인 듯하다. 실제 사고가 발생해 엄청난 비용을 치르고 명성에 흠이 가고 뼈를 깎는 조치를 해야 했던 도요타나 GM에 비하면 현대-기아차는 그나마 다행이다. 벌금으로 끝난 건 모두 내부고발자, 김광호 전 현대차 부장 덕이다. (오마이뉴스, 2021.11.14)

[기사 2] "공익신고로 280억원 받았지만, 한국에선 하지 마세요." 전 현대차 직원의 우울한 충고

현대차와 기아차의 엔진결함 문제를 내부고발해 미국 정부기관으로부터 2,430만 달러(약 287억원)의 포상금을 받은 김광호 전 현대차 부장(59)이 "우리나라에선 공익신고를 하지 말라"는 우울한 충고를 전했다.

- 중략 -

지난 2016년 공익신고를 한 이후 김씨는 회사의 영업비밀을 유출하는 등 사내 보안규정을 위반했다는 혐의로 해임됐다. 또 업무상 배임혐의로 검찰에 고소되는 등 어려움을 겪었다. 국민권익위원회로부터 2018년에는 국민훈장과 2019년에는 포상금 2억원을 받았지만, 보상에 비해 개인의 희생은 터무니없이 컸다.

현재 권익위는 부패신고의 경우 정부의 수입 회복 · 증대액 4~30%를 지급한다. 공익신고는 4~20%까지 보 · 포상금을 준다. 하지만 보 · 포상금의 최대한도를 30억원으로 제한하고 있다.

지난 2011년 제도가 시행된 이후 지금까지 국가 · 지자체 등의 수입회복 · 증대액은 4,238억원에 달하는데, 신고자에 지급한 보상금과 포상금은 367억원으로, 평균 8%에 불과하다. 역대 최고 보상금은 11억원인데, 비리신고로 환수한 263억원의 4% 수준이다.

김씨는 "대한민국에서 공익신고 보호법으로 보호받지 못하기 때문에 재벌자식 아니면 하면 안 된다"며 "본인이 너무 손실이 크고 가족도 같이 피해 보면서 무리한 공익제보는 선순환이 안 된다"고 강조했다. (서울신문, 2021.11.14)

토론문제

1. 내부고발을 임의사항에서 의무사항으로 전환해서 주요 재무보고 위반사항을 알고 있으면서 의도적으로 고발하지 않은 사람을 처벌해야 한다고 보는가?

2. 개인들이 익명으로 보고할 수 있는 내부고발제도를 수립하는 이점은 무엇인가? 고발자가 자신을 밝히도록 하는 내부고발자제도가 어떤 점에서 더 좋을 수 있는가?

3. 당신은 내부고발인은 전형적으로 어떠한 인격적 특성을 지니고 있을 것이라고 기대하는가? 당신은 그러한 특성을 지니고 있는가?

4. 내부고발인에게 주어지는 보상이 내부고발을 순수한 동기에서 했느냐 아니면 욕심 또는 고용인이나 동료들을 보복하기 위해 했느냐에 따라 달라져야 한다고 보는가?

5. 국내 최대 세무법인의 행동강령에서 다음과 같이 언급하고 있다.

   "만일 당신이나 회사직원에 관련하여 발생한 또는 의심되는 부적절하거나 불법적인 행동의 문제로 검찰, 국세청, 금융감독원 등과 같은 규제기관 또는 언론매체가 접근했다고 하자. 그러면 당신은 (상황에 비추어 불가능하지 않다면) 이를 당신의 상사 또는 회사법률부서에 즉시 보고해야 한다."

   이러한 윤리강령은 타당하다고 보는가?

6. 당신은 회사 내의 회계부정을 익명으로 보고할 수 있는 신뢰할 만한 시스템을 갖춘 회사에서 근무하고 있다. 또한 회사는 내부보고를 선호하는 분명한 정책을 유지하고 있다.

   내부고발인이 회사시스템을 무시하고 직접 규제기관에 고발하는 것을 허용해야 하는가?

7. 현재 당신은 중견 상장기업의 회계부서에서 금융감독원 보고업무를 담당하고 있다. 당신은 그 기업에서 3년을 근무하였고, 상사와 편안하고 전문가적인 관계를 유지하고 있다.

   회사는 회계부정, 사기, 횡령 등을 보고할 수 있는 핫라인을 구축하고 있다. 핫라인은 익명의 신고도 받고 있으며, 법무법인의 윤리에 특화된 부서에 의해 운영되고 있다. 또한 회사에는 부정행위가 발생했다고 합리적으로 믿는 직원에게 보복하는 것을 엄격히 금지하는 윤리강령도 있다.

   당신은 다음 각 사항을 목격하였거나 의심하고 있거나 직접 겪었다.

   ① 당신은 늦은 밤에 한 동료직원이 회사의 현관에 걸려 있는 비싼 미술품을 본인

자동차에 옮겨 싣고 가는 것을 목격했다.

② 당신은 원칙적으로는 재공품으로 분류해야 하는 공장임차료를 일반관리비로 분류하라는 요청을 받았다. 당신의 동료는 '일반관리비로 분류하면 적어도 단기적으로는 총이익률이 높아져서 증권분석가들이 당신 회사의 주식을 보다 높게 평가할 가능성이 있다'라고 말했다.

③ 당신은 한 동료가 의도적으로 동일한 판매를 두 번 입력하는 것을 목격했다. 이는 보고되는 매출액을 높게 할 것이다.

④ 당신은 한 동료가 의도적으로 운송장을 수정하여 2차 연도 1월의 매출을 1차 연도 12월 매출로 변경하는 것을 목격했다.

⑤ 화재로 회사는 3천만원의 손해를 입었다. 그런데 당신은 동료가 이 손해를 7천만원으로 부풀려 보험회사에 청구하는 것을 목격했다.

⑥ 당신은 내부감사부서의 직원이 환경복구원가의 감가상각방법을 승인하는 대가로 뇌물을 받았다고 의심하고 있다.

⑦ 외국정부의 직원이 당신 회사 제품의 통관을 신속하게 해주겠다고 당신에게 뇌물을 요구하였다.

⑧ 당신은 당신 회사를 감사하고 있는 회계법인의 파트너가 당신의 한 고객의 비밀정보를 그 고객의 주식을 거래하고 있는 투자자와 나누었다고 의심하고 있다.

⑨ 당신은 동료직원이 근무시간에 인터넷을 사용하지 말라는 회사규정을 어기는 것을 목격했다.

⑩ 당신은 동료직원이 업무에 불법으로 복제된 소프트웨어를 사용하는 것을 목격했다.

1) 위의 각 사항에 대해 당신이 그와 같은 부정행위를 당신의 상사에게 보고할 가능성을 '낮음, 보통, 높음'으로 평가하라.
2) 위의 각 사항에 대해 당신이 그와 같은 부정행위를 외부 법집행기관에 보고할 가능성을 '낮음, 보통, 높음'으로 평가하라.

8. 외부감사인이 개인소유 의료자재 공급업체의 재고를 조사하는 과정에서 3년 전부터 그 회사에서 생산된 방사능 동위원소 폐기물이 주변 땅으로 스며들고 있음을 발견하였다. 그는 이러한 유출이 지역사회의 지하수에 영향을 미칠 것을 우려하고 있다. 그 회사는 연차보고서에서 '본사는 지역사회의 모범시민으로서 종업원에게 안전한 직장, 그리고 시민들에게는 깨끗한 환경을 제공하는 데 최선을 다하겠습니다'라고 언급하고 있다.

1) 외부감사인이 발견한 사실이 기업의 재무상태표에 영향을 미치는가?
2) 고객사의 재무제표를 수정할 가능성 이외에 외부감사인이 추가로 조치할 것이 있다면, 이는 무엇인가?

Epilogue_윤리지도자가 되자!

당신은 전문직업인인 회계전문가인가? 그렇다면, 당신이 수행해야만 하는 과제는 문제를 해결하는 것인데, 여기에는 윤리적 문제를 푸는 것도 포함된다. 따라서 회계전문가로서 역할을 충실히 수행하기 위해서는 윤리지도자가 되어야 한다. 윤리지도자는 그 조직에 있는 사람들이 단지 기술적인 조언을 위해서만이 아니라 윤리문제에 대한 해답을 찾기 위해서 다른 사람들과 의견을 나누는 것을 편안하게 느끼는 환경을 조성해야 한다.

회계전문가는 일반적으로 상당히 높은 윤리적 가치를 보유하고 있다. 그러나 이러한 가치는 이를 행동에 옮기도록 돕는 환경이 조성되어 있지 않으면 큰 의미를 가지지 못한다. 갈등이 있을 때 당신의 의견을 단호하게 말하는 것이 무관심한 상관이나 비윤리적 행위를 합리화하는 조직문화로 인해 도전된다면 상황이 악화될 수도 있다. '여기에서는 그것은 일상입니다' 또는 '당신도 한 팀이 될 필요가 있습니다' 등과 같은 구실로 경영자가 주는 압력은 당신의 가치에 대한 도전이 될 수 있다.

신뢰구축은 윤리지도자에게는 매우 중요한 요소이다. 위부터 아래까지 모든 관계가 일관성 있고 믿을 만하고 예측가능하다면 누구든지 의견을 편안하게 개진할 수 있다. 이에 덧붙여서 솔직함 및 다른 사람에 대한 존경심 그리고 공정한 취급은 보복의 위험 없이 행동과 의사결정에 대한 의문을 제기할 수 있는 환경을 조성하는 데 도움이 될 것이다.

윤리지도자는 옳은 일을 하려고 시도할 뿐만 아니라, 옳은 일이 항상 발생할 것임을 다른 사람들에게 알리려고 시도해야 한다. '옳은 일'은 이익을 최대화하거나 주가를 끌어올리는 것이 아니고, 윤리적 의사결정을 지지하는 기업문화 안에서 일어날 수 있는 일을 의미한다.

윤리지도자는 종업원에게 보여줌으로써 윤리적 행동을 위한 모범이 되어야 한다. 그들은 정기적으로 그리고 설득력 있게 종업원들과 윤리 기준, 원칙 그리고 가치를 나누어야 하며, 종업원들이 책임감을 갖도록 유도하는 보상제도를 사용해야만 한다. 윤리강령이 준비되어 있을지도 모르지만 윤리지도자는 옳은 일을 유도하기 위해서는 역시 행동이 필요함을 알게 될 것이다.

많은 회계사기의 특징은 단기적 요소가 장기적인 윤리적 가치와 타협하도록 허용되었다는 것이다. 이에 관련된 사람들의 행동은 주가상승이라든지 개인적인 부의 창출과 같은 비윤리적 가치에 근거를 두고 있었다. 종업원들은 내키지 않지만 사기, 이익관리나 불법행위를 낳게 되는 비윤리적인 명령을 수행했었다. 또한 회계사기가 있었던 많은 기업에서 경영자들은 회사가 망해가고 있는 와중에도 '모든 것이 잘 되고 있습니다'라는 메시지를 보내는 환경을 조성하고 있었다.

공정하게 경쟁하고 재무예측을 달성하는 과정에서 윤리와 가치가 존재하도록 할 때 윤리지도력이란 명성이 구축된다. 많은 회계사기를 범한 기업들의 목적은 분석가의 이익기대치를 맞추거나 초과하는 것이었다. 그러한 목표를 달성하기 위해서 온갖 종류의 사기기법이 동원되었다. 예를 들면, 기업의 성과가 기대치를 능가했음을 보여주기 위해서 EBITA(이자, 세금 및 상각비 이전의 이익)와 같은 회계원칙에 부합되지 않은 이익측정치를 이용하기도 했다. 문제는 오늘날에도 많은 기업들이 그렇게 하고 있다는 것이다.

윤리지도자는 다음과 같은 사람들이다.

- 그들 자신이 어떻게 생각하고 행동하는지를 인식하고 있다.
- 그들이 자신과 다른 사람들의 가치/윤리적 관점, 지식 및 강점을 인식하고 있다고 다른 사람들에게 인정받고 있다.
- 그들이 운영하고 있는 주위 상황을 인식하고 있다.
- 그들은 믿을 만하고, 긍정적이며, 굴하지 않고 때로는 용감하다.
- 그들은 책임을 진지하게 받아들인다.
- 그들은 윤리적 문제를 인식하고 평가할 수 있다.
- 그들은 믿음과 가치에 근거를 둔 윤리적 행동을 기꺼이 수행하고자 한다.

윤리지도자는 그들이 책임지고 있는 집단 또는 전체 조직의 공익을 달성하는 데 관심을 가지고 있다. 이러한 지도자는 추종자들에게 긍정적 영향을 미치게 되고, 이로써 조직의 환경을 윤리적으로 만드는 데 주요 역할을 담당하게 된다. 추종자들은 윤리적 표준을 설정한 지도자의 표본을 모방하고, 나아가서는 지도자의 간섭이 없이도 스스로 윤리적 선택을 하게 될 가능성이 있다.

신뢰는 지도자와 추종자들 간에 성공적인 관계를 개발하는 데 핵심요소이다. 신뢰의 관계는 가치의 공유, 존중, 열린 대화와 책임감에 근거하여 설립된다.

지도자의 정당성에 대한 인식은 지도자의 행위가 해석되는 방법과 지도자가 추종자들에게 미친 영향을 결정하는 데 중요한 역할을 할 것이다. 예를 들면, 회사의 재무책임자가 윤리적 기준을 전혀 존중하지 않는 부하직원으로부터 압력을 받고 있다고 상상해 보자. 이때 추종자들은 이러한 지도자의 행동을 존경하며 받아들이기는 어려울 것이다.

〈사례〉 이상한 지도자

ER(주)는 다소 비정상적인 윤리행태를 보이고 있다. 그 기업은 매년 종업원들의 점수를 매기고 이에 근거하여 하위 10~15%의 직원을 해고하였다. 기업에 더 많은 이익을 가져온 직원은 높은 점수를 받게 되어 있다. 그 기업의 최고경영자는 공공연하게 오직 재물만이 종업원에게 동기를 부여한다고 말했다.

회계법인은 감사위험을 줄이고 감사품질을 보장하기 위한 목적으로 규칙과 절차를 개발해왔다. 그러나 회계법인에서 책임 있는 지도자가 해야 할 보다 중요한 과제는 규칙을 넘어서 윤리적 환경을 조성하는 것이다. 경영자의 진술이 분명하지 않거나 근거가 부족할 때 종업원들로 하여금 이를 탐색하는 질문을 하도록 권장하는 것은 감사의 품질을 높일 뿐만 아니라 윤리적 선택을 하는 데 있어서 매우 중요하다.

회계전문가들이 그들이 소속된 회계법인의 지도자들과 문화에 대해 갖는 인식은 그들의 행동에 영향을 미친다. 한 연구 결과에 의하면, 감사인들은 자신들의 회계법인이 더 윤리적이라고 생각할수록 자신들이 비윤리적인 감사행위를 하지 않게 된다고 느끼고 있었다. 그러나 개인의 가치가 회계법인의 기준과 일치하지 않는 경우에는 어떻게 될까? 이는 개인으로 하여금 그들의 행동양식을 회계법인의 기준에 맞추도록 변경하게 할 것이다. 그렇지 않으면, 아마도 해고되거나 사임할 가능성이 매우 높기 때문이다.

내부감사인들도 때때로 상사에게서 그들 자신의 윤리기준에 의할 때 수행하기 곤란한 일을 강요당하기도 한다. 그 결과로 그들은 사기가 발생하는 동안 이를 외면함으로써 그들의 윤리적 지도력은 실패했을 뿐만 아니라 외부감사인들이 겉으로 드러나지 않은 것을 밝히기 더욱 어렵게 만든다.

〈사례〉 용감한 내부감사인

정림 씨는 망고(주)의 내부감사팀의 수장이었다. 그녀는 자기의 상관으로부터 내부감사팀에서 발견한 부적절한 회계처리에 대해서 특별한 조치를 취하지 말라는 압력을 받았다. 품성이 연약했더라면 이에 굴복했을 것이지만 정림 씨는 그녀의 팀원들과 함께 회계사기가 발생했음을 밝힘으로써 강력한 윤리지도력을 발휘했다.

그녀는 상관의 압력에 '아니오'라고 말하지 않고, 먼저 바로 감사위원회에 갔고, 다음에 외부감사인에게 알렸다. 이러한 노력의 결과로 회계사기가 밝혀지고 회사는 적절한 조치를 취할 수 있게 되었다.

의심스러운 회계처리를 해야 할지 여부를 결정할 때 회계전문가는 경영자의 행위로부터 해결의 단서를 얻게 될 것이다. 특히 이러한 경영자의 행위가 과거에 통용되었고 그에 따른 보상이 주어졌던 경우에는 더욱 그러하다. 예를 들면, 내부감사인이 부적정한 재무보고를 적발할 가능성이 높다는 것을 알면, 경영자는 의심스러운 회계처리를 망설이게 될 것이다.

윤리적인 조직은 종업원으로 하여금 자신들의 가치를 나타내도록 권장한다. 만일 종업원들이 우려되는 사항에 대해 목소리를 높이는 것을 편안하게 느낄 수 있는 환경이 조성되어 있다면, 비윤리적 행동이 발생할 가능성이 감소하게 될 것이다.

경영자와 종업원 간의 거리로 인하여 자신은 윤리적인 사람이라고 생각하는 경영자들도 종업원들의 윤리적 행동에 충분히 영향을 미치지 못하게 된다. 종업원들이 느끼기에 경영자가 원칙적이고 배려심이 있고 그들이 할 것을 말하며 말한 것을 행동에 옮긴다고 믿을 경우에만 지도자는 정당성을 확보하게 된다. 그들은 말만 해서는 안 되고, 말한 것을 행동으로 보여주어야 한다. 말과 행동의 일관성은 윤리지도력의 기초가 된다. 추종자들은 자기들이 윤리적이면 그에 대한 보상을 받을 것이라고 느껴야 한다. 대부분의 회계사기에서 나타난 바로는 그와 반대인 경우가 일반적이었다.

윤리적 문제를 마주했을 때 회계전문가들은 문제를 해결하고 의사결정을 하는 것을 관련된 윤리적 목표, 가치, 느낌 및 감정과 혼동하지 않도록 하는 데 어려운 시간을 갖게 된다. 자주 발생하고 상반되는 압력은 상황을 더 어렵게 만든다. 그러나 이를 해결하는 기법은 배울 수 있는 것이다. 물론 끊임없는 연습이 필요하고, 굳은 의지와 반성이 요구된다. 특히 회계전문가인 당신이 편안함을 느낄 수 있는 윤리적 요구사항에 부합하도록 당신의 생각을 적응할 필요가 있는지 여부에 대해 지속적인 점검이 필요하다.

요약하면, 회계전문가는 자신의 행동양식이 지니고 있는 가치체계 및 믿음과 부합하도록 노력하는 윤리지도자가 되기를 기대한다.

참고문헌

권찬태 · 안홍복 · 권기정. 2006. 회계신뢰와 회계윤리. 한국학술정보.

김기순 · 양승렬 공역, R.L. Purtill 저. 1993. 윤리적 사고방식. 숭실대학교 출판부.

김성수. 2009. 윤리경영론: 이론과 사례. 삼영사.

김성수. 2017. 윤리경영론의 콘서트(21세기 청렴형). 탑북스.

문택곤 · 김광수 · 이유. 2010. 회계윤리. 지샘.

삼일회계법인. 2023. PwC's Code of Conduct: Living Our Purpose and Values.

송인만 · 윤순석. 원칙중심 회계기준: 재무보고 개념체계의 이해. 신영사.

이병철. 2015. 내부통제. 신평.

이효익 · 김한수. 2013. New ISA 회계감사. 신영사.

한국공인회계사회. 2006. 공인회계사 윤리기준.

한국공인회계사회. 2018. 회계감사기준.

한국공인회계사회. 2019. 공인회계사 외부감사 행동강령.

한국공인회계사회. 2023. 회계감사기준 전문.

한국상장회사협의회. 2018. 내부회계관리제도 설계 및 운영 체계 등(A, B, C, D).

한국상장회사협의회. 2021. 내부회계관리제도모범규준집.

황호찬. 1998. 규칙 윤리(Ethics of Rules)와 덕 윤리(Ethics of Virtues)의 통합: 공인회계사의 윤리의식 제고를 위한 방안. 경영학연구 제27권 제2호.

LG전자. 2011. 이해관계자를 위한 가치창조: LG전자 행동강령.

AICPA. 2020. Code of Professional Conduct.

AICPA and CPA firms. 1992. The Expectation Gap Standards. Charleston, S.C.

Albrecht, W.S. 1992. Ethical Issues in the Practice of Accounting. South-Western.

Becker, G. 1968. Crime and Punishment: An Economic Approach. Journal of Political Economy 76.

Brewster, M. 2003. Unaccountable: How the Accounting Profession Forfeited a Public Trust. John Wiley & Sons, Inc.

Brooks, L.J. and P. Dunn. 2008. Business & Professional Ethics for Directors, Executives & Accountants, 5ed. South-Western.

Cheffers, M. and M. Pakaluk. 2005. New Approach to Understanding Accounting Ethics. Allen David Press.

Cottell, P.G. Jr. and T.M. Perlin. 2007. Accounting Ethics: A Practical Guide for Professionals. Quorum Books.

Dellaportas, S., R. Alagiah, M. Hutchinsen, P. Leung and D.V. Homrigh. 2004. Ethics, Governance & Accountability: A Professional Perspective. Wiley.

DiPiazza, S.A. Jr. and R.G. Eccles. 2002. Building Public Trust: The Future of Corporate Reporting. Wiley.

Duska, R.F., B.S. Duska and K.W. Kury. 2018. Accounting Ethics, 3ed. Wiley Blackwell.

Graham, L. 2015. Internal Control Audit and Compliance. Wiley.

Hopwood, W.S., J.J. Leiner and G.R. Young. 2008. Forensic Accounting. McGraw-Hill Irwin.

IESBA. 2020. Code of Conduct for Professional Accountants.

Johns, T. 1991. Ethical Decision Making by Individuals in Organization: An Issue-Contingent Model. The Academy of Management Review 16, no 2, 366-395.

Klein, G. 2015. Ethics in Accounting: A Decision-Making Approach. Wiley.

Kohlberg, L. 1969. "Stage and Sequence: The Cognitive Development Approach to Socialization." in Handbook of Socialization Theory and Research. ed. D. Goslin. Rand McNally, 347-480.

Levine, H.J. 2018. Accounting Ethics: A Practical Approach.

Loeb, S.E. 1978. Ethics in the Accounting Profession. Wiley.

McKee, T.E. 2005. Earnings Management: An Executive Perspective. Thomson.

Mintz, S.M. 1992. Cases in Accounting Ethics and Professionalism. Wiley.

Mintz, S.M. and R.E. Morris. 2008. Ethical Obligations and Decision Making in Accounting: Text and Cases. McGraw-Hill Irwin.

Moeller, R.R. 2011. COSO Enterprise Risk Management, 2ed. Wiley.

Rawls, J. 1971. A Theory of Justice. Belknap Press.

저자약력

송 인 만 University of Wisconsin-Madison(Ph.D) | AICPA(Wisconsin)
현, 성균관대학교 경영대학 명예교수

저서 및 주요 논문
K-IFRS 중급재무회계(신영사, 공저, 2022) | 원칙중심 회계기준 : 재무보고 개념체계의 이해(신영사, 공저, 2020) | Reputation Effects on Market Premium and Audit Fees(Korean Accounting Review, 2014) 등

회계전문가는 왜 윤리적이어야 하는가?

2023년 12월 5일 제1판 1쇄 인쇄
2023년 12월 12일 제1판 1쇄 발행

저 자 송 인 만
발행인 권 영 섭
발행처 (주) 신 영 사

저자협의 인지생략

경기도 파주시 심학산로 12(출판문화단지)
등 록 : 1988. 5. 2 / 제406-1988-000020호
전 화 : 031-946-2894(代)
F A X : 031-946-0799
e-mail : sys28945@naver.com
홈페이지 : http://www.shinyoungsa.co.kr

정가 **23,000**원 ISBN 978-89-5501-840-0